本书为 2022 年吉林省高教科研课题“以师范人才培

群建设研究”(JGJX2022D220)阶段性研究成果；

2022 年度吉林省外国专家项目“新文科视域下二语习得与教师教育理论融合研究”（L202226）阶段性成果。

三语习得视域下法语专业学生学习动机的分析与评估

——以长春师范大学为例的实证研究

焦旸　著

吉林大学出版社

·长春·

图书在版编目(CIP)数据

三语习得视域下法语专业学生学习动机的分析与评估：以长春师范大学为例的实证研究：法文 / 焦旸著．—长春：吉林大学出版社，2022. 11

ISBN 978-7-5768-1109-4

Ⅰ. ①三… Ⅱ. ①焦… Ⅲ. ①长春师范大学－大学生－法语－学习动机－研究－法文 Ⅳ. ①H329. 3

中国版本图书馆 CIP 数据核字(2022)第 220442 号

书　　名：**三语习得视域下法语专业学生学习动机的分析与评估**
——以长春师范大学为例的实证研究
SANYU XIDE SHIYU XIA FAYU ZHUANYE XUESHENG XUEXI DONGJI DE FENXI YU PINGGU
——YI CHANGCHUN SHIFAN DAXUE WEI LI DE SHIZHENG YANJIU

作　　者：焦　旸
策划编辑：黄国彬
责任编辑：杨　平
责任校对：刘　丹
装帧设计：姜　文
出版发行：吉林大学出版社
社　　址：长春市人民大街 4059 号
邮政编码：130021
发行电话：0431- 89580028/29/21
网　　址：http：//www. jlup. com. cn
电子邮箱：jdcbs@jlu. edu. cn
印　　刷：天津和萱印刷有限公司
开　　本：787mm×1092mm　　1/16
印　　张：23. 75
字　　数：450 千字
版　　次：2023 年 5 月　第 1 版
印　　次：2023 年 5 月　第 1 次
书　　号：ISBN 978-7-5768-1109-4
定　　价：98. 00 元

前 言

作为教师，我始终都很重视学生学习态度和学习动机等方面的问题，因为它与外语学习水平之间始终保持着正向关系，甚至从某种意义上讲比智力、环境等因素更加重要。不过，我过去曾简单得认为选择法语专业的前提就是对法语学习的兴趣所在，直到一件小事改变了我的看法。在一次和学生座谈的时候，一位学生表示“法语并非是自己的首选，但法语老师改变了她的看法”。看似平凡无奇的一句话，激发了我对于动机问题的进一步思考，应该怎样认识学生的内部动机和外部动机，而又是什么促成了外部动机到内部动机的转化？

从概念上讲，“动机是一种可以产生行动、倾向并最终影响行为强度的生理和心理整体机制”(Lieury-F. Fenouillet, 1996：1)。但是这并不足以揭示外语学习动机的特殊性，真正将动机与二语习得联系在一起的是 Gardner 和 Lambert 两位专家，他们将动机划分为工具型动机和融入型动机，并根据加拿大学生法语学习情况建立了著名的态度/动机测试模型（AMTB）。

但是在将态度/动机测试模型直接引入到中国法语教学动机研究中之前，我们还需要充分考虑到加拿大的法语教学和中国的法语教学的本质差异，即二语习得和三语习得的理论场域差异和中国社会文化的实践场域差异。

尽管从 1978 年改革开放以来，我国法语教学得到了蓬勃的发展，特别是今天“一带一路”倡议和“人类命运共同体”伟大战略的提出，为法语教学发展带来了新的机遇，也为相关领域研究提供了广阔的实证研究场域，但是目前我国在动机研究，特别是基于三语习得视域下的动机研究却并没有深入涉猎。

因此，本研究将在系统梳理中国法语专业学生外语教学开展情况的基础上，以三语习得和动机理论为理论场域，以长春师范大学法语专业学生为研究对象，通过问卷调查、访谈等的形式，结合质性分析和量化分析等研究手段，分析法语专业学生动机构成、动机共性以及刺激动机的维度特点。

我们期待本成果不仅可以推进态度/动机测试模型的中国化研究，还可以更好助力构建以我国学生为主体的三语习得动机理论体系，揭示学生身份、形成性评价等具有中国特色的动机变量对于学生学习的影响，为三语习得理论场的完善提供中国智慧，进而提升我国在相关领域的国际影响力和学术话语权。

序 言

焦旸老师的这部学术著作付梓问世，我感到十分高兴。

焦旸老师本科求学于上海外国语大学法语系，后赴法国攻读硕、博学业，最后在塞吉-蓬图瓦兹大学(Université de Cergy-Pontoise，今为塞吉-巴黎大学：CY Cergy Paris Université)获得语言学博士学位。现在长春师范大学教授法语，并担任重要的教学管理岗位。在焦旸老师成长过程中，作为其本科母校的师长以及后来的同仁，我们一直保持着密切的联系，我经常关注着其学习和工作情况。在我看来，在读书时，其聪颖、勤奋；在工作时，其敬业、钻研，表现出优秀的教学能力、科研能力、团队合作和协调能力，成果丰硕。

以这部著作为例。其运用三语习得动机研究(ATL)相关理论，尤其是加拿大学者ROBERT C. GARDNER的态度-动机测验量表(AMTB)，以长春师范大学法语专业学生为实地调研对象，开展对学生学习动机的研究，以说明一套持续评价系统对于学生保持良好学习动机的重要性，以及生源地、家庭、入学前外语学习情况诸多因素对于学习动机的影响。这项研究不仅适用于采样高校，也在一定程度揭示了中国法语专业学生的许多共性。

在所有外语语种中，法语是我国政府和教育界高度重视的一门语言，这与法国作为大国的地位、法兰西文明的悠久历史、法语国家和地区的广泛分布以及中法交流规模密不可分。法语还是联合国等近40个国际组织的工作语言之一，广泛应用于各领域国际交往，法语国家与地区组织现有58个成员国和30个观察国(地区)，全球法语人口3.21亿(2050年预计达8亿，其中大部分在非洲)，法语学习者1.44亿，法语是世界第5大语言和第4大网络语言。我国与法语国家和地区之间在经济、科技、文化、艺术、教育、建筑和遗产保护等领域的官方及民间交流与合作广袤和深入，尤其随着“一带一路”建设的推进，广义上的“中法合作”现况和前景都是十分积极和使人乐观的，同时也带来对法语人才需求的持续增长。

在此背景下，国内法语教学和专业建设多年来一直快速发展。据了解，目前全国共有160多所高校开设法语本科专业，在校生约2.5万人；另有数万名学生学习法语二外或辅修课程；60多所中学开设法语一外或二外课程，在读学生约8 500人；社会上则有更多的人士以各种形式、不同程度地学习和使用法语。其中高校法语专业教学无疑起着高端引领作用，而其中以培养教育人才为主的师范类高校更是发挥着不可替代的特殊作用。

因此，像焦旸老师这样一部著作，具有很强的现实意义，将产生良好的社会效应。其不仅有助于长春师范大学法语专业的专业发展，对于“新文科”和一流本科专业建设背景下各校法语专业教学改革也具有良好的参考作用。

祝贺焦旸老师这部著作的发表，并郑重推荐给国内外法语教学同仁。

王文新

上海大学教授，博士生导师

2022年8月15日

目 录

引言 …… (1)

第一部分 中国的法语教学历史与现状 …… (8)

第一部分引言 …… (9)

第一章 中国的法语教学史 …… (12)

1.1 诞生:新中国建立前 …… (12)

1.2 新中国建立后的法语教学发展 …… (15)

1.2.1 重构 …… (15)

1.2.2 发展 …… (16)

1.2.3 衰退 …… (17)

1.3 改革开放 …… (19)

1.4 法语的快速发展和全球化 …… (23)

1.5 第一章总结 …… (31)

第二章 中国法语教学背景 …… (32)

2.1 中国对外法语教学的概念是什么? …… (33)

2.1.1 中国法语学习者 …… (33)

2.1.2 中国法语教材：分析和内容 …… (39)

2.1.2.1 文本 …… (40)
2.1.2.2 语法 …… (43)
2.1.2.3 练习 …… (43)
2.1.2.4 图片 …… (50)
2.1.3 中国的法语教学理论 …… (52)
2.1.4 中国的法语教学目标 …… (55)
2.1.4.1 学习者的学习目标 …… (55)
2.1.4.2 教师的教学目标 …… (57)
2.1.4.3 大学的培养目标 …… (58)
2.2 中国的法语习得是二语习得(ASL)还是三语习得(ATL) …… (59)
2.2.1 二语习得和三语习得的区别 …… (59)
2.2.2 三语习得和中国法语教学实践 …… (63)
2.2.3 中国法语教学特点 …… (66)
2.3 第二章总结 …… (68)

第三章 中国法语教学法 …… (70)

3.1 中国的教法研究史 …… (72)
3.2 语言教法的历史演进 …… (77)
3.2.1 外语教法的历史演进 …… (77)
3.2.2 教学论的历史演进 …… (78)
3.3 教法课介绍 …… (80)
3.3.1 中国的师范高校和政策支持 …… (81)
3.3.2 学生 …… (82)
3.3.3 教师 …… (87)
3.3.4 人才培养方案 …… (88)
3.3.5 师生关系 …… (91)
3.3.6 教学方法 …… (93)
3.4 第三章总结 …… (98)

第一部分总结 …… (100)

第二部分　动机的概念方法的建构 …………………………………… (102)

第二部分引言 ………………………………………………………………… (103)

第四章　动机 ………………………………………………………………… (106)

4.1　动机的主要理论 ……………………………………………………… (106)

4.1.1　概念 ………………………………………………………………… (106)

4.1.2　盎格鲁—撒克逊理论演变史 ……………………………………… (108)

4.1.3　动机的类型和理论 ………………………………………………… (112)

4.2　动机与法语教学 ……………………………………………………… (116)

4.2.1　教师角色对学生动机影响 ………………………………………… (116)

4.2.2　动机对于外语习得的介入 ………………………………………… (119)

4.2.3　成人的动机特点/儿童的动机差异 ………………………………… (122)

4.3　中国的法语教学动机研究 …………………………………………… (124)

4.3.1　国内研究综述 ……………………………………………………… (124)

4.3.2　国内研究特点 ……………………………………………………… (127)

4.4　第四章总结 …………………………………………………………… (130)

第五章　长春师范大学的教学体系 …………………………………… (132)

5.1　综述 …………………………………………………………………… (132)

5.1.1　教师团队介绍 ……………………………………………………… (133)

5.1.2　学生情况概述 ……………………………………………………… (135)

5.1.3　教学法 ……………………………………………………………… (135)

5.1.3.1　教案分析 ………………………………………………………… (136)

5.1.3.2　教学目的 ………………………………………………………… (136)

5.1.3.3　假设 ……………………………………………………………… (138)

5.1.3.4　法语专业语言水平测试的结构和角色 ………………………… (139)

5.1.3.5　学生的动机对话 ………………………………………………… (140)

5.2　课程和教学法的介绍 ………………………………………………… (142)

5.2.1 课程 …… (142)
5.2.2 教学法 …… (145)
5.2.2.1 中国教师教学法 …… (145)
5.2.2.2 法国教师教学法 …… (152)
5.2.2.3 两者比较分析 …… (154)
5.3 形成性评价 …… (157)
5.3.1 教师工作 …… (159)
5.3.2 学生工作 …… (160)
5.3.3 形成性评价的优缺点 …… (162)
5.3.4 周考测试分析 …… (164)
5.4 学情和班情分析 …… (165)
5.4.1 教学班 …… (165)
5.4.2 学生情况:需考虑的变量 …… (166)
5.4.2.1 地域和社会变量 …… (167)
5.4.2.2 学生的学习水平和英语的作用 …… (168)
5.4.2.3 专业选择 …… (169)
5.4.2.4 性别变量 …… (170)
5.5 第五章总结 …… (171)
第六章 问卷调查:方法论 …… (173)
6.1 问卷调查条件 …… (174)
6.1.1 动机理论的选择 …… (175)
6.1.2 动机的内因和外因 …… (176)
6.1.3 对于学生的描述 …… (176)
6.1.4 社会文化背景的影响 …… (177)
6.1.5 Gardner 与态度—动机测量表 …… (177)
6.2 问卷调查的方法论 …… (178)
6.2.1 调查问卷 …… (179)
6.2.2 信息汇总部分的三份问卷分析 …… (180)

6.2.2.1 第一部分“分类”分析 …… (180)
6.2.2.2 第二部分“分类”分析 …… (181)
6.2.2.3 第三部分“分类”分析 …… (184)
6.2.3 《态度—动机测量表》分析 …… (187)
6.3 《态度—动机测量表》的赋分原则 …… (191)
6.3.1 第一版《态度—动机测量表》 …… (191)
6.3.2 第二版《态度—动机测量表》 …… (194)
6.4 《态度—动机测量表》的适用性 …… (197)
6.5 问卷调查的完善 …… (200)
6.6 第六章总结 …… (202)

第二部分总结 …… (203)

第三部分 调查结果和数据分析 …… (206)

第三部分引言 …… (207)

第七章 分年级的问卷调查结果 …… (209)

7.1 2015级学生问卷调查结果 …… (211)
7.1.1 学生情况 …… (211)
7.1.2 问卷 …… (211)
7.1.3 两个班级比较 …… (213)
7.2 2014级学生问卷调查结果 …… (214)
7.2.1 2014级学生的第一次问卷调查 …… (214)
7.2.1.1 学生情况 …… (214)
7.2.1.2 问卷 …… (215)
7.2.1.3 两个班级比较 …… (217)
7.2.2 2014级学生的第二次问卷调查 …… (218)
7.2.2.1 问卷答案分析 …… (218)
7.2.2.2 第二次问卷调查小结 …… (221)

7.2.3 2014 级学生的第三次问卷调查 …… (222)
7.2.3.1 问卷答案分析 …… (222)
7.2.3.2 第三次问卷调查小结 …… (227)
7.3 2013 级学生问卷调查结果 …… (231)
7.3.1 2013 级学生的第一次问卷调查 …… (231)
7.3.1.1 学生情况 …… (231)
7.3.1.2 问卷答案分析 …… (232)
7.3.1.3 第一次问卷调查小结 …… (234)
7.3.2 2013 级学生的第二次问卷调查 …… (235)
7.3.2.1 问卷答案分析 …… (236)
7.3.2.2 第二次问卷调查小结 …… (240)
7.3.3 2013 级学生的第三次问卷调查 …… (241)
7.3.3.1 问卷答案分析 …… (242)
7.3.3.2 第三次问卷调查小结 …… (250)
7.3.4 三次问卷调查小结 …… (252)
7.4 2012 级学生问卷调查结果 …… (254)
7.4.1 2012 级学生的第一次问卷调查 …… (254)
7.4.1.1 学生情况 …… (254)
7.4.1.2 问卷答案分析 …… (254)
7.4.1.3 第一次问卷调查小结 …… (257)
7.4.2 2012 级学生的第二次问卷调查 …… (258)
7.4.2.1 问卷答案分析 …… (259)
7.4.2.2 第二次问卷调查小结 …… (265)
7.4.3 2012 级学生的第三次问卷调查 …… (266)
7.4.3.1 问卷分析 …… (266)
7.4.3.2 第三次问卷调查小结 …… (273)
7.5 第七章总结 …… (274)

第八章 数据分析 …… (277)

8.1 性别因素对学生学习动机影响 …… (277)

8.2 “法语基础”对学习动机影响 …………………………………………………… (285)
8.3 “专业选择”对学习动机影响 …………………………………………………… (294)
8.4 “身份”对学习动机影响 ………………………………………………………… (302)
8.5 “地理因素”(学生出生地)对学习动机影响 …………………………………… (306)
8.6 “父母教育背景”对学习动机影响 ……………………………………………… (313)
8.7 学习动机最强的学生的共性分析 ……………………………………………… (321)
8.8 第八章总结 ……………………………………………………………………… (325)

第三部分总结 ……………………………………………………………………… (326)

结论 ……………………………………………………………………………… (329)

参考文献 …………………………………………………………………………… (336)

Table des Matières

Introduction générale ······ (1)

Première Partie Le français en Chine: Historique et état des lieux ······ (8)

Introduction de la Première Partie ······ (9)

Chapitre 1 Histoire de l'enseignement du français en Chine ······ (12)

1.1 Naissance: avant la libération de la Chine ······ (12)

1.2 Développement de l'enseignement du français après la libération de la Chine ······ (15)

1.2.1 Refondation ······ (15)

1.2.2 Développement ······ (16)

1.2.3 Récession ······ (17)

1.3 La réforme et l'ouverture. ······ (19)

1.4 Explosion du français et globalisation. ······ (23)

1.5 Conclusion du chapitre 1 ······ (31)

Chapitre 2 Le contexte de l'enseignement du français langue étrangère en Chine ······ (32)

2.1 Qu'est-ce que le FLE en Chine? ······ (33)

2.1.1 Les apprenants de FLE en Chine ······ (33)

2.1.2 Les manuels de FLE en Chine: analyse de contenu ······ (39)

2.1.2.1 Le texte ······ (40)

2.1.2.2 La grammaire ······ (43)

2.1.2.3 Les exercices ………………………………………… (43)
2.1.2.4 Les images ………………………………………… (50)
2.1.3 Approches du FLE en Chine ………………………………………… (52)
2.1.4 Les objectifs du FLE en Chine ………………………………………… (55)
2.1.4.1 Objectifs de formation des apprenants ………………………………………… (55)
2.1.4.2 Objectifs de formation des enseignants ………………………………………… (57)
2.1.4.3 Objectifs de l'Université ………………………………………… (58)
2.2 Le FLE en Chine pour l'acquisition de la seconde langue(ASL) ou de la troisième langue(ATL) ………………………………………… (59)
2.2.1 Différence entre l'ASL et l'ATL ………………………………………… (59)
2.2.2 L'ATL et la pratique du FLE en Chine ………………………………………… (63)
2.2.3 Les particularités du FLE en Chine ………………………………………… (66)
2.3 Conclusion du chapitre 2 ………………………………………… (68)

Chapitre 3 La didactique du FLE en Chine ………………………………………… (70)

3.1 Histoire de la didactique en Chine ………………………………………… (72)
3.2 Évolution historique de la didactique des langues ………………………………………… (77)
3.2.1 Évolution historique de l'éducation des langues étrangères ………………………………………… (77)
3.2.2 Évolution historique de la formation en didactique ………………………………………… (78)
3.3 Présentation du cours de didactique ………………………………………… (80)
3.3.1 Les universités normales chinoises et les soutiens politiques ………………………………………… (81)
3.3.2 Les apprenants ………………………………………… (82)
3.3.3 Les enseignants ………………………………………… (87)
3.3.4 Le Programme de formation pour les enseignants ………………………………………… (88)
3.3.5 Le contrat didactique ………………………………………… (91)
3.3.6 Les méthodes ………………………………………… (93)
3.4 Conclusion du chapitre 3 ………………………………………… (98)

Conclusion de la Première Partie ………………………………………… (100)

Deuxième Partie Le concepte de motivation: construction d'une méthode d'approche ………………………………………… (102)

Introduction de la Deuxième Partie ………… (103)

Chapitre 4 La motivation ………… (106)

4.1 Les premières théories de la motivation ………… (106)

4.1.1 Définition(s) ………… (106)

4.1.2 Historique des principales théories anglo-saxonnes ………… (108)

4.1.3 Les théories et les types de motivation ………… (112)

4.2 La motivation dans les recherches françaises ………… (116)

4.2.1 Le rôle de l'enseignant dans la motivation des étudiants ………… (116)

4.2.2 L'intégration de la motivation dans l'apprentissage de la LV2 ………… (119)

4.2.3 Particularité des motivations chez les adultes/différences avec celles des enfants ………… (122)

4.3 La motivation dans le FLE en Chine ………… (124)

4.3.1 Les recherches chinoises ………… (124)

4.3.2 Particularités des recherches chinoises ………… (127)

4.4 Conclusion du chapitre 4 ………… (130)

Chapitre 5 Le système didactique *à* l'Université Normale de Changchun ………… (132)

5.1 Présentation générale ………… (132)

5.1.1 Présentation du groupe d'enseignants ………… (133)

5.1.2 Présentation générale des étudiants ………… (135)

5.1.3 La méthode d'enseignement ………… (135)

5.1.3.1 La fiche pédagogique standard ………… (136)

5.1.3.2 Objectif pédagogique ………… (136)

5.1.3.3 Hypothèses ………… (138)

5.1.3.4 Structure et rôle du TFS ………… (139)

5.1.3.5 Entretien de motivation chez les étudiants： ………… (140)

5.2 Présentation des cours et des méthodes ………… (142)

5.2.1 Les cours ………… (142)

5.2.2 Les méthodes d'enseignement ………… (145)

5.2.2.1 Méthodes des enseignants chinois ………… (145)

5.2.2.2 Méthode des enseignants français ………………………………………… (152)

5.2.2.3 Différences entre les méthodes des enseignants chinois et français ……………………………………………………………………………… (154)

5.3 Notre choix personnel de la méthode d'évaluation continue ……………………… (157)

5.3.1 Tâche de l'enseignant ……………………………………………………… (159)

5.3.2 Tâche de l'étudiant ………………………………………………………… (160)

5.3.3 Les avantages et les inconvénients de la méthode ……………………… (162)

5.3.4 Exemple d'un test bimensuel ……………………………………………… (164)

5.4 Profil des classes et classification des étudiants ……………………………… (165)

5.4.1 Les classes ………………………………………………………………… (165)

5.4.2 Typologie des étudiants: les variables prises en compte ……………… (166)

5.4.2.1 Origine géographique et socio-culturelle ……………………………… (167)

5.4.2.2 Niveau d'études des étudiants et rôle de l'anglais ……………………… (168)

5.4.2.3 Le choix d'une filière …………………………………………………… (169)

5.4.2.4 La variable de genre …………………………………………………… (170)

5.5 Conclusion du chapitre 5 ……………………………………………………… (171)

Chapitre 6 L'enquête: méthodologie ……………………………………………… (173)

6.1 Les conditions méthodologiques de notre enquête ……………………………… (174)

6.1.1 Le choix d'une théorie de la motivation ………………………………… (175)

6.1.2 Rappel: les facteurs internes et internes de la motivation ……………… (176)

6.1.3 Les représentations des apprenants ……………………………………… (176)

6.1.4 L'impact du contexte socio-culturel ……………………………………… (177)

6.1.5 Gardner et l'AMTB ………………………………………………………… (177)

6.2 Méthodologie de l'enquête ……………………………………………………… (178)

6.2.1 Le questionnaire d'enquête ………………………………………………… (179)

6.2.2 Analyse des trois versions de la partie《classification》………………… (180)

6.2.2.1 Analyse de la première partie:《classification》……………………… (180)

6.2.2.2 Analyse de la deuxième partie《classification 》……………………… (181)

6.2.2.3 Analyse de la troisième partie《classification 》……………………… (184)

6.2.3 Analyse de la partie《AMTB 》……………………………………………… (187)

6.3 Principes de notation des deux versions du test AMTB …… (191)
6.3.1 Première version du test AMTB …… (191)
6.3.2 Deuxième version du test AMTB …… (194)
6.4 Notre adaptation de la méthode ATMB …… (197)
6.5 Réalisation de notre questionnaire …… (200)
6.6 Conclusion du chapitre 6 …… (202)
Conclusion de la Deuxième Partie …… (203)

Troisième Partie Résultats et analyses des enquêtes …… (206)

Introduction de la Troisième Partie …… (207)

Chapitre 7 Résultats des enquêtes par promotions …… (209)

7.1 Présentation des résultats de l'enquête des étudiants de 2015 …… (211)
7.1.1 Profil des étudiants …… (211)
7.1.2 Le questionnaire …… (211)
7.1.3 Comparaison entre les deux classes des étudiants de 2015 …… (213)
7.2 Présentation des résultats de l'enquête des étudiants de 2014 …… (214)
7.2.1 Première enquête des étudiants de 2014 …… (214)
7.2.1.1 Profil des étudiants …… (214)
7.2.1.2 Le questionnaire …… (215)
7.2.1.3 Comparaison entre les deux classes …… (217)
7.2.2 Deuxième enquête des étudiants de 2014 …… (218)
7.2.2.1 Analyse des réponses au questionnaire …… (218)
7.2.2.2 Bilan de la deuxième enquête des étudiants de 2014 …… (221)
7.2.3 Troisième enquête des étudiants de 2014 …… (222)
7.2.3.1 Analyse des réponses au questionnaire …… (222)
7.2.3.2 Bilan des réponses des étudiants de 2014 *à* la troisième enquête …… (227)
7.3 Présentation des résultats de l'enquête des étudiants de 2013 …… (231)
7.3.1 Première enquête des étudiants de 2013 …… (231)
7.3.1.1 Profil des étudiants …… (231)

7.3.1.2 Analyse du questionnaire …… (232)
7.3.1.3 Bilan de la première enquête des étudiants de 2013 …… (234)
7.3.2 Deuxième enquête des étudiants de 2013 …… (235)
7.3.2.1 Analyse des réponses au questionnaire de la deuxième enquête …… (236)
7.3.2.2 Bilan de la deuxième enquête pour les étudiants de 2013 …… (240)
7.3.3 Troisième enquête des étudiants de 2013 …… (241)
7.3.3.1 Analyse du questionnaire …… (242)
7.3.3.2 Bilan de la troisième enquête pour les étudiants de 2013 …… (250)
7.3.4 Bilan des 3 enquêtes pour les étudiants de 2013 …… (252)
7.4 Présentation du résultat de l'enquête des étudiants de 2012 …… (254)
7.4.1 Première enquête des étudiants de 2012 …… (254)
7.4.1.1 Profil des étudiants de 2012 …… (254)
7.4.1.2 Analyse du questionnaire …… (254)
7.4.1.3 Bilan de la 1ère enquête des étudiants de 2012 …… (257)
7.4.2 Deuxième enquête des étudiants de 2012 …… (258)
7.4.2.1 Analyse du questionnaire …… (259)
7.4.2.2 Bilan de la 2ème enquête des étudiants de 2012 …… (265)
7.4.3 Troisième enquête des étudiants de 2012 …… (266)
7.4.3.1 Analyse du questionnaire …… (266)
7.4.3.2 Bilan de la 3ème enquête des étudiants de 2012 …… (273)
7.5 Conclusion du chapitre 7 …… (274)

Chapitre 8 Analyse des résultats …… (277)

8.1 Le facteur sexuel dans la motivation …… (277)
8.2 Le facteur《apprentissage précoce du français》avant les études universitaires et la motivation …… (285)
8.3 Le facteur《choix de la spécialité》et la motivation …… (294)
8.4 Le facteur《rôles dans la classe》dans la motivation …… (302)
8.5 Le facteur géographique (lieu d'origine des étudiants) dans la motivation …… (306)

8.6 Le facteur《formation des parents des étudiants》dans la motivation ………… (313)

8.7 Les points communs aux étudiants les plus motivés de toutes les classes …………………………………………………………………………………… (321)

8.8 Conclusion du chapitre 8 ……………………………………………………… (325)

Conclusion de la Troisième Partie ……………………………………………………… (326)

Conclusion générale ……………………………………………………… (329)

Bibliographie ……………………………………………………………… (336)

Remerciements

Tout d'abord, j'exprime mes vifs remerciements, et mes profondes reconnaissances à la professeure Madame Catherine BORÉ, pour la confiance qu'elle m'a accordée en acceptant de diriger cette thèse, et pour sa patience face à mes doutes et mes difficultés.

Ensuite, j'exprime ma reconnaissance et ma gratitude à mes parents qui sont toujours la source de mon inspiration. Surtout mon père, qui m'entoure toujours par son amour, son encouragement et sa générosité.

Puis, je remercie mes trois amis, Madame Seriaznita Binti Haji Mat Said, Monsieur Matthieu LEBLANC et Monsieur Ayétcha Mitondji Paul pour leurs aides et soutiens.

Je remercie également tous les étudiants participants du département de français de la Faculté des langues étrangères de l'Université Normale de Changchun.

Introduction générale

Les travaux sur la motivation que nous entreprenons dans cette thèse ont pour objectif la recherche de l'efficacité dans l'enseignement-apprentissage de la langue française en Chine. En Chine comme dans tous les autres pays du monde, nous remarquons qu'il y a dans nos classes des étudiants qui travaillent mieux que les autres. Cette situation peut résulter de l'impact de facteurs cognitif, social ou méthodologique, comme l'attitude dans l'apprentissage, la situation familiale, le contexte d'apprentissage. Cette réalité amène l'enseignant *à* faire des compliments directs devant les autres, aux élèves qui travaillent bien:

Il est très intelligent pour retenir bien le cours.

Ou

Quel élève intelligent !

Mais cela ne fonctionne pas dans toutes les matières. Un enfant qui est excellent au cours de mathématiques, peut ne pas l'être dans un cours d'anglais. C'est pourquoi les résultats d'un élève (quelle que soit la qualité de ses prouesses) sont assez différents d'un cours *à* un autre. Dans la majorité des cas, le talent dont font preuve les apprenants dans une classe ne suffit pas pour prédire s'ils auront de meilleures notes ou de mauvaises.

En tant qu'enseignant, nous devons observer l'apprentissage avec une position plus neutre. Au cours et pendant les activités extra-scolaires, nous trouvons que certains étudiants sont toujours plus actifs et ont plus d'envie de participer, ce qui nous amène aux questions suivantes:

Pourquoi certains étudiants montrent-ils plus de volonté? Et comment faire pour dynamiser les autres?

Cette recherche est d'abord motivée par l'intérêt pour la didactique de FLE, mais aussi par l'expansion de l'enseignement du français en Chine. Les besoins de communication entre les gens qui parlent deux langues différentes n'ont jamais été aussi importants en Chine depuis 1978 du fait de l'ouverture de celle-ci sur le monde extérieur, surtout après son entrée *à* l'OMC. L'enseignement des langues étrangères s'est beaucoup développé et est devenu une des disciplines les plus importantes pour l'avenir professionnel des étudiants diplômés de ce pays. Pour cette raison, le nombre de départements de français a connu une croissance rapide depuis ces dernières années. Cette augmentation croissante de la demande de formation en langues étrangères nécessite une réflexion sur l'évolution des pratiques didactique et méthodologique dans l'enseignement du français et sur les besoins de la société. Pour cela, les recherches sur la didactique du français et l'acquisition d'une langue étrangère sont devenues de plus en plus importantes.

Qu'est-ce que la motivation dans l'acquisition d'une langue étrangère?

La motivation est une notion qui comprend des facteurs conscients et affectifs, mais aussi l'investissement dans l'action.

Comme l'indique la définition de Hachette (2000), la motivation est l'《*ensemble des facteurs conscients ou inconscients qui déterminent un acte, une conduite* 》[…]《*La motivation est donc l'ensemble des mécanismes biologiques et psychologiques qui permettent le déclenchement de l'action, de l'orientation (vers un but, ou à l'inverse pour s'en éloigner) et enfin de l'intensité et de la persistance ; plus on est motivé et plus l'activité est grande et persistante.*》(Lieury-F. Fenouillet, 1996, 1). Gardner et Lambert ont été les premiers *à* faire une recherche approfondie sur la motivation en acquisition de langue étrangère entre 1959 et 1972. Ils ont distingué la motivation sous deux aspects：l'aspect instrumental et l'aspect intégratif. L'autre contribution de leurs recherches est que la variation de la motivation est devenue mesurable par l'utilisation de leur Modèle d'AMTB (AMTB：Attitude/Motivation Test Battery).

Après eux, d'autres experts du domaine des recherches sur la motivation y ont intégré des théories psychologiques. *Les populations étudiées sont parfois des enfants, souvent des adolescents et des étudiants, rarement des adultes en formation*. (Cosnefroy, 2010). Sur la base des recherches sur les enfants, se sont développées les recherches sur la motivation chez les adultes. (Malglaive, 1990; Cosnefroy, 2010). Du point de vue du constructivisme social (Norton Pierce, 1995), les travaux de Gardner ne portent que sur le contexte du Canada, pays d'immigration avec deux langues officielles dont le contexte est différent de celui de beaucoup de pays.

Avec la mondialisation, de plus en plus de recherches se sont développées dans des pays dont les contextes linguistiques et culturels sont différents. Kramsch a pris le cas du cours d'écriture de langue étrangère dont les acteurs didactiques sont de jeunes immigrés d'Asie et leur enseignant d'anglais. (Kramsch, 2000: 133-154) Pavlenko et Lantolf ont présenté la reconstruction langagière en acquisition de langue étrangère. (Pavlenko. A, J. P. Lantolf, 2000: 155-178). Ces études révèlent en permanence le chemin de l'apprentissage de la langue cible, renforcent l'acceptation psychologique des langues étrangères et favorisent la formation locale de l'apprentissage des langues étrangères dans divers pays. Nous pouvons rappeler l'exemple de l'anglais. Cette langue est aujourd'hui devenue globale et connaît un flux transculturel. L'apparition de l'anglais américain, de l'anglais indien, de l'anglais africain, même de l'anglais chinois est devenue un phénomène langagier singulier. L'expression de la tradition typique chinoise "long time no see" est d'ailleurs aussi utilisée par les Anglophones.

Les recherches sur la motivation en Chine

La Chine est un pays différent des pays occidentaux, non seulement pour sa langue qui est composée de caractères ou signes différents des lettres qu'on voit dans la plupart des langues occidentales, mais aussi pour la conscience sociale connue sous le nom de collectivisme. (Triandis, 1995: 1). Les recherches sur la motivation ont commencé en Chine depuis la fin des années 1980. (GAO Yihong, 2013: 11). Au début, les recherches se sont concentrées sur l'influence des facteurs motivationnels dans les résultats de l'apprentissage de l'anglais. (GUI Shichun, 1986; WU Yian, LIU Runqing, 1993; WEN Qiufang, WANG Haixiao, 1996).

Par rapport aux particularités chinoises, HUA (HUA Huifang, 1998: 44-47) a étudié la motivation des étudiants candidats aux certificats spécialisés de Suzhou (une ville de la province du Jiangsu en Chine) et SHI (SHI Yongzhen, 2000: 8-11) a étudié la motivation des étudiants candidats aux certificats spécialisés dans la ville de Xi'an(chef-lieu de la province du Shanxi en Chine). Selon l'enquête de GAO, CHENG, ZHAO, ZHOU, (GAO, 2013: 11), la motivation des étudiants chinois peut se résumer aux sept mots suivants: intérêt personnel, note des examens, environnement d'apprentissage, déplacement *à* l'étranger, responsabilité sociale, développement personnel et communication. Selon eux, la responsabilité sociale comprend la contribution *à* la société chinoise et la réponse aux attentes des parents (GAO, 2013: 12): un facteur typique chinois. Certaines recherches se concentrenet sur "les étudiants qui travaillent moins bien" (LV Jinfeng, 2004：132-154) et sur l'influence de l'acquisition de la phonétique anglaise pour les étudiants chinois (WANG Chuming, 2004：56-64).

La particularité de l'apprentissage du français que nous étudions dans cette thèse est reliée plutôt aux théories de l'ATL (acquisition de troisième langue), puisque tous les étudiants chinois ont appris pendant environ dix ans l'anglais aux cycles primaire et secondaire. Si la définition de l'ASL se fait sur la base du système linguistique de la langue maternelle, l'ATL représente alors l'acquisition d'une langue étrangère dans un contexte bilingue. Les recherches de l'ATL ont commencé par une recherche de Vildomen dans laquelle on trouve l'influence de la deuxième langue sur la troisième (ZENG Li, 2010：143-146). L'influence de la deuxième langue sur la troisième (recherches réalisées par Bardel, C&Y. Falk, 2007, P459-484 ; Mayo& Olaizola, 2010, P129-149), concerne aussi les étudiants chinois apprenant le français.(WANG Hongwei, MA Jing, 2005：31-34; CHEN Yonghong, LIANG Yulong, 2005：216-217; XU Zhaoyang, ZHANG Ju, 2011：90-92).

Pour mieux expliquer la situation du FLE en Chine, nous ne pouvons pas ignorer la différence de l'apprentissage du français comme spécialité (département de français) et l'apprentissage du français pour les étudiants des départements d'anglais. Selon les recherches de DING, CHAI et LIU (DING Chunxue, CHAI Keqing, LIU Yao, 2009：9-10), les étudiants de spécialité de langue étrangère sont plus motivés dans les aspects intégratifs et d'autres dans les aspects instrumentaux. MA Dongmei a fait une comparaison entre 140 étudiants d'anglais et 181 étudiants d'autres spécialités (MA Dongmei, 2008：129-132). Les étudiants d'anglais sont plus motivés dans tous les domaines étudiés tels que speaking self-concept, vocabulary self-concept. Bien que nous ne soyons concernés que par la motivation des étudiants de français, nous devons aussi comprendre la complexité de l'enseignement du FLE en Chine.

En ce qui concerne la motivation des étudiants de français, ZHENG a divisé les facteurs motivationnels en deux parties：enseignant et enseigné. (ZHENG Lihua, 1987：56-64). Selon l'enquête, ZHENG a présenté l'influence des différents facteurs qui interviennent sur la motivation tels que le sexe, l'objectif d'apprentissage, l'origine de la famille etc. Pour répondre aux moyens de motiver les étudiants, HE a proposé *la création du bon environnement d'apprentissage, l'emploi d'une méthode didactique plus adaptée et une bonne relation enseignant-enseigné*. (HE Danhua, 2011：183-184).

Questions principales pour notre problématique

Bien que certaines recherches sur la motivation dans l'acquisition d'une langue étrangère existent en Chine, nous devons continuer *à* nous intéresser aux champs lacunaires de la motivation et *à* l'influence des méthodes didactiques.

Pour mieux comprendre la complexité de la motivation des étudiants chinois du français et l'importance de tous les facteurs motivationnels, nous nous sommes posé certaines questions:

— Les motivations des étudiants de français sont-elles différentes selon les facteurs social, familial ou affectif?

— Les étudiants sont-ils tous sensibles de la même façon *à* la méthode didactique et *à* l'évaluation?

— Qu'est-ce qui peut motiver les étudiants? L'appréciation du cours? L'évaluation régulière?

— La méthode d'évaluation continue peut-elle motiver les étudiants?

— Les rôles dans la classe, en Chine, comme chef de classe, responsable des études, sont-ils importants pour motiver les étudiants ?

— Une préparation au français est-elle utile dans la motivation?

Corpus de recherche

Toutes les recherches ont été conduites dans une université publique au nord-est de la Chine, l'Université de Changchun, province du Jilin. Dans cette université, 181 étudiants de quatre promotions différentes ont participé *à* cette série d'enquêtes: 38 de quatrième année, 51 de troisième année, 51 de deuxième année et 41 de première année. Nous avions deux classes dans chaque promotion, et les étudiants étaient séparés dans les deux classes selon une composition systématique dans chaque classe. Les étudiants ont été laissés libres de leur participation et se sont montrés très disponibles.

Méthode de notre recherche sur la motivation

Nous avons employé le modèle d'enquête de Gardner (AMTB) en ses deux versions.

Cette enquête a été utilisée dans une dizaine de pays dont les langues officielles sont différentes. Nous avons été obligé de faire certaines modifications pour mieux l'adapter au contexte chinois.

Cette série d'enquêtes s'est déroulée entre mars 2015 et septembre 2015. La première enquête a été faite au début du semestre pour observer la valeur de la motivation après les vacances. La deuxième enquête s'est faite à la fin du semestre pour observer la variation de la valeur de la motivation pendant le semestre. La troisième enquête s'est faite au semestre suivant pour analyser l'évolution de la motivation des étudiants pendant les vacances.

Plan de notre recherche

Pour mieux analyser la motivation du FLE en Chine, nous suivrons un plan en trois parties. La première partie traite l'historique et l'état actuel du développement du français et de la didactique du FLE en Chine. Dans un premier temps, nous synthétisons l'histoire de l'enseignement du français en Chine qui se divise en quatre périodes importantes：naissance, développement, restauration et croissance, dont la dernière est suscitée par l'entrée de la Chine à l'Organisation Mondiale du Commerce dans le contexte du développement rapide de la Chine. Puis nous présentons le contexte de l'enseignement du FLE en Chine en précisant les acteurs et outils didactiques. Surtout, nous analysons la complexité de l'enseignement du FLE en Chine, en distinguant l'emploi des théories de l'ASL et de l'ATL parce qu'en Chine, les étudiants universitaires ont été tous bilingues avant de suivre la spécialité de français. Dans le troisième chapitre de la première partie, nous tenterons de présenter la didactique du FLE en Chine. On notera non seulement l'histoire et l'évolution, mais aussi l'emploi des facteurs didactiques en éducation du FLE.

La deuxième partie rapporte les recherches empiriques sur la motivation dans un département de français chinois. Nous commençons cette partie par la synthèse des recherches sur la motivation en Europe occidentale et en Chine. En considérant les impacts sociaux, nous avons dû continuer nos recherches dans certains champs lacunaires：l'influence de l'évaluation continue sur la motivation, la motivation pour les étudiants de français comme l'ATL, l'influence des différents rôles de classe des étudiants (chef de classe, responsable des études) sur la motivation, l'influence des différences d'origine des étudiants sur la motivation, etc. Avant de terminer cette partie, nous précisons les conditions méthodologiques qui ont présidé à cette recherche, en rappelant que la seule variable didactique entre les deux classes observées est la méthode d'évaluation.

Dans la troisième partie, *à* partir des données recueillies après ces enquêtes nous faisons une analyse des différences de motivation observées dans les deux classes pour chaque enquête.

Apports et valeur *à* long terme de la recherche

Avec l'expansion des départements de français en Chine, nous espérons proposer ainsi une occasion de réfléchir sur l'amélioration de l'enseignement et par conséquent sur l'importance *à* accorder *à* la motivation dans l'apprentissage. Nous pensons apporter le début de résultats scientifiques, ou tout au moins, une piste de réflexion pour les recherches suivantes.

Première Partie

Le Français en Chine
Historique et état des lieux

Introduction de la Première Partie

L'enseignement du français en Chine a vu le jour depuis la fin de la Dynastie des Qing. Bien que ce premier essai n'ait pas eu beaucoup de succès, le français était devenu la deuxième langue étrangère avant la naissance de la nouvelle Chine grâce *à* la fondation de certains établissements financés par l'Église française dont le plus réputé est l'Université de l'Aurore.

Ensuite, le développement de l'enseignement de français a connu certaines fluctuations. Avec *Projet temporaire des établissements de formation supérieure* publié en 1950, l'enseignement de français fut rétabli en concurrence du russe et de l'anglais. Entre 1956 et 1965, l'histoire du département de français connut une période de développement rapide. Le nombre de départements de français s'éleva *à* 13 jusqu'en 1965. Cependant, *à* cause de la Grande Révolution Culturelle durant de 1967 *à* 1977, l'enseignement du français connut un recul important de ses enseignants, ses apprenants et ses ressources matérielles. Mais depuis 1978, où fut déclarée la politique《de la réforme et de l'ouverture》, l'enseignement du français connut *à* nouveau de beaux jours. Cette refondation a, en effet, entraîné une croissance rapide des départements, 35 en 2002, ainsi qu'une augmentation rapide des enseignants et des étudiants.

La Chine est entrée *à* l'OMC fin 2001, période où l'enseignement des langues étrangères s'est ouvert au marché de l'emploi. Cependant, pour des raisons économiques, politiques et commerciales, le développement de l'enseignement des langues étrangères a connu un grave déséquilibre. L'enseignement du français en Chine a dû faire face *à* la prédominance de l'anglais, mais nous verrons qu'en contrepartie, elle a pu répondre aux visées des pouvoirs publics.

Dans cette Première Partie, nous développerons plusieurs raisons concernant l'intérêt qu'il y a pour la Chine *à* s'ouvrir aux techniques didactiques modernes dans l'apprentissage d'une langue étrangère comme le français, et nous verrons ainsi pourquoi les recherches sur la motivation peuvent en constituer une clé.

— La Chine est un pays qui connaît de plus en plus de succès sur le plan économique, et aussi un pays qui a su s'imposer comme pôle de convergences dans plusieurs domaines. La francophonie est l'une de ces réalités. La francophonie, c'est l'ensemble des peuples ou des groupes de locuteurs qui utilisent partiellement ou entièrement la langue française dans leur vie quotidienne ou pour simplement communiquer. L'enseignement du français peut répondre au besoin de communication pour atteindre des objectifs commerciaux et politiques.

— L'enseignement du français répond aussi au besoin de faire ses études *à* l'étranger. Avec le développement économique de la Chine, de plus en plus de familles chinoises ont envie de laisser leurs enfants continuer leurs études *à* l'étranger. En comparaison des difficultés financières pour aller en Grande-Bretagne ou aux États-Unis, la France présente des avantages tels que le soutien gouvernemental au logement (CAF) et des droits d'études moins élevés.

— L'enseignement du français répond *à* un besoin stratégique de la Chine. La France et la Chine sont deux grands partenaires dans beaucoup de domaines différents tels que le commerce, la diplomatie, les finances, le tourisme, etc. La Chine est un marché en pleine expansion et la France possède des techniques scientifiques de pointe. Depuis l'établissement de relations diplomatiques, ces deux pays ont décidé de renforcer leur partenariat global stratégique.

— L'enseignement du FLE en Chine ne peut pas échapper aux théories communes au système d'apprentissage des langues étrangères ou secondes. Il s'agit bien de la gestion des questions de pédagogie (rôle de l'enseignant + gestion de classe) et de didactique (méthodes et techniques d'enseignement/apprentissage). Au cours du développement du FLE en Chine, les méthodes didactiques se résumaient *à* la traduction ou *à* la tradition chinoise. Les enseignants francophones de FLE et les manuels importés ont apporté en Chine de nouvelles méthodes comme l'approche communicative. Avec la transformation des méthodes didactiques *à* la chinoise, nous verrons que l'éclectisme représente un système dynamique qui répond aussi bien aux problématiques globales qu'individuelles.

Nous avons mis l'accent sur la particularité du contexte FLE en Chine：contexte de l'ATL (acquisition de troisième étrangère) et contexte de communication où l'émetteur et le récepteur ne disposent pas des mêmes compétences. Ainsi, l'enseignement des langues étrangères en Chine exige plus d'efforts de la part des professeurs. L'enseignant est ici un acteur de la transformation et la vulgarisation des cultures et des identités. Son travail consiste à favoriser les rencontres culturelles et la promotion de la diversité: en raison du concept du collectivisme chinois et de l'influence du confucianisme, au-delà de son rôle consistant à enseigner une nouvelle langue, l'enseignant est la boussole de ses apprenants qui doivent apprendre à se familiariser avec les aspects plus complexes comme la culture et l'art de vivre.

L'approche interculturelle qui se réalise grâce au professionnalisme de l'enseignant peut ainsi éviter la chute de la motivation de ses apprenants.

Chapitre 1
Histoire de l'enseignement du français en Chine

Introduction du Chapitre 1, Première Partie

Avant de commencer notre étude, nous ferons d'abord un rappel de l'histoire du développement de l'enseignement du français en Chine, ce qui constituera le chapitre 1 de notre Première Partie.

Cette histoire est bien connue en Chine grâce *à* sa longue existence et *à* son influence dans l'enseignement universitaire chinois des langues étrangères. Ce rappel systématique nous permettra aussi de comprendre l'origine de certains problèmes actuels.

Depuis 1863, où fut fondé le premier département universitaire de français en Chine, le développement de l'enseignement supérieur est passé par quatre périodes que l'on pourrait nommer naissance, développement, restauration et explosion.

1.1 Naissance：avant la libération de la Chine

Aux yeux de beaucoup d'historiens et de linguistes chinois, l'arrivée du jésuite Nicolas Trigault *à* la fin de la Dynastie des Ming, au seizième siècle, passe pour la première rencontre des Chinois avec la langue française. (ZHANG Shiwei, 2010：11)

Cependant, jusqu'*à* la défaite de la guerre Jiawu entre le Japon et la Dynastie des Qing, la Chine commença *à* attacher de l'importance aux nouvelles techniques des pays étrangers. Le premier bureau de français fut fondé en 1863 avec l'installation de la première université chinoise (Jingshi daxuetang) dans un contexte de réforme administrative, inspirée du modèle japonais (CHEN Xiangyang, 2005：77-86). En 1902, ce fut la fin de la première université, pourtant le bureau de français fut conservé dans une nouvelle université, dont le nom fut Jingshidaxuetang, à l'origine de l'Université de Beijing. Bien que les historiens chinois considèrent cet essai comme un échec à cause de l'opposition des gouverneurs conservateurs, nous ne négligerons pas l'importance historique du développement du français. Pendant cette période, le français devint la deuxième langue étrangère après l'anglais, et cet essai favorisa la véritable naissance de l'enseignement universitaire du français en Chine. Une autre preuve de cette influence est l'appellation《Université de l'Aurore》qui vient de la formule《Per Auroram ad lucem》pour désigner cette université.

Le deuxième département de français fut créé en 1903 à l'Institut Zhendan de Shanghai, Université de l'Aurore, dont le fondateur fut un jésuite chinois MA Xiangbo. Cet établissement supérieur était indépendant du Ministère de l'Éducation chinois: il n'accepta que le soutien financier de l'Église et du gouvernement français. À l'intérieur de cet établissement, tout est inspiré du modèle universitaire français comme les cours et le diplôme délivré. Bien qu'il y ait eu pendant cette période beaucoup d'établissements d'enseignement soutenus par l'Eglise, les exemples de réussite ne furent pas très nombreux. En fait, au-delà du programme d'enseignement scientifique, c'est l'enseignement laïque qui devenait l'enjeu.

À l'Aurore, les étudiants de première année suivirent leurs cours en chinois et en français, et à partir de la deuxième année, tous les cours furent obligatoirement en français. En 1918, le gouvernement français confirma la validité du diplôme de l'Aurore. Sans aucun doute, le développement de l'Aurore fut considéré comme un grand succès dans l'histoire de l'enseignement supérieur dans l'époque moderne chinoise, même s'il fut influencé par les deux guerres mondiales et la Guerre de Libération en Chine. En 1952, le gouvernement de la République Populaire de Chine récupéra le contrôle de cet institut.

Pendant ces dernières années, nous avons vu paraître en Chine nombre d'ouvrages et d'articles qui présentaient l'histoire de l'Aurore: *Study on the History of Modern Higher Education Exchang between China and France*, ZHANG Shiwei ; *Aurora university and Chinese-French educational exchange*, WANG Weijia(2008: 92-98); *Concurrence culturelle dans l'histoire moderne de Shanghai entre la France et les Etats-Unis*, WANG Weijia(2007: 116-124, 200-201). Grâce à leurs recherches, nous pouvons trouver facilement les preuves convaincantes de la réussite de cette université tant quantitativement que qualitativement.

Tableau 1：Nombre des étudiants de l'Université de l'Aurore (ZHANG Shiwei, 2012：17, 20, 23, 27)

Année	1904	1908	1924	1948
Nombre d' étudiants	80	172	392	1300

Mis *à* part le nombre des étudiants, l'enseignement de l'Université était de bonne qualité, surtout dans le domaine de la médecine. Jusqu'en 1934, l'Aurore a formé 89 docteurs en médecine. Dans les années 1940, au moins 75% de médecins chinois vinrent de l'Aurore. L'Aurore devint clairement un bon exemple de la coopération universitaire entre la France et la Chine et contribua beaucoup *à* la société chinoise.

En ce qui concerne la deuxième plus grande université financée par l'église française en Chine, l'Université de commerce et de technologie de Tianjin, il n'y eut que 1272 diplômés entre 1923 et 1951, avant d'être récupérée par la Chine nouvelle. En fait, *à* partir de l'année 1927, l'Université de commerce et de technologie de Tianjin décida d'utiliser l'anglais comme langue de cours au lieu du français. Pour cette raison, bien qu'il y eût d'autres départements de français dans les universités chinoises pendant cette période, leur réputation, leur influence et leur compétence d'enseignement n'est pas comparable *à* celles de l'Aurore.

Dès la fin de la Dynastie des Qing, au cours du 19ème siècle et du 20ème siècle, la Chine était devenue une société semi-coloniale et semi-féodale. Elle subit une forte agitation sociale, une stagnation économique, des ingérences et des invasions de plus en plus marquées de la part des puissances étrangères. Toute la nation chinoise s'enfonça dans la guerre, la famine, la maladie etc.

L'enseignement supérieur ne contribua beaucoup *à* la société chinoise que dans le domaine politique, comme le mouvement du 4 mai 1919. Ce mouvement a été déclenché par l'échec de la diplomatie chinoise *à* la conférence de la paix de Paris en 1919. Ce jour-*là*, un mouvement patriotique qui s'est déroulé *à* Beijing et auquel un grand nombre de personnes ont participé (citoyens, hommes d'affaires, et surtout de jeunes étudiants) a pris diverses formes telles que des manifestations, des pétitions, des grèves et des affrontements violents contre le gouvernement de la République. C'était le mouvement patriotique total du peuple chinois contre l'impérialisme et le féodalisme. (LIU Jingfang, 2009：3-11) Par ce mouvement, les intellectuels voulaient contribuer *à* une intense fermentation intellectuelle et *à* une radicalisation de la vie politique. Ils voulaient trouver un moyen de sauver la Chine par la polémique dans des revues telles que *La Jeunesse* créée par CHEN Duxiu, futur fondateur du Parti Communiste. HU Shi, professeur de l'Université de Beijing, diplômé en doctorat aux Etats-Unis, était le seul expert brillant à demander moins de débat, plus de recherche. Pourtant, cette proposition n'eut aucune popularité.

En résumé, par le contact avec les pays étangers, l'enseignement du français vit le jour avant la liberté de la nation chinoise, mais resta en germe.

1. 2 Développement de l'enseignement du français après la libération de la Chine

Nous considérons que le premier octobre 1949, le jour de la fondation de la Chine Nouvelle, République Populaire de la Chine, marque le développement de l'enseignement supérieur en Chine. En 1950, la déclaration du *Projet temporaire des établissements de formation supérieure* approuvé par le Conseil des Affaires d'État ouvre un nouveau chapitre du développement de l'enseignement supérieur en Chine.

À partir de ce jour-là, le gouvernement chinois se mit à réfléchir au développement des établissements de l'enseignement supérieur, y compris les départements des langues étrangères. Nous allons présenter ce développement en trois parties: refondation, développement et récession.

1. 2. 1 Refondation

L'enseignement du français, mais aussi d'autres spécialités universitaires eurent besoin de refondation après une trentaine d'années de guerre sur le territoire de la Chine. Pendant cette période, l'attraction de la Chine Nouvelle et l'esprit du relèvement national de la Chine incarné par le Président MAO Zedong, - dû au fait que depuis la Guerre de l'opium, les Chinois vivaient dans une société semi-coloniale, semi-féodale -, jouèrent un rôle définitif et important pour encourager les enseignants, comme les travailleurs d'autres métiers. Aux yeux des contemporains, ils devenaient les patrons du pays pour la première fois dans toute l'histoire chinoise et voulaient contribuer à ce qu'ils possédaient. Beaucoup de diplômés chinois, tels que le mathématicien HUA Luogeng, les physiciens QIAN Xuechen et DENG Jiaxian, le géographe LI Siguang, résidant à l'étranger ou d'étrangers d'origine chinoise vinrent contribuer à l'édification socialiste après avoir surmonté beaucoup de difficultés à cause de la confrontation politique entre la Chine et les pays capitalistes. Cela aidait le pays à prendre les expériences des pays étrangers pour référence.

Entre la libération de la Chine et la fin 1950, il y eut au total 5096 étudiants chinois rentrant des pays étrangers dont 190 vinrent de France(LI Lingge, ZHAO Wenyuan, 2003：99-101). Pour le nouveau gouvernement chinois, ces 190 étudiants réalisèrent la refondation de l'enseignement universitaire de français.

En raison de la relation politique entre la Chine et l'Union soviétique, le russe devint d'abord la première langue étrangère pendant les années 1950. L'ancien premier ministre ZHOU Enlai émit le décret gouvernemental, *Projet du développement technique et scientifique au long terme entre 1956 et 1967* qui prit l'initiative d'établir l'enseignement du russe avant d'autres langues étrangères dans les universités chinoises. À cause de la guerre en Corée du nord contre les États-Unis et d'autres pays capitalistes, presque toutes les relations diplomatiques furent coupées avec les pays occidentaux et le soutien financier du gouvernement français pour l'enseignement universitaire comme l'Aurore fut clairement arrêté. Le développement de l'enseignement du français ne put compter que sur les ressources chinoises. Si l'on en croit la mémoire des étudiants diplômés de la première génération de Beiwai, Institut des langues étrangères de Beijing, SITU Shuang, CHEN Zhenyao, il n'y eut pas de professeur français dans les années 1950; leur seule lectrice étrangère fut russe (CHEN Zhenyao, SITU Shuang, 2010：40-46). Cela permet d'expliquer la difficulté du développement du français.

En même temps, la refondation du département de français ne fut pas arrêtée. Afin de répondre au développement économique et diplomatique de la Chine Nouvelle, en 1950, 2 départements de français (WANG Huide, CAO Deming, 2005：2) furent ouverts dans les universités ou instituts chinois, bien qu'au début, les professeurs n'aient pas eu d'expérience, ni de manuel, ni de programme commun. ZHANG Yanling, étudiante de français, qui entra *à* Beiwai en 1950 se souvient qu'il n'y eut qu'une classe de 40 étudiants pour la première année du recrutement(ZHANG Yanling, 2010：50).

Pendant cette période, la refondation de la discipline française se réalisa et jeta les bases de son développement pour les années suivantes.

1. 2. 2 Développement

Entre 1956 et 1965, l'histoire du département de français connut une période de développement, avec les quatre caractéristiques suivantes：

—Son nombre augmenta rapidement：

En ce qui concerne le nombre de départements de français, il s'éleva *à* 13 jusqu'en 1965. L'

Institut des langues étrangères de Shanghai, l'Institut des affaires étrangères de Chine (1956), l'Université de Zhongshan (1957), l'Université de Nanjing, l'Institut des langues étrangères de Xi'An, l'Institut de la relation internationale (1958), l'Institut des langues étrangères de Sichuan, l'Institut du commerce de Shanghai (1960), l'Université des Langues et Cultures de Pékin, l'Institut des Langues étrangères N°2 de Pékin (1964) et l'Université des Etudes étrangères du Guangdong (1965) ouvrirent des départements de français dans cette période d'or.

—La deuxième caractéristique est la spécialisation:

Parmi les treize établissements, il y en eut onze spécialisés en langues. La première raison fut l'incapacité à soutenir la construction des départements dans les universités générales. Et surtout l'objectif de l'enseignement en langue dans cette période se concentra sur l'interprétation et la traduction pour les affaires étrangères. Selon les souvenirs des contemporains indiqués ci-dessus, les cours de français occupèrent 80% des cours totaux. Par rapport à cette particularité, les établissements spécialisés eurent leurs propres avantages.

— Ces treize établissements se trouvent principalement dans les grandes villes: Beijing(6), Shanghai(2) et Guangzhou(2).

Cela répondait à un principe important de cette période où l'accent était mis sur le besoin politique. Les deux plus grandes villes économiques, Shanghai et Guangzhou, prirent la tête dans le développement de l'enseignement du français.

— Enfin, la diplomatie a joué un rôle important:

A l'initiative du général de Gaulle, la France établit un dialogue diplomatique avec la RPC le 27 janvier 1964. Avec l'aide du gouvernement français, le développement du département de français reçut plus de facilités administratives.

En conclusion, le soutien du gouvernement et l'esprit d'initiative des enseignants ont agi ensemble pour le développement de la discipline du français. Nous avons consulté les documents du département de français de l'Université des langues étrangères de Beijing (Beiwai). Avant la Révolution Culturelle, Beiwai recrutait 120 lycéens chaque année: il y avait 450 étudiants et 80 enseignants chinois et étrangers, trois fois le nombre des enseignants actuels. Mais la Grande Révolution Culturelle arrêta ce processus rapide.

1. 2. 3 Récession

La Grande Révolution Culturelle représente l'un des événements marquants dans l'histoire de la Nouvelle Chine et son retentissement politique, social et même international fut considérable.

Nous ne voulons pas reprendre ici toutes les activités de la Grande Révolution Culturelle, mais souligner son impact pédagogique sur l'enseignement du français pendant cette révolution. De 1966 *à* 1970, toutes les universités chinoises furent obligées d'arrêter le recrutement. Par contre, tous les professeurs et étudiants allèrent *à* la campagne afin d'éprouver la vie des paysans et de se rééduquer au socialisme. Dans les meilleures universités chinoises, telles que l'Université de Beijing, l'Université normale de Beijing, les jeunes condamnaient les professeurs parce que les professeurs ne voulaient pas arrêter les cours en classe. Outre ces traitements qu'ils eurent *à* subir, les professeurs chinois ne purent pas défendre certains matériels pédagogiques nécessaires qui furent détruits (ZHOU Quanhua, 1997：7-11; 25-33). En 1971, l'Université des langues étrangères de Beijing reprit le recrutement des étudiants sur la demande du Conseil des Affaires d'État. Mais *à* cette période-*là*, presque tous les lycéens étaient allés volontairement *à* la campagne selon la lettre initiative du président du Parti Communiste chinois MAO Zedong.

Aujourd'hui, les impacts sur l'enseignement du français peuvent se résumer *à* deux points principaux：

—D'abord la perte d'étudiants. Cependant une ou deux universités de Beijing ou de Shanghai recommencèrent le recrutement annuel de《Gong Nong Bing》(ouvriers, paysans, soldats) *à* partir de 1971. Mais leur niveau de connaissances fondamentales ne pouvait pas être assuré car ces étudiants n'étaient plus lycéens, mais ouvriers, paysans ou soldats, et ils vivaient difficilement l'écart avec le niveau de compétences des étudiants recrutés par le concours. Pour le concours national d'entrée universitaire, l'université faisaient la sélection parmi les enfants issus des《cinq Espèces rouges》：fils de paysans pauvres, d'ouvriers, de martyrs, de soldats et de cadres révolutionnaires. Il y avait des étudiants compétents parmi eux, mais la pere de bons étudiants issus de concours ordinaires était évidente.

—Et puis, la perte de ressources matérielles.

Afin de liquider l'idéologie bourgeoise et d'implanter l'idéologie prolétarienne, les gardes rouges avaient détruit des matériels pédagogiques qui étaient considérés *à* leurs yeux comme instruments de propagande de l'esprit capitaliste.

Voici l'exemple du département de français de l'Université des langues étrangères de Beijing：

Tableau 2: Etudiants de français à Beijing

Année	1950	1965	1966-1970
Nombre d'étudiants	40	450	0

D'un autre côté, entre 1971 et 1976, le Ministère d'Education chinois rouvrit dix autres nouveaux départements de français, principalement dans les universités générales et normales. La croissance du nombre des départements de français pouvait ainsi d'une part répondre au manque d' interprètes et des traducteurs causé par la grande révolution et d'autre part former à la fois les connaissances linguistiques et spécialisées des étudiants.

1. 3 La réforme et l'ouverture.

Bien que l'enseignement de français recommence en 1971, nous ne définissons la période de la restauration qu'entre 1977 et 2001, parce qu'en 1977, le gouvernement venait de rétablir le système du concours national d'entrée universitaire. En 2001, la Chine est devenue finalement membre de l'OMC. Pendant cette période, le développement de l'enseignement universitaire du français a fait preuve de quatre particularités.

—La première particularité est l'augmentation du nombre des départements de français. Jusqu'en 2002, il y avait au total 35 départements de français par rapport à 23 en 1972, dont 350 enseignants et 4000 étudiants. Mais la tendance de cette augmentation était loin d'être stable. Entre 1978 et 1995, il n'y a eu que 7 nouveaux départements. Dans les années 1980, à cause du manque des enseignants et de la lenteur du développement économique, il n'y a eu aucun nouveau département de français. C'est seulement à partir de l'année 2000 que débutera une nouvelle période d'or de la discipline du français en Chine. En vue de la préparation aux langues étrangères destinées à l'intégration économique dans le monde entier et de l'entrée dans l'OMC, cinq nouveaux départements de français s'ouvrirent en 2000 et en 2001.

—La deuxième particularité est la bipolarisation des enseignants chinois. À cause de la suspension de la formation universitaire au cours de la Grande Révolution Culturelle, on manquait de professeurs pendant cette période, surtout de professeurs d'âge moyen. Les professeurs âgés étaient obligés de rester en première ligne de l'enseignement, même s'ils n'avaient plus assez d'énergie ni de motivation. L'université n'avait alors pas d'autre choix que de former rapidement de jeunes enseignants.

En 2002, la Commission nationale de la direction de l'enseignement universitaire de français a montré en quelle année les 350 enseignants de français avaient été recrutés：

Tableau 3：Enseignants de français

Année de travail	Avant 1970	Dans les années 70	Dans les années 80	Dans les années 90	Après 2000	Total
Nombre	98	96	59	66	31	350
Pourcentage	28%	27%	17%	19%	9%	100

E lle montre aussi que la moitié des enseignants de français avaient plus de 55 ans. Selon la loi chinoise concernant les retraites, plus de 100 professeurs ou maîtres de conférence étaient ou allaient partir *à* la retraite en 2002. Parmi les 35 départements de français, 30 rencontraient ce problème de la bipolarisation. Dans 9 instituts, il n'y avait même aucun jeune enseignant. Selon l'enquête de WANG Huide, parmi 350 enseignants en 2002, il y avait 20% de professeurs, 47% de maîtres de conférence, 18% de maîtres-assistant et 15% d'assistants. Bien que le pourcentage important des titres de fonction (professeur et maître de conférence) indique une grande compétence dans l'enseignement du français, le problème du renouvellement des générations se pose dans un futur proche. Aux yeux de WANG Huide(2005), il existe des problèmes de générations de professeurs dans trente universités sur trente-cinq. Dans quelques universités, le recrutement des professeurs avait été arrêté il y a vingt ans. Afin de surmonter cette difficulté, 18 universités ont été obligées de publier des offres d'emploi pour recruter des diplômés en licence (la licence chinoise est égale *à* BAC+ 4).

En même temps, beaucoup de jeunes enseignants profitaient de l'efficacité de la formation *à* l'université. Pendant cette période, afin d'aider les jeunes enseignants chinois et promouvoir le développement *à* long terme du département, les universités ont publié certaines politiques spéciales pour les encourager *à* poursuivre leurs études en master et en doctorat. Ces aides étaient généralement des soutiens financiers. Grâce *à* ces soutiens, certains d'entre eux sont devenus chef du département de français ou président de l'université par exemple *à* l'Université des études internationales de Shanghai, *à* l'Institut des langues étrangères de Sichuan, ou encore *à* l'Université des langues étrangères de Xi'an.

— La troisième particularité est le commencement de la normalisation de la formation universitaire de français, y compris le cadre de formation, le manuel et la création de la Filiale de français de la Commission nationale de la direction de l'enseignement supérieur des langues étrangères du Ministère de l' éducation, etc. En 1978, l'Université des langues étrangères commença à établir l'examen de sélection en master et définissait quatre dimensions: sciences du langage, littérature, traduction et civilisation. Cette quadripartition uniformise durablement les études de français en Chine. Pendant cette période, le Ministère de l'Éducation confia à la Filiale de français la planification du TSF4 et du TSF8 pour examiner les niveaux des étudiants de français. A présent, ces deux examens nationaux sont devenus les plus importants.

— La dernière particularité est la fondation de trois cycles de formation: licence, master et doctorat. En 1978, l'Université des langues étrangères de Beijing fut la première à créer des masters. Aujourd'hui, il y en a 30. En 1981, l'Université de Nanjing fut la première qui recruta les doctorants. Aujourd'hui, il y a 6 établissements de formation supérieure qui ont le droit de diriger une thèse. Chaque année, le nombre des admis est limité à 18. Bien que cette quantité ne soit pas suffisante pour améliorer la poursuite de la formation des jeunes enseignants chinois, cette fondation ouvre sans aucun doute un nouveau chapitre du développement de l'enseignement de français.

En fait, bien que cette restauration soit impressionnante, le français s'est développé moins vite par rapport au développement universitaire chinois de cette période-là. Entre 1998 et 2002, les universités chinoises ont toutes commencé à recruter de plus en plus d'étudiants avec le soutien du Ministère de l'Education chinois. Selon WANG Huide, en 1998, la totalité du recrutement des lycéens chinois était d'un million quatre-vingts mille, et en 2002, trois millions quatre cent mille. Le chiffre a triplé, contre une augmentation de 46% de celui des départements de français. Aujourd'hui, quand nous interrogeons les universités chinoises sur l'impact négatif de cette expansion, nous ne pouvons pas nier sa nécessité historique et son importance pratique pour le développement futur.

Trois raisons suscitent l'expansion de l'éducation supérieure. La première raison est le besoin du développement social... En 1999, le Conseil des Affaires d'État a élaboré《la stratégie de redressement de l'éducation supérieure face au nouveau siècle》dont l'un des objectifs principaux était d'améliorer la qualité et le niveau d'enseignement de la population chinoise. La deuxième raison c'est le besoin de développement économique. À partir de l'année 1997, en face de la crise financière de l'Asie du sud-est, le gouvernement chinois considère le développement de l' *éducation supérieure comme le soutien le plus important pour surmonter les difficultés économiques et étendre le marché intérieur. La troisième raison est la sortie du piège que représentait une éducation uniquement axée sur l' examen. En Chine, ce sont non seulement des parents, des lycéens, mais aussi toute la société chinoise qui ont pris de plus en plus en considération les problèmes de cette' éducation secondaire. C' est dans ce contexte que le gouvernement chinois a décidé de faciliter l' entrée universitaire aux lycéens* . (KANG Ning, 2000：31-38)

En tant que vice-chef du bureau général du Conseil des Affaires d' État, l' explication de KANG Ning porte sur la compréhension officielle du gouvernement de cette période-là. Et ces trois raisons ont aussi été vérifiées. Ici, nous ne voulons pas analyser si l' orientation de cette décision est correcte. En tout cas, aujourd' hui, les résultats nous permettent de conclure à deux résultats importants de la restauration：moins de qualité et niveau moins élevé du recrutement d' entrée à l' université via le Gaokao, et moins d' accès au recrutement professionnel après la fin des études universitaires.

D' un autre côté, cette rapidité dans le développement des départements de français a épargné le risque du chômage. À partir de l' année 1996, le gouvernement ne s' occupait plus des travaux des diplômés universitaires sauf des étudiants des écoles militaires. À cette période, toutes les universités chinoises faisaient face à des problèmes d' embauche. Selon le journal《The Economic Observer》du 14 juillet 2003, jusqu' au 20 juin 2003, 40% des diplômés chinois en licence n' avaient pas encore trouvé de poste acceptable. Selon WU Yaowu, ZHAO Quan (2010：93-108), XING Chunbing, LI Shi (2011：1187-1208) et CHEN Hongling (2008：25-27), en même temps que se confirmaient les avantages de l' expansion de l' éducation supérieure (tels que le niveau de connaissances de la population chinoise et la contribution au développement économique), le niveau de la demande, l' absence d' expérience et l' inadaptation des connaissances aux besoins sociaux sont devenus les trois obstacles majeurs des diplômés chinois.

Une autre étude sur l' ajustement du salaire des nouveaux diplômés chinois après l' expansion (YUAN Huiguang, 2010：3) a aussi montré que les jeunes avaient de plus en plus de problèmes à l' embauche, parce qu' avec l' augmentation de la concurrence sur le marché de l' emploi, la baisse du salaire était devenue un obstable majeur pour trouver un bon emploi.

Par chance, la restauration du français a objectivement évité le piège《plus de recrutement, plus de chômeurs》. D' autre part, cette restauration a conservé l' opportunité du développement futur. Bien qu'après la Grande Révolution Culturelle, l'importance de l'anglais dans l'éducation et le manque d'enseignants satisfaisants aient restreint le développement de la discipline du français, cette restauration progressait par étapes et a réalisé une grande contribution au développement d'aujourd'hui. D'abord, c'est une période propice à la formation d'enseignants qualifiés. La création de trois cycles permettait aux jeunes enseignants de poursuivre leurs formations en master ou en doctorat. En outre, l'orientation de la formation est devenue plus variée. Certaines universités ont commencé à tester des formations comme《français + commerce》,《anglais + français》ou《français + tourisme》, etc. C'est LI qui a proposé la formation composée qui consiste en une compétence composée des étudiants. (LI Zhiqing, 2005: 35-40) Aujourd'hui, cette proposition a reçu l'accord du grand public. Par ailleurs, un meilleur contrôle de la restauration du français facilite l'entrée sur le marché de l'emploi des étudiants. Cela ne signifie pas seulement la limite des demandes sur le marché de l'emploi mais aussi la garantie de la qualité de l'enseignement. Ces deux facteurs jouent un rôle important dans la prospérité de la discipline de français.

1. 4 Explosion du français et globalisation.

La globalisation économique et l'entrée à l'OMC sont les forces motrices du développement des spécialités des langues étrangères en Chine.

Après la fin de l'année 2001 où la Chine est devenue finalement membre de l'OMC, une nouvelle ère s'est ouverte pour la formation supérieure en langue étrangère (ZHUANG Zhixiang, LIU Huachu, XIE Yu, YAN Kai, HAN Tianlin, SUN Yu, 2012: 41-48; CHEN Naifang, 2001: 23-25).

Avec l'augmenation du taux de chômage des étudiants chinois, les besoins du marché de l'emploi sont décisifs pour le recrutement des lycéens et la vigueur de la discipline. Après l'entrée à l'OMC, le marché chinois a pris une vigueur énorme et offert de vastes perspectives qui intéressaient les inverstisseurs étrangers. Au fur et à mesure que s'approfondissait la politique d'ouverture de la Chine et que s'accroissait sa puissance économique, les relations entre l'économie chinoise et l'économie mondiale sont devenues plus étroites. De plus en plus d'entreprises internationales s'installaient en Chine grâce à la disparition des barrières commerciales, de sorte qu'elles pouvaient partager les fruits du développement économique de la Chine. À ce moment-là, les spécialités de langues étrangères ont montré tous leurs avantages en matière de communication et d'adaptation au marché. Le grand nombre de diplômés de langues étrangères répondait aux besoins du marché et au problème du taux élevé de chômage des licenciés pour les universités chinoises. Entre 2002 et 2005, le nombre des départements de français est passé de 31 *à* 59. En fait, cette tendance d'augmentation ne s'est jamais ralentie.

Selon les données de la Filiale de français de la Commission nationale de la direction de l'enseignement supérieur des langues étrangères du Ministère de l'éducation, l'augmentation du nombre des établissements supérieurs de français est considérable et convaincante.

Tableau 4: Augmenation du nombre des établissements supérieurs de français

Année scolaire	05-06	06-07	07-08	08-09	09-10	10-11	Croissance Moyenne
Nombre des départements	59	69	78	86	93	103	8, 6
Taux de croissance annuelle (%)	-	16, 95%	13, 04%	10, 26%	8, 14%	10, 75%	11, 9%
Nombre des étudiants	2132	2371	2639	3406	3461	3857	345 par an
Taux de croissance annuelle (%)	-	11, 2%	11, 3%	29, 06%	1, 61%	11, 38%	12, 7%

À part l'augmentation du nombres des étudiants de français et des départements, le nombre de professeurs a augmenté aussi. Jusqu'en 2010, il y avait 736 enseignants de français dans 93 établissements supérieurs contre 393 en 2006. Bien que toutes les universités aient essayé de recruter des diplômés comme jeune enseignant, il en manquait quand même environ 200. Ce gros recrutement des étudiants et des enseignants a apporté beaucoup de problèmes tels que le manque d'expérience des jeunes, la difficulté *à* normaliser l'enseignement, l'inorganisation des activités scolaires, etc. Parmi ces 736 enseignants, il y avait 91 professeurs, 196 maîtres en conférence et 449 jeunes enseignants titulaires. En comparaison avec les années de la première période d'explosion (2001—2005), une autre particularité est que le niveau des diplômes des enseignants a marqué une tendance *à* l'amélioration. (CAO Deming, WANG Wenxin, 2011：6-7). Parmi ces 736 enseignants, il y avait 106 doctorats et 430 masters et les enseignants en licence étaient plutôt les plus âgés et expérimentés.

Outre l'augmentation du nombre des départements de français, la coopération universitaire franco-chinoise est aussi en pleine expansion. Par rapport à la période de la restauration, les universités chinoises attachent de l' importance à la coopération internationale. Selon notre enquête, la moitié des universités chinoises, environ une cinquantaine, a établi une coopération à des niveaux différents. Les projets d'échanges des étudiants, de coopération des recherches ou de l'éducation et de cotutelle, tels que la coopération entre l'Institut Normal de Huaiyin et l'Université de Toulouse II, le projet de formation 3+ 1 entre l'Institut indépendant d'arts et de science de l'Université Normale de Yunnan, et le projet de formation à la française de l'Université de Communication de Chine, sont devenus très populaires parmi les étudiants chinois en licence, en master ou en doctorat. Si ce sont des projets intéressants pour les départements de français, l'exemple de l'Université de Wuhan est plus concluant aux yeux de l'université chinoise. Au séminaire de 2011 des enseignants de français en Chine organisé par l'Ambassade de France, le doyen de l'Université de Wuhan, le responsable de l'Université de Lyon I et l'attaché de service culturel de l'Ambassade de France, ont présenté les particularités de cette coopération pour la spécialité de physique. Ce projet visait à former les meilleurs lycéens qui sont forts non seulement en français, mais aussi en mathématiques. Pendant les deux premières années à Wuda (Université de Wuhan), les étudiants font leurs études de physique et de français assidûment et avec efficacité. Ils doivent saisir assez de connaissances en physique comme les autres étudiants de la même spécialité, mais aussi maîtriser le français. Ensuite, ils peuvent entrer à l'université de Lyon I en licence II de physique après avoir réussi le concours. Selon la convention universitaire, les étudiants chinois obtiendront deux diplômes nationaux. Dans ce cas-là, toute l'université peut profiter de l'enseignement du français.

Nous avons vérifié le développement de ce type de coopération.

> *Au début, à cause du manque d'expérience, peu d'étudiants choisissent ce projet. Cependant, après quelques années d'essais, certains de nos étudiants entrent finalement à Polytechnique, dit le fondateur de ce projet, M. WANG Zhan, professeur à Wuda, ces mérites attirent de plus en plus d'attention des étudiants. En 2010, deux étudiants choisissaient notre projet par le concours national d'entrée universitaire (Gaokao) en abandonnant l'opportunité d'aller à Beida.*

Nous avons fait notre enquête parmi plus de 300 étudiants de première année dans quatre universités différentes. Il n'y a que 10% des étudiants de français qui n'ont pas envie de faire leurs études *à* cause du manque d'argent. Parmi ces 90% des étudiants qui votent OUI, le déplacement en France semble *à* leurs yeux une motivation importante de choisir la spécialité française grâce *à* la richesse du patrimoine de la culture française.

Pourquoi de plus en plus d'universités chinoises et leurs étudiants ont-ils l'intention d'aller en France?

D'abord, le développement économique leur en apporte la capacité financière. Sous la présidence du gouvernement de HU Jintao et WEN Jiabao, la Chine a réalisé une croissance de plus de 10% du revenu moyen des personnes. Et en même temps, la consommation s'est beaucoup accrue, en particulier les droits accordés pour poursuivre des études ont déj*à* augmenté deux fois en dix ans. Donc, aux yeux des parents chinois, la vie en France représente un avantage relatif et n'est plus un choix de luxe.

Deuxièmement, les établissements d'enseignement chinois et français ont besoin d'établir des relations internationales. En raison des difficultés historiques et politiques, la Chine est restée en arrière dans beaucoup de domaines de recherches. La coopération semble un moyen facile de connaître des techniques de pointe. Et en même temps, le grand marché chinois avec sa forte population potentielle *à* scolariser attirent l'intérêt des universités françaises. Deux types de coopération se présentent：échange universitaire et fondation de centres de recherches. Chaque année, le Ministère de l'Éducation chinois choisit une dizaine de jeunes enseignants pour se recycler en France. La majorité des jeunes enseignants peuvent aussi participer selon leur volonté aux stages de formation *à* court terme qui sont organisés par l'Ambassade de France ou par les universités françaises. De plus en plus de centres de recherches ont été fondés pendant ces dernières années. Dans le nord-est de la Chine, l'Institut des langues étrangères de Dalian a créé un centre d'études au Canada dans la province du Québec. L'Université de Wuhan, dont nous venons de parler, a établi une revue avec l'Université de Tours.

Troisièmement, l'expérience professionnelle ou éducative *à* l'étranger devient une condition favorable au recrutement pour les étudiants. Avec le taux élevé du chômage, les jeunes sont de plus en plus attentifs besoins des entreprises. Au cours de la sélection du recrutement, outre la demande concernant la langue, les entreprises préfèrent sans doute les étudiants ayant une expérience *à* l'étranger. Elles pensent que cette expérience apporte aux étudiants une facilité de communication avec les étrangers ainsi qu'une adaptation aux habitudes internationales.

Non seulement la quantité, mais la qualité de l'enseignement de français s'améliore aussi. Jusqu'en 2009, le Ministère de l'Éducation chinois a délivré aux neuf départements de français trois cours jugés excellents au niveau national et six cours jugés excellents au niveau de la province. Bien que ce ne soit pas beaucoup en comparaison avec l'anglais, c'est beaucoup plus, comparé *à* d'autres langues.

Dans le domaine de l'élaboration du manuel, avant 2002, il n'y avait qu'un manuel national, 《Le français》, dont les textes paraissaient inadaptés avec des extraits de théâtre d'Eugène Ionesco ou de Karl Marx, les souvenirs personnels de Paul Lafargue. Maintenant, ces textes la n'intéressent plus la génération née après les années 1990.

Par ailleurs, ce livre contient aussi des erreurs de ponctuation, de typographie, des soucis d'impression. Avec l'investissement financier de l'université et du ministère, il est maintenant possible de rédiger de nouveaux manuels. Selon notre enquête partielle, il y a une cinquantaine de manuels de spécialité de français, dont une dizaine de livres importés de France, et une dizaine de livres de référence. La diversité des manuels de français apporte aux professeurs des choix variés et aux étudiants l'intérêt d'acquérir la connaissance culturelle et linguistique de la France.

L'apparition des dictionnaires dans tous les domaines indique aussi l'explosion du développement de l'enseignement de français. Avant la fin de la Grande Révolution Culturelle, les enseignants n'avaient *à* leur disposition qu'un 《Dictionnaire français-chinois》 (GAO Daguan, 1964) et un 《Dictionnaire chinois-français synthétique》 (XU Zhongnian, 1976) pour des raisons politiques et financières. Mais pendant ces dix dernières années, ont été publiés une vingtaine de dictionnaires de tous les domaines: technique, scientifique, linguistique ou grammatical. Le dictionnaire le plus populaire aujourd'hui s'intitule 《Dictionnaire Larousse de la langue française avec explications bilingues》 (2001).

Mise *à* part la rédaction des dictionnaires, les enseignants chinois font de plus en plus attention aux publications. De 2006 *à* 2009, les enseignants chinois ont rédigé 1453 mémoires, 358 manuels ou livres de référence et 91 livres de littérature. Parmi les articles publiés de toutes les spécialités des langues étrangères, les ouvrages de français n'occupent encore que 2, 28% des publications mais bien que le français ne joue qu'un rôle très limité par rapport au développement de la spécialité d'anglais, l'explosion du développement de recherches sera considérable avec les fondations des départements de français de plus en plus nombreux.

Après avoir résumé la situation du français en Chine, son explosion et ses particularités, nous devons aussi en analyser les causes afin de réaliser une réflexion sur cette croissance rapide. À nos yeux, il existe deux avantages《absolu et relatif》*à* cette explosion.

Tout d'abord, l'avantage considéré comme absolu est le choix du marché. Depuis la Grande Révolution culturelle, la discipline《français》offre toujours des avantages pour le recrutement, même après l'explosion. En 2009, selon l'enquête de l'Académie sociale chinoise, le français était considéré comme la première discipline selon le classement des rémunérations. En 2012, une enquête officielle indiquait que le revenu moyen des étudiants de français était le plus haut parmi toutes les spécialités chinoises, six mois après avoir quitté l'université. Globalement pendant ces dix dernières années, la relation franco-chinoise s'est développée vite après 2001. Bien qu'il existe des malentendus et des conflits[①], ces deux pays ont fait une《Déclaration conjointe franco-chinoise sur le renforcement du partenariat global stratégique》qui est un symbole important du développement de la relation entre la France et la Chine.

En même temps, l'installation des filiales des entreprises chinoises de plus en plus nombreuses en Afrique a occupé une place importante dans le recrutement. Depuis l'année 2000, surtout après l'entrée *à* l'OMC, l'échange commercial sino-africain a réalisé taux moyen de 30% par an, passant de 10, 6 billards de dollars *à* 166, 3 billards de dollars. D'après notre enquête sur l'avenir professionnel des étudiants de français dans quatre universités, quasiment un tiers choisit l'Afrique. Aujourd'hui en effet de plus en plus de jeunes chinois rencontrent chaque année des problèmes de recrutement, car le marché de l'emploi n'offre que cinq millions de postes contre sept millions de nouveaux diplômés. Le développement de chaque spécialité est donc lié au taux de recrutement des étudiants.

L'avantage relatif vient du choix des familles des étudiants. Après l'anglais qui est aujourd'hui encore la première langue étrangère en Chine, la deuxième langue étrangère, le japonais, a perdu sa vigueur. À cause des problèmes nationaux et politiques, le Japon est en train de perdre son importance économique en Chine et de moins en moins de familles chinoises laissent aller leurs générations suivantes au Japon. Les langues européennes sont alors devenues les choix des Chinois. En comparaison des difficultés financières pour aller en Grande-Bretagne ou en Allemagne, la France présente des avantages tels que le soutien gouvernemental du logement

① cf la flamme olympique *à* Paris, le 4 novembre 2010.

(CAF) et des droits d'études moins élevés.

Bien entendu, avec l'explosion marquante de l'enseignement de français au niveau de la spécialité, on rencontre aussi quelques problèmes.

D'abord, les universités chinoises développent *à* l'aveugle les départements de français. Le plein-emploi des étudiants diplômés a attiré l'intérêt des directeurs des universités, surtout pendant ces dix dernières années où les étudiants de quatrième année ont eu le des problèmes de chômage. Malheureusement, beaucoup d'universités chinoises ne prennent pas en considération le développement du département de français. Le manque de connaissances de l'enseignement de français, le manque d'enseignants capables de former en français, le recrutement aveugle des lycéens se mêlent et deviennent un obstacle au développement du français. Par exemple, le département de français de l'Institut technique et professionnel attaché *à* l'Université des études internationales de Shanghai a fermé en 2009, bien que ce premier soit soutenu par l'Université des études internationales de Shanghai qui est un des meilleurs en Chine. Nous avons analysé le cas de ce département qui avait imité l'expérience de l'Université des études internationales de Shanghai, avait invité ses professeurs et avait copié son programme de formation. Mais en même temps, il ne pouvait recruter que des lycéens beaucoup plus faibles que les étudiants de Shangwai (l'Université des études internationales de Shanghai). À cause de la différence de niveau des étudiants pour un objectif identique de formation, les étudiants ne pouvaient pas suivre les professeurs de Shangwai et étaient obligés de suivre les cours théoriques. Enfin, un grand nombre d'étudiants de cet Institut ne pouvait ni trouver de travail ni continuer leurs études *à* cause de leurs connaissances théoriques insuffisantes. Pourtant, ce n'est pas la seule difficulté. Selon les données que nous avons vues ci-dessus, entre les années scolaires 2008-2009 et 2009-2010, le nombre des départements de français a augmenté avec la baisse du recrutement des étudiants de première année. Ce déséquilibre nous indique que certaines universités ont rencontré des problèmes dans le recrutement des lycéens ou ont de leur propre initiative diminué le nombre de recrutés.

Par ailleurs, le contexte entourant l'enseignement du français n'est pas satisfaisant. À cause de l'explosion des départements de français, le développement des bibliothèques, la création de centres de langue et le recyclage des enseignants ne peuvent pas suivre *à* un tel rythme. Jusqu'*à* aujourd'hui, la majorité des départements de français pratiquent encore un modèle d'enseignement traditionnel《une classe, un enseignant, une craie et un livre》. Dans beaucoup de départements de français, les étudiants n'ont pas la télévision pour regarder TV5 ou CCTV de la chaîne française. À cause du manque du soutien financier, l'abonnement aux revues spécialisées est encore difficile. La bibliothèque du département n'existe pas ou à un niveau peu développé. Bien que les études de l'approche communicative ou d'autres outils didactiques (voir chapitre 2) aient commencé, les enseignants ne les pratiquent pas dans la réalité à cause de leurs emplois du temps trop chargés. Même pour le reste, les universités peuvent offrir le matériel moderne, mais ne peuvent pas améliorer la qualité de l'enseignement ni l'expérience des enseignants à court terme. En général, sauf dans les meilleurs départements de français en Chine, chaque enseignant chinois doit s'occuper de plusieurs classes et de cours différents, ce qui entraîne un manque de communication entre l'enseignant et les étudiants. Dans l'université chinoise, l'enseignant entre juste quelques minutes plus tôt mais s'en va immédiatement après la sonnerie pour la fin du cours. Les activités extrascolaires sont celles des associations d'étudiants qui n'ont aucune relation avec leurs connaissances de langue. Concernant la communication avec les étudiants, la difficulté de trouver un bon professeur qui ait assez de patience pour répondre aux étudiants est devenue le premier besoin. En même temps, il est difficile de critiquer les professeurs chinois, surtout dans les provinces moins développées dans le domaine de l'enseignement du français comme la province du Jilin： selon notre analyse des conditions de l'Université Normale de Changchun et de l'Institut de Huaqiao, il existe par exemple toujours des difficultés dans les emplois du temps du professeur et des étudiants, sauf pendant le week-end.

D'un autre côté, l'homogénéité des programmes d'enseignement des départements de français est une épée à double tranchant： l'explosion des départements de français augmente l'influence du français, mais leur développement ne reflète pas la différence des besoins： le programme, les projets du cours, la méthode didactique et la dimension des recherches des enseignants sont identiques dans tous les départements de français.

Nous avons engagé une enquête sur les objectifs de la formation, et 34 départements parmi les 103 départements émettent l'intention de former des étudiants qualifiés dans une direction professionnelle. Mais pour ces trente-quatre départements, il y en a onze qui n'ouvrent aucun cours professionnel. Parmi les 103 départements de français, 48 ont ouvert des cours spécialisés non-linguistiques, dont 45 sont des cours de commerce. Selon notre enquête, nous n'avons pas encore trouvé de manuel au niveau national pour le cours de commerce. Dans la majorité des cours de commerce, les professeurs décident eux-mêmes du choix du manuel, de l'avancement du cours et l'objectif du cours selon leurs désirs personnels. Le cours de littérature, le cours de grammaire française et le cours de linguistique jouent encore un rôle important dans le programme de l'enseignement de français même pour les départements qui ont présenté leurs programmes professionnels. De fait, il existe un manque de cours pragmatiques, par exemple le cours de bureautique: après quatre ans d'études universitaires, très peu de diplômés chinois savent comment taper les mots français avec des accents.

Quant *à* l'échange entre professeurs, il reste très en-deça de celui des étudiants. Bien que beaucoup d'universités aient établi des relations internationales, très peu d'universités chinoises peuvent envoyer leurs enseignants en France. Le développement de la spécialité de français doit suivre le renouvellement des connaissances *à* l'étranger et l'avancée des recherches. On ne peut pas faire des progrès sans cela. En Chine, le projet avance selon les intérêts des directeurs. Avec la démission, la retraite ou le départ du directeur, le projet peut être changé ou annulé. Cela influence le développement des relations internationales.

Enfin, les départements de français ont encore des problèmes dans le domaine des recherches, de l'utilisation des manuels de multi-média et du déséquilibre des régions chinoises. Par exemple, le développement des départements d'une région développée comme Shanghai est beaucoup plus facile que ceux des régions sous-développées. Dans la grande région de Shanghai, chaque année, le consulat de l'ambassade de France organise un séminaire de l'enseignement du français dont la participation est gratuite. Mais dans le nord-est de la Chine, pour les universités de Changchun concernées par cette étude, il n'y a pas eu cette opportunité.

1. 5 Conclusion du chapitre 1

Cette présentation ne visait qu'*à* résumer la situation actuelle de l'enseignement du français en Chine et qu'*à* chercher les causes des problèmes touchant son développement. Bien que, par cette présentation, nous ne puissions pas conclure en un mot sur la qualité du développement de l'enseignement de français, nous avons décrit un contexte susceptible d'engager les analyses didactiques qui suivent *à* propos des particularités de l'enseignement de français en Chine.

Chapitre 2
Le contexte de l'enseignement du français langue étrangère en Chine

Introduction du chapitre 2, Première Partie

Avant d' aborder l'enseignement du français langue étrangère (désormais FLE) en Chine, nous devons d'abord distinguer entre l'histoire des cours de FLE en Chine et celle du FLE en général. La première est apparue avec la création de l'Alliance française, mais la dénomination de FLE n'est née que vers 1960 (DAI Dongmei, 2008：76-86). FLE, appellation abrégée de Français Langue Etrangère, signifie《*langue française enseignée à des apprenants dont la langue maternelle n'est pas le français.* 》(J. -P. Robert, 2008). Selon l'auteur, le FLE peut se réaliser《en France ou dans les pays étrangers 》, aux cours《facultatifs ou obligatoires 》et dans《*les départements d'université, les centres spécifiques ou les Alliances françaises* 》. Par rapport à ces définitions indique, nous ne trouvons que deux nécessités théoriques：《la langue française 》et《les apprenants dont la langue maternelle n'est pas le français 》. Pour éviter d'être limité à ce cadre général, nous devons réfléchir aux questions suivantes：les études de FLE peuvent-elles ignorer la différence culturelle du contexte ? Peut-on employer la même méthode d'enseignement de FLE avec les étudiants chinois et les étrangers? Le FLE est-il un système stable ou dynamique?

Si nous voulons la définir, *la langue est un ensemble de signes linguistiques et de règles de combinaison de ces signes entre eux, qui constitue l'instrument de communication d'une communauté donnée*. (Hachette, 2000：1057) C'est pourquoi elle est obligatoirement attachée au contexte culturel et social. Pour les étudiants de pays différents, la langue française ne signifie pas une notion identique. Par exemple, les étudiants européens ont l'habitude de deviner les sens des mots selon la composition des lettres, mais les Chinois le font par la composition des traits des caractères chinois. Ensuite, la notion d'《apprenants non-francophones》ne permet pas de distinguer entre tous les sujets qui apprennent le français. Dans ce cas, les éléments didactiques tels que les enseignants, les apprenants, les manuels utilisés, l'administration de soutien, etc. sont totalement différents.

Afin de conceptualiser le FLE dans le cas du chinois, nous devons découvrir quelques éléments didactiques fondamentaux : *apprenants de FLE en Chine, manuels de FLE en Chine, approches d'enseignement du FLE en Chine, objectifs du FLE en Chine et rôle d'enseignant de FLE en Chine*. (SHU Dingfang, 2005 : 2-7)

2. 1 Qu'est-ce que le FLE en Chine?

2. 1. 1 Les apprenants de FLE en Chine

En tant que participe présent et nom du verbe apprendre, la première expression reprend la définition de Hachette : *personne qui apprend*. Cependant, en didactique, ce mot a été mentionné pour la première fois autour de 1970. Des années après (2003), la définition de《l'apprenant》a été approfondie grâce *à* la distinction entre l'apprentissage et l'acquisition :

> *《L'apprentissage est un ensemble d'activités volontaires et conscientes visant de façon explicite l'appropriation d'une compétence, un savoir ou une information, souvent dans un contexte institutionnel avec ses propres normes et rôles : école, enseignant, apprenant, emploi du temps. L'apprenant serait donc une personne qui s'approprie un savoir par l'intermédiaire d'une activité prévue à cet effet... l'apprenant est conçu comme acteur social possédant une identité personnelle, et l'apprentissage comme une forme de médiation sociale. L'apprenant construit le savoir et les compétences qu'il cherche dans et par le discours en interaction avec autrui.*》(Cuq, 2003 : 20-21).

Selon la définition de Cuq, l'analyse de l'apprenant est forcément attachée aux autres éléments didactiques parce qu'il est non seulement l'objet de l'enseignement, mais aussi le sujet des activités d'apprentissage. Mais en même temps, ces activités ne signifient pas le fruit de l'apprentissage. Dans ce contexte, afin de distinguer l'acte et l'effet en didactique, Cuq définit aussi l'apprentissage comme《*un ensemble d'activités volontaires et conscientes*》(Cuq, 2003 :

20-21) contre l'acquisition qui est《*involontaire et inconsciente*.》(Cuq, 2003：12-13). L'homme ne décide que ce qu'il veut faire, mais pas ce qu'il peut faire, car le résultat est aussi lié *à* d'autres facteurs. On peut alors se poser une question：est-ce que les apprenants chinois peuvent exercer leur volonté pour apprendre le français ou bien sont-ils obligés de le faire ?

La réponse dépend de la formation du FLE qu'on peut diviser en deux orientations：universitaire et non universitaire.

> 《*La formation du FLE est divisée en Chine généralement en deux parties：les cours des agences de formation de langue, telles que l'Alliance française et les agences de formation de français, et le cursus universitaire.*》(SHI Hui, 2011：53-59)

L e cursus non-universitaire a pour fonction d'initier ou d'approfondir la connaissance de la langue ou de la culture française en direction d'apprenants qui peuvent être différents selon l'âge, la profession, la couche sociale et leurs objectifs. Manquant d'une observation efficace et de l'évaluation standard du gouvernement, la formation dans les agences ne possède pas de cadre unifié, sauf les agences de l'Alliance française qui n'ont pas un grand nombre d'apprenants chinois de FLE *à* cause de son nombre très limité dans tout le territoire chinois[①]. L'autre inconvénient de ces cours est leur manque de stabilité. L'objectif essentiel de ces agences est la rentabilité, si bien que le programme de leurs cours est souvent modifié ou arrêté *à* cause du nombre variable d'étudiants. Cela entraîne des défaillances dans la réalisation des objectifs d'enseignement et des effets pédagogiques. Bien que ce type de formation soit important, parce qu'il injecte de la vigueur au marché de l'emploi avec son recrutement des étudiants de français, l'instabilité et la précarité existant dans cette formation, y compris celle des enseignants et des apprenants, empêchent de faire des prévisions concernant l'évaluation et les effets sur les étudiants.

C'est pourquoi on peut parler de l'inexistence de la formation dans les agences non-universitaires dans le domaine de la recherche, exceptée celle de l'Alliance Française qui a été mentionnée deux fois en 2001 et 2011, ainsi que trente-cinq articles de recherches sur la spécialité française (SHI Hui, 2011：53-59).

---

① voir la liste des agences de l'Alliance française sur le site officiel de l'Alliance française en Chine：http：//www. afchine. org/zh-hans.

Dans cette thèse, nous ne nous concentrerons donc que sur la formation universitaire de français langue étrangère. A cause des obstacles de la formation non-universitaire, nous pouvons conclure que par rapport au sens restreint du FLE, le FLE chinois stable n'existe que dans le cursus universitaire. Selon le Ministère de l'Éducation Chinois (CAO Deming, WANG Wenxin, 2011: 8), la formation universitaire de FLE peut être destinée aux étudiants de français dont la spécialité est la langue française, aux étudiants d'une autre langue qui peuvent choisir le français comme leur seconde langue étrangère ou comme langue obligatoire, aux EAL (Étudiants qui ont une spécialité Autre que les Langues étrangères) qui apprennent le français, aux étudiants de FOS (Français sur objectifs spécifiques) et aux étudiants bilingues. Ces cinq catégories de FLE diffèrent selon le cursus universitaire.

Tableau 5: Types de FLE

Type de FLE	Licence de français	Licence d'une autre langue	Licence d'autres EAL	Licence de FOS	Licence bilingue
Catégorie du cours de français	Cours obligatoire	Cours obligatoire	Cours optionnel	Cours obligatoire	Cours obligatoire
Durée de formation de français	4 ans	2 ans	Incertain (Cours d'option)	550-650 heures (DING Sigan, 2012: 113-116)	4-5 ans (ZHAO Yan, TANG, Ning, 2012: 3-4)

Ainsi, nous pouvons en tirer les conclusions suivantes:

Tout d'abord, la nature des cours universitaires est double: 《obligatoire et optionnel》. Le premier cadre relève du Ministère de l'Education Chinois et le deuxième de la motivation des étudiants. Les EAL apprennent cette langue étrangère *à* titre onéreux pour leur satisfaction personnelle parce que les cours optionnels ne sont pas compris dans leurs droits d'études.

Les motivations de l'apprentissage se répartissent en trois cas: 《accord d'initiative, accord subconscient et accord forcé》 en allant du plus au moins motivé. Les étudiants de français et EAL choisissent la langue de leur propre initiative, donc on les classe dans le premier accord. Le deuxième type comprend les étudiants bilingues et de FOS. Dans ces contextes, le français est déterminant pour les spécialités des étudiants ; autrement dit, avant de choisir la discipline, les étudiants savent que le français est inévitable dans leurs cursus universitaires. L'option des cours de français se fait logiquement sous l'accord au moins subconscient des étudiants：même les étudiants de FOS considèrent souvent la langue française plutôt comme outil d'apprentissage de connaissances motivantes. Mais par rapport aux licences de langue autres que le français, la formation de français est dans un certain sens aléatoire：le choix du français est attaché *à* la décision de la faculté qui dépend de possibilités variées telles que le nombre d'enseignants disponibles, la décision adminitrative etc. Les étudiants ne sont souvent ni pour ni contre les études de français：leur degré de motivation peut être dit d'《amotivation》. Ils choisissent le français par obligation, en vertu de règles fixées par le Ministère de l'Éducation et en fonction de la promotion en master, et passivement selon le choix décidé par l'établissement, comme leur seconde langue étrangère. Donc, aux yeux des étudiants d'une autre langue, les cours de français représentent un accord forcé.

Enfin nous pouvons distinguer ces cinq possibilités selon la fonction de la langue, qui présente la spécialisation en trois cas：spécialisée, semi-spécialisée et non-spécialisée. Les étudiants de français appartiennent *à* la première catégorie parce que la langue comme spécialité unique joue un rôle dans leur avenir professionnel s'ils persistent *à* chercher un travail lié avec leurs études. Les étudiants de FOS ou bilingues traitent leur français comme outil semi-spécialisé. Ces étudiants peuvent décider de leur propre chef de l'importance des études de français. Les FOS ne peuvent employer que leurs connaissances spécifiques dans leur futur ou avec le français, tout comme les étudiants bilingues qui ont en même temps deux langues étrangères (souvent anglais et français). Les bonnes notes dans leurs études de français seront comptées dans leurs relevés et leur mention du diplôme. Les étudiants d'une autre langue ou EAL sont placés dans un cadre non-spécialisé parce que leurs études de français sont totalement indépendantes de leurs diplômes universitaires.

Notre recherche de thèse porte sur la motivation des étudiants universitaires de FLE, mais par rapport *à* ces quatre dernières licences comme le Tableau plus haut (voir Tableau 5), les étudiants traitent en priorité d'autres disciplines que la spécialité de français avant d'entrer dans l'université parce que cette dernière est ouverte aux étudiants des sciences humaines et des sciences dures.

Tous les étudiants chinois (lycéens diplômés) peuvent choisir leur spécialité par le Gaokao, concours national d'entrée universitaire, ou par sélection autorisée directe de l'université. Ils ont le droit de choisir la même discipline dans plusieurs universités dont les niveaux sont différents selon la liste publiée par le Ministère d'Éducation chinois. Autrement dit, les étudiants qui ne traitent pas le français comme leur premier choix sont moins motivés par le français que pour d'autres disciplines. Et puisque la décision d'entrée à l'université est la plus importante et la plus réfléchie, la motivation vis-à-vis du FLE pour ces étudiants nous semble être instable et temporelle, ce qui augmente le risque d'erreur dans la prise en compte des variables et dans l'attribution de la valeur propre des facteurs de motivation.

En dépit des différences entre les étudiants, telles que la préférence personnelle, l'origine familiale, l'expérience, la condition d'esprit, etc., une fois passée la formation des secteurs primaire et secondaire, les lycéens chinois possèdent un certain niveau de standardisation des savoirs et particulièrement celle des connaissances de base.

Nous concluerons en dégageant trois problématiques：

— Tout d'abord, la politique de formation du lycée est-elle identique au niveau national ou différente selon les régions? Selon l'arrêté ministériel Programme des cours du lycée général (expérimentation) depuis l'année 2003：

> 《Basée sur neuf ans de formation obligatoire, la formation du lycée sur les fondamentaux a pour objectif principal d'améliorer la qualité du jeune peuple et de démocratiser l'enseignement au grand public.》.①

Dans le *Projet du développement et de la réforme d'enseignement de la Chine aux moyen et long termes (2010-2020)* publié en 2010②,《La mesure politique fondamentale de l'enseignement au niveau national est pour promouvoir la justice dans l'égalité》. Cette justice dans l'égalité est résumée dans les trois domaines suivants, selon AI (2013：124-127)：

a. Égalité des possibilités qui défend l'égalité du droit des étudiants des familles différentes à bénéficier de toutes les formations.

b. Égalité de programme, ce qui signifie un accès égal à la formation pour tous.

c. Égalité de l'évaluation, qui garantit la standardisation de l'évaluation dans les études des lycéens.

---

① Site：http：//www. moe. gov. cn/srcsite/A26/s8001/201801/t20180115_324647. html

② Site：http：//www. china. com. cn/policy/txt/2010-03/01/content_19492625_3. htm

Ces principes d’égalité expriment le même droit dans tout le territoire chinois.

—Ensuite, la sélection dans les universités est-elle identique en Chine ? En tant qu’outil d’évaluation de cette politique, le Gaokao comporte les caractères de standardisation et de normalisation susceptibles d’aider les lycéens diplômés *à* s’adapter aux nouvelles circonstances universitaires des différentes régions. Ainsi, depuis 1999, le Ministère d’Éducation chinois commence *à* employer le système de《3+ X》dans le Gaokao.

Tableau 6：Système 3+ X de Gaokao

Système 3+ X		
3 examens obligatoires	X (examens optionnels)	
langage et littérature; mathématiques; anglais	Sciences dures	Sciences humaines
	Physique; chimie; biologie	histoire; politique; géographie

Le《3》représente le langage et la littérature, les mathématiques et l’anglais：ce sont les matières les plus importantes, qui comptent pour 150/750 points chacune, X représente la physique, la chimie et la biologie pour les sciences dures d’une part ; l’histoire, la politique et la géographie pour les sciences humaines d’autre part. Ces examens optionnels comptent 100/750 points chacun. Depuis la libération de la Chine nouvelle, surtout *à* partir de la Grande Révolution Culturelle Chinoise, ce système de sélection chinois est devenu la garantie du développement des connaissances générales de toute la population chinoise. Cela est confirmé par le groupe de recherches de ZHU Chunhui,《*en considérant la justice dans la société, le système de Gaokao offre la même chance aux étudiants d’origine, de talent, de lieu de naissance, d’éthnie et de sexe différents.*》. (GUO Xin, ZHU Chunhui, 2014：156-162)

— Enfin, le programme de formation du lycée est-il identique en Chine ?

《*Le premier caractère de la formation chinoise du lycée est son caractère général*》(SHI Zhongying, 2014：18-25). Selon SHI,《la formation générale est dans un certain sens《la *formation commune*》*qui a*《*pour fonction d’adapter les lycéens aux demandes de la société et de poursuivre les études supérieures sur les mêmes connaissances de base*》. (SHI Zhongying, 2014：18-25). Selon le《Programme des cours du *lycée général* (*expérimentation*)》, le Ministère et les Bureaux Provinciaux de l’Éducation examinent de façon qualitative et quantitative l’enseignement au lycée. Les lycées chinois n’ont pas le droit de choisir un manuel, mais utilisent les manuels standard de tous les cours publiés par le Ministère, non seulement pour les cours essentiels tels que le langage et la littérature, les mathématiques et l'anglais, mais aussi pour les cours qui ne sont pas jugés fondamentaux comme la musique, les beaux-arts. Autrement dit, bien qu'il existe des différences de formation au lycée entre la ville et la banlieue, entre l'est et l'ouest, entre les régions développées et les moins développées (GAO Bingcheng, CHEN Ruping, 2013: 58-66), la qualité de base est bien garantie par le gouvernement.

En résumé, cette standardisation offre une garantie scientifique parce qu'elle est un point de départ commun pour les nouveaux étudiants qui entrent à l'université, et qu'elle assure une certaine unité des données concernant la motivation des étudiants venant d'universités différentes. Cette standardisation permet une certaine fiabilité à notre recherche sur la motivation pour les raisons suivantes:

Premièrement, cette standardisation est stable depuis une dizaine d'années, donc notre recherche peut se réaliser parmi les étudiants entrés à d'années différentes.

Deuxièmement, cette standardisation peut être représentée par un échantillonnage dans le recrutement universitaire: les candidats venant des différentes provinces de la Chine sont répartis aléatoirement en classe de français dans chaque université. Par conséquent, l'analyse de la motivation dans une ou plusieurs universités peut être dite représentative de toutes les universités chinoises.

Troisièmement, cette standardisation permet de nous concentrer davantagesur l'importance de chaque variable sur les individus d'un même groupe.

2. 1. 2 Les manuels de FLE en Chine: analyse de contenu

Les réformes concernant le contenu des cours sont incessantes, mais il y a une chose qui reste immuable, et qui constitue un des matériels d'enseignement les plus importants: les manuels. Les manuels principalement utilisés en Chine sont la série de tomes 《Le Français》 rédigé par Monsieur MA Xiaohong, professeur de l'Université des langues étrangères de Beijing. D'après notre enquête, environ 70% des universités (48 sur les 69 départements qui ont répondu) continuent à l'utiliser.

Tableau 7：liste des manuels de FLE

Manuels	Nombre de départements	Pourcentage
Le Français	48	70%
Manuel de Français	5	7%
Français	14	20%
Reflets	15	22%
Le Nouveau Taxi	6	9%
Le Nouveau Sans Frontières	4	6%
Alter Ego	2	2%
Autres	6	9%

《Le Français 》est un manuel standard, mais très ancien en même temps. La série des quatre livres a été publiée pour la première fois en 1992. De 1992 *à* 2003, le tome I a été réédité dix-sept fois, le tome II quatorze fois, le tome III onze fois et le tome IV dix fois.

Tableau 8：Tirage du manuel《Le Français》de 1992 *à* 2003

Année：1992—2003	Editions	Tirage total
Tome I	17e	246 000
Tome II	14e	145 000
Tome III	11e	94 000
Tome IV	10e	75 000

(DING Sigan, 2012)

Examinons les avantages et inconvénients du manuel représentant l'ensemble des manuels de Chine《Le français 》par rapport aux manuels français：*Reflets* et *Le nouveau Taxi*, ces trois manuels étant les manuels les plus utilisés. Le manuel《Français》qui occupe près de 20%, a été publié par l' Université des Études Internationales de Shanghai et est très proche de《Le Français》mais moins utilisé en tant que manuel du cours intensif de français en Chine.

Nous allons analyser dans ces trois manuels《Le Français 》,《Reflets 》et《Le nouveau Taxi 》les parties suivantes：texte, grammaire, exercices et images.

2. 1. 2. 1 Le texte

Les textes de《Le français 》sont tous des dossiers fabriqués, surtout dans les deux premiers tomes. Dans certains cas, les dialogues sont éloignés de la réalité：

Par exemple, *à* la page 62, le dialogue se découvre comme suit:

—C'est peut-être Madame CUSIN.

—Regarde bien ! Ce n'est pas Madame CUSIN.

—Ce n'est pas Madame CUSIN ? Mais qui est-ce ?

—C'est monsieur CUSIN, je crois.

—Oui, c'est bien monsieur CUSIN.

Ces phrases ne font pas de sens, mais une répétition de la prononciation de《monsieur》et de《madame》.

Nous trouvons parfois des exemples illogiques dans le manuel《le français》.

À la page 210, les deux personnes font un dialogue sur l'expression du jour, de la date, du mois et de l'année.

— Aujourd'hui, nous sommes mardi, nous allons...

— Mais non, c'est faux ! Nous ne sommes pas mardi aujourd'hui.

— Et alors, quel jour sommes-nous ?

— Nous sommes mercredi ! Parce que nous avons deux heures de français et deux heures de chinois aujourd'hui.

— ... Et *à* propos, quelle date sommes-nous ?

— Nous sommes le dix.

— Et quel mois sommes-nous ?

— Nous sommes le dix décembre, le 10 décembre mille neuf cent quatre-vingt-neuf !

— Quoi ? En quelle année sommes-nous ?

— Nous sommes en mille neuf cent quatre-vingt-neuf !... Ah, non ! Pardon ! Nous sommes en mille neuf cent quatre-vingt-dix !

— Ça c'est correct ! Merci !

Quand les étudiants apprennent les textes, ils ne veulent pas réciter ces dialogues qui ne sont pas adaptés *à* la réalité. Cela influence la motivation des étudiants pour travailler. L'animation du cours devient plus difficile *à* cause des textes choisis. En fait, ces dialogues n'ont pas d'intérêt pour une vraie communication entre les personnes, ils ne sont pas dynamiques, et les étudiants passent leur temps *à* faire de la lecture et de la récitation, au lieu de dialogues animés.

Par rapport aux textes, les manuels français sont plus récents, plus variés et vivants que ceux du manuel chinois.

Les textes de《Reflets》sont des dialogues authentiques sur la vie en France. Ils nous racontent la vie de trois jeunes：Julie, Benoît et Pascal. Aux yeux des étrangers, leurs histoires sont intéressantes parce que cela aide les étudiants *à* s'adapter *à* la société française.

Tableau 9：Liste des épisodes de《Reflets》

Le nouveau locataire	Épisode 1
On visite l'appartement	Épisode 2
Une cliente difficile	Épisode 3
Joyeux anniversaire !	Épisode 4
C'est pour une enquête	Épisode 5
On fête nos créations	Épisode 6
Jour de grève	Épisode 7
Au centre culturel	Épisode 8
Ravi de faire votre connaissance	Épisode 9
Un visiteur de marque	Épisode 10
Le stage de vente	Épisode 11
Julie fait ses preuves	Épisode 12

Les lieux où se passent leurs histoires sont du domicile aux endroits du travail. Les auteurs essaient de parler de tout. Avec le changement des lieux, ils nous racontent la vie complète des Français. Mais dans ce cas, il existe quelques problèmes. D'abord, au cours du développement social et économique, les modes de vie en France comme en Chine changent avec le temps. La vie que l'auteur nous raconte n'est pas la même aujourd'hui. Par exemple, la façon de chercher un travail a changé depuis longtemps. Autre point,《Reflets》contient beaucoup de mots inconnus dans chaque épisode. À partir de l'épisode trois, chaque épisode contient plus de cinquante mots dans le vocabulaire du texte sans compter les inconnus dans les exercices. Nous pensons que c'est trop, surtout pour les étudiants chinois qui ont pour habitude de tout réciter.

Le manuel《Le nouveau Taxi》est différent de ces deux cas. Il n'y a aucun rapport entre les unités différentes. Mais chaque unité traite d'un sujet nouveau. Il n'est pas nécessaire de conclure sur le sujet pour les enseignants parce que les auteurs ont affiché des objectifs communicatifs et linguistiques dans la première page de l' unité. Nous trouvons directement la progression du niveau de difficulté des textes. Seul point négatif dans le manuel 《Taxi》, il n'y a pas de vocabulaire affiché. Les étudiants sont obligés de chercher les nouveaux mots tout seuls dans les textes.

2. 1. 2. 2 La grammaire

Aux yeux des étudiants chinois, la présentation de la grammaire du manuel chinois est acceptable. La méthode est plutôt déductive, ce qui est préféré par les étudiants chinois et les professeurs, surtout les anciens. Le professeur affiche d'abord les règles et ensuite il donne des exemples aux étudiants, qui n'ont plus qu'*à* réciter.

Le plus grand problème de la grammaire est la méthode employée dans le manuel français. Cela est dû au fait que l'objectif du manuel français ne se concentre pas sur la grammaire, mais sur la communication. Les auteurs n'entrent pas dans le détail. Par exemple, dans《Reflets》, *à* la page 28, quand l'auteur explique les pronoms toniques, il n'affiche pas les neuf formes. À la page 38, pour l'expression du temps, il ne donne qu'un seul exemple: Quelle heure est-il ? -Il est sept heures. Or en général, ce n'est pas suffisant parce qu'il y a d'autres moyens d' expressions. À la page 39, quand l'auteur veut expliquer l'utilisation des adjectifs possessifs, il ne donne ni toutes les formes, ni une utilisation claire.

Ensuite, selon les manuels français, on distingue souvent les formes singulières et plurielles dans deux leçons différentes. Mais cette méthode n'est pas adaptée aux étudiants chinois. Dans le manuel chinois, l' auteur donne toutes les expressions du temps avec des exercices en même temps.

2. 1. 2. 3 Les exercices

Dans les quatre livres du manuel chinois《Le français》, il y a deux catégories d'exercices: oral et écrit. Pour les dix premières leçons du tome 1, les exercices oraux sont ceux de phonétiqueavec des exercices de reconnaissance entre deux phonèmes similaires comme /œ/ et /ø/. Les exercices de phonétique sont nombreux chaque fois, mais souvent trop nombreux. Il faut au moins deux heures chaque fois pour faire tous les exercices oraux de chaque leçon, alors qu'il n' y a au total que 6 heures pour une leçon.

Si nous constatons que le problème des exercices oraux est la quantité, le plus grand problème des exercices écrits est la qualité. D'abord, les types d'exercices choisis du manuel chinois ne sont pas satisfaisants aux niveaux sémantique et linguistique.

Les exercices structuraux ont pour but de faire acquérir la maîtrise d'une structure linguistique par la manipulation systématique de cette structure dans la série de phrases construites sur un modèle unique ou《pattern》posé au début de l' exercice. (R. Galisson, D. Coste, 1976：519).

Cela facilite la manipulation grammaticale en général. Mais quand les étudiants ne font que les exercices structuraux comme c'est le cas du manuel chinois, ils sont arrêtés par leur caractère mécaniste, avec des exemples invraisemblables ou décontextualisés.

Voici le Tableau de répartition des exercices écrits du tome 1:(ici, nous ne comptons que le nombre des exercices, mais pas la quantité des exercices)

Tableau 10：Analyse des exercicesécrits du tome 1 de《Le Français》

Type d'exercice	Nombre	Pourcentage
Exercices de phonétique	42	26, 25%
Exercices de répétition (récitation)	8	5%
Exercices de reconstitution	3	1, 875%
Exercices de QCM	0	/
Exercices de transformation	21	13, 125%
Exercices à trous	49	30, 625%
Exercices de traduction	18	11, 25%
Exercices de correction	0	/
Exercices des dictées	0	/
Description des images	13	8, 125%
Exercices de composition	6	3, 75%
Total	160	100%

Nous reproduisons ci-dessous le Tableau 11 de répartition des exercices écrits du tome 1 (après les dix premières leçons de phonétique)：

Tableau 11: répartition des exercices écrits du tome 1

Type d'exercice	Nombre	Pourcentage
Exercices de phonétique	0	/
Exercices de répétition (récitation)	4	6, 15%
Exercices de reconstitution	3	4, 61%
Exercices de QCM	0	/
Exercices de transformation	5	7, 69%
Exercices *à* trous	29	44, 62%
Exercices de traduction	15	23, 08%
Exercices de correction	0	/
Exercices des dictées	0	/
Description des images	5	7, 69%
Exercices de composition	4	6, 15%
Total	65	100%

À partir de la leçon 10, les exercices sont concentrés sur la grammaire, sous la forme d'exercice *à* trous. La surabondance de ce type d'exercices est contraire *à* l'objectif de communication et limite les étudiants en raison de la forme structurale. Nous suggérons que d'autres exercices comme les QCM ou la dictée puissent s'y substituer. Un autre problème est l'exercice de description des images. Selon notre enquête, tous les professeurs chinois l'ont abandonné faute de temps.

Autre difficulté: les exercices du manuel sont mal rattachés au texte ainsi qu'*à* la grammaire de la leçon. Prenons un exemple dans la leçon 13 dans《Le français》p. 209-234. Il y a trois textes dans cette leçon:《Quel temps fait-il ?》,《Les quatre saisons en France》et《Quelle date sommes-nous ?》En suivant les trois textes, *à* la page 218, dans la partie《grammaire》, nous trouvons cinq points:

Tableau 12: Exemple d'exercices de grammaire (Le Français, leçon 13)

1.	Conjugaison du deuxième groupe
2.	Les verbes impersonnels
3.	Le passé récent
4.	Les termes essentiels de la proposition (sujet, prédicat et objet)
5.	L'interrogation

Les exercices écrits correspondants semblent peu appropriés.

Tableau 13：Exercices écrits après le cours

1	Remplacez les blancs par un article ou un article contracté convenable
2	Posez des questions sur les mots en italique
3	Mettez les adjectifs qualificatifs *à* la forme correcte
4	Mettez les verbes entre parenthèses au présent de l'indicatif
5	Ecrivez en quelques mots l'hiver de Beijing
6	Traduisez en français
7	Thème

Nous n'avons que trois types d'exercices：*à* trous, composition et traduction. Les quatre premiers exercices ne concernent pas cette leçon, mais la grammaire des leçons précédentes. Nous ne savons pas pourquoi les étudiants chinois doivent faire ces exercices après avoir étudié les expressions du temps, de la date, du jour, du mois.

La leçon du 5ème exercice semble peu pertinente car elle s'adresse *à* des étudiants débutants qui ont commencé le français depuis six semaines. L'étudiant ne peut pas finir la rédaction tout seul, ce sera souvent fini sous la forme d'une copie ou d'une reconstruction du texte.

Quant au rapport entre l'exercice 6 et les expressions des textes ci-dessous, il apparaît dans le Tableau 14.

Tableau 14：Détails des exercices

	Temps	Date	Jour	Mois	Année
1. À propos	/	/	/	/	/
2. C'est la même chose	/	/	/	/	/
3. Tu as raison	/	/	/	/	/
4. Attendre l'arrivée du printemps	/	/	/	/	/
5. Détester la pluie	*	/	/	/	/
6. Il fait du vent et il pleut	*	/	/	/	/

(* ：oui, il y a une relation ; /：non, il n'y a aucun rapport.)

Le Tableau 15 est en rapport avec la grammaire de la leçon 13:

Tableau 15: Détails des exercices

	Conjugaison du deuxième groupe	Les verbes impersonnels	Le passé récent	Les termes essentiels de la proposition (sujet, prédicat et objet)	L'interrogation
1. À propos	/	/	/	/	/
2. C'est la même chose	/	/	/	/	/
3. Tu as raison	/	/	/	*	/
4. Attendre l'arrivée du printemps	/	/	/	/	/
5. Détester la pluie	/	/	/	/	/
6. Il fait du vent et de la pluie	/	*	/	/	/

L'exercice 6 n'a, lui non plus, presque aucun rapport avec les connaissances données au cours.

Passons au 7ème exercice (thème):

Tableau 16: Analyse des objectifs d'entraînement des exercices

	Temps	Date	Jour	Mois	Année
1	*	/	/	/	/
2	/	/	/	/	/
3	*	/	/	/	/
4	*	/	/	/	/
5	/	/	/	/	/
6	*	/	/	/	/

(1. Il fait souvent du vent au printemps *à* Beijing.)

(2. J'aime la pluie, mais je déteste la neige.)

(3. A propos, quel temps fait-il chez toi maintenant ?)

(4. Il fait beau, le soleil brille, le ciel est bleu. Les oiseaux chantent. Les arbres verdissent,

les fleurs fleurissent. Le printemps revient.)

(5. Le printemps est la première saison de l'année.)

(6. —Regarde, les fleurs fleurissent, le printemps arrive.

—Oui, l'hiver a fini.)

Tableau 17：liste des objectifs d'entraînement des exercices écrits

	Conjugaison du deuxième groupe	Les verbes impersonnels	Le passé récent	Les termes essentiels de la proposition (sujet, prédicat et objet)	L'interrogation
1	/	*	/	/	/
2	/	/	/	/	/
3	/	*	/	/	*
4	*	*	/	/	/
5	/	/	/	/	/
6	*	/	/	/	/

Cette confrontation entre le texte et les exercices n'est pas réservée *à* la leçon 13. Par exemple, dans la leçon 16 (p. 304), il y a une présentation du pronom adverbial《y》, mais il n'y a pas d'exercices sur son utilisation. Dans la leçon 17 (p. 334), il y a une présentation du pronom《le》, mais il n'y a pas d'exercices non plus.

Arrêtons-nous maintenant sur le manuel《Reflets》.

Les exercices n'y sont pas nombreux.

Tableau 18：Répartition des exercices écrits du tome 1 de《Reflets》

Type d'exercice	Nombre	Pourcentage
Exercices de phonétiques	2	1, 1%
Exercices de répétition (récitation)	1	0, 55%
Exercices de reconstitution	37	20, 44%
Exercices de QCM	24	13, 26%
Exercices de transformation	18	9, 94%
Exercices *à* trous	23	12, 71%
Exercices de traduction	0	/

续表

Type d'exercice	Nombre	Pourcentage
Exercices de correction	2	1, 1%
Exercices d'écoute	35	19, 34%
Description des images	16	8, 84%
Exercices de production ouverte	23	12, 71%
Total	181	100%

C ertains points attirent notre attention. D'abord, les types d'exercices sont très variés sauf ceux de traduction parce que c'est un livre français. Ensuite, il n'y a pas beaucoup d'exercices de phonétique dans le livre français contre 26, 26% dans le livre chinois. Le manuel français met l'accent sur l'écoute alors qu'il n'y a aucun exercice de ce type dans《Le français》. Enfin, l'ordre des exercices pour les douze épisodes du tome 1 de《Reflets》est identique. Nous commençons toujours dans le même ordre：reconstitution, QCM et écoute.

Le seul inconvénient vient des exercices grammaticaux. La langue maternelle des étudiants chinois est le mandarin composé par le caractère, dont la lettre n' est juste que pour la prononciation. La forme du caractère exprime le sens. L'impact linguistique sur les étudiants chinois explique leur difficulté pour comprendre les règles de la grammaire française. En effet les manuels《Reflets》ne sont pas particulièrement rédigés pour les étudiants chinois. Comme l'objectif de ce manuel se concentre sur la communication, il manque des exercices pour la répétition grammaticale et son utilisation. C'est pourquoi《Reflets》est souvent moins apprécié des professeurs chinois.

Le cas de《Taxi》est similaire à《Reflets》. La seule différence entre les deux est l'organisation du contrôle toutes les trois unités. Ce type de contrôle comprend exercices à trous, QCM, exercices de transformation, conjugaison, exercices d'écoute et entretien dirigé. Le professeur peut examiner le niveau de compréhension des étudiants dans la pratique grammaticale. En revanche, il n'y a pas d'exercices de production ouverte. Les étudiants ne peuvent pas fabriquer des phrases librement.

2. 1. 2. 4 Les images

Tableau 19：Comparaison du nombre d'images dans les manuels des tomes 1 français et chinois

Type \ Livre	le français (Tome1)	Taxi (Tome1)	Reflets (Tome1)
Phonétique (Description de la position de la langue)	38	0	0
Images colorées	0	/	348
Images noir et blanc	133	/	32
Images sur les textes	23 (18 unités)	64 (36 unités)	89 (12 unités)
Images sur les exercices	71	108	243
Divers	1	22	48
Total	133 (413 pages)	194 (128pages)	380 (174 pages)

Nous devons rappeler qu'aucun professeur chinois ne demande aux étudiants de faire les exercices de description (exercices avec les images). Autrement dit, les images accompagnantles exercices ne sont pas utiles dans le manuel chinois. Les images donnent souvent une impression directe et attirent l'attention des étudiants parce qu'elles entrent dans leur esprit plus vite que le texte. Si les images sont moins claires ou en blanc et noir, cela influencera l'intérêt des étudiants ou leur motivation. Avant l'université, certains étudiants chinois ne connaissent rien du français, ils n'ont entendu parler que de sa beauté et parlent très souvent de Paris. Si le manuel ne joue pas un rôle positif sur la beauté de la langue, l'impact peut être négatif.

Les auteurs français sont beaucoup plus attentifs au choix des images que les Chinois. Les professeurs chinois, surtout les anciens professeurs, croient que le contenu du manuel ne doit pas contenir d'images. Ils pensent que les images ne jouent qu'un rôle décoratif pour remplir de l'espace vide. Dans les manuels français tels que《Reflets》et《Taxi》, les images sont faites pour faciliter la compréhension des étudiants et bien les motiver. Les images de《Reflets》sont souvent des photos de vidéos, si bien que le parcours des images de《Reflets》s'apparente *à* une préparation *à* voir les vidéos tout en présentant《un aperçu》de ce qui va être étudié.

Il n'y a pas de vidéos pour les textes de《Taxi》, mais des images de présentation. Par exemple, la leçon 5 (p. 20)《Passe-temps》, présente des locutions exprimant des positions dans l'espace. Ainsi l'image de cette leçon nous montre plusieurs objets dans le salon, y compris les livres sur l'étagère, l'affiche sur le mur, le chapeau et le blouson accrochés sous l'affiche, un fauteuil qui se trouve au centre du salon, une table qui est près de la fenêtre sur laquelle il y a un vase, des fleurs, une assiette et un verre. Autrement dit dans ce cas, l'image n'est pas seulement un contexte du texte, mais un outil pour favoriser la communication et une réflexion plus avancée. Cela aide les étudiants *à* faire des exercices oraux： chaque leçon de《Taxi》contient une photo《active》.

En résumé, notre comparaison montre que les manuels français sont plus efficaces que《Le français》. Cependant, paradoxalement ce manuel est le plus utilisé en Chine. Comment expliquer cela ?

Les enseignants chinois critiquent souvent pourtant l'inadaptation et la rigidité de ce manuel par rapport *à* l'époque actuelle. À cause de l'obsolescence des textes, des dialogues illogiques et de l'absence de pratique langagière, les enseignants voudraient un changement de méthode. Cependant, ce sont les professeurs les plus âgés qui décident majoritairement dans les départements de français. D'un autre côté, la standardisation des clés des exercices et l'approfondissement des recherches sur ce manuel ont renforcé sa facilité d'usage. L'excellente maîtrise de ce manuel, par exemple répondre aux questions des étudiants en indiquant directement la page sans jeter un coup d'œil sur le livre, est devenue une garantie de la qualité de l'enseignement. Au moment de faire un choix entre l'idéal et la réalité. C'est le réalisme qui l'emporte.

L'utilisation de ce manuel a fait ses preuves pour former de bons apprenants.

Ce manuel semble donc la garantie de bons résultats et la cristallisation de bonnes expériences. En pratique, ce manuel a prouvé sa réussite face aux critiques qui soulignent plutôt ses inconvénients. Mais c'est souvent au prix d'un travail supplémentaire de l'enseignant, qui doit aider les étudiants *à* construire des phrases avec les mots enseignés sans aucune aide du manuel. C'est *là* la faiblesse principale du manuel《Le français》.

L'éditeur du manuel《Le français》est laPresse *de recherches et d'enseignement des langues étrangères*, la plus importante dans le domaine des langues étrangères. Chaque année, *à* la demande du gouvernement, cet éditeur publie une dizaine de livres de la version française pour soutenir le développement du langage. Mais si on compare le nombre d'utilisateurs français et anglais en Chine, les manuels de français ne sont jamais son premier choix： contre 246 000 tirages depuis 20 ans dans toute la Chine, par exemple, un nouveau manuel d'anglais aura un tirage de plus d'un million rien que dans la ville de Changchun, chef-lieu de la province du Jilin.

Enfin, le contexte est important. Selon le Ministère de l'Éducation chinois, chaque discipline possède un programme propre, il est le guide de la formation et aussi le point d'appui des horaires des cours. Avant de définir le programme de la spécialité, les responsables doivent passer plusieurs années *à* le planifier. Dès que ce programme est déterminé, personne n'a envie de le changer tous les ans. Alors, la question se pose：si l'on change le manuel, est-ce qu'on doit modifier aussi le programme? L'accord tacite entre les deux dure depuis vingt ans. Le changement d'un élément didactique risquerait de détruire cet équilibre. Pourtant le programme pourra-t-il rester stable et invariable face au développement rapide de la société chinoise ? A terme, on peut envisager que le changement de manuel entraîne aussi celui du programme.

2. 1. 3 Approches du FLE en Chine

Avant de commencer la présentation des approches du FLE utilisées en Chine, rappelons quelques jalons de leur histoire française.

Christian Puren (1988) a fait une synthèse de l'histoire des méthodologies de FLE dans les pays européens que l'on peut résumer *à* la succession suivante：la méthodologie traditionnelle, la méthodologie directe, la méthodologie active (mixte), la méthodologie audiovisuelle.

Puren exclut de sa description la méthode naturelle en langues vivante (ou bain linguistique), la méthodologie audio-orale (MAO), la méthode dite SGAV (structuro-globale-audiovisuelle)et l'approche communicative (Rodríguez Seara, 2001).

Aujourd'hui, on parlerait plutôt d'*éclectisme méthodologique*. Cette nouvelle approche consiste *à*：

《*juger de la meilleure méthode, à choisir dans différents systèmes certains de leurs éléments, sous réserve que ceux-ci soient conciliables entre eux, plutôt que la création d'un système entièrement nouveau.*》(Cuq, 2003：78).

Puisque chaque approche ne représente qu'une méthodologie dominante dans une certaine période historique et qu'aucune ne peut prétendre *à* l'hégémonie, Puren conclut *à* la *multiplication, la diversification, la variation, la différenciation ou encore l'adaptation des modes d'enseignement-apprentissage à la croisée des méthodes*. (Puren, 2013：14)

L 'histoire de l'approche chinoise du FLE est beaucoup plus facile à faire que celle de la France. Actuellement, la majorité des experts chinois se concentre uniquement sur la période de la République populaire de Chine au point qu'on ignore l'évolution des approches du FLE avant 1950. Bien que certains auteurs chinois (NA Min, 2000: 226-228 ; WANG Min, 2012: 88-91) pensent qu' on employait la méthodologie traditionnelle des années 1860 (Réf: histoire du développement de l'enseignement de français en Chine) à la Libération de la Chine Nouvelle, la méthodologie directe a été bien importée depuis 1923. (YUAN Chunyan, 2006: 114). Cependant en raison des guerres et des changements de gouvernement, il existe une rupture entre les évolutions des approches du FLE avant et après 1949.

Nous pouvons résumer l' histoire des approches chinoises du FLE de la nouvelle ère en quatre parties (TONG Jing, 2009: 147-148 ; SHU Dingfang, HUA Weifang, 2009: 37-44):

Tableau 20: Historique des méthodologies

Les années 50	Les années 60-70	Les années 80	Les années 90	A partir de l'année 1998
Méthodologie de traduction-comparaison	Méthodologie audio-orale	Méthodologie audiovisuelle	Approche communicative	Approche communicative et éclectisme

Durant les années 1950, la politique chinoise évitait la coopération avec les pays occidentaux. La méthodologie de traduction-comparaison, celle de l' Union Soviétique, était considérée comme le modèle de formation des langues étrangères. Après avoir découvert les inconvénients de cette méthode et la rupture de la coopération avec l' Union Soviétique, une nouvelle méthode d'approche devenait nécessaire. En réalité, dans les années 1960, la Chine n'avait pas encore compris l'importance des contacts avec d'autres pays. La méthodologie audio-orale n'était pas considérée comme pouvant régler tous les problèmes. Mais après la Réforme et l'Ouverture de la Chine, on put envisager l'opportunité de communiquer et d'échanger avec les étrangers à propos des méthodes didactiques en langue. C' est dans ce contexte que la méthodologie audiovisuelle a progressivement remplacé la précédente.

En 1988, la *Possibilité d'usage harmonieux de la méthode traditionnelle et de l'approche communicative* (Malay, MA Yinchu, 1988：65-70) a fait connaître pour la première fois l'approche communicative. Jusqu'*à* aujourd'hui, elle occupe une place dominante dans le milieu didactique. Dans un certain sens, l'approche communicative a en réalité changé la condition catastrophique d'apprentissage des étudiants《*avec une langue étrangère muette*》(CHENG Tongchun, 2004：56-59; WANG Dawei, 2000：10-16) et est devenue une des meilleures méthodologies. Cependant, le milieu académique chinois a aussi proposé l'adaptation des méthodes précédentes aux circonstances particulières chinoises parmi lesquelles un point spécial est le contexte langagier de chinois et d'anglais des étudiants. (DAI Weidong, 2001：322-327 ; DAI Weidong, WANG Xuemei, 2006：2-12 ; SHU Dingfang, 2005：2-7) En tant que chef du département de français de l'Université des langues étrangères de Beijing, Monsieur FU a aussi confirmé la nécessité de l'éclectisme dans la formation du FLE de Chine. (FU Rong, 2005：121-124).

L'éclectisme semble donc un système dynamique qui répond aussi bien aux problématiques globales qu'individuelles. Le choix de la constitution des méthodes varie comme celle des sept notes musicales. La même constitution peut conduire *à* des effets totalement différents. En suivant les différents niveaux de perception de l'éclectisme (Puren, 2013：14), nous diversifions les pratiques didactiques, les matériels didactiques et les discours didactologiques.

L'éclectisme dans les pratiques didactiques signifie quepar *simplification de la problématique globale de FLE en Chine, les méthodologies ont été lacunaires par rapport aux exigences des situations d'enseignement-apprentissage*. (FU Rong, 2005：121-124) Dans le cas de la Chine, il convient d'équilibrer les pratiques didactiques, comme par exemple stimuler les plus faibles sans ennuyer les meilleurs, renforcer le progrès collectif en cohérence avec les nécessités individuelles.

Concrètement, quand les étudiants sont motivés ou ont envie de travailler, ils peuvent passer un temps considérable *à* suivre la méthode du professeur ou trouver une méthode qui leur convient par des essais-erreurs. Cette dernière hypothèse assure leur autonomie, mais elle incite aussi les apprenants *àtravailler avec plusieurs méthodes parallèlement*, par exemple par l'association de l'approche communicative et des méthodes cognitives. La première encourage *à* parler mais ignore les fautes. La deuxième fait l'inverse. La tâche de formation a donc tout *à* gagner *à* opter pour une méthodologie mixte.

Avec le développement des approches du FLE et l'adoption des principes de l'éclectisme, se trouve réalisée la jonction théorique sino-française dans la méthodologie didactique.

Cependant, il existe aussi un grand nombre de problèmes *à* surmonter dans le travail quotidien des enseignants chinois.

Sans nier la valeur progressiste de l'éclectisme, nous ne pouvons pas encore le concrétiser en Chine. La situation de la France n'a aucun rapport avec le contexte culturel et épistémologique chinois ni avec la structure de sa langue.

La didactique a pour fonction et objectif d'améliorer la formation du FLE, mais elle n'est pas toute puissante. Pendant le cours ou aux moments extrascolaires, on ne peut ignorer l'importance des particularités dans les objets de l'enseignement: l'enseignant, l'apprenant, et les matériels d'enseignement. Dans le cas de la Chine, il a manqué des enseignants compétents au cours de l'expansion des départements de français. Par ailleurs, les lycéens chinois ont tous l'habitude de suivre la méthodologie traditionnelle expérimentée dans leur formation secondaire. Il n'est pas dit qu'ils puissent s'adapter directement *à* une nouvelle approche.

Enfin en Chine, la formation de FLE n'existe pas partout ; elle est souvent contrainte par les connaissances linguistiques, l'adaptation au programme, l'orientation de la formation et le marché de l'emploi.

2. 1. 4 Les objectifs du FLE en Chine

Les objectifs de formation diffèrent selon qu'ils relèvent des apprenants, des enseignants et de l'Université, en raison de leurs positions spécifiques, et de leurs différents rôles.

2. 1. 4. 1 Objectifs de formation des apprenants

L'objectif des apprenants ne se confond pas avec leur motivation. Les étudiants qui sont bien motivés peuvent avoir des objectifs différents ou être sans objectif, et vice versa. Les objectifs des apprenants ne peuvent pas être résolus en un mot parce qu'ils sont dynamiques et attachés aux circonstances sociales. Avant la Grande Révolution Culturelle, les jeunes étudiants chinois de n'importe quelle discipline faisaient leurs études de FLE avant tout pour le développement du pays, sans penser *à* leur propre avenir. Ils suivaient toujours les directions du Parti Communiste Chinois pendant la Guerre de résistance *à* l'agression américaine et d'aide *à* la Corée et la Grande Révolution Culturelle. Au cours de la Grande Révolution Culturelle, leurs objectifs de formation *révolutionnaire* n'ont pas été modifiés, mais leurs études universitaires ont été interrompues pour suivre l'incitation politique d'aller *à* la campagne. Dans notre histoire contemporaine, cet objectif a joué un rôle important au début de la construction socialiste du pays, mais il a ignoré plus ou moins les propres besoins des individus. Une grande évolution dans les objectifs des apprenants a résulté de la rupture de la formation supérieure dans la Grande Révolution Culturelle (ZHOU Quanhua, 1997：7-11). Après cette Révolution, deux grands événements universitaires ont contribué *à* cette évolution：en 1998, la Chine a arrêté de distribuer des emplois aux diplômés universitaires (SUN Shunhui, 1998：45-46) et en 1999, le Ministère de l'Education a publié l'élargissement du recrutement des lycéens par le Gaokao, concours national d'entrée universitaire (WANG Changle, 2010：33-38). La première exigeait aux étudiants de chercher un emploi surtout par leurs propres moyens et la deuxième signifiait que la formation universitaire ne serait plus toute puissante dans le marché concurrent.

Selon les circonstances présentées citées ci-dessus, nousdivisons en périodes l'évolution des principaux objectifs des apprenants comme suit:(Tableau 21)

Tableau 21：Evolution des objectifs des apprenants

Périodes	Entre 1949 et la Grande Révolution Culturelle	Entre la RévolutionCulturelle et 1998, 1999	Après 1999
Objectifs des apprenants	Pour l'Etat (HAN Hua, 2010：60-63)	Pour l'Etat et l'amélioration de la vie (FENG Huimin, HUANG Mingdong, YANG Xusheng, WANG Xiaoqing, 1994：27-29)	Pour l'amélioration de la vieen contribuant *à* l'État (ZOU Huimin, CAI Zhiyu, 2005：118-123)

Cette évolution représente une tendance mais pas de changement direct des objectifs des étudiants. Selon l'enquête de l'année 1986 de ZHENG correspondant aux étudiants de langue étrangère (ZHENG Lihua, 1987：56-64), les étudiants ont commencé *à* réfléchir sur leur propre avenir. 41, 1% ont exprimé leur préférence pour le commerce international contre 35, 7% qui acceptaient l'emploi proposé par le gouvernement. Parmi tous les candidats, seulement 20% traitaient le besoin de l'Etat comme leur priorité, ce qui prouve l'évolution des objectifs des étudiants. L'autre point important de cette enquête est la comparaison entre les étudiants d'anglais et ceux de français. Le deuxième groupe montre une volonté plus forte de trouver un emploi par eux-mêmes. La logique de cette explication est ce que le français est une langue rare en comparaison avec l'anglais.

2.1.4.2 Objectifs de formation des enseignants

Avant de définir les objectifs des enseignants, il faut définir les enseignants. Dans le *Dictionnaire de didactique du français* de Cuq, les enseignants se définissent comme :

une catégorie de personnes spécifiques dont le rôle est la gestion et le transfert des savoirs du groupe, et plus généralement d'inculquer ses valeurs et croyances identitaires aux enfants et aux nouveaux membres. (Cuq, 2003 : 82-83)

Cette conception s'accorde à celle de la tradition chinoise : *propager des vérités, transmettre des connaissances et répondre aux questions*, définie par HAN Yu de la Dynastie des Tang en 863 dans son article《Principes de l'enseignant》(HAN, année 863). Ce cadre théorique résume le travail des enseignants et la fonction du rôle des enseignants. Cependant, elle ne peut pas répondre à leur principale démarche professionnelle : pourquoi les enseignants font-ils ce travail pour aider les étudiants? Cette raison peut être physique ou spirituelle. Selon un rapport de 2009, l'enseignement est devenu une profession soumise à une pression importante avec une récompense financière insuffisante (LIN Guidong, CHEN Lixia, 2009 : 25-29). Autrement dit, face aux obstacles pour continuer, il faut une motivation qui stimule les enseignants. Comment convaincre les enseignants, comment les motiver? Ces facteurs peuvent être internes et externes. Comme facteur interne, nous pouvons relier l'activité de l'enseignant à sa propre satisfaction. Comme facteur externe, l'activité des enseignants a pour objectif de satisfaire autrui, qui peut être : les apprenants, les parents ou les établissements, au point qu'ils peuvent obtenir des récompenses telles que le revenu ou des compliments. Dans le cas du FLE en Chine, le premier facteur peut stimuler les enseignants à améliorer sans cesse la qualité de leur enseignement et le deuxième facteur est de rendre possible le transfert de leur savoir aux étudiants. Ces deux facteurs sont indépendants et corrélatifs. L'enseignant peut aimer son travail mais non sa classe, ou au contraire, il peut aimer faire cours à une certaine classe mais chercher à quitter sa profession.

De nos jours, les enseignants doivent inclure dans leur enseignement des éléments comme les *idées éducatives, la structure des connaissances de multi-niveaux et des habiletés variées*. (YE Lan, 1998 : 41-46) Cette conception demande aux enseignants de posséder non seulement des connaissances théoriques et une capacité pratique, mais aussi une compétence d'adaptation aux nouvelles circonstances. Différents des enseignants d'autres disciplines, les enseignants chinois de FLE jouent en même temps deux rôles parallèles dans la pratique du langage : enseignant et apprenant. Ils offrent les cours de FLE aux étudiants, leur expliquent les points grammaticaux difficiles, la conjugaison irrégulière et l'usage spécial de la langue. Pour les débutants de français, le cours des enseignants sont décisifs. Cependant, cette répétition des connaissances fondamentales provoque en même temps le renforcement des connaissances de base et le rapprochement des niveaux de professeur et des apprenants. Ce rapprochement entraîne le développement des étudiants, mais les enseignants peuvent perdre la partie de leur capacité linguistique qui n'est que rarement utilisée, s'ils n'insistent pas pour poursuivre un travail supplémentaire après les cours.

En tant que personne physique, l'enseignant doit présenter un bon modèle devant les étudiants afin de leur offrir de l'énergie positive. Les apprenants qui veulent avoir accès à l'avenir mettent tous leurs espoirs dans la vie universitaire. Leur existence est liée à l'orientation des enseignants. Les apprenants peuvent approcher leur enseignant, parler avec lui et croire en lui. Cette relation suppose un équilibre entre le professeur et l'ami, respect et confiance, obéissance et communication. Les enseignants de FLE en Chine peuvent connaître et mieux approcher de leurs étudiants que ceux d'autres disciplines grâce au nombre limité des étudiants de chaque classe de français. Cette meilleure communication provoque une relation proche et une influence plus forte des enseignants. Ainsi le rôle des enseignants de FLE en Chine est plus important que dans les autres disciplines.

2. 1. 4. 3 Objectifs de l'Université

Les objectifs de l'université doivent satisfaire trois types différents de besoins: besoin de développement personnel, besoin de développement professionnel et besoin de développement social.

Le besoin de développement personnel correspond à la nécessité du développement etdu respect du goût personnel. Le premier élément correspond au développement de l'intelligence et à la prise des connaissances nécessaires afin de poursuivre le chemin après avoir été diplômé. Ce besoin s'oriente vers la préférence personnelle, c'est-à-dire la disponibilité légitime de choisir eux-mêmes leur avenir.

Le besoin de développement professionnelest tourné vers l'acquisition des connaissances spécialisées des étudiants. Face à la concurrence acharnée du marché de l'emploi, la compétence des étudiants est leur meilleure protection et la meilleure arme pour les aider à trouver le chemin. Souvent, cette responsabilité pèse sur les épaules des enseignants, mais en réalité, l'université doit prendre en charge l'enseignement qui est considérée comme la première fonction des établissements de formation supérieure. (LIU Huagang, 2007: 7-15)

Le troisième objectif correspond aux besoins de la société. Cet objectif joue sur le taux de recrutement des étudiants diplômés, en réponse au potentiel que représente leur développement futur. Ce potentiel ne correspond pas seulement aux besoins actuels, mais aussi *à* celui du développement durable de la société, ainsi que l'ensemble des qualités des étudiants. Cet ensemble de *qualités représente un système compétent qui est interne, stable et s'améliore sans cesse, dont la représentation est le savoir et la capacité de connaître et de modifier le monde subjectif et objectif.* (XU Yongjin, ZHANG Minggang, 2009: 36-39)

Parmi ces trois objectifs, le besoin social encadre le développement, le besoin personnel joue un rôle de motivation et de source d'énergie, le besoin professionnel garantit la vitesse d'avancement et la hauteur du développement. Les deux derniers décident ensemble de la direction du développement.

Tableau 22: Définition du FLE en Chine: Tableau synthétique

Contexte	Apprenant	Enseignant	Objectif	Approches	Manuel	Connaissances de langue
Dans l'Université chinoise	Étudiants chinois dont la spécialité est le français	Enseignants chinois et français qui sont plus importants que ceux d'autres disciplines	Adapter les apprenants *à* satisfaire les besoins sociaux et eux-mêmes	Éclectisme	Mixte	Chinois, anglais

2. 2 Le FLE en Chine pour l'acquisition de la seconde langue(ASL) ou de la troisièmelangue(ATL)

Après avoir donné les caractéristiques du FLE en Chine, nous devons aussi voir ses particularités dans le cadre d'acquisition d'une langue étrangère. Cette acquisition occupe une place très particulière puisque le français est souvent considéré comme la troisième langue pour les étudiants chinois, soit la deuxième langue étrangère après l'anglais.

2. 2. 1 Différence entre l'ASL et l'ATL

Avant de continuer cette partie, nous devons souligner clairement la différence entre l'ASL (acquisition de la seconde langue) et l'ATL (acquisition de la troisième langue). La troisième langue est des langues apprises après la deuxième, autrement dit une ou plusieurs langues additionnelles pour un système linguistique bilingue. La définition de l'ASL se fait sur la base du système linguistique de la langue maternelle, l'ATL représente cependant l'acquisition d'une langue étrangère dans le contexte bilingue (Jorda, 2005).

En 1963, une recherche de Vildomen (ZENG Li, 2010：143-146) sur le système multilinguistique a attiré l'attention du milieu académique parce qu'elle parlait de l'influence de la deuxième langue étrangère sur la troisième. C'était la première expérience sur les recherches d'ATL (Jessner, 2006). En 1987, l'ouvrage de Ringbom《*The Role of the First Language in Foreign Language Learning*》a ouvert l'histoire des recherches d'ATL comme une nouvelle discipline. Cette distinction ne met peut-être pas d'accord tous les linguistes. Ellis (Ellis, 1994) pense que l'ASL concerne l'acquisition de toutes les langues étrangères outre la langue maternelle. Cependant depuis ces vingt dernières années, de plus en plus de recherches ont prouvé la grande distance entre ces deux notions. Avant, nous ne nous concentrions que sur l'influence de la langue maternelle sur l'acquisition d'une langue étrangère, mais cette influence ne correspond pas *à* l'acquisition d'une nouvelle langue étrangère *à* partir de l'acquisition de la seconde langue étrangère. Cenoz a fait une recherche sur l'influence du contexte linguistique sur l'acquisition de la troisième langue (Cenoz. J, 2001：P8-20). Bardel, C et Y. Falk ont analysé l'influence de la langue maternelle sur la deuxième et la troisième langue et le transfert de la langue maternelle et de la deuxième langue *à* la troisième (Bardel, C&Y. Falk, 2007：459-484; Mayo& Olaizola, 2010：129-149). Dans le livre《*Third or additional language acquisition*》, De Angelis a confirmé l'influence de la langue maternelle et de la deuxième langue sur l'acquisition de la troisième (De Angelis, 2007).

A partir de ces recherches, nous pouvons résumer comme suit les différences obtenues sur le plan, linguistique, cognitif, psychologique, contextuel.

—Attraction linguistique：Au cours de l'apprentissage d'une langue étrangère, il existe des phénomènes d'interférences linguistiques dans l'usage des langues apprises. Par exemple, en acquisition de la seconde langue, la langue maternelle est influencée par la langue étrangère. Bien que notre système linguistique maternel soit relativement stable, cette influence peut être négative pour le développement de notre langue maternelle. Pour les apprenants trilingues, leur système bilingue est certainement plus fragile que celui de leur langue maternelle. Face aux pertes langagières des deux langues, afin de rétablir l'équilibre parmi ces trois langues, les apprenants doivent dépenser plus d'énergie et passer par un processus plus complexe.

—Technique cognitive: avec la première expérience de l'acquisition de langue étrangère, les étudiants seront plus actifs pour apprendre la langue. Bien qu'il existe des différences morphologiques ou syntactiques parmi les langues, cet avantage cognitif a été prouvé par les recherches de Jessner (Jessner, 1999). Jordà (2005) dans sa recherche sur des apprenants espagnols a confirmé qu'il y a une meilleure conscience d'output des étudiants bilingues que des monolingues.

En 2003, Gibson et Hufeison (De Angelis, 2007) ont comparé le taux correct des mots allemands après avoir séparé les candidats en trois groupes selon que l'acquisition de l'allemand relève de l'ASL (acquisition de la seconde langue), l'ATL (acquisition de la troisième langue) et l'AQL (acquisition de la quatrième langue) ettrouvent que les taux de mots corrects sont respectivement de 59%, 74% et 81%. Toutes les recherches behavioristes expliquent l'existence d'un avantage cognitif pour les étudiants bilingues. Dans ce cas, on peut penser que ces étudiants seront plus motivés que l'acquisition de la première langue étrangère parce que le processus est plus facile pour eux.

—Complexité du transfert: dans le système bilingue, le niveau de langue ne dépend que de ces deux langues et de leur interaction. Comme ici, il s'agit d'un système trilingue, nous devons réfléchir à l'existence de la troisième langue. Jessener a proposé une équation pour prendre en compte ces interactions:

Tableau 23: Système selon Jessener

LS1 + LS2 + LS3 + LSn + CLN + M= MP
LS: language system (Système de langage)
CLN: Cross-linguistic interaction (Interaction cross-linguistique)
M: Multilingualism-factor (Facteur du Multilinguisme)
MP: Multilingual proficiency(Compétence multilingue)

Odlin (2001) a divisé cette interaction en plusieurs disciplines: phonétique, syntaxe, vocabulaire, etc. Les apprenants trilingues conserveront presque tous les habitudes de prononciation de la langue maternelle, rarement celles de la deuxième langue, sauf que cet apprenant reste dans une société où on parle la deuxième langue. Dans le domaine de la composition, l'expression des apprenants possède les caractéristiques de la première langue, mais leur emploi grammatical dépend du niveau de leur seconde langue et de sa similitude avec la nouvelle. Cenoz (2011) a comparé l'effet de l'acquisition de la troisième langue de deux groupes d'âge différent. Les élèves basques d'anglais dont la langue maternelle est le basque et la deuxième langue est l'espagnol sont divisés en groupes d'école primaire et de collège. Par cette comparaison, on trouve que les membres du groupe d'école primaire apprennent l'anglais en s'inspirant de la langue maternelle plus que les candidats du groupe de collège. Et les collégiens préfèrent employer la similarité entre l'espagnol et l'anglais. Cette différence nous indique la nécessité psychologique du transfert de la seconde langue *à* la troisième.

—Ordre d'acquisition：Par rapport *à* l'ordre de l'ASL, l'ATL est plus compliqué et varié. En tant que base linguistique, l'acquisition de l'ASL suit seulement un ordre unique：L1= > L2, et puis s'il le faut, on peut poursuivre cet ordre. Il existe cependant plusieurs possibilités dans la même analyse de l'ATL.

Tableau 24：Comparaison entre ASL et ATL

ASL	ATL
1. L1= > L2	1. L1= > L2= > Ln
2. L1= > L2= > Ln	2. L1+ L2= > Ln
	3. L1= > L2+ Ln

Par exemple：Selon l'approche de l'ASL, il n'existe que deux ordres d'acquisition des langues étrangères.

● Au cas où on n'apprend qu'une langue étrangère, l'acquisition de la langue seconde est soutenue par l'acquisition de la langue maternelle.

● Au cas où on apprend plusieures langues étrangères, l'acquisition de la troisième langue est soutenue par celle de la langue seconde qui suit la base de l'acquisition de la langue maternelle.

Selon l'approche de l'ATL, il existe trois possiblités pour l'ordre d'acquistion des langues comme suit：

● L'acquisition de la troisième langue est soutenue par celle de la langue seconde qui suit la base de l'acquisition de la langue maternelle.

● Quand on apprend la troisième langue, on a été considéré comme bilingue. Alors, l'acquisition de la troisième langue est soutenue par l'acquisition des deux premières.

● Au cas où les étudiants apprennent en même temps deux langues étrangères, son acquisition de la langue maternelle influence celle des deux autres.

—Contexte linguistique: Le contexte de l'ASL est le système monolingue de la langue maternelle. Alors, dans l'ASL, nous n'analysons que la relation entre la langue maternelle et l'ASL pour définir la valeur de la similarité. Le système bilingue se trouve face à deux possibilités: dominant ou non dominant. Dans ce système bilingue, nous pouvons trouver plusieurs points d'équilibre avec les deux mêmes langues. Par exemple, quand un étudiant chinois d'anglais apprend le français, son apprentissage n'est pas identique comme un étudiant français de chinois ni comme un étudiant dont le père est anglais et la mère est chinoise.

En conclusion, l'ATL est une discipline indépendante et bien est différente de l'ASL. Ses particularités didactiques exigent d'éviter la répétition de l'expérience de l'enseignement de la première langue étrangère et de chercher des points similaires et différents afin d'établir l'équilibre de ces langues.

Dans cette thèse, nous devons donc analyser le FLE en Chine dans le cadre de l'ATL. Nous devons également revoir le contexte actuel des recherches de l'ATL et ses effets pour le FLE en Chine.

2. 2. 2 L'ATL et la pratique du FLE en Chine

Théoriquement, le FLE est différent de l'ASL et du FLS. Le FLE et le FLS sont tous les deux attachés à l'enseignement de la langue française, c'est pourquoi on dit qu'ils ont des thèmes proches. Cependant:

> 《cette dénomination (français langue seconde, fls), fondée sur l'ordre supposé d'acquisition des langues, désigne habituellement un mode d'enseignement et d'apprentissage du français auprès de publics scolaires dont la langue d'origine est autre que le français et qui ont à effectuer tout ou partie de leur scolarité dans cette langue. 》. (Cuq, 2003: 108-109)

Donc, le FLS est le français utilisé à l'étranger avec un statut particulier: ni maternel, ni simple étranger.

《*la dénomination " langue seconde" est cependant loin de correspondre en tous pays à* ces usages... *qui en France seraient qualifiées d'étrangères.* 》(Cuq, 2003：108-109)

L e FLE en Chine ne se concentre que sur les étudiants chinois d'anglais pour lesquels cette langue est leur spécialité, leur troisième langue, langue rarement utilisée dans la vie quotidienne sauf la vie universitaire.

Revenons sur l'intégration de l'ATL dans le cadre du FLE.

La Chine est un grand pays qui contient 56 ethnies dont l'ethnie Han et les ethnies rares. La langue d'usage de l'ethnie Han est le mandarin, mais les langues des ethnies rares sont très variées sauf les ethnies qui sont très proche de l'ethnie Han comme l'ethnie Mandchourie qui ne parle que le mandarin. Les enfants d'ethnies rares ont appris le mandarin et la langue ethnique avant d'entrer dans l'école primaire. Autrement dit, ces enfants sont devenus bilingues avant leur vie de formation. Et puis, les langues chinoises contiennent non seulement le mandarin et les langues ethniques, mais aussi les langues régionales, surtout dans le sud de la Chine. Au sud du fleuve Yangtze, dans les provinces du Zhejiang et du Jiangsu, chaque village parle sa propre langue régionale et ces langues ne sont pas proches de celle du village voisin. Même au milieu de la Chine, l'accent de la prononciation est aussi différent selon les provinces. Ces accents seront considérablement conservés au cours de l'apprentissage de la langue étrangère. La seule région où il n'y a pas de langue régionale est le Huabei (autour de Beijing) et le Nord-est de la Chine. Enfin, pour tous les élèves chinois, l'étude d'une langue étrangère est obligatoire depuis le collège. Dans la majorité absolue des cas, les étudiants apprennent l'anglais en raison de sa popularité.

En résumé, le FLE en Chine correspond principalement *à* l'enseignement de l'ATL.

En Chine, l'ATL est officiellement née en 2001 dans le livre du Ministère de l'Éducation Chinois (《Demandes fondamentales des cours de l'école primaire》). (LI Jia, 2011：90-94). Nous pouvons dire en résumé que ces recherches sur l'ATL correspondent *à* deux groupes：la formation en langues étrangères pour les étudiants d'ethnies rares et les étudiants universitaires bilingues.

Pour la première, JIANG, LIU et LI (JIANG Qiuxia, LIU Quanguo, LI Zhiqiang, 2006：129-

135) ont fait une enquête pour tester l'observation de classe et les obstacles au développement de l'ATL. D'aprèsleurs recherches, les étudiants d'ethnies rares sont plus motivés que les étudiants de Han parce que leurs dialectes sont plus proches de l'anglais que du mandarin. La thèse de ZHAO (ZHAO Jianhong, 2013) porte sur l'étude de l'anglais des étudiants de l'ethnie mongole. Il a analysé le contexte d'enseignement, la motivation des étudiants et l'amélioration didactique. LIU et HE (LIU Quanguo, HE Xuming, 2012: 156-160) ont étudié le contexte culturel de la classe d'ethnie tibétaine. Ils ont analysé dans le contexte trilingue la confrontation et l'harmonie culturelles *à* l'intérieur de la classe.

> *《la Classe est le porteur essentiel de l'enseignement des écoles.... La langue est riche de connotations culturelles... La classe devient le lieu où la confrontation a lieu parmi ces trois langues.》*

HE, XU (HE Keyong, XU Luya, 2006: 265-267) et YUAN, YUAN, LI, SHANG (YUAN Yichuan, YUAN Yuan, LI Peng, SHANG Yun, 2012: 157-160) se sont consacrés *à* la motivation et l'attitude des études d'anglais des étudiants d'ethnies rares. He a synthétisé les facteurs qui influencent les études pour améliorer le cours et Yuan a affiché huit catégories d'attitudes et de motivations pour décrire la situation des études universitaires. Cette recherche contient deux points différents des précédentes: d'abord, l'objet de cette recherche n'est plus les enfants ou les élèves de l'école primaire, mais les étudiants universitaires qui disposent d'une indépendance psychologique. Par ailleurs, les études universitaires d'anglais ont pour but de poursuivre des études. Tous les étudiants questionnés sont déj*à* trilingues avant d'entrer *à* l'Université.

En 2010, CAI et YANG ont prouvé qu'il existait un rapport positif entre le niveau L2 et le niveau L3 en faisant des recherches auprès d'étudiants ouïgours. (CAI Fengzhen, YANG Zhong, 2010: 10-13) Après enquête et comparaison, ils ont trouvé que le bon niveau de L2 est un facteur positif pour l'acquisition d'une troisième langue.

En ce qui concerne le transfert, ZHU (ZHU Jingfen, 2000: 51-55) a confirmé l'influence du transfert de langue sur l'écriture en anglais comme seconde langue étrangère. ZHU a choisi les étudiants de français pour prouver l'existence du transfert des langues. D'après ses recherches, les étudiants de troisième année commettent plus de fautes écrites que les étudiants de première année. Ce résultat prouve qu'avec la croissance du vocabulaire, le transfert négatif de la langue deviendra plus fort. Cependant, cette conclusion n'est pas totalement convaincante parce qu'elle oublie que ces étudiants ont tous appris l'anglais depuis leur enfance. À part l'influence du français, leur base linguistique d'anglais influencera aussi leur écriture. Une autre recherche intéressante est faite par NI et ZHANG en 2011. (NI Chuanbin, ZHANG Zhiyin, 2011：30-34) Cette recherche est planifiée pour tester l'influence de la deuxième langue sur la récitation de la troisième. Ils ont divisé les étudiants d'anglais en deux groupes selon leurs choix de troisième langue：groupe de japonais et groupe de français. Tous les candidats universitaires n'ont pas d'expérience d'apprentissage de ces deux langues étrangères. Bien que le français et l'anglais soient plus similaires que le japonais, les étudiants du groupe de français font plus de fautes que le groupe japonais. Cela nous indique que la similarité peut déranger l'acquisition de l'autre langue. Mais cette similarité peut réduire le délai de la réaction. Cette recherche prouve aussi que l'attraction linguistique de l'anglais au cours de l'apprentissage du français est plus forte que celle du japonais.

En conclusion, après la naissance de l'ATL, les recherches que nous avons faites concernent davantage les étudiants des ethnies rares que les bilingues. Nous n'avons trouvé aucun article spécialisé sur le FLE en Chine. C'est pourquoi nous devons revenir pour finir sur les particularités du FLE en Chine.

2. 2. 3 Les particularités du FLE en Chine

Le FLE est une spécialité pour les étudiants. Ce point diffère de toutes les recherches étrangères et chinoises. Dans le résumé de YUAN (YUAN Qingling, 2010：48-51), toutes les recherches chinoises faites sur l'ATL visent les étudiants d'anglais qui apprennent obligatoirement une deuxième langue étrangère. Dans ce cas, les étudiants chinois ne sont pas toujours bien motivés, bien que nous ne puissions pas exclure la possibilité des choix faits par les étudiants en raison de leurs propres préférences. Cependant, en tant que spécialité, ces apprenants en université ont des particularités psychologiques et cognitives. Ils croient que leur niveau de français sera attaché *à* leur avenir professionnel. Dès qu'ils entrent *à* l'université, ils décident de prendre le français comme leur langue étrangère la plus importante dans toute la vie au lieu de l'anglais. Cette décision psychologique conduit au sentiment d'être plus proche de cette langue et des changements concrets qu'elle entraînera au cours des études. Ils peuvent employer plus de temps au cours intensif de français et laisser souvent l'anglais à la deuxième place de leurs études. D'un autre côté, sans compter sur le niveau d'origine d'anglais, la majorité des étudiants doivent travailler en utilisant le français après leur vie universitaire. Autrement dit, il leur faut rattraper cette distance en quatre ans. Et le plus difficile est qu'ils doivent étudier quand même l'anglais parce que l'anglais est aujourd'hui en Chine une langue instrumentale courante. C'est pourquoi pendant ce processus, les étudiants doivent étudier en même temps ces deux langues étrangères. L'anglais et le français s'accompagnent l'un l'autre au cours de ces quatre ans, avec amélioration ou transfert mutuel.

Par ailleurs, le français a une bonne réputation en Chine comme dans le monde entier. Il est non seulement une des six langues officielles des Nations Unies mais aussi considéré comme langue《romantique》aux yeux des amateurs. En plus de cette préférence, il faut dire que l'investissement chinois en Afrique offre des opportunités au marché de l'emploi. Les étudiants choisissent le français pour obtenir un travail bien payé qui se réalise souvent en Afrique en tant que traducteur. Ce facteur de motivation externe sera renforcé au cours de leurs études et deviendra une source de motivation pour poursuivre leurs efforts. Nous le verrons par la suite.

Tous les candidats que nous avons choisi pour notre étude sont des débutants de français. Ils n'ont aucune expérience ni connaissance de cette langue. Cela nous permettra d'obtenir un résultat de recherche plus sérieux du fait que toutes les recherches de français partent de《zéro》. Les recherches d'anglais ou d'autres disciplines sont souvent biaisées par les études précédentes, telles que celles du lycée. Les étudiants ont déjà des idées arrêtées bien précises sur la discipline qu'ils ont apprise. La raison de ce sentiment peut être variée: un souvenir d'enfance, un maître particulièrement aimé peuvent devenir leur source de motivation.

Le système préparatoire linguistique de tous les candidats est: commun et fixe: bilingue chinois et anglais. A partir de ce point de départ, nous pouvons nous concentrer sur le rapport entre ces trois langues différentes. Le chinois est la langue maternelle dont le niveau est meilleur que les deux autres. L'anglais, première langue étrangère, apprise depuis notre enfance, deviendra moins importante que le français à partir des études à l'université. Le chinois et l'anglais s'unissent pour former le système linguistique de base sur lequel les étudiants commencent à apprendre le français. Le français, deuxième langue étrangère, est similaire à l'anglais et différent de la langue maternelle. L'apprentissage du français deviendra court et efficace s'il s'accompagne d'un transfert (positif ou négatif) de l'anglais et du chinois.

2.3 Conclusion du chapitre 2

Avant de terminer cette analysedu FLE en Chine et des des recherches du FLE dans le cadre de l’ATL, nous devons aussi découvrir les perspectives des recherches du FLE en Chine en conclusion de ce chapitre.

● Distance concrète et spirituelle.

Outre le transfert entre le chinois, l’anglais et le français, nous devons aussi réfléchir *à* la distance entre les langues：distance typologique actuelle et psycho-typologique (Kellerman, 1983). La première évoque la similarité des langues telle que la morphologie, la syntaxe, le contexte culturel, la prononciation etc. Le chinois, notre langue maternelle, est composée par les caractères qui se forment en lignes, contre la composition des lettres du français et de l’anglais. Cette similarité ou dissemblance conduit *à* une réaction psychologique des apprenants et des enseignants. La comparaison innée ou automatique se fait au cours de l’apprentissage du français au point de former une distance psychologique. Cela peut influencer positivement ou négativement la motivation et l’attitude de l’apprentissage du français car les apprenants vont chercher des repères de leur langue maternelle ou de leur deuxième langue au cours de leurs études.

● Équilibre didactique：

Cet équilibre s’exprime dans ces trois dimensions：équilibre des points communs et des différences, équilibre du chinois et de l’anglais et équilibre de récognition et de comparaison. Les deux langues possèdent des points communs et des différences, le problème est de savoir quels avantages en tirer.

> *Les étudiants ont la volonté automatique d’apprendre une nouvelle langue par leur compréhension de la langue étrangère, mais pas par la logique de la langue maternelle*(ZHU Xiaohui, 2008：109-112).

La méthode de l’usage des points communs peut faciliter la compréhension du français, mais aussi perturber son usage. L’accent mis sur des points différents peut certes distinguer les utilisations linguistiques, mais aussi dissocier ces trois langues. L’équilibre entre le chinois et l’anglais concerne la langue utilisée et aussi la méthode d’enseignement. Comme première langue étrangère, l'expérience de l'apprentissage de l'anglais nous aide à retrouver la méthode d'apprentissage du français. Mais la surutilisation de l'anglais peut conduire à des interférences dans l'usage du français, surtout dans le domaine de la prononciation et de la phonétique. La comparaison est une bonne méthode d'enseignement et d'apprentissage, mais elle dépend du niveau d'anglais et de français des apprenants. D'après les recherches (Tremblay, 2006: 109-119), il existe un seuil de niveau L2 pour l'apprentissage de L3. Si le niveau de la L2 n'est pas suffisant, la propre récognition indépendante du français est plus efficace.

● Intertransfert parmi ces trois langues:

Logiquement, nous pensons que l'apprentissage du français profite de la connaissance de l'anglais. Mais en réalité, la conclusion n'est pas si simple. L'apprentissage du français peut se diviser de plusieurs façons: niveaux de français (première, deuxième et troisième années) ou éléments linguistiques tels que la morphologie, la syntaxe, la phonétique. Chaque variable peut provoquer une différence dans l'intertransfert. En suivant les études, les apprenants de français pourront-ils conserver l'accent chinois une fois disparue l'influence phonétique de l'anglais? La similarité des préfixes et des suffixes franglais peut-elle provoquer de la confusion en orthographe ?

Chapitre 3
La didactique du FLE en Chine

Introduction du Chapitre 3, Première Partie

Avant de commencer la présentation du système des cours didactiques en Chine, nous devons distinguer des niveaux de didactique. Selon Cuq, on peut parler de la didactique des langues (DDL) et de la didactique des autres disciplines (Cuq, 2003). La DDL est attachée *à* l'éducation et *à* la linguistique appliquée. Avec des raisons historiques et de recherches, les universités chinoises, comme les anglo-saxonnes et celles d'Amérique du Nord, préfèrent considérer que la didactique issue de la pédagogie est l'ensemble de l'enseignement et de l'apprentissage. Donc, en Chine comme en France, les cours de didactique sont indispensables dans les universités normales ou les disciplines pédagogiques pour former les étudiants qui ont choisi de leur propre initiative ou non de devenir enseignants. Cependant, en tant que science complexe, les didactiques se déroulent dans chaque pays selon des facteurs éducatifs différents tels que le matériel d'enseignement (outils techniques, environnement d'enseignement), les enseignants, les apprenants, l'environnement des études, la motivation collective et individuelle, etc.

En respectant les particularités chinoises, précisément pédagogiques, sociales, économiques et culturelles, les cours doivent aussi suivre le besoin social et l'évolution de la tendance contemporaine de la didactique, c'est-*à*-dire la pratique et la synthèse des didactiques traditionnelles chinoises et étrangères, autrement dit l'éclectisme comme nous l'avons vu au chapitre 2.

On peut alors soulever quelques questions：comment enseigner systématiquement et efficacement, non seulement des connnaissances professionnelles, mais aussi des méthodes telles queenseigner *à apprendre à apprendre et faciliter l' apprendre à apprendre* (Puren, 2014) aux étudiants qui vont devenir enseignants après avoir été diplômés? Quelles méthodes employer en didactique? Comment motiver les étudiants et leur apprendre des techniques pour motiver leurs futurs élèves ? Comment aider les étudiants *à* se débarrasser des mauvaises habitudes et leur apprendre des méthodes pour changer celles de leurs futurs élèves ?

Afin de mieux présenter les cours de didactique en Chine, nous devons commencer par les sources historiques de la didactique chinoise, qui indiquera les points communs épistémologiques, psychologiques, culturels et sociaux entre les enseignants et les apprenants, et même les employés de l'administration. Cette histoire constitue la norme didactique classique chinoise qui trouve sa propre confrontation avec l'évolution des tendances contemporaines.

Le corpus de ce chapitre a été réalisé en consultant le site CNKI (www. cnki. net) qui expose officiellement tous les articles publiés. CNKI est l' appellation abrégée de *China National Knowledge Infrastructure* ou *China National Knowledge Internet*. Le projet du CNKI est promu par le gouvernement central chinois et établi par l' Université de Qinghua. Actuellement, la publication sur le site est la preuve incontestable de l' efficacité théorique et académique des journaux spécialisés.

Nous ne pouvons oublier non plus l' importance des politiques d' éducation chinoises qui orientent toutes les activités des universités. Nous pouvons les trouver sur le site officiel du Ministère de l' Éducation chinois. Par exemple, dans le projet 211①, la politique d' éducation déclarée en 1995 par le Conseil des Affaires d'État est de développer une centaine d'universités chinoises importantes au 21e siècle. Ainsi, le chiffre 211 est composé en deux parties : 21 et 1. Le premier signifie 21e siècle et le deuxième signifie une centaine.

Le corpus de didactique vient aussi des témoignages vécus d' enseignement et d' apprentissage. Par l'observation du cours, la communication et l'entretien avec les étudiants et les enseignants, ainsi que l'assistance aux réunions hebdomadaires des groupes des enseignants de FLE et de didactique des langues étrangères, nous avons pu réunir un corpus avec les programmes des cours, les notes du cours et le contrat didactique.

Puisque la didactique des langues (DDL) se distingue des didactiques des autres disciplines,

① voir l'Ordonnance de la Commission d'Education N°[1995]2081, Plan directeur de construction du projet 211.

l'histoire de la didactique en Chine est elle-même divisée en deux parties：l'histoire de la didactique des autres disciplines et l'histoire de la didactique des langues étrangères. Dans cette thèse, nous nous concentrons sur la conception de la deuxième, mais la première n'est pas pour autant négligeable parce qu'elle dévoile aussi la source des méthodes traditionnelles chinoises et nous aide *à* mieux comprendre les conditions de l'éclectisme d'aujourd'hui.

3. 1 Histoire de la didactique en Chine

Bien que l'économie et les techniques de l'époque moderne aient enregistré un retard de développement, notamment *à* cause des guerres la culture chinoise de plus de cinq mille ans a joué un rôle important dans l'histoire de l'humanité. La naissance de l'éducation antique de la Chine a vu le jour entre 600 et 400 ans avant J. C. (JIANG Guojun, DU Chengxia, 2005：65-75) Pour une période de plus de deux mille ans (voir les Tableau x：entre -600 et 1800), les auteurs ont schématisé l'apparition des nouvelles approches didactiques par quatre sommets et le développement des systèmes par trois.

Tableau 25：nombre des nouvelles approches éducatives(d'après JIANG et DU, 2005)

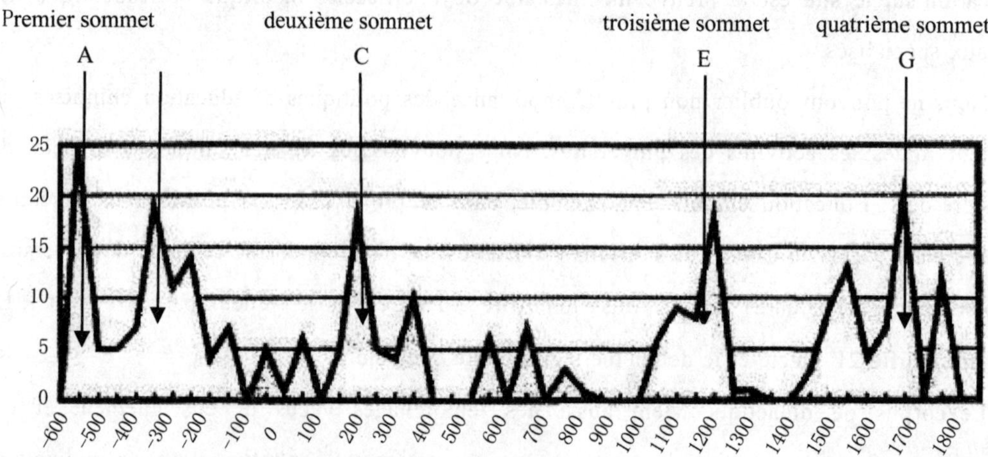

Tableau 26: nombre des nouvelles conceptions sur les systèmes éducatifs(d'après JIANG et DU, 2005)

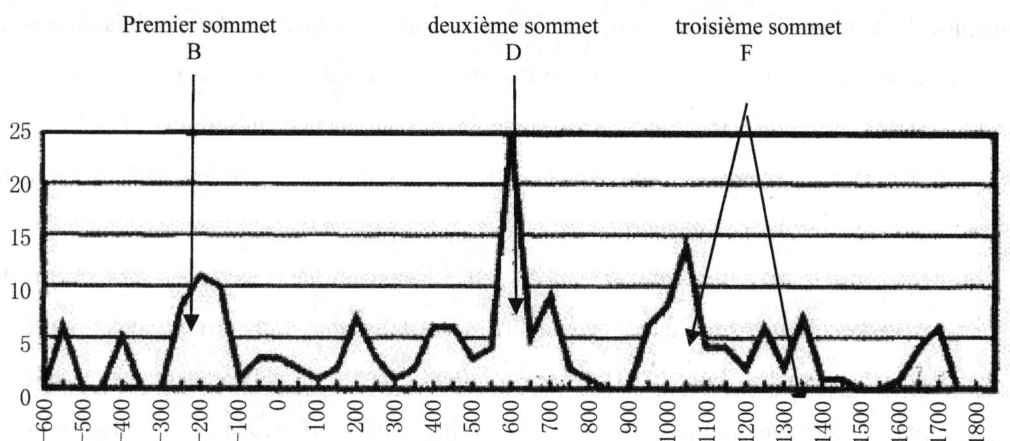

L es deux types de sommets sont étalés dans l'histoire de la Chine parce que les théories éducatives sont souvent nées dans des périodes de troubles et que les systèmes éducatifs s' améliorent dans les périodes pacifiques.

Le sommet A se trouvait entre les Annales du printemps et automne et la fin de l'époque des Royaumes combattants où la Chine s' est séparée en plusieurs royaumes. Les approches didactiques du confucianisme ont vu le jour pendant cette période.

Le sommet B représente la réalisation des approches didactiques du confucianisme où la Chine établit un système d'éducation dans lequel la formation privée et la doctrine de Confucius dominaient.

Le sommet C concerne les dynasties des Wei et des Jin. Pendant cette époque, le daoïsme se réveillait et le bouddhisme était importé de l' étranger. Les approches didactiques du confucianisme commençaient *à* se combiner avec les autres.

Au sommet D, la Chine a établi le système éducatif de sélection au niveau national: Keju, par lequel tous les apprenants passaient les mêmes titres d' examens afin de devenir gouverneurs. En résultent une formation et des manuels identiques dans tous les établissements privés ou publics de formation.

Le sommet E se trouve entre le milieu de la dynastie des Beisong et de la dynastie des Nansong. Pendant cette période, les pédagogues mettaient l' accent sur l' importance du développement de l' éducation du grand public dans la restauration du pays etannonçaient l' évolution future de la formation.

À l'époque du sommet F, le nombre d'établissements de formation publics ne baisse pas, tandis que le nombre d'établissements de formation privés augmente. Les établissements de formation couvraient toutes les régions, la formation se vulgarisait de plus en plus .

Le sommet G représente l'évolution moderne des approches didactiques. Pendant cette époque, la Chine a commencé *à* connaître l'extérieur, les missionnaires importaient aussi des méthodes d'enseignement occidentales.

En-dehors de la recherche de JIANG et DU, beaucoup de recherches présentent des conceptions variées de l'histoire de l'éducation chinoise, telles que les contributions et limites de l'éducation antique de la Chine (ZHU Yongxin, 1998：56-61), la relation entre la traduction culturelle et l'éducation antique chinoise (HU Qing, 2000：100-102), l'inspiration de la didactique de Confucius (CHEN Xiaobin, 2005：68-70). Toutes ces recherches datent le début de l'éducation *à* l'époque de Confucius (551 avant J. C- 479 avant J. C).

Confucius est non seulement un penseur de réputation mondiale, mais aussi est considéré comme un des premiers pédagogues chinois. A cette même époque, Confucius était aussi fameux dans ses activités d'enseignement. Ses trois mille disciples sont une bonne preuve du résultat de son enseignement et de la popularité de sa pensée et de sa méthode. Ses entretiens notés par ses disciples sont devenus les manuels standards du confucianisme comme "Lunyu (les entretiens de Confucius)". Même aujourd'hui, le nombre de trois mille est une quantité énorme d'apprenants. Nous sommes alors obligés de repenser la réussite de Confucius. Y a-t-il des particularités didactiques? Quelle était sa méthode d'enseignement? Les principes du confucianisme sont considérés comme des règles de conduite pour toute la société chinoise *à* travers plus de deux mille ans de dynasties féodales chinoises. Sa méthode d'enseignement a-t-elle été aussi transmise?

À partir d'une relecture des recherches faites par des experts du confucianisme, nous pouvons retenir trois points didactiques importants du confucianisme.

D'abord, la pensée de Confucius porte sur la relation entre l'enseignant et l'apprenant. La définition de la relation entre l'enseignant et l'apprenant promue par le confucianisme donne un cadre moral aux générations suivantes. Selon le Confucianisme, cette relation reste permanente toute la vie et l'enseignant est le supérieur indispensable que les hommes doivent honorer après les quatre autres symboles：ciel, terre, empereur et parents. (XU Zi, 2006：99-106) Le résultat direct de cette pensée confucianiste est de rendre l'enseignant tout puissant dans la classe ainsi que dans la vie. Il existe un proverbe chinois "enseignant un jour, père toujours". Dans la société antique chinoise, les apprenants doivent traiter cette relation sérieusement comme celle entre un père sévère et un fils malicieux. Cette tradition culturelle éloigne les enseignants de leurs apprenants, ce qui empêche l'emploi de l'approche communicative pour les enseignants chinois aujourd'hui.

Ensuite, le confucianisme définit le rôle de l'enseignant et ses responsabilités dans la moralité chinoise. En référence à cette image autoritaire de l'enseignant, les enseignants adeptes du confucianisme devaient exprimer aussi leur autorité : *propagation des doctrines, enseignement des connaissances professionnelles et résolution des problèmes du cours et de la vie* (PENG, 2009 : 13-15). Cette norme standard était proposée par Han Yu (768-824), mais influence encore les enseignants chinois d'aujourd'hui. Les enseignants chinois préfèrent donner des ordres mais pas des conseils aux apprenants, surtout dans les études primaries et secondaires. Cette tradition d'enseignement se trouve confrontée aux apprenants des jeunes générations chinoises qui préconisent l'égalité au cours.

Enfin, la valeur didactique de Confucius a été indispensable pour la réforme de l'enseignement de l'université. (MA Yaqin, LIU Xiaoxia, 2007 : 56-59) Ce point de vue est soutenu par beaucoup de recherches. Selon CHEN (CHEN Xiaobin, 2005 : 68-70), Confucius est aussi le fondateur de plusieures méthodes didactiques du confucianisme. Il résume à trois les contributions didactiques de Confucius : l'aspiration des apprenants, la communication des connaissances aux élèves selon leurs différences d'aptitude et d'intelligence et la synchronisation de l'apprentissage et de la réflexion.

HAO quant à lui a divisé les points didactiques de Confucius en deux : la méthode d'enseignement et la méthode d'apprentissage. En plus du résumé de Chen, HAO pense que Confucius excelle en présentation du bon exemple et en aspiration de la motivation des étudiants. Dans le domaine des méthodes d'apprentissage, HAO confirme aussi la pensée didactique de Confucius, soit l'importance de la révision, de la correction des fautes, de la réflexion, de l'imitation du bon exemple et des questions (HAO Huifang, 2007 : 113-115). Sur l'outil didactique, LU (LU Jinhua, 2003 : 25-28) pense que Confucius a employé le poème comme méthode spéciale didactique au lieu d'un manuel standard. ZHANG a analysé l'influence psychologique de la méthode confucianiste (ZHANG Jialin, 1997 : 15-17). GUO a comparé les points communs et différences entre la méthode de Confucius et celle de Socrates afin d'avoir une réflexion didactique de l'éducation d'aujourd'hui. (GUO Yuanyuan, 2011：73-76). Selon elle, Confucius emploie principalement la méthode d'enseignement heuristique, *à* travers la méthode questions et réponses, et étape par étape pour guider les élèves *à* penser. Et la méthode socratique, également connue sous le nom maïeutique ou débat socratique, est une forme de dialogue argumentatif coopératif entre les individus, fondée sur la demande et la réponse *à* des questions pour stimuler la pensée critique et de faire ressortir idées et présupposés sous-jacents. GUO a résumé les différences en quatre termes comme suit：

D'abord, les relations entre enseignant et enseigné sont différentes. Aux yeux de Confucius, l'enseignant et l'enseigné sont égaux. 《Si trois personnes marchent ensemble, il y a au moins un qui peut m'apprendre. 》Tout le monde peut devenir enseignant et on peut enseigner tous. L'enseignant et l'enseigné s'orientent ensemble. L'hypothèse socratique est que l'enseignant est plus compétent que l'enseigné. Et tout le débat du cours est défini et orienté par l'enseignant.

D'ailleurs, le sujet didactique est différent. Selon Confucius, l'enseignant est le guide et le sujet didactique est l'enseigné. L'enseignant oriente les enseignés et leur laisse plus de disponibilité de réflexion.

Ensuite, la relation entre la réflexion et l'apprentissage est différente. Pour Confucius, la réflexion doit commencer sur la base de l'apprentissage. Sans le soutien de l'apprentissage, la réflexion sera trop vague et moins efficace. Cependant, pour Socrate, la réflexion est une méthode d'apprentissage. Les étudiants doivent réfléchir en apprenant des connaissances.

Enfin, l'objectif de l'enseignement est différent. Pour Confucius, l'objectif de l'enseignement est l'acquisition des connaissances. Quand les enseignés ne comprennent pas le cours, Confucius préfère qu'ils récitent tout au lieu de lui poser des questions. En un mot, Confucius compte plus sur l'importance du résultat de l'acquisition au lieu de la méthode de l'acquisition. A l'inverse, Socrate apprend ses enseignés *à* apprendre une méthode critique au lieu de leur partager des connaissances. Pour lui, l'objectif de l'enseignement ne concerne pas l'acquisition directe des connaissances mais l'orientation et le moyen d'acquérir des connaissances.

Aujourd'hui, la majorité des pensées du confucianisme sont respectées de la population chinoise. Le confucianisme a aussi influencé profondément la didactique traditionnelle chinoise et son évolution. Cette influence se distingue des règles politiques qui peuvent bouleverser d'un coup la situation de l'éducation, mais comme le savoir commun de la population chinoise *à* la source de la didactique traditionnelle chinoise.

3. 2 Évolution historique de la didactique des langues

La didactique de la langue maternelle est bien différente de la didactique des langues étrangères, parce que la différence des objets éducatifs peut provoquer une discrimination psychologique, une acquisition différente, etc. Quand une langue étrangère devient la seule langue utilisée en cours ou presque, elle va donner plus de pression langagière et psychologique que la langue maternelle aux apprenants et aux enseignants. Cette distinction change tout dans l'enseignement et l'apprentissage.

3. 2. 1 Évolution historique de l'éducation des langues étrangères

Certaines recherches trouvent que le commencement de l'éducation des langues étrangères remonte *à* l'année 1839. (ZHANG Meiping, 2012: 30-35) Mais l'enseignement des langues étrangères pourrait dater de la Dynastie des Yuan (1271-1368) (ZHONG Qiquan, 2003). Ce commencement est toujours négligé dans la recherche, parce que cette naissance n'a pas eu de lien avec le développement de l'éducation des langues européennes. À la fin de la Dynastie des Qing (1636-1912), les jeunes voulu apprendre les langues étrangères pour mieux connaître les nouvelles techniques des pays étrangers et faire sortir la Chine de la colonisation. Aucune preuve ne peut confirmer l'influence concrète de cette histoire sur l'éducation actuelle dans le domaine didactique, mais cet épisode a accéléré le développement moderne de la Chine y compris l'évolution de l'éducation et la formation des futurs enseignants.

Entre 1922 et 1949, la Chine est devenue la République Populaire de Chine. Pendant ces années-*là*, la formation des langues étrangères déclinait depuis la troisième conférence de l'éducation nationale du Ministère de l'Éducation chinois. (ZHONG Qiquan, 2003). À partir de l'année 1949, la formation des langues étrangères est devenue optionnelle dans les études secondaires. Mais c'était aussi la première fois qu'on attachait de l'importance *à* la didactique. Il y avait deux méthodes principales de didactique utilisées dans l'école primaire et secondaire: la méthode directe et la méthode de la traduction. Le choix de la méthode dépendait des régions. Les écoles proches de la mer et de l'est employaient plutôt la première et celles au centre de la Chine et *à* l'ouest utilisaient la deuxième *à* cause du sous-développement économique et commercial. (ZHANG Meiping, 2012: 30-35) Jusqu'*à* aujourd'hui, ces deux méthodes sont encore utilisées.

Pour des raisons politiques, après la fondation de la République Populaire de Chine, le russe était la première langue étrangère en Chine. À partir de 1956, on a commencé *à* établir pas *à* pas la formation universitaire *à* l' anglais dans toutes les universités chinoises. En 1964, le *"Programme de sept ans de l' éducation des langues étrangères"* du Ministère de l' Éducation chinois projette de développer l' anglais comme la première langue étrangère au lieu du russe. (GUI Shichun, 2014：275-281) À partir de l' année 1978, le Ministère de l' Éducation chinois met l' anglais comme une des trois plus importantes disciplines dans le Gaokao (concours national pour l' entrée universitaire). (FANG Ruifen, 2002：86-88) . C' est ainsi que l' éducation des langues étrangères a connu ses jours de prospérité. Nous avons présenté en détail le développement du français dans un autre chapitre.

Aujourd' hui, avec l' entrée dans l' OMC, l' éducation des langues étrangères a vu apparaître de nouveaux obstacles.

D' abord, l' éducation des langues étrangères se trouve en déséquilibre.

L' éducation des langues étrangères des régions de l' est est beaucoup plus développée que celles du centre de la Chine ou de l' ouest (ZHANG Yixing, LI Ming, 1999：42-47). Dans chaque région, l' éducation en ville est plus avancée qu' en banlieue. Pour des raisons historiques, culturelles et économiques, on constate un déséquilibre parmi les différentes langues dans l' éducation aux langues étrangères. La discipline du russe décline, les langues occidentales autres que l' anglais n' occupent qu' une très petite place dans l' éducation.

Ensuite, l' enseignement universitaire actuel néglige encore l' importance de la pratique. L' entraînement aux examens oriente les apprenants vers les savoirs seuls. Cette méthode demande aux apprenants de n' attacher d' importance qu' au cadre des examens. (ZHANG Yixing, LI Ming, 1999：42-47) Cependant, les notes de l' examen ou le diplôme ne répondent pas aux besoins de la société, surtout les nouveaux besoins en développement social. La réforme de l' éducation a orienté l' éducation des savoirs vers les compétences, de l' entraînement aux examens vers la pratique.

Enfin, il est difficile pour l' éducation actuelle des langues étrangères de s' adapter aux nouveaux besoins sociaux. La communication plus ouverte avec le monde offre une opportunité aux futurs diplômés de langues étrangères, mais cela signifie aussi un défi puisque les besoins sociaux sont différents. C' est pourquoi la réforme est nécessaire afin de mieux s' adapter aux nouveaux besoins du développement de la société.

3. 2. 2 Évolution historique de la formation en didactique

Afin de bien comprendre l'histoire de la didactique des langues étrangères de la Chine, il faut connaître l' histoire de l' éducation des langues étrangères et celle de la didactique. La formation de la didactique est née beaucoup plus tôt que celle des langues étrangères avec la fondation de la formation pour les enseignants. Après sa naissance, la formation pour les enseignants chinois restaient embarassée devant deux difficultés: la sous-estimation et l' ignorance de l'importance des recherches didactiques. (HE Yunhui, 2010: 160-162) Selon HE, ces deux problèmes ont existé jusqu'à la fin du 20e siècle. Sans soutien du développement théorique, les méthodes utilisées au cours restaient toujours sous des formes traditionnelles. Pendant tout le siècle dernier, la Chine n'est pas parvenue à résoudre le problème de la confrontation didactique entre l'éducation et la pratique académique.

Comment définir le sens des termes《éducatif》et《académique》attachés à la didactique? Et quelle est leur relation? Tout d'abord, ces deux termes ne sont pas statiques, mais dynamiques avec la variation due au développement didactique et aux besoins de la société. Ensuite, elles sont indépendantes mais aussi complémentaires. SUN et LI pensent que le "sens académique de la didactique" est plus complexe que les autres parce que ce terme est attaché aux disciplines spécialisée et aux sciences de l'éducation. (SUN Erjun, LI Guoqing, 2008: 95-99). Pour mettre en lumière la spécificité des sciences de l'éducation, on peut comparer caractère éducatif et caractère professionnel. *Éducatif* ne signifie pas seulement la technique professionnelle d'un enseignement, mais aussi l'art de faire apprendre les autres. Les définitions plus précises des sens académique et éducatif viennent des recherches de YE. (YE Lan, 1999: 10-16) Elle a proposé quatre niveaux académiques didactiques: découvrable, synthétique, applicable et éducatif. Elle conclut que le coeur du sens éducatif est la compréhension des particularités de la profession d'enseignant et les qualités fondamentales de l'enseignant. Pour elle, l'enseignement ne peut pas être limité à l' enseignement des connaissances, mais il signifie aussi l'orientation des étudiants vers un objectif de vie. L'objectif de l'enseignement n'est pas de former un homme ayant des savoirs, mais un homme utile pour la société. Cela demande aux enseignants de devenir un bon exemple de vie, en plus de leur maîtrise des connaissances. Elle explique aussi qu'il ne faut pas ignorer la créativité dans l'enseignement. Selon la norme standard de la formation universitaire, le contenu du cours suit toujours le manuel et le programme de la formation. Mais les enseignants doivent aussi tenir compte de l'individualisation de leurs étudiants et de la modification de l'environnement dans leur enseignement. Enfin, il ne faut pas mal comprendre la relation entre le contenu de l' enseignement et la méthode d'enseignement. Le contenu de l'enseignement suit le programme de la formation et la norme ministérielle. Le choix de la méthode utilisée est décidé par l'enseignement, mais dépend de beaucoup de conditions telles que la population, la circonstance d'enseignement.

> *Un grand nombre d'enseignants, surtout les jeunes, croient qu'ils peuvent faire un très bon enseignement s'ils savent le contenu. Ce point de vue ignore l'importance de la didactique.* (YE Lan, 1999：10-16)

Au cours de nouvelles circonstances, les cours de didactique ont rencontré des opportunités et ont dû répondre à des défis. En 2001, les *Décisions sur la réforme et le développement de l'éducation primaire du Conseil d'Etat* ont employé pour la première fois la notion de "*formation pour l'enseignant*" au lieu de formation des instituteurs. En 2003, le *Projet de redressement de l'éducation entre 2003-2007* a bien défini "*formation pour l'enseignant*".

Après ces modifications, les cours de didactique en Chine ont changé sur trois points ;

— l'ouverture：auparavant, les cours de didactique en Chine ne s'adressaient qu'aux étudiants de l'université, maintenant, la formation continue ou la formation en coopération avec les écoles primaires ou secondaires est aussi l'objet des cours de didactique.

— le caractère professionnel：en tant que discipline indépendante, la didactique possède son unique norme de pratique et de recherches.

— l'extension：la formation pour les enseignants ne vise pas seulement la vie universitaire, mais aussi la formation continue. La formation pour les enseignants s'effectue en trois parties：*formations universitaire, continue et perpétuelle*. (ZHONG Qiquan, WANG Yanling, 2012：22-25) Ce changement a demandé aux cours de didactique une nécessaire réorientation.

3. 3 Présentation du cours de didactique

Avant d'aborder les cours de didactique et la population concernée, nous rappelons les conditions dans lesquelles les établissements effectuent des cours de didactique.

Dans les années 1950, la Chine a suivi le système de formation supérieure de la Russie. Toutes les formations des instituteurs étaient installées dans les universités normales.

En Chine, les universités concernées dites《normales》sont les seuls établissements chargés de la formation pour enseignants *à* l'université. Depuis la fondation de la République Populaire de Chine, afin d'améliorer le niveau de la formation obligatoire, 171 établissements publics de formation pour enseignants ont été créés depuis 1958 (HE Yunhui, 2010: 160-162) et 286 en 2000 (ZHANG Bingxian, 2007: 19-24). Chaque province en possède en moyenne 5. Comme toutes les autres, la formation pour enseignants a été arrêtée au moment de la Grande Révolution Culturelle. En 1978, le Ministère de l'éducation chinois a publié "*Propositions sur le renforcement et le développement de la formation pour les enseignants*" qui était un des premiers règlements ministériels après la Grande Révolution Culturelle. En 1986, dans la "*Loi de formation obligatoire*" a été rédigé l'emploi des mesures nécessaires pour renforcer et développer la formation pour les enseignants: c'est devenu un soutien politique important pour le développement des universités normales. Actuellement nous vivons un âge d'or: chaque province possède au moins une université normale-clé. Dans toute la Chine, on compte huit universités normales parmi les établissements de la catégorie 211[①]. Le taux élevé des universités normales montre l'importance du développement de la formation des enseignants aux yeux du gouvernement.

De plus en plus d'étudiants chinois ont réussi aux quatre coins du monde, c'est objectivement la preuve de la réussite du développement de la formation chinoise pour les enseignants. Cependant, cette réussite ne peut ignorer certains problèmes sérieux.

3. 3. 1 Les universités normales chinoises et les soutiens politiques

La formation pour les enseignants se présente de manièredisproportionnée. Observons le Tableau des établissements qui offrent les cours de didactique ci-dessous:(ZHANG Bingxian, 2007: 19-24).

Tableau 27: Formation des enseignants

	Nombre	Pourcentage
Universités normales	169	33, 7
Universités autres que normales	127	25, 3
Instituts d'éducation	35	7
Instituts de beaux-arts	18	4

① voir le site officiel du Ministère de l'Éducation chinois: http://www.moe.edu.cn/publicfiles/business/htmlfiles/moe/moe_846/200804/33122.html

IUP et IUT	83	16, 5
Instituts des langues	2	0, 4
Instituts des sports	12	3
Instituts des éthnies rares	7	1, 4
Instituts agricoles	10	1, 9
Instituts des finances	3	0, 6
Instituts de médecine	1	0, 2
Les autres	35	7, 1

Les universités normales ou les autres occupent presque 60% de la totalité des établissements supérieurs. Les autres établissements tels que les Instituts de médecine sont très peu nombreux. Ce déséquilibre entraîne un manque d'enseignants dans beaucoup de disciplines. Afin de mieux équilibrer cette différence, en plus de la régularisation du marché de l'emploi, les soutiens politiques et financiers sont aussi indispensables.

Par ailleurs, les universités normales ont tendance *à* sous-estimer l'importance de la didactique. Selon les recherches de ZHANG, sur 36 universités normales, nous avons 801 disciplines de l'éducation pour les enseignants, 173 disciplines qui recrutent les étudiants des disciplines pour enseignants et autres, et 1039 disciplines qui ne recrutent que les étudiants des disciplines autres que la formation des enseignants.

Les étudiants des disciplines pour enseignants ne représentent que 34% des étudiants de ces 36 universités normales. Cette transformation se résume *à* deux points：la politique de l'enfant unique provoque la diminution des enfants d'âge scolaire et le développement économique demande aux universités de donner de plus en plus l'importance aux disciplines scientifiques.

De plus, la saturation du marché urbain et la difficulté de la vie rurale (ZHANG Jizhou, 2008：121-124) contrarient objectivement le développement de la didactique. À cause de la politique de l'enfant unique, la baisse du nombre des enfants de l'âge scolaire a provoqué la récession du besoin des maîtres des écoles. Pour la campagne, bien que l'on manque de maîtres d'école, de plus en plus de jeunes diplômés refusent d'y travailler, *à* cause de la vie difficile. La difficulté du recrutement suscite aussi une baisse du recrutement des étudiants du concours national d'entrée universitaire (Gaokao).

3. 3. 2 Les apprenants

Les apprenants de didactique sont tous des diplômés des lycées chinois. En général, ils ont deux moyens d'entrée universitaire comme dans toutes les disciplines : le Gaokao et le concours organisé par l'université dite Baosong. Ces apprenants sont divisés en deux catégories : ceux de l'éducation gratuite pour les enseignants et ceux non-exonérés des droits. Sans compter les points communs des étudiants des disciplines pour enseignant chinois et français, ici, nous devons souligner les particularités chinoises, qui se résument *à* deux : l'entrée *à* l'université et la politique de l'éducation gratuite pour les enseignants.

Afin de mieux expliquer les particularités chinoises dans le domaine de l'entrée *à* l'université, voici quelques chiffres.

Tableau 28 : Pourcentages des garçons et des filles

	2007	2008	2009
Garçons	39, 8%	34, 1%	31, 6%
Filles	60, 2%	65, 9%	68, 4%

Comme nous le voyons, de moins en moins de garçons choisissent l'enseignement par rapport aux filles (FANG Zengquan, ZANG Jiayong, 2011 : 63-68). Ce déséquilibre présente aussi une grande différence parmi les disciplines. (DING Gang, LI Mei, 2014 : 95-106) Dans certaines disciplines telles que l'anglais, les filles sont sept fois plus nombreuses que les garçons. Cependant, pour les disciplines sportives, les garçons sont trois fois plus nombreux que les filles.

En ce qui concerne l'origine des étudiants de français, le Tableau 29 indique que les étudiants venant de la campagne sont les plus nombreux et que le nombre des étudiants vivant en ville augmente.

Tableau 29 : Origine desétudiants de français

	2007	2008	2009
Ville	27, 7%	32, 8%	33%
Banlieue	24%	26, 7%	24%
Campagne	48, 3%	40, 3%	42%

(FANG Zengquan, ZANG Jiayong, 2011 : 63-68).

On note aussi que les étudiants des disciplines de formation pour enseignants sont meilleurs que ceux des autres disciplines dans les établissements de formation. (DING Gang, LI Mei, 2014：95-106) Bien que beaucoup de diplômés autres que de didactique deviennent aussi enseignants, selon l'enquête de DING et LI, les étudiants qui ont reçu une éducation didactique sont meilleurs en théorie et en pratique que les autres diplômés.

Tableau 30：Filières des étudiants

	Compétence théorique	Potentiel	Passion	Prévenance	Connaissances didactiques
Etudiants des disciplines d'enseignement	3, 83	3, 91	3, 44	3, 43	3, 84
Etudiants des disciplines généralistes	2, 63	3, 31	2, 87	2, 89	3, 20

Afin de promouvoir le développement de la formation pour enseignants, surtout dans les régions moins développées, depuis 2007 le gouvernement chinois a poussé le projet de la formation pour enseignant avec exonération des droits.

Cette politique a été publiée par le Ministère de l'éducation chinois en 2007. Pour sa première année, le ministère autorisait six universités normales ministérielles *à* recruter les étudiants de Gaokao en utilisant la politique de l'éducation gratuite pour les futurs enseignants. Jusqu'*à* aujourd'hui, il y en a encore deux nouvelles. A part le profil général (notes de Gaokao, choix des disciplines), ceux qui sont intéressés par leprojet d'éducation gratuite pour les enseignants doivent signer une convention (convention d'étudiants de l'éducation gratuite pour les enseignants) avec l'université et le bureau d'éducation de la province d'origine de l'étudiant. Si cet étudiant a moins de dix-huit ans, son tuteur doit la signer *à* sa place. Selon cette convention, l'étudiant doit servir les écoles de son lieu d'origine pour dix ans après avoir été diplômé. D'un autre côté, l'étudiant intéressé peut avoir plusieurs politiques avantageuses：

— Le ministère des finances chinois sera chargé des droits d'études des étudiants, de leurs logements universitaires et de l'allocation pour les frais de la vie courante.

— Les bureaux d'éducation des provinces d'origine des étudiants seront chargés de leurs futurs postes d'enseignement et de leurs statuts.

— Ces étudiants ont le droit de changer leurs postes *à* l'intérieur des établissements：d'un poste d'enseignant à un poste administratif.

— Ces étudiants ont l'avantage de passer le concours de master de pédagogie.

En contrepartie, les étudiants de l'éducation gratuite pour enseignants doivent respecter la limite du travail, c'est-à-dire 10 ans consécutifs d'enseignement dans l'école après avoir été diplômés, et le gouvernement encourage les étudiants à continuer leur travail d'enseignement pour toute la vie professionnelle.

—Si l'étudiant ne respecte pas la convention signée, il doit rendre le paiement gouvernemental et payer le dédit. Les bureaux d'éducation d'origine des étudiants seront chargés des archives de crédit des étudiants.

—Les étudiants de l'éducation gratuite pour enseignants n'ont pas le droit de s'inscrire en master de plein de temps. Ils font leur master d'éducation en plus de leur travail.

—Au cours du recrutement universitaire, s'ils choisissent le projet de l'éducation gratuite pour enseignants et passent l'entrée, ils ne peuvent pas être recrutés par d'autres universités.

Bien que cette politique promeuve réellement le développement de la formation primaire et secondaire, aucune preuve ne confirme l'utilité de la politique de l'éducation gratuite pour enseignants sur la motivation des étudiants.

Au contraire, la recherche de JIA, TAO et YU confirme son influence négative (JIA Zhi, TAO Lei, YU Guoni, 2012: 69-74). Ils ont comparé les motivations entre les étudiants de l'éducation gratuite pour enseignants et ceux de l'éducation pour enseignants non exonérés des droits de l'Université Normale de l'Est de Chine.

Leur enquête se compose en deux parties: la première partie comprend 30 questions et la deuxième 21. Ces 30 premières questions doivent mesurer la force des motivations interne et externe des étudiants de l'éducation gratuite pour enseignants et celle des autres étudiants. La deuxième partie s'adresse à la vie universitaire des étudiants de l'éducation gratuite pour enseignants. Chaque question a deux options: oui (1 point) ou non (0). Pour éviter une réponse identique des étudiants, JIA, TAO et YU ont posé les questions 50 et 51 avec deux options opposées pour avoir le choix《non》avec la réponse positive. Selon les résultats de l'enquête, les motivations interne et externe des étudiants non-exonérés des droits sont plus élevées que ceux de l'éducation gratuite, surtout pour les facteurs《considération de la concurrence au marché de l'emploi》et《rémunération》. Cela prouve que l'incertitude de l'avenir professionnel suscite la motivation la plus élevée pour les étudiants non-exonérés.

La recherche de ZHAO et YU (ZHAO Jiajing, YU Haifeng, 2010：82-86) s'adresse aux types et *à* l'intensité de la motivation des étudiants de l'éducation gratuite pour enseignants. Ils nous indiquent que dans le domaine des sciences naturelles, les étudiants de l'éducation gratuite pour enseignants sont moins motivés que les autres, alors qu'en sciences humaines, les étudiants de l'éducation gratuite pour enseignants sont plus motivés. Afin d'analyser cette distinction en sciences naturelles et humaines, nous devons rappeler la certitude qu'ont tous les étudiants de l'éducation gratuite pour enseignants de leurs obligations pour l'avenir：être enseignant *à* l'école ou au collège pendant une durée déterminée obligatoire. En face de cette obligation, les étudiants en sciences naturelles sont en majorité des garçons qui préfèrent un poste avec une meilleure rémunération *à* un travail *à* l'école. En revanche, les étudiants en sciences humaines sont des filles qui préfèrent la stabilité professionnelle *à* la concurrence du marché de l'emploi.

L'autre enquête chiffrée de FANG et ZANG(FANG Zengquan, ZANG Jiayong, 2011：63-68) nous montre une présentation plutôt négative de la motivation des étudiants de formation pour enseignants.

Tableau 31：Motivations des futurs étudiants en didactique

	2007	2008	2009
Rêve de devenir enseignant	47, 1%	42%	49%
Motivé de devenir enseignant	29, 1%	23%	10%
Sûr de devenir enseignant	43, 4%	36, 3%	44, 4%
Enseignant est un bon métier	33, 8%	29, 3%	38, 1%

T ous les pourcentages sur la motivation interne des étudiants est variable, mais nedépassent jamais le seuil de 50% .

Nos conclusions sont les suivantes.

— Les étudiants manquent de compréhension *à* propos de leur responsabilité. Certains d'entre eux choisissent cette discipline pour son exonération. Ils ne sont pas prêts *à* prendre des responsabilités ; dès qu'ils rencontreront des difficultés, ils auront tout de suite des doutes.

— La différence entre la réalité et leur imagination est grande. Avant l'entrée universitaire, ils comprennent mal les besoins du poste tels que la compétence didactique, la gestion du cours, etc.

— Il faut orienter les apprenants *à* bien planifier leur vie universitaire. Après avoir été au lycée, surtout après un concours très sélectif, le Gaokao, les apprenants commencent une nouvelle vie indépendante et moins contrôlée. Beaucoup d'étudiants de la discipline concernée, surtout ceux de l'éducation gratuite pour enseignants, croient que leur travail est assuré par le gouvernement, et ils manquent alors de la volonté de faire des efforts.

3. 3. 3 Les enseignants

Les enseignants de didactique sont ceux qui font les cours de didactique dans les établissements de formation pour enseignants. Ils sont souvent diplômés d'un doctorat ou au moins d'un master.

Les enseignants jouent un autre rôle important dans le système didactique. La demande de la compétence des enseignants de didactique est supérieure aux autres parce qu'ils doivent enseigner non seulement des connaissances, mais aussi les méthodes pour apprendre des connaissances et les méthodes pour faire apprendre. *Le professionalisme est l'expertise pédagogique de l'enseignant.* (XIN Tao, SHEN Jiliang, LIN Chongde, 1999: 12-17). On peut résumer la notion de professionnalisme de l'enseignant en deux points: une performance excellente et une structure des connaissances complexe. Le professionnalisme est un système complexe, car la première qualité relève des comportements didactiques de l'enseignant, la deuxième est ce qui soutient les activités d'enseignement.

La performance de l'enseignant comprend le travail scolaire et extra-scolaire, le travail d'enseignement et hors enseignement. Il représente les réunions pour les activités des cours, telles que la méthode, les techniques didactiques, la parole, et des activités de la vie quotidienne. Autrement dit, non seulement au cours, mais avant ou après les cours, l'enseignant doit être un bon exemple des étudiants. En raison de la méthode de Confucius, les étudiants chinois sont plus proches de l'enseignant et sont souvent influencés par sa philosophie.

Les connaissances de l'enseignant doivent être dynamiques, non statiques. Elles doivent être renouvelées régulièrement d'une façon personnelle. Les connaissances de l'enseignant sont directes et indirectes. Il peut apprendre des connaissances par l'expérience acquise et les études. Selon la recherche du groupe de XIN(XIN Tao, SHEN Jiliang, LIN Chongde, 1999: 12-17)les connaissances sont divisées en quatre genres selon leurs fonctions différentes: les connaissances subjectives, les connaissances conditionnelles, les connaissances de la pratique et les connaissances culturelles. Les subjectives visent aux connaissances de la discipline comme la physique, la langue étrangère ; les connaissances subjectives sont les bases de la formation, mais n'influencent pas définitivement les compétences d'enseignement. Les conditionnelles sont celles de la pédagogie et de la psychologie, par exemple les connaissances du développement psychologique des apprenants, les connaissances de l'enseignement et de l'apprentissage et les connaissances de l'évaluation des apprenants. Les enseignants doivent savoir quels sont les points importants du cours, comment les enseigner aux étudiants, par quelle méthode, comment évaluer les apprenants. Les connaissances de la pratique viennent de l'expérience. Les cours ne sont pas stables comme la recherche, mais relèvent de l'activité pratique. Aucune méthode ou approche didactique ne convient *à* tous les apprenants. Les enseignants peuvent et doivent modifier les cours selon leurs expériences, connaissances ou objectifs. La recherche de LU et SHEN confirme l'importance de l'expérience sur la cognition (LU Zhikun, SHEN Jiliang, 1994：27-33). Ces trois connaissances fonctionnent comme un système triangulaire. Les subjectives offrent la possibilité de l'enseignement, les conditionnelles offrent les approches théoriques *à* employer, les connaissances de la pratique peuvent aider les enseignants *à* résoudre les problèmes au cours de l'enseignement et de l'apprentissage. En plus de ces trois dernières, les enseignants doivent aussi avoir assez de connaissances culturelles pour mieux guider les étudiants. L'enseignant n'est seulement l'enseignant du cours, il doit orienter les étudiants vers une bonne direction de vie. Les apprenants peuvent être attirés non seulement par leur préférence du cours, mais aussi par la personnalité du professeur. Comment entraîner l'intérêt des apprenants? Comment développer leur potentiel? *C'est la même importance que les cours*. (XIN Tao, SHEN Jiliang, LIN Chongde, 1999：12-17)

3.3.4 Le Programme de formation pour les enseignants

On ne peut pas comprendre le programme de formation pour enseignants sans connaître le cours de didactique. au cours, Comme dans les autres domaines vus précédemment, les objectifs du cours de didactique en Chine ont évolué avec le développement économique et social.

Auparavant, les cours de didactique avaient pour objectif de former les futurs enseignants pour élever leurs compétences langagières (ex：discours du cours) et celles d'enseignement (ex：outil d'enseignement, organisation du cours). Ces cours doivent suivre non seulement la nouvelle tendance du développement théorique des approches didactiques, mais aussi l'évolution des besoins sociaux et éducatifs. Outre les connaissances nécessaires théoriques, les étudiants doivent faire des expériences d'enseignement avec auto-évaluation et le guidage scientifique et professionnel de l'enseignant. Afin de mieux réaliser la deuxième tâche didactique, ces cours ont non seulement pour objectif de guider les étudiants *à* réaliser debonnes expériences d' apprentissage et *à* redresser leurs mauvaises habitudes d'apprentissage, mais aussi de connaître et comprendre les rôles de l' enseignant et de l' apprenant et leurs positions didactiques (faire apprendre, enseigner *à* apprendre, enseigner *à* apprendre *à* apprendre, faciliter l' apprendre *à* apprendre et laisser apprendre) (Puren, 2014).

Le programme de formation pour enseignants comprend des cours de didactique, de psychologie et de pédagogie.

Selon le projet de l' université, le programme peut être fixé ou modifié chaque année. Autrement dit, l' emploi du temps du cours de didactique varie selon les universités ou les différentes régions. Mais le programme doit respecter le cadre ministériel et comprend l'unité des cours de formation pour enseignants. Prenons l'exemple de la discipline d' anglais (formation pour enseignants) de l'Université Normale de Changchun.

Ces cours se divisent en cinq parties: introduction *à* la psychologie, introduction *à* la pédagogie, technique et application des nouveaux matériels d' enseignement, didactique et cours de pratique.

Tableau 32: Classification des cours

Cours	Crédits	Heures de cours	Heures quoditiennes	Semestre	Faculté	Evaluation
Intr. psych	3	54	3	3	Pédagogie	Examen Final
Intro. pédagogie	3	54	3	4	Pédagogie	Examen Final
Tech et app des nouveaux matériels	4	64	4	2	Informatique	Examen Final
Didactique	2	36	2	5	Langue	Eva quoditienne
Pratique	2	72	4	6	Langue	Eva quoditienne
Total	14	280				

Cette unité de didactique n'occupe que 7, 8% de la totalité des crédits et 9, 8% des cours totaux. Ce pourcentage confirme d'une façon quantitative le problème mentionné par XIN, SHEN et LIN. Ils ont montré la surestimation des connaissances subjectives (92%) et la sous-estimation des connaissances conditionnelles (5%-6%). (XIN Tao, SHEN Jiliang, LIN Chongde, 1999: 12-

17)

La baisse du pourcentage de l’unité de didactique a un côté positif car elle convient au pluralisme des besoins sociaux. Après avoir été diplômés, les apprenants de formation pour enseignant de langue étrangère peuvent travailler comme interprète, traducteur, guide ou enseignant. En revanche, les apprenants n’ont pas assez de cours pour améliorer leur compétence de formation pour être enseignant, y compris la didactique et la pratique.

Bien que l’emploi du temps des cours de didactique et de pratique soit limité, les enseignants présentent l’évolution historique de la didactique, les connaissances concernant l’enseignement et les méthodes *à* employer. Ils doivent aussi suivre le manuel《*A course in English Langage Teaching*》rédigé par WANG Qiang et recommandé par le Ministère de l’Éducation chinois.

En regardant le programme du cours de didactique de l’Université Normale de Changchun, le cours du premier semestre se déroule comme suit:(Site：http：//202. 198. 96. 252/hep/hepCoursePortalAction. do? courseid= 38).

Unité 1：Language and learning

Unité 2：Communicative Principles and Activities

Unité 3：Lesson Planning

Unité 4：Classroom management

Unité 5：Teaching Pronunciation

Unité 6：Teaching Grammar

Unité 7：Teaching Vocabulary

Unité 8：Teaching listening

Unité 9：How to teach speaking

Unité 10：How to teach writing

Unité 11：Building your word power——On Teaching language

Unité 12：Teaching reform and curricula

Unité 13：Making use of teaching resource

Unité 14：Evaluating and Adapting Textbooks

Le contenu du cours contient les approches théoriques, l’organisation du cours, les connaissances fondamentales, les techniques didactiques, etc. La distribution du temps du cours tient compte de la complexité de la didactique.

Le deuxième semestre s'appelle le semestre de pratique. Les apprenants préparent et présentent leur cours l'un après l'autre devant tout le monde. Les apprenants apportent des critiques constructives et échangent leurs idées pour corriger les problèmes et améliorer les cours, écoutent des conseils de l'enseignant et refont les cours d'une meilleure façon. Cette amélioration peut être l'organistion du cours, la communication avec les apprenants, le discours d'enseignement ou l'utilisation du Tableau .

3. 3. 5 Le contrat didactique

L'expression《contrat de didactique》a vu le jour pour la première fois dans la recherche de l'enseignement de mathémathique de G. Brousseau. Ce terme est employé aujourd'hui pour exprimer la relation entre l'enseignant et l'enseigné selon les règles qui fonctionnent comme les clauses du contrat. Cependant, le contrat de didactique est toujoursun *contrat implicite* (Cuq, 2003: 55). Ce contrat, comme tous les contrats sociaux, désigne l'ensemble des règles pour encadrer d'une façon implicite les comportements didactiques de l'enseignant et de l'apprenant. Ces activités sont interactives et supposent que les apprenants puissent acquérir progressivement ce que les enseignants enseignent par l'écoute, la préparation, la révision, la communication ou d'autres réactions éducatives et que les enseignants puissent faire agir les apprenants dans leurs études. Nous pouvons définir les rôles de deux partenaires et leurs responsabilités par le contrat. Cependant, le contrat didactique du cours est plus compliqué. Outre l'acquisition des connaissances (faire apprendre), l'enseignent du cours de didactique doit guider les apprenants *à* acquérir la compétence didactique et pratique de l'enseignant (enseigner *à* apprendre, enseigner *à* apprendre *à* apprendre, faciliter *l'apprendre à* apprendre et laisser apprendre). Cela demande aux enseignants d'accomplir une stratégie en temps limité et aux apprenants de faire preuve d'une bonne participation pour enrichir leur compétence didactique. Il en résulte une relation *à la fois antagoniste et complémentaire* (Puren, 2014) des enseignants et des apprenants. En plus de la confrontation entre le contrôle et l'autonomie, l'enseignant ne peut pas toujours répondre aux besoins des apprenants et vice-versa. Cependant, l'objectif des études, l'acquisition du savoir, leur permettent de coopérer ensemble. Dans le cadre du contrat didactique, l'enseignant doit transmettre un savoir et un savoir-faire, vérifier si l'apprenant sait dire ou sait faire, évaluer le degré de la compréhension et de la retransmission des apprenants, gérer les procédures pédagogiques et organiser différentes phases de la transmission. D'un autre côté, les apprenants doivent acquérir des connaissances, engranger, conserver et utiliser ce qui leur a été transmis, demander des explications claires et des informations, demander des évaluations ou des corrections et participer activement aux activités selon les consignes de l'enseignant.

Nous pouvons alors conclure les activités didactiques en trois types：

— Action individuelle. Cette action est réalisée par l'enseignant ou l'apprenant：le programme du cours, les devoirs du soir ou les consignes est l'action type.

— Action collective. Ce type d'action se présente comme une action commune ou concertée des membres d'un groupe afin d'atteindre un objectif didactique. Par exemple, au cours, l'enseignant pose une question orale ouverte *à* toute la classe, recueille des réponses variées et organise un débat pour discuter et retenir une leçon (vocabulaire ou reformulation grammaticale).

— Action conjointe①. Cette interaction se montre comme un échange entre un enseignant et un apprenant ou entre deux apprenants. Exemple dans le corpus du cours peut être une activité continue d'ajustement réciproque entre deux acteurs didactiques.

Ces trois types d'actions peuvent se présenter seuls ou se combiner. Nous pouvons observer chaque action dans le cadre du contrat didactique. La réaction peut être automatique ou réfléchie selon le projet didactique ou l'expérience personnelle. Bien que l'enseignant soit responsable de l'organisation du cours, la participation verbale ou non verbale des apprenants peuvent influencer l'exécution du contrat didactique et du projet. Dans le cours de didactique, l'enseignant et l'apprenant doivent se rendre compte de cette interaction. L'acquisition du savoir n'est plus la seule tâche du cours de l'apprenant, mais aussi la retransmission. Cette retransmission peut être une imitation de la méthode ou une recréation avec leur propre compréhension et réflexion.

Quelles sont les particularités des contrats didactiques en Chine?

D'abord, les rôles des enseignants et des apprenants sont différents. Cette différence peut se conclure en deux sens：le poste de l'enseignant et la relation parmi les apprenants. En Chine, l'enseignant est chargé non seulement de son poste d'enseignement, mais aussi d'un poste administratif comme maître de classe qui est différent du chef de classe. Le maître est chargé de suivre la situation d'apprentissage de la classe, d'aider les étudiants, de planifier les activités extrascolaires, de communiquer avec les apprenants et l'université etc. Pour cette raison, l'enseignant chinois est plus proche de sa classe. La relation parmi les apprenants est aussi différente. Actuellement, les apprenants chinois vivent en collectivité. Ils habitent ensemble dans

① Bruner，1987，*Comment les enfants apprennent à parler*

le campus de l'université et possèdent une salle commune d'études à leur disposition pour faciliter leur communication et l'organisation des activités collectives ou conjointes en groupe.

Ensuite, la transmission des informations doit suivre aussi le facteur langagier, social et culturel. Un rôle important du langage est de transmettre des informations d'une façon compréhensible aux auditeurs. Cette compréhension dépend de beaucoup de facteurs, tels que la langue, la culture etc. Ainsi certaines expressions françaises ne s'adaptent pas à la conceptualisation linguistique et culturelle des apprenants chinois, l'enseignant doit employer une nouvelle stratégie explicative ou reformuler l'expression. Cela provoque une nouvelle activité individuelle planifiée ou improvisée de l'enseignant. Par ailleurs le groupe d'enseignants se compose de Chinois et Étrangers. Ce mélange provoque probablement une différence du contrat didactique puisqu'il existe toujours une différence langagière et culturelle entre les enseignants de langue non-maternelle et maternelle. Cette remarque ne désigne pas la différence de compréhension des apprenants chinois, car leurs niveaux de langue étrangère ne sont pas identiques. En fait, il est difficile d'avoir une appréhension précise de toutes les réactions des apprenants, car nous ne pouvons pas prévoir concrètement ce qui se passe au cours et ce dont les apprenants ont besoin. La compétence communicative devient alors une variable dans le contrat didactique.

3. 3. 6 Les méthodes

Il n'y a pas qu'une seule méthode pour répondre à tous les contextes. Confucius prenait l'initiative de la communication des connaissances aux élèves selon leurs différences d'aptitude et d'intelligence. Ce point de vue est aussi vérifié par Piaget. (CHEN Ruifang, ZHENG Lijun, 2007: 44-45)

Dans le cours de didactique en Chine, quelle est la méthode qu'on peut employer le plus souvent?

Voici le programme du cours de didactique de l'Université Normale de Changchun.

Tableau 33：La méthode de la traduction

Définition：	Programme：
A travers l'apprentissage de la grammaire et du vocabulaire, on traduit le texte entre la langue cible et la langue maternelle en respectant les règles langagières.	Lecture-traduction des phrases-explication des points gramaticaux-réponse écrite-compréhension du texte
Principes et techniques：	Techniques：
Prise en compte de l'importance de l'écriture et de la lecture Récitation des régles grammaticales et du vocabulaire Autorité absolue du professeur Interlangage	Traductionpar écrit Compréhension du texte Explication de la grammaire par déduction Exercices *à* trous, récitation du texte, composition des phrases, écriture, etc.
Remarques：	
Utilisation facile Plus d'utilisation des connaissances que des compétences langagières Amélioration de la méthode de la traduction：compléter les exercices oraux, acquérir une compétence communicative, animer les cours, etc.	

Bien que nous trouvions de plus en plus de critiques de la méthode de la traduction, il existe encore certains avantages. D'abord, cette méthode n'est employée que pour les enseignants chinois et admet l'utilisation de la langue maternelle afin de faciliter la compréhension des étudiants. Ensuite, l'objet de cette méthode s'adresse principalement *à* la grammaire de la langue cible. C'est plus facile de comprendre des points difficiles et compliqués avec des expressions familières de la langue maternelle. Le cours de traduction joue un rôle important dans le programme de formation et est indispensable.

D'un autre côté, les inconvénients sont évidents. Avec cette méthode, on ne peut pas couper le lien entre la langue cible et la langue maternelle. Les apprenants étudient toujours la langue cible en utilisant la pensée de lange maternelle. De plus, les apprenants ne peuvent pas améliorer leur compréhension et production orales avec la méthode de la traduction.

Tableau 34: La méthode directe

Définition:	Programme:
Les langues modernes ne s' apprennent rapidement et conformément *à* leur génie que par la langue même qu'il s'agit d'enseigner, et il s'agit d'apprendre d'abord *à* penser dans cette langue. (Cuq, 2003: 73)	Explication en langue cible—questions—réponses explication inductive de la grammaire: exemples—conclusion des règles-exercices renforcés—exercices d'écoute
Principes:	Techniques:
Exercices d'écoute d'abord, exercices écrits après l'apprendissage du vocabulaire et des phrases d'après le sens du texte. Interdiction d'employer la langue maternelle Auto-correction	Lecture du texte, questions-réponses, auto-correction, dialogue, exercices *à* trous, dictée du texte, compréhension des photos, etc.
Remarques:	
Mise en relief de la pratique langagière Mise en relief de la compétence communicative de la langue cible avec la réflexion de la langue cible Exclusion de l'utilisation de la langue maternelle Grand niveau de compétence orale et des techniques didactiques du professeur	

La méthode directe est une méthode que nous utilisons dans les cours universitaires. Cependant comme chaque méthode, il existe *à* la fois des avantages et des inconvénients. D'abord, contrairement *à* la méthode de la traduction, les apprenants écoutent toujours la langue cible en cours afin d'améliorer le niveau de la compréhension orale. Cela provoque probablement en même temps une amélioration de leur production orale. Ensuite, la méthode directe est plus vivante pour les apprenants puisque il s'agit de recréer le contexte permettant d'utiliser la langue cible qu'ils ne pratiquent pas. Cette méthode évite la l'impact linguistique de la langue maternelle sur la langue cible. Toutes les productions orales sont directement transmises en langue étrangère sans être influencées par la langue maternelle.

Pourtant cette méthode ne s'adapte pas *à* toutes les conditions d'apprentissage. D'abord, elle minimise l'importance de la langue maternelle dans l'apprentissage. Or nous savons que l'apprentissage du français est différent pour les apprenants chinois et anglais. Ensuite, cette méthode néglige les différences de compréhension des apprenants et s'adapte mal au temps limité des cours universitaires. Elle ne convient pas *à* tous les types de cours. Par exemple, pour les cours de lecture, de traduction et de grammaire, cette méthode n'est pas toujours la préférable.

Tableau 35. L'approche communicative

Définition :	Programme :
La désignation《approche communicative》s'applique aux dispositifs de choix méthodologiques visant à développer chez l'apprenant la compétence à communiquer.(Cuq, 2003：24)	Discussion en groupes des exemples de la vie quotidienne：discussion-offre de structures exemplaires-discussion en groupe-conclusion Exercices de communication：choix d'une photo-deviner les contenus d'avant et d'après. Exercices des situations de vie：contenus différents selon la variation du statut, de l'âge, du poste, etc.
Principes :	Techniques :
Mise en relief du sens, ignorance de la structure de la phrase. Objectif de l'apprentissage de langue：apprendre la compétence communicative. Au début des études, il faut sans cesse encourager les apprenants à parler en langue cible Le rôle de l'enseignant est de faire participer les apprenants L'objectif du cours est de laisser employer la langue cible aux apprenants	Utilisation de situations réelles Restitution des phrases en désordre Jeu de langages Discussions en groupe Jeux de rôle
Remarques :	
L'emploi de l'approche communicative aide les apprenants de maîtriser la forme, le sens et la fonction de la langue cible.	

De plus en plus d'enseignants chinois tiennent compte de l'importance de la méthode communicative car elle peutcompenser certains inconvénients des deux méthodes précédentes. D'abord, la méthode communicative s'adresse à la compétence communicative du langage et souligne l'importance de la pratique. Ensuite, les étudiantss deviennent des acteurs majeurs dans la méthode communicative. Ils ne sont plus que des apprenants, mais aussi des participants à la communication. Ce changement incite les apprenants à participer au cours.

En même temps, nous devons faire attention aux inconvénients de son usage. Selon la méthode communicative, la langue n'est plus un ensemble de connaissances à apprendre, mais un outil de communication utile. Cependant, les étudiants chinois doivent considérer la langue étrangère d'abord comme des connaissances à apprendre. Autrement dit, au début, la grammaire est importante dans l'apprentissage. L'enseignant doit expliquer quand même clairement des points lexicaux et syntaxiques surtout aux étudiants chinois dont la langue maternelle est complètement différente des langues occidentales.

Tableau 36. L'approche audiovisuelle.

Définition:	Programme:
Les méthodes audiovisuelles associent des enregistremetns sonores (sur bande magnétique) d'exercices, énoncés ou récits à des séquences d'images projetées sur un écran à partir de films fixes. (Cuq, 2003: 28)	Exercices audio-visuels, Compréhension des mots et des phrases sous la forme audio-visuelle, Répétition et répondre aux questions sur place
Principes:	Techniques:
Ces cours s'adressent prioritairement à des débutants ; fortement axés sur l'apprentissage de l'oral, ils sont construits à partir de dialogues enregistrés associés à des séquences d'images fixes destinés à faciliter la perception et la compréhension et, dans les meilleurs cas, à illustrer les diverses composantes de la situation d'énonciation.	matériels audio-visuels, enregistrements, vidéo
Remarques:	
La méthode audiovisuelle est employée en général par les enseignants étrangers ou dans les cours des enseignants étrangers. Cette méthode est différente de celles de la tradition chinoise et elle est appréciée par les apprenants chinois, surtout les débutants	

La méthode audiovisuelle est entrée en Chine dans les années 1970 (WU Yafei, 2008: 93-98) et a trouvé un développement rapide avec les matériels techniques.

D'abord, comme la méthode directe, la méthode audiovisuelle souligne l'importance du contexte dans l'utilisation des langues étrangères. Les étudiants peuvent reproduire des spectacles des pays étrangers dans lesquels n'est employée que la langue étrangère. Ensuite, la méthode audiovisuelle emploie les matériels des techniques nouvelles. Par l'imitation de la prononciation, la répétition du dialogue, les étudiants peuvent apprendre vite la communication quotidienne.

Il y a pourtant des inconvénients à cette méthode. D'abord, elle n'est utilisée qu'avec des matériels audio-visuels, qui peuvent être authentiques ou fabriqués. Cela prend beaucoup de temps dans la préparation de l'enseignant, ou bien beaucoup d'argent pour importer un manuel d' origine étrangère. Ensuite, cette méthode néglige l'influence des connaissances de la langue maternelle des apprenants et leur niveau en anglais. Elle ignore la différence des langues maternelles et traite de façon identique tous les apprenants de nationalité différente. Cependant, le contrat didactique est différent pour les apprenants chinois de français et les apprenants anglais de français puisque l'anglais est plus proche du français que le chinois. D'autre part, cette méthode ne répond pas *à* la question《pourquoi》. Par exemple, les apprenants peuvent utiliser le passé composé, mais ne savent pas dans quelles circonstances on peut l'employer. Afin de faciliter la compréhension et d'améliorer la production, il faudrait en même temps apporter des explications. Enfin, cette approche ne peut pas répondre seule aux besoins individuels des étudiants. La compréhension n'est jamais identique pour chaque classe, chaque étudiant, et pour chaque point de connaissance. L'enseignant doit fabriquer sa propre méthode afin de mieux s'adapter au contexte d'enseignement.

3. 4 Conclusion du chapitre 3

Après avoir étudié le développement rapide de la didactique et les particularités chinoises, nous devons aussi réfléchir aux problèmes existants.

Tout d'abord, les manuels de didactique ne se sont pas renouvelés depuis plusieurs années. Pendant plus de dix ans, une centaine de nouveaux livres de didactique ont paru. Mais les contenus et la structure des livres sont très proches.

> *Aux yeux des experts, ces livres ne se trouvent pasà un niveau avancé dans le domaine de la recherche. Aux yeux des enseignants sur le terrain, ils ne sont pas non plus pragmatiques.* (XIN Tao, SHEN Jiliang, LIN Chongde, 1999：12-17)

Ensuite, le cours de pratique et le stage ne sont pas efficaces. Puisque le contrat didactique est implicite, la pratique est importante en didactique. Or l'enseignant a encore l'habitude de présenter le cours, les apprenants sont toujours simples auditeurs. Ces deux partenaires didactiques ne tiennent pas compte de l'importance de la pratique. Nous pouvons en trouver des preuves quantitatives et qualitatives：le cours de pratique n'occupe que deux crédits et 72 heures de cours, soit moins de 1% de la totalité (2/203, 5) des crédits et 1% (208/6556) des heures de cours[①]. Ce point de vue est aussi confirmé par les recherches du Groupe de XIN (XIN Tao, SHEN Jiliang, LIN Chongde, 1999： 12-17) et du Groupe de ZHONG (ZHONG Qiquan, WANG Yanling, 2012： 22-25) .

Enfin, l'emprunt de méthodes étrangères n'est pas adapté au contexte chinois. Selon GUI (GUI Shichun, 2014： 275-281), cette adaptation pourrait être améliorée sur quatre points： le programme épistémologique, le programme de vocabulaire, le programme d'enseignement de la grammaire et la construction de banque de données de langue. Jusqu'à aujourd'hui, la majorité des projets d'enseignement ne visent qu'aux objectifs, mais pas aux détails du programme.

① Corpus： programme de la discipline pour des instituteurs d'anglais de l'Université Normale de Changchun.

Conclusion de la Première Partie

Une bonne observation du programme en vigueur dans les départements d'enseignement du FLE permet de comprendre que les contenus enseignés dans les classes concordent avec les ambitions professionnelles des étudiants. Nous pouvons déjà faire l'hypothèse que le lien que mettent les étudiants entre leur travail et l'obtention de leur diplôme suffit à produire une puissante motivation.

Mais quel est le rôle de l'enseignant ? Nous allons voir que l'enseignant ne se contente pas de distribuer des connaissances ; il est aussi un accompagnateur qui doit jouer son rôle de guide et de moniteur： si la réussite des apprenants dépend de multiples facteurs, le professeur doit mieux comprendre la dynamique qui anime les élèves pour pouvoir éviter de devenir lui-même une source de démotivation dans sa classe.

À partir de la description que nous venons de faire des problèmes rencontrés par l'enseignement du FLE en Chine, nous allons nous demander à présent quelles démarches mettre en place pour augmenter l'impact de l'enseignement du français en Chine et permettre l'amélioration de cet enseignement. C'est la question de la motivation- des étudiants mais aussi des enseignants - qu'il convient d'interroger.

Cette question est nouvelle en Chine. Elle nécessitera d'être définie et adaptée au contexte chinois. Nous essaierons de comprendre les théories de la motivation en posant les questions suivantes：

—Comment adapater la notion de《motivation》au contexte chinois ?

—Existe-t-il, parmi les facteurs possibles suceptibles de motiver les étudiants (affectif, familial, social, didactique) un qui l'emporte sur les autres ?

—Ne faut-il pas plutôt penser que la motivation repose sur un ensemble de facteurs, et si c'est le cas, comment déterminer leur hiérarchie ?

Deuxième Partie
Le concept de motivation
construction d'une méthode d'approche

Introduction de la Deuxième Partie

Après ces chapitres consacrés à l'histoire de l'enseignement du français en Chine, nous allons arriver au sujet central de nos recherches: la motivation dans l'éducation. Nous diviserons cette analyse en deux parties dont la première est l'analyse de la motivation: Quelle est la nécessité de la motivation ? Qu'est-ce que la motivation ? Quelle est la composition de la motivation interne et externe des étudiants chinois de FLE ? Est-ce que les enseignants peuvent influencer la motivation des étudiants par leurs activités scolaires ? Comment les enseignants peuvent motiver les étudiants? Quel est le rapport entre les activités des enseignants et la variation de la motivation des étudiants? Avant d'approfondir la relation entre les activités des enseignants et la motivation des étudiants, nous devons découvrir la deuxième partie qui est sur la motivation dans le FLE en Chine.

Parmi ces questions, la confirmation de la《nécessité》de la motivation dans les activités humaines est sans nul doute un présupposé psychologique que nous sommes obligés d'analyser en premier, même si nous ne pouvons pas employer le mot《importance》à cause de l'absence des preuves des recherches. Avant d'en avoir confirmé la nécessité, il est inutile de traiter d'autres questions. C'est comme avant qu'on ait confirmé notre besoin de médicaments: on n'a pas besoin d'anlayser leurs ingrédients ni leurs effets.

Il nous faut avant tout commencer par une petite présentation des activités humaines afin de préciser le contexte dans lequel apparaît la motivation. Dans son *Discours sur les origines et les fondements des inégalités parmi les hommes,* Rousseau a créé une fiction pour dépeindre le point de départ de l'homme: l'homme naturel. Celui-ci est supposé innoncent. Dans son autre livre

《Emile》, Rousseau considère que l'être humain naît《ne sachant rien, ne connaissant rien.》(P68). Il pense que《*l'éducation fait l'être intelligent et l'homme d'un animal stupide et borné*》(P364). Beaucoup de psychologues s'opposent radicalement à la méthode de Rousseau, ils pensent que《*l'homme est avant tout un être social.*》(Crahay. M, 1999：81). Il n'est pas nécessaire de mettre l'accent sur l'ordre du Naturel et du Social pour notre étude, nous pouvons alors répéter simplement le point commun de ce paradoxe：la coexistence du Naturel et du Social dans l'être humain. En tant qu'homme naturel, nous mangeons, buvons, laissons échapper de la chaleur ou du froid. Dans ces cas-là, nous pratiquons les activités avec la motivation de satisfaire nos besoins fondamentaux. En tant qu'homme social, nous travaillons, apprenons et communiquons avec les autres. Dans ces cas-là, nous faisons des activités dont la motivation est de répondre aux besoins, aux devoirs ou aux responsabilités de notre rôle dans la société. Quelquefois, nous ignorons la place de la motivation dans notre vie quotidienne. Par exemple, quand nous nous déplaçons à l'étranger, nous ne faisons un appel aux parents que pour les saluer. Même nous ne réfléchissons pas sur la motivation avant l'appel, certainement présente est la motivation qui nous dirige de calmer l'inquiétude éventuelle de la famille. Bien entendu, la nécessité de la motivation ne signifie pas son existence dans toutes les activités humaines. Il s'agit seulement de confirmer l'existence importante de la motivation dans la majorité des activités humaines. Ce point de vue a été éprouvé en 1971：《*La réussite professionnelle (...) [est] de plus en plus considérée comme due dans une large partie à la motivation du sujet, alors qu'autrefois on ne tenait guère compte que de ses aptitudes*》(P. Pichot, 1971：76).

Est-ce que cette majorité des activités humaines comprend l'éducation ? Cette réponse a été faite par beaucoup de psychologues et de pédagogues dans des publications comme Psychologie d'éducation (Crahay. M, 1999), *Motivation et découragement* (Fenouillet. F, 1996), *The cognitive psychology of school learning* (Gagné. E. D, Yekovich. C. W, Yekovich. F. R, 1993), *Motivation et Réussite scolaire* (Lieury, Fenouillet. F, 1996), *Enseigner des attitudes ?* (Morissette, Gingras. M, 1989), *Motivation in education* (Paul R. Pintrich et Dale H. Schunk, 1996, Pearson) et *La motivation en contexte scolaire* (Viau. R, 1997).

On essaiera d'identifier quels facteurs didactiques renforcent la motivation des étudiants et comment s'opère la variation de cette motivation au fil du temps.

Nous avons adapté notre questionnaire à partir du modèle de Gardner. Ce modèle a été testé dans différent pays entre 1985 et 2003, surtout dans des pays monolingues et bilingues. Dans le cas de la Chine, le français occupe une position particulière, comme nous le verrons. C'est pourquoi il était nécessaire de l'adapter au contexte chinois. Une enquête de terrain est un reflet de la vision personnelle de celui qui conduit la recherche, mais elle doit aussi s'adapter aux différents contextes. Le contenu du questionnaire vise à concrétiser une hypothèse du chercheur et à renseigner la communauté des chercheurs sur les valeurs sociales de son travail.

Le département de français de l'Université normale de Changchun nous a servi de terrain de réalisation des recherches pendant les années académiques 2014—2015. Dans chaque promotion, il y a deux classes de la première à la quatrième année. Il faut préciser que, dans ce département, toutes les conditions sont remplies pour mener à bien notre enquête, à savoir: manuels de travail adéquats et disponibles, enseignants chinois et français qualifiés et méthodes d'évaluation valides.

Les travaux sont simultanément conduits dans les deux classes de chaque promotion. La seule différence pour les deux classes de la même promotion est la pratique de la méthode d'évaluation qui est une intervention prévue dans notre《procédure de pilotage》et de conduite des travaux de recherches, c'est-à-dire qu'on utilise dans une classe une méthode d'évaluation régulière qui est faite non seulement de contrôles bimensuels, mais aussi d'évaluations régulières et progressives de l'acquisition des étudiants.

En Chine, cette méthode d'évaluation est rarement pratiquée dans les universités, mais elle est souvent utilisée dans les établissements des cycles primaire et secondaire. Elle peut aider les apprenants à prendre de bonnes habitudes d'apprentissage et à mieux connaître leurs limites personnelles pour se prendre en main puis mieux se cultiver. Notre intérêt est aussi de tester son impact sur l'acquisition de la langue étrangère et son influence sur la motivation de nos étudiants.

Enfin, nous devons rappeler que tous les étudiants de ce département ont participé à cette recherche sur la motivation de leur propre gré, sans aucune contrainte.

Chapitre 4 La motivation

Introduction du chapitre 4, Deuxième Partie

La motivation est une chose à la fois concrète et abstraite. Nous avons toujours entendu：《Il a eu un bon résultat parce qu'il est bien motivé. 》ou《Il travaille mal à cause du manque de motivation. 》En général, les enseignants et les étudiants savent si la motivation est là, mais ils ne savent pas bien comment la décrire ou l'expliquer. Puisqu'on veut étudier la motivation dans le FLE, il est alors nécessaire d'avoir une connaissance précise et claire de la définition de la motivation. Ainsi nous aurons le cadre théorique qui permettra d'avancer dans notre étude. À partir de la description historique des approches de motivation, on connaîtra surtout leurs développements en Occident et en Chine. On étudiera la motivation en éducation de l'acquisition de la langue étrangère, chez l'adulte, et on analysera la motivation du français dans le contexte chinois qui présente certaines particularités：le contexte d'ATL, le collectivisme, etc.

4. 1 Les premières théories de la motivation

4. 1. 1 Définition(s)

Le mot《motivation 》vient du latin《movere 》qui signifie《bouger 》. (C. Andriopoulos, P. Dawson, 2009：124) Aujourd'hui, ce sens d'origine n'est plus attaché au mouvement, mais a beaucoup évolué dans des domaines divers tels que la psychologie, l'économie. La motivation ne signifie pas non plus l'activité concrète de《bouger 》. Dans le dictionnaire encyclopédique Hachette 2000, la motivation est définie ainsi：*ensemble des facteurs conscients ou inconscients* qui déterminent un acte, une conduite. Cette définition nous révèle des particularités importantes de la motivation：phénomènes conscients et inconscients. Le premier nous indique une réflexion par les individus sur ce qu'ils ont vécu et un espoir sur ce qu'ils font. Le deuxième se résume au phénomène d'une pulsion inconsciente. Nous ne pouvons nier ni l'un ni l'autre. Bien entendu, afin de surmonter des problématiques didactiques et pédagogiques, nous avons besoin d'une définition qui nous apporte plus de sens scientifique, particulièrement psychologique. Ici, nous ne pouvons pas continuer sans remettre l'accent sur la relation entre l'éducation et la psychologie：la psychologie ne s'éloigne jamais de l'éducation. Quand nous ouvrons le livre《Psychologie de l'éducation》écrit par Marcel Crahay, la première phrase qui apparaît devant nous est《tout système éductatif repose sur des présupposés psychologiques》. C'est pourquoi nous devons chercher d'abord la définition psychologique de la motivation au lieu du sens éducatif. Selon le Centre National de Ressources Textuelles et Lexicales, on définit la motivation comme《ensemble des facteurs dynamiques qui orientent l'action d'un individu vers un but donné, qui déterminent sa conduite et provoquent chez lui un comportement donné ou modifient le schéma de son comportement présent.》Cette définition nous semble très proche des points de vue de F. Fenouillet. Dans Motivation et Réussite scolaire, il écrit：

> 《Le vocabulaire de la vie courante est abondant pour exprimer les forces qui impulsent notre activité, besoin, instinct, envie, passion, désir... A la suite du courant behavioriste, l'ensemble de ces termes a été regroupé dans le concept générique de motivation. La motivation est donc l'ensemble des mécanismes biologiques et psychologiques qui permettent le déclenchement de l'action, de l'orientation (vers un but, ou à l'inverse pour s'en éloigner) et enfin de l'intensité et de la persistance ; plus on est motivé et plus l'activité est grande et persistante.》(Lieury-F. Fenouillet, 1996：1).

D onc,

> *《le principe de l'approche cognitiviste de la motivation est que l'engagement d'un sujet dans une tâche est déterminé par les représentations qu'il se fait de lui-même et de la situation.* 》(Crahay, 1999：283)

Viau définit la motivation scolaire comme un《*état dynamique qui a ses origines dans les perceptions qu'un élève a de lui-même et de son environnement et qui l'incite à choisir une activité, à s'y engager et à persévérer dans son accomplissement afin d'atteindre un but* 》. (Viau. R. 1994：7)

Toute motivation est liée aux conditions mêmes qui fondent notre envie de faire ou de ne pas faire quelque chose. Dans la réalité, la motivation est souvent soutenue par nos choix présents ou futurs. On pourra donc parler de vision. La vision naît de notre prise de conscience sur nos besoins. Ces besoins peuvent être d'ordre social ou économique. Une motivation basée sur une simple imitation de ce qui se passe autour de nous va s'estomper plus rapidement alors que celle qui est liée à une condition sociale va durer dans le temps. De ce point de vue, nous pouvons évoquer le lien entre la motivation et l'autodétermination. Tout acte humain se dessine en trois étapes que sont la définition de nos besoins, la décision d'agir et notre détermination à réaliser nos aspirations.

En résumé, nous avons trouvé certains points communs des définitions de la motivation：

● la motivation naît d'un besoin d'atteindre un certain but：s'approcher ou s'éloigner d'un objectif.

● la motivation peut être influencée par des facteurs internes et externes, par exemple la perception de soi-même et celle de la situation.

● par rapport à l'éducation, la motivation des agents éducatifs (enseignants, famille, voisinage) les incite à s'investir dans leurs travaux. Cet investissement influence l'accomplissement des travaux.

4. 1. 2 Historique des principales théories anglo-saxonnes

La psychanalyse et la psychologie font d'abord *de la motivation une caractéristique fondamentalement individuelle et affective.* (Crahay, 1999：281) Dans une perspective psychanalytique, Murray avait proposé un inventaire de 28 besoins regroupés en six catégories. (Murray, 1938) Grâce à cette contribution, le psychologue américain Maslow (Abraham H. Maslow, 1943：370-396) considère que la motivation accompagne le besoin. Il fonde sa célèbre pyramide de besoin. Il met les besoins physiologiques au niveau le plus bas comme le besoin de nourriture, et les besoins d'accomplissement au sommet. Selon lui, tous les besoins se résument à cinq niveaux： besoins physiologiques, besoin de sécurité, besoin d' appartenance, besoin d' estime et besoin de s'accomplir, et les besoins du niveau supérieur ne se manifestent que si les besoins inférieurs ont été résolus. Les gens qui ont vraiment faim ne peuvent pas réfléchir sur d' autres besoins, ils n'ont que pour seul objectif《manger》. En réalité, il trouve partout des contre-exemples. Les Chinois n'avaient pas assez de nourriture pendant les années 60, beaucoup de gens étaient morts de faim. Mais ils ont montré quand même leurs besoins de niveaux plus hauts. 《*certaines personnalités ont un besoin de réalisation si fort qu'il n'y a même pas satisfaction des besoins physiologiques.*》(Lieury et Fenouillet, 1996： 113)

Et *le behaviorisme obligeà considérer comme inaccpetable d'imputer au seul individu la reponsabilité* de ses actes. (Crahay, 1999： 169). Dans les pratiques pédagogiques, cette théorie se manifeste par exemple en utilisant la méthode de la carotte et du bâton： récompense pour l' encouragement et punition pour l'avertissement. Clark Hull, behavioriste, crée une formule sur l' effet du renforcement： F= D* H

(F = force de renforcement,

D = mobile, motivation physiologique mais pas mentale,

H= force d'habitude).

Son expérience de recherches nous indique l' effet Crespi. Il divise les souris en deux groupes. Le groupe A obtient plus de gâteaux que l' autre. Dans ce cas, le groupe A est plus motivé que le groupe B. Mais quand toutes les souris reçoivent la même quantité de récompense, le groupe A sera moins motivé que le groupe B. Cela nous indique que le renforcement tout seul ne suffit pas pour déclencher la motivation, mais également la quantité ou la nature de la récompense. Cependant, les behavioristes ignorent les particularités des hommes par opposition aux animaux. Donc, par rapport aux activités pédagogiques, le renforcement jouerait plus sur la performance que sur l'apprentissage. Par exemple, la mémoire enregistre les informations, mais l' absence de renforcement empêche la sélection des informations utiles, et la pratique pédagogique deviendra moins efficace.

Sans nier l' effet du renforcement, Bandura a souligné l' importance des représentations mentales chez les hommes (Bandura, 1986). Dans son postulat de l'approche sociocognitive, il note：

● la capacité de se représenter et d'interpréter leur environnement grâce à des systèmes symboliques comme le langage parlé et écrit;

● la capacité de se référer ou passé et d'anticiper le futur ;

● la capacité d'observer autrui et d'en tirer des conclusions pour soi-même ;

● la capacité de s'autoréguler, de contrôler et de modifier ses comportements selon l'évaluation qu'on a faite de leur adéquation à la situation.

En même temps, Festinger a insisté sur la sensibilité des individus aux réactions de l'environnement (Festinger, 1957). Les gens ont le désir de montrer une image positive dans la société. Quand l'un de leurs comportements ne s'adapte pas à l'harmonie de la société qu'ils veulent montrer d'eux-même, ils vont diminuer le nombre ou l'importance des éléments dissonants.

En 1959, Gardner et Lambert ont fait une recherche pour confirmer l'importance des facteurs socio-psychologiques. Ils ont choisi 75 étudiants de Montréal de 11e année pour examiner les liens entre les variables de motivation et d'attitude dans l'apprentissage et la compétence en L2 en utilisant le test MLAT (Modern Language Attitude Test). Les résultats ont indiqué que le niveau de compétence des étudiants est fonction non seulement de leur aptitude et de leur motivation à apprendre le français, mais aussi que cette motivation est reliée à leur attitude envers les francophones du Canada et à une volonté de devenir semblable à eux. Après encore une série de recherches (Gardner, 1960; Gardner, Smythe, 1976), on peut distinguer dans la motivation un aspect instrumental et un aspect intégratif. Le premier reflète la motivation utilitaire ou pragmatique：envie d'améliorer la qualité de la vie, augmentation du revenu, etc. La motivation intégrative signifie un désir d'apprendre des connaissances afin de pouvoir s'intégrer dans une culture ou une circonstance différente.

> 《*L'intégrativité réfère au désir d'apprendre une L2 propre à une communauté afin de pouvoir communiquer avec les membres de cette communauté. Le défi auquel est confrontée la communauté scientifique depuis cinquante ans est d'expliquer la motivation d'apprendre une L2 sans égard à la motivation extrinsèque ou à la motivation instrumentale.*》. (Nicolas H. Fortin, 2011：2-3)

I l existe différents facteurs qui influencent la motivation intégrée, entre autres l'attitude, l'intérêt et le désir de l'apprenant d'apprendre la langue étrangère. Ces facteurs sont souvent liés à des voyages, à des amitiés, etc. (Ellis, 1994).

L'étude de Gliksman, Gardner et Smythe (1982), montre qu'un élève avec motivation intégrée forte est plus actif dans la salle de classe. Le modèle socio-éducationnel de Gardner (1985) fait l'hypothèse que la motivation intégrative (《intégrative motivation》)-qui est indépendante des capacités d'apprentissage-détermine la performance en L2 parce que les apprenants motivés sont plus actifs que les apprenants non motivés. Le fait de postuler que la motivation constitue le déterminant majeur de la réussite dans l'apprentissage (ou n'importe quel autre résultat visé, comme par exemple des gains de productivité dans le travail), va à l'encontre de l'idée que l'apprentissage réussi résulterait de《capacités immuables》(Sternberg, 1994: 227). Cela signifie, au contraire, qu'à condition que l'on s'applique suffisamment, on peut réussir indépendamment d'autres facteurs, comme l'intelligence générale ou des dispositions individuelles. Or, on peut se demander s'il n'est pas nécessaire, pour une recherche sur les L2, d'adopter une vision plus large de la motivation que celle proposée par Gardner. C'est la position que défendent Crookes et Schmidt (1991) dans leur discussion de la littérature sur la motivation. Ces auteurs proposent d'examiner le lien entre la motivation, l'attention, les stratégies d'apprentissage, le feedback et les résultats de l'apprentissage et de tenir compte de l'image que les apprenants se font d'eux-mêmes, du contrôle qu'ils exercent sur leur processus d'apprentissage ainsi que de leur capacité à définir et à réviser leurs objectifs d'apprentissage. La définition précise du concept de motivation est loin, nous l'avons vu, de faire l'objet d'un consensus (voir par exemple les différences entre le modèle de Dörnyei, 1990, 1994, 1998 et celui proposé par Gardner, 1985, 1996, 1997) ; il en va de même pour la nature du lien entre la motivation et l'apprentissage d'une langue-et cela malgré les études empiriques et théoriques menées à ce sujet. L'autonomie de l'apprenant, par exemple, joue un rôle central chez Ehrman et Dörnyei (1998) alors qu'elle n'est pas véritablement prise en compte ni dans le modèle de Dörnyei ni dans celui de Gardner. Pour Van Lier (1996), cependant, l'autonomie-comme la conscience et l'authenticité-est un facteur décisif dans le processus d'apprentissage langagier.

Au regard d'aujourd'hui, nous devrons sans doute aller au-delà de la conclusion de Gardner. Norton Pierce a écrit que la motivation instrumentale de Gardner ne considère pas pleinement l' importance de la dimension sociale. D'un point de vue sociolinguistique, les travaux de Gardner ne portent que sur le contexte du Canada. Le Canada est un pays d'immigration avec deux langues officielles dont le contexte est différent de beaucoup de pays. (Bonny Norton, GAO Yihong, 2008：109-120)

Dans l'esprit de l'approche psychosociale,

> 《*Elle* (*La motivation*) *suppose aussi le passage à l'action et le maintien de l'effort, elle est le produit de facteurs cognitifs, affectifs et sociaux* .》(Raby & Narcy-Combes, 2009：5-16)

On peut se poser une question avant de continuer. Le même étudiant sera plus ou moins motivé selon qu'il apprendra le français au Canada ou selon qu'il apprendra le français dans un pays dont la langue vivante n'est pas le français. Donc, les recherches sur l'étude et l'explication du comportement ne peuvent pas être limitées à la compréhension du comportement, mais doivent être développées dans leurs aspects intrinsèques et extrinsèques. C'est pourquoi notre recherche sur la motivation ne se limite pas à l'émotion individuelle, mais couvre les sources de cet état émotionnel, et donc la recherche sur la motivation s'étend à des champs plus larges. Le facteur social est devenu une variable indispensable dans le champ de motivation.

4. 1. 3 Les théories et les types de motivation

Selon les recherches faites par Hurlock en 1927 et par Lepper et Greene en 1975, surtout les études de Harlow qui vérifient l'existence et l'importance de la motivation extrinsèque, Deci et Ryan ont complété la théorie de la motivation par l'évaluation cognitive, distinguant motivation intrinsèque et motivation extrinsèque, en incluant une troisième catégorie, l'amotivation ou l'absence de motivation.

— La motivation intrinsèque signifie que l'individu va effectuer une activité uniquement à cause du plaisir qu'elle lui procure. Pour cette raison, les études portant sur la motivation intrinsèque utilisent des activités qui sont jugées très intéressantes.

— La motivation extrinsèque fait référence à toutes les situations où l'individu effectue une activité pour en retirer quelque chose de plaisant, tel que l'argent, ou pour éviter quelque chose de déplaisant. Selon la théorie de l'autodétermination de Deci et Ryan, la motivation extrinsèque peut être envisagée sur un continuum d'autodétermination.

Tableau 37：Schéma inspiré de la théorie de Deci et Ryan en 1985(Deci, Ryan, 1985)

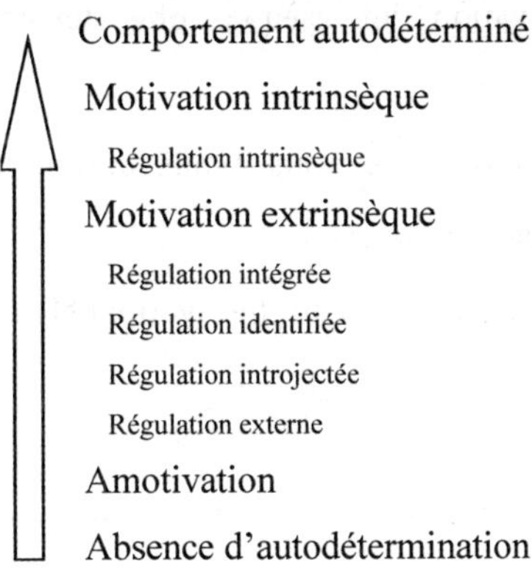

La régulation intrinsèque：l'action est conduite uniquement par l'intérêt et le plaisir que l'individu trouve à l'action, sans attente de récompense externe.

La régulation intégrée：l'activité est cohérente avec le concept de soi de la personne, qui peut alors s'approprier l'action et trouver des sources d'auto-motivation complémentaires à la source externe à l'origine de l'action.

La régulation identifiée：même si l'activité au final est réalisée à des fins externes, elle devient valorisée et importante pour l'individu qui s'identifie alors à cette activité.

La régulation introjectée：l'individu commence à intérioriser les contraintes externes en se culpabilisant notamment. L'action n'est pas encore librement choisie puisque l'individu agit pour éviter une conséquence désagréable qu'il s'impose en se culpabilisant.

La régulation externe：le comportement de l'individu est régulé par des sources de contrôle extérieures à la personne, telles des récompenses matérielles ou des contraintes imposées par une autre personne.

Tableau 38：Variation du schéma inspiré de la théorie de Deci et Ryan en 1985

Compétence forte
Motivation intrinsèque
Motivation extrinsèque
Compétence moyenne
Contrainte
Autodétermination
Compétence nulle
Amotivation

Ce schéma nous apporte plusieurs informations：

- plus il y a de motivation intrinsèque, plus le comportement se rapproche de l'autodétermination.
- en cas d'absence de motivation, nous avons besoin de motivation extrinsèque pour réaliser des comportements autodéterminés.
- Il n'y a pas lieu d'opposer les facteurs motivationnels extrinsèques et intrinsèques：les deux sont interdépendants.

Sans contester le schéma, nous devons aussi savoir que la transformation entre la motivation intrinsèque et la motivation extrinsèque est réversible. D'après Lepper et Greene (Lepper, Greene, 1973：129-137), la surveillance et la récompense diminueront la motivation intrinsèque des étudiants. Autrement dit, les facteurs extrinsèques comme l'argent ou des approbations verbales causent possiblement une diminution de la motivation intrinsèque. Dans ce cas, le comportement ne se fait plus pour la satisfaction qu'il peut en retirer mais pour des motifs extrinsèques.

Avant de terminer notre présentation, nous devons rappeler l'importance de la motivation dans l'investissement de l'enseignement et de l'apprentissage. Tout le monde voit la différence dans la vie quotidienne des étudiants et des enseignants selon qu'ils sont motivés ou non-motivés. Les premiers passent souvent toute la journée dans la bibliothèque, et au contraire, d'autres gaspillent leurs journées à l'université. Les enseignants motivés préparent bien les cours mais les non-motivés ignorent la réaction des apprenants et utilisent la même méthode et le même contenu pendant toute leur vie d'enseignant. Bien que toutes les universités souhaitent que tous les étudiants soient motivés, la distance de l'idéalité à la réalité ne peut pas être remplie par la volonté des établissements d'enseignement. Mais la question est：comment susciter l'investissement scolaire des apprenants et des enseignants ?

Selon l'approche cognitive de Weiner, tous les comportements d'un individu peuvent être affectés par des causes qu'il invoque (Weiner, 1994：557-573). Les causes, de ce qu'on appelle motivation, sont généralement analysées en fonction de trois facteurs：lieu, stabilité et contrôlabilité. Le lieu signifie le caractère interne ou externe de la motivation. La stabilité signifie que la motivation peut être temporaire ou durable. La contrôlabilité signifie que peu importe le résultat, bon ou mauvais. Par exemple ci-dessous l'analyse motivationnelle d'un étudiant：

Tableau 39：motivation interne

Interne			
Stable		Instable	
Contrôlable	Non-contrôlable	Contrôlable	Non-contrôlable
Stratégie d'apprentissage personnelle	Capacité intellectuelle	Envie d'effort	Sentiment personnel

Tableau 40：motivation externe

Externe			
Stable		Instable	
Contrôlable	Non-contrôlable	Contrôlable	Non-contrôlable
Environnement de l'université	Difficultés au cours de l'apprentissage	Perception de l'enseignant	Humeur de l'enseignant

Tous ces éléments peuvent influencer radicalement la motivation d'un étudiant. Qu'est-ce qui influence l'investissement d'un étudiant? Selon Crahay, 3 paramètres principaux influencent l'investissement des étudiants dans les activités scolaires：

—la perception de la contrôlabilité de la situation,

—la perception des buts poursuivis par l'école ou par l'enseignant,

—la perception de leur propre intelligence.

Quand un étudiant rencontre une erreur, il peut l'attribuer à ces trois facteurs. Cette méthode cognitive s'adapte au mécanisme de la motivation. Nous pouvons trouver ces trois facteurs homologues《environnement de l'université》,《difficultés au cours de l'apprentissage》et《capacité intellectuelle》dans le Tableau ci-dessus. En général, ces trois perceptions fonctionnent ensemble et forment un système global pour influencer l'investissement de l'étape prochaine. Cependant, les étudiants considèrent souvent alternativement une seule perception comme le facteur majeur du résultat. Si cet étudiant attribue son erreur à son incapacité, il abandonnera probablement ses études parce que son intelligence ne soutiendra pas la nécessité de la formation suivante à ses yeux. Mais si c'est à cause de son attention, son investissement scolaire ne changera pas.

De plus, nous devons aussi faire attention aux catégories de l'investissement, distinguant l' apprentissage et la performance. Le premier concerne l'acquisition des connaissances suffisantes, et le deuxième ne signifie que l'accomplissement des buts proposés par l'enseignant ou par l'école afin d'obtenir des récompenses ou des félicitations. Par exemple, certains étudiants font leurs devoirs pour suivre la demande de leur professeur. Quand ils remettent leurs devoirs à temps à leur professeur, leur professeur peut leur présenter des félicitations. Sinon, leur professeur va les critiquer. Mais s'ils manquent de réflexion, ils ne réfléchiront pas à l'utilisation des mots ni à la grammaire et leur objectif d'investissement scolaire sera la performance, mais pas l'apprentissage. C'est pourquoi bien que l'investissement scolaire des étudiants réponde à une motivation, les enseignants doivent aussi orienter les étudiants.

En résumé, la motivation existe sans aucun doute, bien que nous soyons encore loin de comprendre toute la motivation. Par exemple la motivation est-elle un phénomène cognitif ou affectif ? L'approche cognitive est mise en avant mais personne ne peut nier l'importance de l'émotion dans la motivation.

4. 2 La motivation dans les recherches françaises

On ne peut pas avancer dans les recherches empiriques sur la motivation sans aborder l'apport de certains chercheurs français sur la question. Leurs travaux ne sont pas moins importants dans le domaine de l'influence du rôle de l'enseignant, de l'intégration de la motivation dans l'apprentissage de la LV2 et de la motivation dans l'apprentissage des adultes.

4. 2. 1 Le rôle de l'enseignant dans la motivation des étudiants

Outre l'apport des connaissances et des méthodes d'apprentissage, l'enseignant a aussi pour objectif de motiver les étudiants. Quel est alors son rôle et comment leur enseignement peut-il contribuer à cette motivation? Pour P. Sarrazin, D. Tessier et D. Trouilloud, leurs recherches se concentrent sur《*les pratiques enseignantes et leurs effets sur la motivation*》. (Sarrazin, Tessier, Trouilloud, 2006). Ils ont présenté le développement des recherches sur la motivation, mais aussi《*le lien entre l'environnement de l'apprentissage et les motivations des apprenants*》. Le thème le plus important dans cette hypothèse est le climat motivationnel qui《*peut se définir comme étant un*《*contexte*》*dans la mesure où il se caractérise non seulement par l'environnement d'apprentissage mis en place par l'enseignant, ses comportements observables (par ex. son style), mais également par le fait qu'il est susceptible d'activer certains états internes chez l'élève en fonction des perceptions qu'il a de cet environnement* ». (Sarrazin, Tessier, Trouilloud, 2006: 147-177) Le climat motivationnel est instauré par l'enseignant pour susciter l'implication des élèves en classe. Les recherches de ces auteurs dans le domaine des débats théoriques et méthodologiques viennent en soutien aux traditionnelles pratiques enseignantes qu'ils ont surtout orientées vers la promotion des actions pédagogiques qui produiraient la rentabilité des efforts des apprenants dans les classes. Leurs débats sont une invitation à la production d'un travail qui dynamise l'état des motivations au sein des groupes-classe (communautés des apprenants). Ils soutiennent que la motivation des élèves reste la première préoccupation des enseignants et des parents. Ils n'ont pas tort de dire que la (dé)motivation des élèves est en passe de devenir une priorité pédagogique et que face à l'évolution des nouveaux publics scolaires caractérisés, entre autres, par l'augmentation des comportements en marge des normes sociales ou par des tendances consuméristes, l'enseignant semble devoir être plus que jamais un « acteur-motivateur ».

Ils ont aussi soulevé la question des conditions actuelles de nos sociétés qui influencent et surtout entravent nos efforts de chaque jour pour le maintien et l'entretien des motivations. « *l'observation des comportements de l'enseignant permet de rendre compte de la réalité de la classe avec plus d'authenticité.* » (Sarazzin, Tessier et Trouilloud, 2006: 147-177) Surtout dans le contexte actuel de la popularisation des gadgets électroniques (consoles de jeux, téléphones portables de plus en plus petits) qui sont de plus en plus cachés dans les affaires scolaires, les élèves ne peuvent plus s'en séparer ou bien éprouvent d'énormes difficultés à respecter à la lettre le règlement intérieur des écoles. Avec l'évolution de la société, l'enseignant doit de plus en plus modifier son rôle pédagogique et didactique afin de répondre au besoin de bonne gestion de la classe et du cours. Les enseignants doivent alors devenir actifs dans l'orientation les étudiants au lieu de la se contenter de les entraîner à la répétition des exercices.

À suivre Sarrazin, Tessier et Trouilloud, le climat pourrait aider à dynamiser les motivations dans le cadre scolaire. A ce propos, nous voulons revenir sur la question de la formation des enseignants. Il faut marquer le fait que les étapes didactiques méritent d'être respectées si l'on veut entretenir la motivation des élèves dans les classes. Pour cette raison, l'enseignant doit parallèlement mener une réflexion « pédagogique » qui indique comment gérer le groupe et les contenus pour faciliter et motiver les apprentissages: c'est en accomplissant ces différentes tâches que l'intervenant peut maintenir la motivation de ses pratiquants. Dans tout le processus éducatif, l'enseignant doit toujours avoir en permanence en tête des questions comme celles-ci:

《Est-ce que les activités que je propose comportent en elles-mêmes des éléments qui peuvent motiver mes apprenants? 》《 Vont-ils percevoir l'importance / l'utilité de ce je veux qu'ils acquièrent? 》Ceci renvoie à la question fondamentale：pourquoi sommes-nous intervenus à leur apprentissage de cette façon pas d'une autre ?

Il faut retenir de tout le processus les points suivants：

1re idée：les apprenants sont toujours motivés à faire quelque chose, mais pas toujours motivés pour apprendre. Pour retenir les règles de conjugaisons, le vocabulaire et l'emploi des temps et des modes, le processus de l'apprentissage de français n'est pas simple. Certains étudiants manquent de conscience et d'assiduité dans l'apprentissage.

2e idée：il existe des comportements (motivés) qui sont favorables (i. e., adaptatifs) aux apprentissages (choix de tâches adaptées, effort et persévérance, attention, recherche d'aide, etc.) … et d'autres qui le sont moins (i. e., non adaptatifs) (choix de tâches inadaptées, peu d'effort et d'attention, refus de l'aide, etc). Par exemple, nous demandons aux étudiants de créer une pièce de théâtre qui favorise la communication dans un groupe. Pourtant, le débat nous apporte souvent des problèmes d'achèvement puisque le niveau des étudiants est moins de B2 à l'oral et qu'il faut plus d'argumentation et d'analyse.

3e idée：Il n'y a pas un lien direct entre la motivation et l'apprentissage. Si la motivation est nécessaire pour apprendre, elle n'est cependant pas suffisante.

— Un apprenant peut très bien être《motivé 》(dans le sens courant d'énergie) par quelque chose (jouer, faire plaisir à l'intervenant, etc.) et ne pas apprendre.

—Un apprenant peut être très motivé par l'apprentissage ... et ne pas apprendre.

—Un apprenant peut ne pas être motivé par l'apprentissage ... et apprendre

4e idée：Si la motivation est une variable résolument personnelle, il ne faut pas oublier que le contexte peut l'influencer：l'enseignant a un poids déterminant. Il peut et doit créer un environnement favorable à l'apprentissage, et susciter une motivation à apprendre. Nous pouvons dire sur ce dernier point que c'est ce qui pourrait stimuler l'effort des élèves peu convaincus de leur présence dans le système, par exemple ceux inscrits dans la filière sur la proposition des parents ou de tiers. Selon Clément (2017), l'intervention de l'enseignant a un lien fort, positif ou négatif avec la motivation interne des apprenants, ce qui eut être résumé ainsi：

● *Les modes d'intervention de l'enseignant perçus comme non contrôlants par les élèves ainsi que l'autonomie perçue dans la réalisation des tâches scolaires favorisent la motivation* intrinsèque, alors que des climats scolaires perçus comme contrôlants diminuent celle-ci.

● La façon dont l'enseignant présente les tâches d'apprentissage influence la perception de satisfaction des besoins d'autonomie et de compétence.

● Quand ils sont intrinsèquement motivés, les élèves apprennent mieux et sont plus créatifs notamment dans les tâches d'apprentissage conceptuel.

En même temps, il existe des limites théoriques et méthodologiques sur les recherches de la motivation. D'abord, il faut savoir si le contexte naturel d'enseignement et celui des études expérimentales sont identiques ou tout au moins comparables. Les différences de contexte peuvent se montrer pour ce qui est des pays, des promotions scolaires, des universités de catégories différentes (selon le classement des universités chinoises) et des personnalités des enseignants. Ensuite, le rôle des enseignants dans les classes universitaires est différent de celui à l'école. Dans le jargon de l'action éducative ou du service enseignement/apprentissage/évaluation ou encore du rapport enseignant-enseigné, c'est ce qu'on appelle la préparation de la classe. Il est dit que toute motivation est liée aux conditions mêmes qui fondent notre envie de faire ou de ne pas faire quelque chose. Ce que l'enseignant tente de souligner ici, c'est que l'action du guide, quand elle est bien organisée, dynamise les apprentissages. Pour accomplir ses tâches, l'enseignant doit savoir choisir les éléments qu'il va proposer à ses pratiquants, savoir les organiser de façon à ce qu'ils soient plus faciles à apprendre, savoir se fixer des objectifs à atteindre et des contenus à posséder pour atteindre ces objectifs. Quand les enseignés sont les adultes au lieu d'être des élèves, ils seront plus autonomes pour la maîtrise de l'apprentissage sans l'aide de l'enseignant. Pour les étudiants adultes, leur apprentissage représente un apprentissage pris en charge par l'apprenant, c'est-à-dire l'auto-apprentissage. (Cuq, 2003: 31).

4. 2. 2 L'intégration de la motivation dans l'apprentissage de la LV2

> *Les didacticiens de langues, de leur côté, ne s'intéressent pas seulement au comment de l'apprentissage de la langue mais aussi au pourquoi, et posent la question: qu'est-ce qui motive les apprenants à s'investir ou non dans l'apprentissage d'une langue et culture en situation académique (l'école, le lycée ou le collège, l'université, les centres de langues, les écoles de langues, etc.) ? Qu'est-ce qui freine ou anéantit leur désir d'apprendre et leurs efforts?* (Raby, Narcy-Combes, 2009: 6-15)

Où en est la recherche sur la motivation en L2 ? Est-ce que cette intégration est identique aux autres disciplines? Selon F. Raby et J. -P. Narcy-Combes (2009：6-15),

《les chercheurs en didactique des langues ont en commun de souhaiter *œuvrer à une meilleure compréhension des processus* d'enseignement / apprentissage dans la classe de langue》.

Ceci met en lumière la question de l'organisation d'une classe. Au-delà des recherches sur les conduites des enseignants comme ce que nous venons de les présenter, Raby et Narcy-Combes donnent plus d'importance au rôle que doit jouer chacun des partenaires agissant dans la conduite des sessions d'apprentissages et de production de compétences. L'une des tâches les plus importantes que doit accomplir l'apprenant, c'est d'acquérir des connaissances et des compétences mais également des attitudes (ex., fair-play), et des méthodes (ex., apprendre à apprendre).

[On fait généralement]la distinction entre la langue apprise par des étrangers dans le pays d'adoption, qui fait l'objet de toutes sortes de renforcement en dehors de l'école (langue vivante étrangère ou LVE), et la langue étrangère apprise dans son propre pays à l'école, généralement qualifiée de langue seconde (L2). Il nous semble toutefois utile de conserver cette distinction dans les recherches sur la motivation, tant l'effet du contexte y est important. (F. Raby et J. -P. Narcy-Combes, 2009：6-15)

Cette différence est primordiale dans toutes les circonstances d'analyse de la manière dont les apprenants s'y prennent et des raisons pour lesquelles certains apprenants fournissent plus d'efforts que d'autres dans les mêmes conditions. Nous sommes ici dans le contexte dit de langue seconde (L2). Les étudiants sont librement venus étudier la langue parmi toutes les possibilités. Cela signifie qu'il y a moins de contraintes externes par rapport au contexte de LVE (Langue vivante étrangère). Ils ont formulé au moins le premier vœu de s'y consacrer tout seul. Les caractéristiques de leur motivation ne seront pas les mêmes que si on était dans le contexte dit d'apprentissage de LVE. Mais dans le cas de langue seconde, il y a plus d'ouverture et de liberté. On peut être tenté de dire que c'est peut-être cette liberté de choix qui justifie les tendances à la réussite (pour les plus tenaces) ou à l'échec (pour les moins convaincus). Mais il y a une restriction à apporter: la communauté est un terreau de support social (cas de LVE) alors que dans l'autre cas, (langue étrangère apprise dans son propre pays à l'école), l'apprenant est laissé à son sort quand il quitte l'école. Il lui reste un seul accompagnement palliatif en dehors de son enseignant: les accompagnements secondaires comme par exemple aller au cinéma pour regarder un film diffusé dans la langue d'apprentissage et s'offrir des vacances (un luxe) dans les pays où la langue se parle.

En reprenant la définition de ce que peut être la motivation, présentée par Françoise Raby et Jean-Paul Narcy-Combes, on retiendra les questions suivantes:

— *Comment sait-on que quelqu'un est motivé?*

— *Quels sont les facteurs qui agissent sur la motivation et comment?*

Nous avons déjà partiellement répondu à la première. Pour la deuxième, nous pouvons rappeler que la motivation étant une des caractéristiques individuelles de l'apprenant, l'important est que l'enseignant communique mieux lors des activités d'enseignement, et qu'il alloue des ressources en quantité suffisante (temps, effort, attention, etc.) pour faire passer son message qui doit être organisé selon les trois dimensions (cf. Wallon): 《affectif》, 《cognitif》 et 《moteur》 avant et pendant les activités d'apprentissage et après aussi (temps des évaluations).

Comme nous ne pouvons pas nous attarder sur toutes les choses qui influencent la motivation, nous allons maintenant parler du rapport de l'individu et de son milieu social.

Il existe des limites dans cette recherche sur la motivation selon Raby et Narcy-Combes. D'abord, 《*Comment prendre en compte la diversité des facteurs et surtout leurs interactions ?*》. Sans aucun doute, les facteurs dépendent du contexte et des personnalités des intervenants. Est-ce que le climat motivationnel dans la classe chinoise est comparable à celui en France ? Nous savons que les Chinois respectent plus le principe du collectivisme que l'individualisme (voir le chapitre 6. 1. 4) Après leur temps de travail, ils habitent à quatre ou à huit dans le dortoir. Et en même temps, les consignes de l'enseignant sont plus directes et laissent aux étudiants moins de disponibilité. Toute différence provoque une différence dans les interactions des facteurs de motivation.

Ensuite, 《*quels liens établir entre la motivation pour la L2 et la motivation pour la LVE, et entre la motivation pour la L2 et la L1 ?*》 Est-ce que les étudiants chinois ont la même source de motivation que les Français ? À part des différences des contextes dans les domaines cognitif, affectif et social, la motivation sera différente en raison du style de langue apprise (LVE ou L2).

Dans l'enquête de Gardner, le français est LVE et L2. Cependant, dans certains pays comme la Chine, l'anglais est la langue étrangère commune, à la fois LVE et L2. L'acquisition du français y sera relativement moins importante. C'est pourquoi on peut se poser la question de savoir quel est le rôle du français et quelle est la motivation pour l'acquérir.

4. 2. 3 Particularité des motivations chez les adultes/différences avec celles des enfants

Une des plus grandes différences entre des apprenants à l'école et à l'université est la différence entre les enfants et les adultes. 《*Les populations étudiées sont parfois des enfants, souvent des adolescents et des étudiants, rarement des adultes en formation.*》(Cosnefroy, 2010: 9-50) On peut légitimement se demander dans quelle mesure des recherches privilégiant des apprentissages scolaires sont pertinentes pour la formation d'adultes. Pour Bourgeois et Nizet (1997), penser la spécificité de l'apprentissage chez l'adulte nécessite d'abord de s'adosser à une théorie générale de l'apprentissage qui rend compte de la nature du processus d'apprentissage, indépendamment des caractéristiques particulières de l'apprenant ou du contexte, et qui permet d'identifier les variables susceptibles d'affecter ce processus.

> L'une des caractéristiques de l'adulte est qu'il est dans la nécessité d'assumer lui-même ses conditions d'existence qui imposent des contraintes (Lesne, cité par Champy- Remoussenard, 2005). *Les enfants et les adolescents n'ont pas à prendre en charge la vie domestique, ils n'ont pas, par définition, de vie professionnelle et, s'ils sont évidemment insérés dans une famille, ils n'ont pas non plus à prendre en charge des tâches éducatives. Un adulte en formation doit au contraire mener de front la formation, la vie professionnelle, la vie domestique et familiale.* (Cosnefroy, 2010: 9-50)

Ensuite, *analyser l'expérience pour se former est une caractéristique de la formation des adultes* (Malglaive, 1990). Il est donc légitime d'interroger l'apport des modèles de l'apprentissage autorégulé à la formation par le travail. Pour les adultes,

> *(…) l'apprentissage peut être un effet secondaire des activités de travail, il est alors implicite, parce qu'il n'y a pas d'intention délibérée d'apprendre, et informel parce que l'apprentissage se fait par le travail en dehors de tout dispositif de formation.* (Cosnefroy, 2010)

Cela nous rappelle l'importance du stage pour les étudiants. À part des exercices de traduction en cours ou comme devoirs du soir, le stage professionel de traduction est aussi un champ d'acquisition des informations, de pratique des connaissances et d'adaptation au marché de l'emploi.

Apprendre en analysant sa pratique professionnelle est une forme d'apprentissage autorégulé. L'analyse des pratiques apparaît comme un mode d'apprentissage particulièrement complexe, surtout lorsqu'elle est mise en œuvre dans une intention de professionnalisation.

Dans le cadre de l'apprentissage scolaire, *l'apprentissage autorégulé désigne l'ensemble des processus par lesquels les sujets activent et maintiennent des cognitions, des affects et des conduites systématiquement orientés vers l'atteinte d'un but* (Schunk, 1994). Il définit l'intensité avec laquelle l'individu se trouve au plan de la motivation, et s'il est, sur le plan de la conduite, un participant actif dans ses processus d'apprentissage (Zimmerman, 1989).

Cosnefroy a justement mis l'accent sur les aspects cognitifs, métacognitifs et motivationnels de l'apprentissage. Pour lui, les stratégies d'autorégulation peuvent être se résumer à deux directions: *favorable à l'apprentissage* et *défavorable à l'apprentissage*. Dans le cas favorable, les stratégies d'autorégulation se divisent en deux catégories: *1. stratégies cognitives et métacognitives, 2. stratégies volitionnelles* , et chacune avec leur fonction propre. Les stratégies cognitives et métacognitives ont pour fonction d'*optimiser le traitement de l'information*, et les stratégies volitionnelles de *protéger l'intention d'apprendre*. Dans le cas défavorable, les stratégies défensives ont pour fonction de *protéger l'estime de soi*. Si l'intention est limitée, il y aura des discontinuités dans la dynamique de l'apprentissage. À certains moments, l'adulte pourra considérer qu'il n'est pas prêt à faire face aux exigences de la formation faute de disposer de ressources qui ont été consommées dans d'autres domaines.

Cependant, il manque une définition directe du statut des étudiants universitaires qui se trouve au passage de l'adolescent à l'adulte. Est-ce que nous pouvons considérer des étudiants universitaires comme de vrais adultes ? Selon leur âge, oui. Ils ont entre 19 et 23 ans. Selon leur situation économique, ils ne sont pas encore indépendants. Leurs vies doivent être financées par leurs parents et ne sont pas encore prêts au monde professionnel plein de concurrences. Avec le professeur Clément (2017：279-291), nous pouvons affirmer que la motivation à faire quelque chose tient sa source de nos envies de réaliser un rêve qui nous importe. 《*le point de départ de la motivation (…) est le caractère dynamique de la relation même qui unit l' individu à son environnement.* 》Si l'on suppose que tout le monde soit venu apprendre la langue française pour ajouter une nouvelle compétence à ses capacités intellectuelles, on pourra affirmer que chacun doit travailler davantage pour créer la différence qui pourra faire preuve de leur particularité. Cette particularité viendra de l'autodétermination de chacun parce qu'une promotion travaille souvent avec les mêmes encadreurs et dans les mêmes conditions. Cette réalité rejoint la théorie du paradigme sociocognitif qui, comme l'a démontré le professeur Evelyne Clément, a un lien très étroit avec les représentations d'avenir, du contexte social, et de la conception de soi qui fondent le projet de l'apprenant au moment même où il a fait le choix de sa filière.

Pour conclure, les recherches menées dans le domaine de motivation montrent non seulement l'importance des facteurs motivationnels, surtout le rôle de l'enseignant, mais aussi l'emploi des théories de la motivation en éducation et chez l'adulte. Pour mieux comprendre le processus de l'apprentissage et protéger la qualité de l'apprentissage, la prise en compte de l'apprentissage autorégulé et autodéterminé sera nécessaire chez l'adulte comme chez les enfants.

Dans le domaine de l'apprentissage de langue étrangère, à part des facteurs cognitif et affectif, le développement d'une motivation autorégulée est aussi relié à la perception de la satisfaction des besoins de compétence, d'autodétermination et d'affiliation sociale. Les différentes recherches menées dans le domaine montrent l'importance cruciale du contexte social sur l'investissement dans les apprentissages et notamment les apprentissages scolaires.

4. 3 La motivation dans le FLE en Chine

4. 3. 1 Les recherches chinoises

Après avoir étudié la définition de la motivation, nous devons réfléchir désormais à son utilisation dans le cadre original du FLE chinois. Nous avons vu l'importance du contexte. Dans le contexte du FLE en Chine, peut-on employer les mêmes théories? De plus, les étudiants universitaires chinois peuvent-ils être motivés comme les étrangers? Autrement-dit, quelles sont les spécificités du public chinois?

Enfin, les recherches psychologiques concernent plutôt les enfants de moins de 12 ans, mais dans la formation de FLE, nos étudiants sont universitaires et ont plus de 19 ans. Les méthodes pour motiver les enfants et les étudiants ne seront sans doute pas les mêmes pour ces deux raisons.

Pour montrer ces aspects nouveaux, nous devons faire un petit résumé sur la situation des recherches sur la motivation en Chine. Par rapport à l'évolution des recherches sur la motivation en Chine, à cause des problèmes politiques, le premier article sur la motivation a été publié en 1979 sous le nom《Recherches et applications de la psychologie》rédigé par GUI Shichun. (WANG Xiaomin, ZHANG Wenzhong, 2005: 58-65). Mais cet article concernait plutôt la psychologie éducative, et pas seulement la motivation.

Les recherches sur la motivation ont commencé en Chine pendant les années 1980.

Au début, les recherches sur la motivation ne se concentraient que sur la traduction et la présentation des publications étrangères (GUI Shichun, 1985 ; ZHANG Jianzhong, 1988; GUI Shichun, 1992; WANG Chuming, 1992 ; ZHU Chun, 1994). Pendant les années 1990, les recherches ont montré l'importance de la mentalité des apprenants. LIU Runqing a étudié la relation entre l'empathie et la motivation des étudiants (LIU Runqing, 1990). WANG Chuming a étudié les besoins des étudiants et l'intégration des enseignants. Selon lui, le besoin des études est la source de la motivation des étudiants (WANG Chuming, 1991). En 1998, HUA Huifang a indiqué que la motivation majeure des étudiants universitaires chinois est leur besoin des certificats. (HUA Huifang, 1998). LIAN Jie a souligné l'importance de l'attitude des apprenants dans leur motivation (LIAN Jie, 1998). À partir du nouveau siècle, les recherches sur la motivation se sont multipliées dans des domaines différents. DAI Manchun a analysé les facteurs mentaux dans la motivation (DAI Manchun, 2000), Wu Dinge a considéré la motivation de chercher un emploi comme la motivation principale des études des étudiants chinois (WU Dinge, 2000), ZHOU Fuqin et SHAO Guoqing ont indiqué l'importance de la pression externe et de l'utilitarisme dans la motivation (ZHOU Fuqin, SHAO Guoqing, 2001), YANG Guojun a souligné le renforcement stratégique dans la motivation des études d'anglais (YANG Guojun, 2002). Nous ne pouvons pas finir notre présentation sans mettre l'accent sur deux grands résultats des recherches sur la motivation. En 2003, en analysant les effets des facteurs socio-psychologiques dans la motivation, GAO Yihong, ZHAO Yuan, CHENG Ying et ZHOU Yan ont proposé un nouveau postulat sur la motivation des études d'anglais en Chine: la motivation est la fusion de la responsabilité sociale, de l'intérêt, de l'envie d'aller à l'étranger, du développement personnel, des notes des examens, des informations des médias et de la circonstance. En 2002, QIN Xiaoqing et WEN Qiufang ont établi un modèle de la motivation des études des étudiants non-anglais. (QIN Xiaoqing, WEN Qiufang, 2002)

Voici un Tableau qui indique le nombre d'articles sur la motivation en Chine entre 1980 et 2003：

Tableau 41：Nombre d'articles sur la motivation en Chine entre 1980 et 2003

		Méthode de recherches		Recherches empiriques											
				Méthode d'enquête		Méthode logistique		Echantillon		Collection des données		Objectifs de recherches			
Année	Nombre de publications	Recherches spéculatives	Recherches qualitatives et quantitatives	Enquête	Enquête et questionnaires	Méthode de recherches simples	Méthode de recherches complexes	Petit	Grand	Recherches horizontales	Recherches verticales	Etudiants de non-anglais	Etudiants dJanglais	Etudiants de licence	Divers
80-89	5	3	2	2	0	2	0	1	1	2	0	0	0	1	1
90-99	17	5	12	6	6	6	6	1	1	11	1	5	3	2	2
2000	4	2	2	1	1	2	0	2	0	2	0	2	0	0	0
2001	9	5	4	3	1	1	3	4	0	3	1	1	1	0	2
2002	11	6	5	3	2	0	5	4	1	5	0	3	1	1	0
2003	6	1	5	5	0	1	4	2	3	5	0	2	0	2	1
Total	52	22	30	0	10	12	18	4	6	28	2	13	5	6	6

（Source：WANG Xiaomin，ZHANG Wenzhong，*Analyse des conditions de recherches de la motivation en Chine et à l'étranger*，Foreign language world，2005：58-65）

Cependant, avec le développement des recherches sur la motivation pendant ces 30 dernières années, celles en FLE se trouvent encore *à* un niveau très bas par rapport au niveau de recherches d'anglais. Les raisons sont claires. D'abord, comme nous l'avons indiqué plus haut, le développement du français est en expansion, mais accuse un retard par rapport au russe, *à* l'anglais et au japonais en Chine. Ensuite, *à* cause de la surcharge du travail d'enseignement et du manque d'expérience des jeunes enseignants, les recherches de FLE ne se concentrent que sur la comparaison de l'utilisation de langues, par exemple l'influence de l'anglais dans le FLE, mais non sur l'analyse propre du français. Enfin, il existe un manque de communication et d'échanges avec les professeurs français non seulement par la quantité de conférences spécialisées, mais aussi par le niveau de communication. En Chine, aujourd'hui, il n'y a que six établissements qui ont le droit de former le doctorat de français.

4. 3. 2 Particularités des recherches chinoises

Quelles sont les particularités des recherches sur la motivation dans le FLE en Chine ? Nous allons les diviser en trois parties :

— la motivation du FLE en Chine est-elle identique *à* celle de l'enseignement de l'anglais en Chine? Dans la mesure où il y a eu un grand développement des recherches théoriques et empiriques sur la motivation des études d'anglais, pouvons-nous le transférer au FLE? Avant de répondre *à* ces questions, nous devons rappeler la situation du FLE en Chine.

Le français n'est pas la langue maternelle des apprenants ni leur langue étrangère secondaire, mais leur troisième langue étrangère. Dans ce cas, les professeurs ne peuvent pas faire d'enseignement sans penser *à* des transferts positifs et négatifs de l'anglais. L'anglais est devenu obligatoire pour tous les lycées chinois et l'un des trois examens les plus importants, qui vaut 150 points sur 750 au Gaokao, concours obligatoire d'entrée *à* l'université en Chine. En comparaison du niveau 《vrai débutant》 des étudiants de français, les étudiants d'anglais de première année ont en général 10 ans d'expérience de cette langue, ils peuvent comprendre la radio ou la télévision en anglais. Peut-on employer les mêmes méthodes pour motiver des étudiants qui ont déj*à* une bonne maîtrise des connaissances, et des étudiants débutants? Par ailleurs, nous ne pouvons pas oublier que les enseignants chinois sont aussi des apprenants de français. Les enseignants doivent motiver les étudiants et être motivés pour améliorer leur compétence dans la langue. Si les enseignants ne sont pas satisfaisants aux yeux des étudiants, cela aura-t-il une influence sur la motivation extrinsèque ou intrinsèque des étudiants ? Ou bien cela va-t-il influencer la motivation intégrative des étudiants selon la théorie de Gardner ? En d'autres termes, est-ce que le niveau de connaissances spécialisées des professeurs eux-mêmes va influencer la motivation des étudiants? Dans le domaine du sport, l'ancien meilleur joueur n'est pas forcément le meilleur entraîneur. Au contraire, les meilleurs entraîneurs sont parfois ceux qui n'étaient pas les meilleurs sportifs comme Gregg Popovich en NBA ou Mourinho en football. C'est pourquoi dans la relation enseignant-enseigné, il existe d'autres facteurs didactiques que les connaissances spécialisées. Selon Bonny Norton et GAO Yihong, la motivation dépend aussi des outils et des techniques didactiques. Selon Christian PUREN (2012), l'intégration du professeur est une question très complexe. D'un côté, il faut éviter la situation de confrontation, d'un autre côté, il faut mettre en balance l'intégration des enseignants dans le processus de l'enseignement et de l'apprentissage : les enseignants doivent *à* la fois éviter de mettre plus de pression sur les épaules des étudiants et enseigner *à* apprendre *à* apprendre. L'intégration de l'enseignant influencera la motivation des étudiants, cette action et sa réaction s'unissent ensemble au cours de toute la stratégie des études. Quand certaines composantes éducatives changent, comme la fondation d'une nouvelle bibliothèque moderne ou un nouveau centre culturel, il faut reprendre les variables de la motivation que QIN Xiaoqing et WEN Qiufang ont trouvées dans leurs recherches pour les étudiants qui ont une spécialité autre que l'anglais.

— la motivation est-elle sensible dans le FLE en Chine ? Selon Bonny Norton et GAO Yihong, la motivation la plus importante pour les étudiants chinois d'anglais consiste *à* aller dans les pays anglophones tels que les Etats-Unis, l'Australie ou la Nouvelle-Zélande. A leurs yeux, c'est l'identité et l'investissement dans la société étrangère qui sont prises d'abord en considération. Depuis longtemps, SAT (Scholastic Assessment Test), IELTS (International English Language Testing System), TOEFL (The Test of English as a Foreign Language) et GRE (Graduate Record Examinations) sont devenus un atout pour échapper au Gaokao et une source motivationnelle. Cependant, le TCF ou TEF, tests de langue française, sont moins connus et plus difficiles. La langue est devenue un obstacle pour aller en France. La motivation intégrative seraitelle réduite? La réponse est complexe. Aux yeux des familles chinoises, l'intérêt de la France vient non seulement de sa réputation romantique, mais aussi de ses droits des études moins élevés et de la CAF. Cette motivation externe, stable et contrôlable qui constitue une grande partie de la motivation totale incite probablement les étudiants *à* s'investir dans cet apprentissage. La réussite aux tests leur semble le seul moyen de s'intégrer dans la société et la culture françaises. Or cet investissement peut être lié *à* la performance, mais pas *à* l'apprentissage.

D'un autre côté , selon le CECRL, *l'apprentissage autonome peut être encouragé si l'on considère qu'《apprendre à apprendre 》fait partie intégrante de l'apprentissage langagier, de telle sorte que les apprenants deviennent de plus en plus conscients de leur manière d'apprendre*. Malheureusement, beaucoup de familles chinoises ne connaissent pas assez le français, si bien que leurs enfants n'atteignent que le niveau de l'amotivation. Comment ces étudiants peuvent-ils être motivés et passer de la motivation extrinsèque *à* la motivation intrinsèque afin d'atteindre un comportement autodéterminé? Bien que Christian Puren ait divisé la distance entre l'enseignant et l'apprenant en cinq étapes, il ne faut pas oublier que toutes les opérations éducatives se réalisent en Chine, non en France. De plus, certains étudiants ignorent l'importance du français ou comprennent mal ses utilisations depuis leur entrée *à* l'université. Ils ne veulent que le dipôme

BAC+ 4, mais pas de connaissances correspondant à ce niveau de diplôme. Dans ce cas, leur motivation est pire que l'amotivation. Les enseignants rencontreront des impacts négatifs. Comment convaincre ces étudiants et réduire leur influence négative dans la classe?

— la motivation est-elle un phénomène individuel ou social? Traditionnellement, la motivation est considérée comme un phénomène individuel pour expliquer le but des activités de telle ou telle personne. Toutefois, toutes les actions s'inscrivent dans un contexte socio-culturel qui influence notre cognition, notre émotion et notre comportement. Cela explique les deux phénomènes de la motivation : individuel et social, selon Christian Puren qui pense en même temps l'autonomie individuelle et l'autonomie collective. C'est pourquoi nous devons rendre compte de la motivation dans ces deux sens. Selon les études sur la motivation de Bonny Norton et GAO Yihong s'attachant aux étudiants chinois, 《la condition sous laquelle les apprenants parlent la langue cible est importante et relève des enseignants.... 》. Ils pensent que la classe ou la communauté doivent être favorables pour faire des études.

A présent ne pouvons pas terminer sans parler de la classe en Chine et de son esprit.

Qu'est-ce que la classe? Depuis l'enfance, de l'école au lycée, chaque classe chinoise a son propre maître de classe qui est un enseignant ou une enseignante. Il ou elle fait toutes les décisions importantes de la classe et est chargé de la gestion de toutes les activités. L'esprit collectif est inscrit dans le sang des chinois. C'est pourquoi dans les films chinois, à la différence du seul héros qui sauve le monde dans les films occidentaux, un groupe de héros sous la direction d'une communauté, souvent le Parti Communiste Chinois, sauve le monde. A nos yeux, la classe est définie comme《une communauté composée par les étudiants qui est chargée de leurs études et de leurs vies. 》(ZHANG Xuanhui, 2009 ; GENG Hua, 2009 ; ZHU Yunguo, ZHENG Fuhui, MU Jianming, 2011 ; DU Xiaoli, 2012) Cette définition est différente de celle de Walberg et de Moos (1980), les deux dernières ne concernent que la fonction des études. La classe à l'université ressemble à une famille sans relation de sang, où les étudiants doivent passer ensemble neuf mois par an, douze heures par jour.

Qu'est-ce que l'esprit de classe ? En fait, il n'y a pas de définition concrète de l'esprit de classe en Chine. Selon YAN Lei (2009), l'esprit de classe est *le mode de travailler, de vivre et de traiter des affaires quotidiennes de toute la classe et l'expression concrète de tous ses membres*. ZHANG Xuanhui le définit comme *l'atmosphère totale de la classe*. Du point de vue de ZHAO Rongjun (ZHAO Rongjun, 2008), l'esprit de classe est *l'orientation de valeur de toute la* communauté. Parmi ces définitions, nous pouvons quand même trouver des points communs：

- l'esprit de classe est à un phénomène individuel et collectif：tous les membres de la classe sont des porteurs de cet esprit.
- l'esprit de classe se forme au cours des études et de la vie.

Cela nous rappelle une définition proche, celle du《climat organisationnel》de Michel Tremblay et Gilles Simard(2005：60-68), qui consiste en：

> 《*des caractéristiques relativement durables d'une organisation qui est le produit des interactions entre ses membres; sert de base à l'interprétation de situations; reflète les normes, les valeurs et les attitudes qui composent la culture organisationnelle; se comporte comme une source d'influence pour le modelage de comportements.*》

Selon les recherches de Tremblay et Simard (2005：60-68) le climat organisationnel peut être favorable à la mobilisation des apprenants. Cela peut expliquer pourquoi certaines classes peuvent mieux réussir que les autres. Quand un esprit de classe s'est formé, toutes les activités de la classe commencent à avoir une orientation dirigée vers une communauté de valeurs. Sinon, les activités s'individualisent et les étudiants ont des pratiques sans cadre ni contrôle. Puisque la motivation comporte un aspect collectif, nous devons réfléchir sur le lien entre la motivation et l'esprit de classe.

En résumé, un bon esprit de classe signifie non seulement un bon climat psychologique qui favorise la motivation en agissant sur les mécanismes cognitifs et affectifs, mais aussi un bon contexte culturel grâce auquel les étudiants s'engagent dans la réalisation des buts des études.

4. 4 Conclusion du chapitre 4

Les recherches sur la motivation sont infinies.

Nous avons vu que la motivation est sensible aux facteurs internes des individus comme aux facteurs externes. Cependant, bien que nous ayons vu des variables qui s'attachent à la motivation en général, ces variables ne sont pas forcément valables dans le champ du FLE. Comment articuler le rapport entre la motivation des étudiants et l'intégration des professeurs de FLE? D'un côté, l'intégration des professeurs peut orienter ou motiver les étudiants, surtout quand ils rencontrent des problèmes au cours de l'acquisition de la langue étrangère, d'un autre côté, l'intégration de l'enseignant affectera la réflexion personnelle des enseignés sur leurs acquisitions ainsi que la formation d'un sens de l'auto-apprentissage.

Afin de mieux comprendre le contexte dans lequel nous faisons notre enquête, nous devrons au préalable présenter le système didactique et pédagogique de l'Université Normale de Changchun, dans laquelle se sont effectuées nos recherches.

Chapitre 5
Le système didactique *à* l'Université Normale de Changchun

Introduction du chapitre 5, Deuxième Partie

Avant de décrire la méthodologie de l'enquête, il est indispensable d'avoir connaissance du système du département retenu pour l' enquête. Pour améliorer la fiabilité du résultat des recherches, on doit rendre les variables internes et externes plus contrôlables. C'est pourquoi cette présentation détaillée comprend celle de l'établissement, des méthodes didactiques utilisées, le système d'évaluation continue et le profil des classes.

Afin de réduire au maximum les variables *à* l'issue de nos travaux de terrain, notre champ d'enquête est limité *à* une seule université.

Notre enquête a été conduite dans le département d' enseignement de français de cette université. Il est démontré de façon générale[①] que la motivation est une réalité sociale qui subit l' influences des paramètres comme la différence de l'environnement (par exemple： campus, classe ou dortoir), différents enseignants, les méthodes didactiques différentes. La différence dans l' organisation des activités scolaires et extrascolaires influence aussi la motivation des études des étudiants. La comparaison est la base de toute mesure de progrès.

5. 1 Présentation générale

L'Université Normale de Changchun se trouve dans la banlieue de la ville de Changchun,

① Commission d' éducation nationale de la République populaire de Chine, *Programme des cours des deux premières années de la spécialité de français* , Foreign Language Teaching and Research Press, 2007 province du Jilin, au Nord-Est de la Chine. Elle comprend vingt facultés. Le département de français dans lequel nous travaillons est une partie de la faculté des langues étrangères, la plus grande de l'université. Toutes les salles de cours possèdent des outils multimédia avec lesquels les enseignants chinois et français peuvent conduire les enseignements.

Deplus, dans ce département, il y a un Centre culturel français, le plus important dans la Province du Jilin par sa taille.

La présentation générale comprendra celle des enseignants, des étudiants et des cours *à* l'université.

5. 1. 1 Présentation du groupe d'enseignants

Le département de français comprend un groupe de treize enseignants dont dix Chinois et trois Français. Parmi les enseignants chinois, six travaillent *à* plein temps, quatre travaillent aussi dans d'autres universités. Les enseignants chinois et français ont tous leurs diplômes de master, et l'un d'eux été promu maître de conférence.

Pour garantir la qualité de la formation universitaire, avant de les laisser faire le cours dans l'université (surtout les enseignants chinois), ils sont obligés de passer une évaluation du jury de la scolarité et d'accepter une observation continue de leurs cours. Ce jury est composé d'au moins cinq personnes: la vice-présidente de l'université chargée de l'éducation, le représentant de la scolarité de l'université, la doyenne ou vice-doyenne de la Faculté des langues étrangères, le chef du département de français et un expert invité d'une autre université. Ce jury a le droit académique et administratif de décider du recrutement ou du changement de l'enseignant. Les enseignants recrutés doivent faire tous ensemble une série de formations continues pour l'enseignement universitaire en pédagogie, en psychologie, en morale professionnelle etc. A la fin, il y a un examen pour chaque cours. Après cette série d'évaluations, les enseignants admis peuvent obtenir un permis d'enseignement, sinon, ils n'ont pas le droit d'enseigner. Cette formation continue donne une valeur officielle *à* la qualification des enseignants. Bien que chaque professeur ait ses particularités d'enseignement, l'université a la responsabilité de réduire la différence de qualité des cours entre deux enseignants, et doit aider l'enseignant *à* améliorer son enseignement. C'est ce qui pourra confirmer la qualité satisfaisante des cours universitaires de tous les enseignants chinois. Nous devons expliquer clairement ce point de vue, parce que la demande de la qualité de la licence chinoise doit être respectée et est évaluée par le jury du Ministère de l'éducation chinois. Cette demande, que nous pouvons appeler Cadre *national* et qui est rédigée par le Ministère de l'Éducation chinois, est identique pour toutes les licences chinoises des départements d'enseignement du français. Afin de satisfaire *à* ce cadre, la qualité des cours est donc importante et nécessaire. L'autre raison est que le besoin de la société en diplômés ne peut pas s'accommoder d'enseignants différents. Autrement dit, en tant que diplômé, les étudiants doivent tous avoir un certain niveau de français. Si les cours ne sont pas tous satisfaisants, ce niveau ne sera pas atteint. En un mot, tous les enseignants doivent être compétents et savoir comment enseigner et motiver les apprenants. Et le changement d'enseignant chinois ne peut pas servir d'excuse *à* une baisse de la qualité du cours.

Le recrutement des enseignants français est aussi sérieux que celui des Chinois. En général, les annonces de recrutements sont publiées par l'Ambassade de France en Chine ou sur les sites français FDLM：Français dans le monde et www. *fle*. *fr*. Ce recrutement s'adresse principalement aux diplômés de masters de FLE, de LEA ou de littérature française, de préférence avec une expérience professionnelle en enseignement. Tous les candidats doivent envoyer un CV, une lettre de motivation et la présentation de leur propre méthode de cours (plus précisément un exemple de cours construit et adapté selon les exigences de l'université et le niveau des étudiants). Après la première sélection, l'université procède *à* un entretien avec les meilleurs candidats par Skype afin de vérifier leur motivation, leur méthode et leur préparation pour les cours. Enfin, la signature du contrat ne signifie pas la fin de l'évaluation. La progression dans le cours des enseignants français est aussi suivie par la direction de la scolarité qui a le droit d'interrompre le travail de l'enseignant étranger quand il pense que son cours n'est pas satisfaisant. De plus, selon la loi chinoise, tous les contrats avec les enseignants étrangers doivent être renouvelés chaque année. Autrement dit, si l'université chinoise pense que l'enseignant étranger n'est pas capable ou responsable pour faire son cours, elle peut refuser de continuer le contrat.

Tous les enseignants du département disposent du même bureau pour faciliter les échanges et discuter des problèmes rencontrés au cours de leur enseignement. Les réunions pédagogique se déroulent régulièrement chaque mois et sont dirigées par le chef du département. C'est un bon moyen qui garantit une meilleure méthode et une bonne préparation des cours offerts aux étudiants.

Le travail des enseignants ne concerne passeulement les cours, il porte aussi sur les activités extrascolaires telles que le coin de français, le théâtre, les concours d'éloquence et des chansons françaises.

5.1.2 Présentation générale des étudiants

Dans cette université, 181 étudiants de quatre promotions différentes ont participé *à* cette série d'enquêtes: 38 de quatrième année, 51 de troisième année, 51 de deuxième année et 41 de première année. Afin de mieux expliciter la méthode de comparaison, nous devons présenter le cas des étudiants de cette université.

Ces étudiants ne sont pas tous locaux, près de la moitié vient d'autres provinces. Il y a deux classes dans chaque promotion et chacune est enseignée selon deux méthodes différentes: autrement dit, chacune des deux classes a un enseignant différent. Le nombre des étudiants de ces deux classes n'est pas toujours le même, mais très proche. Chaque année, tous les étudiants recrutés sont aussitôt séparés dans deux classes dès le premier jour de l'inscription par la scolarité de l'université. Cette séparation ne tient pas compte de paramètres comme le sexe, de lieu de naissance ou les notes au Gaokao. Par exemple, dans la promotion《première année》, il n'y a que deux garçons. Cependant, ils sont tous enregistrés dans la classe 2, aucun garçon n'est dans la classe 1. Rappelons que le Gaokao, équivalent au BAC en France, est un système national de sélection des lycéens. L'examen du Gaokao a deux particularités: il n'est pas directement organisé par le Ministère de l'Éducation chinois et les contenus sont différents selon les provinces. Si les examens ne sont pas les mêmes, nous ne pouvons pas évaluer les étudiants seulement selon leurs notes, mais selon leur classement. Dans chaque province, nous classifions toutes les notes en quatre catégories, des meilleures aux mauvaises. Les trois premières catégories sont pour les licences chinoises, et la dernière catégorie est pour le diplôme de Gaokao+ 3. Le niveau de catégorie des étudiants est décidé par l'université. Les étudiants de français de cette université sont tous de la deuxième catégorie selon leur Gaokao. Autrement dit, ils ne sont pas les meilleurs ni les plus mauvais.

Tous les étudiants suivent le même programme d'enseignement, utilisent les mêmes manuels et les mêmes salles de classes, et ont presque les mêmes enseignants sauf le cours intensif. Ils participent aussi aux mêmes activités extrascolaires et suivent les mêmes règles de l'université. La seule différence, la plus grande, est la méthode d'évaluation.

5.1.3 La méthode d'enseignement

La performance des étudiants étant liée *à* la préparation et *à* la conduite des séquences de classes, cette intervention nous permet d'établir les paramètres visibles de comparaison en conditionnant les éléments extérieurs exerçant une quelconque influence sur la vie scolaire de nos apprenants.

Pour réussir à suivre la motivation des étudiants dans les deux classes de chaque promotion de la première année en quatrième année, nous avons eu recours à une fiche pédagogique standard dans l'une des deux classes à suivre.

5. 1. 3. 1 La fiche pédagogique standard

La fiche pédagogique standard a en détail les aspects suivants：rôles à exécuter par chaque acteur (enseignant et apprenant) durant la séquence de classe, les stratégies d'enseignement, la durée de chaque activité de construction de nouveaux savoirs. C'est une fiche qui respecte le minimum normal nécessaire de la part de l'enseignant titulaire d'une classe selon un langage universel en pédagogie, quelle que soit la langue véhicule du savoir, quel que soit le pays ou se déroule la séquence de classe pour faire apprendre aux apprenants des nouvelles connaissances.

Nous avons travaillé avec des étudiants issus de différents groupe-classes. Un groupe-classe est un ensemble de classes de la même promotion ou niveau, ou au moins deux classes de la même promotion. Un groupe-classe peut être sous les commandes d'un même enseignant. Nous avons suivi dans notre enquête deux groupes travaillant avec deux différents enseignants, ce qui implique deux méthodes pédagogiques différentes mais le programme, le contenu enseigné reste le même.

Nous avons procédé à une forme d'intervention en fournissant un format de fiche pédagogique à suivre dans la préparation des leçons. Ceci a pour objectif de suivre l'influence de la pédagogie sur la motivation et la performance des étudiants. Il y a un lien très étroit entre la performance, le score en note des étudiants et le maintien ou le déclin de leur motivation. La préparation de la classe est l'une des conditions physiques pouvant être modifiées par l'enseignant：ceci comprend l'environnement de la classe et la préparation du matériel de travail (affiches diverses de scènes sociales, image - mot ou cartons-mots pour le vocabulaire, messages sonores, de courts métrages de vidéos didactisées).

5. 1. 3. 2 Objectif pédagogique

Une langue s'apprend par un équilibre entre l'oral et l'écrit. L'oral et l'écrit présentent plusieurs similitudes. Ils visent tous deux la production d'un message dans une culture donnée. Cette production langagière nécessite un effort cognitif important, puisque le langage oral et le langage écrit agissent à titre《d'instruments》de la pensée et de la communication.

Dans le contexte de l'apprentissage de langues étrangères (LE), l'oral devient un outil d' apprentissage. Une langue s'apprend pour être parlée. Ceci s'impose et fait de la communication orale un *matériel d'apprentissage*, dans la mesure où elle devient une façon de préciser et de faire évoluer la pensée de l'apprenant. Les activités d'apprentissage, qui mettent en avant les interactions entre les pairs, utilisent généralement l'oral comme outil d'apprentissage. Un apprenant qui prend le goût du maniement de la langue en apprentissage prouvera une certaine motivation dans la pratique quotidienne de la langue. Une bonne préparation de classe fait partie des paramètres qui conditionnent le bon déroulement de l'apprentissage.

Apprendre une langue étrangère loin de la communauté qui pratique cette langue n'est pas une chose aisée; *à* la moindre inattention de la part de l'enseignant, on obtient des locuteurs étourdis. Un locuteur étourdi est un locuteur qui montre une certaine hésitation dans l'utilisation de la langue qu'il comprend, un locuteur qui doute de lui-même dans une situation de communication orale.

—Dans la classe 1, nous avons utilisé la méthode d'évaluation continue qui évalue les apprenants bimensuellement. Nous faisions tous les quinze jours un contrôle pour évaluer l'acquisition des connaissances langagières des étudiants.

Cela demande aux étudiants de faire des révision continue sur les connaissances données, et en même temps aux enseignants de travailler plus. Tous ces contrôles jouent un rôle très important, fixé *à* 50% de la note finale du semestre des étudiants. Cependant, les notes de l'examen final représentent 30% de la totalité et les notes des présences et de la participation au cours n'occupent que 20%. Les notes finales des étudiants concernent leur bourse, les commentaires des études dans leurs archives, et les potentialités de leur développement professionnel. L'objectif de cette méthode dépasse l'observation continue de l'acquisition de la langue, mais permet aussi de mesurer la variation de leur performance. Cette méthode a pour orientation d'habituer les étudiants*à* rester dans la révision régulière de ce qu'ils ont appris dans la classe.

—Dans la classe 2, les outils didactiques *à* employer ou le manuel choisi sont les mêmes que dans la classe 1. Les cours intensifs de français se déroulent comme dans la classe 1. Mais ils ne comportent pas de contrôles semi-mensuels. Les notes finales du semestre ne concernent que les notes quotidiennes et l'examen final.

Avant de continuer notre présentation, nous devons confirmer qu'en Chine, c'est la méthode de la classe 2 qui est normale. La méthode de la classe 1 demande aux étudiants de faire plus de travaux quotidiens, ce qu'ils n'aiment pas au début. Cependant, les techniques de l'apprentissage de la langue étrangère correspondent *à* la révision continue, mais pas *à* la révision finale.

Nous essaierons de vérifier l'importance de notre méthode particulière par rapport *à* la méthode traditionnelle dans la motivation des étudiants de français.

5. 1. 3. 3 Hypothèses

Au cours de notre enseignement, nous verrons qu'il existe des différences de réactions d'étudiants dans le domaine de la motivation et de la pratique d'apprentissage.

À part certaines explications individuelles et méthodologiques, nous allons trouver aussi des points communs et certaines régularités.

Les évaluations et les examens sont corrigés par les professeurs suivant des clés de réponses conçues par ceux qui préparent ces examens. Bien que le niveau de français de départ de ces deux classes soit identique en raison de la séparation aléatoire, toutes les classes 1 ont mieux travaillé que les classes 2 pour ces quatre promotions *à* partir de la fin du premier semestre.

Est-ce que cette différence dépend des méthodes d'évaluation choisies? Puisque la méthode est la seule différence, cette hypothèse est logiquement évidente.

La question estde savoir si la méthode influence aussi la motivation des étudiants.

La méthode de l'observation continue demande aux étudiants de préparer et réviser régulièrement ce qu'ils ont appris pendant une période donnée. Elle réduit leur disponibilité des loisirs et les fait travailler plus. Est-ce que cette méthode correspond au souhait des étudiants et *à* leurs habitudes d'apprentissage? Si ces réponses sont négatives, cette méthode changera positivement l'attitude d'apprentissage des étudiants ou elle influencera négativement la motivation des étudiants. Le résultat intéressant obtenu dans l'enseignement est que la majorité des étudiants n'aiment pas la pression imposée par la méthode de l'observation continue, mais le bon résultat que cette méthode produit confirme son importance dans leurs études.

Les étudiants de troisième année montrent peu d'intérêt pour les études après l'examen du Test national du Français enseigné *à* titre de Spécialité, niveau IV (TFS 4). C'est un problème commun *à* toutes les universités en Chine. Ce fossé entre les deux premières années et les deux années suivantes concernant la motivation s'explique par un facteur systématique：pour ceux qui réussissent au TFS 4, ce certificat est la porte ouverte *à* l'entrée dans la vie professionnelle. Le TFS 4 joue donc un rôle d'orientation très important dans l'enseignement du français élémentaire mais représente aussi un élément motivant pour les étudiants de première et deuxième années.

5. 1. 3. 4 Structure et rôle du TFS

LeTFS suit toujours la même structure depuis son adoption. Il est noté sur un barème de 100 points. Le TFS est divisé en six parties: Dictée (10 points), Compréhension orale (10 points), Compétence lexicale (15 points), Compétence grammaticale (30 points), Compréhension écrite (20 points) et Expression Écrite (15 points).

Il n'y a aucune partie traitant de l'expression orale. De plus, 90% des points se destinent *à* l'écrit. Les exercices que l'on propose sont toujours les mêmes (《entourez les bonnes réponses ; trouvez le synonyme correspondant; remplissez le texte en conjuguant les verbes au temps approprié 》, etc.). Nous pouvons faire des critiques envers cet examen, mais toutes les universités chinoises y attachent de l' importance, ce qui provoque un problème d' enseignement des compétences comme la communication orale, la lecture, l'écriture et la compréhension de l'oral.

Ceux qui échouent *à* cet examen sont en général les moins travailleurs et il y a une année de préparation pour le test de rattrapage. Depuis l' existence du département de français, on a organisé deux fois le TFS4 dans cette université:

—En 2014, le pourcentage de réussite des étudiants de 2012 était de 56% (65% de la classe 1 et 47% de la classe 2) proche donc de la moyenne.

—En 2015, 61, 5% des étudiants de 2013(74% de la classe 1 et 50% de la classe 2) et presque tous les étudiants ayant échoué en 2012 ont réussi le TFS 4. En même temps, le niveau passable moyen est de 59%.

En Chine, tous les étudiants savent que seuls ceux qui vont atteindre le seuil minimum de réussite en classe seront autorisés *à* avoir leur diplôme. Dès qu'ils dépassent le seuil minimum de réussite, les étudiants cessent de faire des efforts. Cette réalité dévoile une sorte d'immaturité de la part des étudiants et la méthode d' évaluation continue permettrait *à* ces jeunes citoyens de continuer de s'exercer. Ils ont besoin d'orientation académique ou professionnelle avant et après le TFS 4, vrai support qui permettra de leur redonner l' envie de continuer les études. Cette orientation aide beaucoup les étudiants qui veulent aller continuer leurs études en France, parce qu'il n'y a que six universités chinoises qui offrent des diplômes de doctorat de français. En outre, cette orientation semble plus le rêve que l'objectif des études pour les étudiants qui ne font que deux ans de français *à* partir du niveau vrai-débutant et ne connaissent pas vraiment le travail académique. L'orientation professionnelle est plus concrète aux yeux des étudiants. À partir de la troisième année, ils commencent *à* réfléchir sur leur emploi futur. Cette réflexion sera concrétisée par l'expérience des générations précédentes, l'orientation des cours donnés, l'exposition des emplois et les informations sur Internet.

5. 1. 3. 5 Entretien de motivation chez les étudiants：

● L'orientation académique et professionnelle

Cette orientation ne passe pas immédiatement comme un support de la motivation pour les études, mais elle donne naissance *à* une inquiétude sur leur future carrière. La motivation pour l'apprentissage et la connaissance de la langue française provient plutôt des chances que donnent sur le marché de l'emploi la maitrise et le maniement de la langue.

● Le stage professionnel

Le stage professionnel est aussi un élément pédagogique et structurel qui influence la motivation des étudiants. Dans l'université observée, le stage est obligatoire pour les étudiants de quatrième année. L'université ne peut pas offrir *à* tous les étudiants de postes qui permettent de pratiquer leur connaissance du français et tout le monde n'est pas l*à* pour devenir enseignant. Les étudiants ont donc la possibilité de trouver des stages dans des secteurs d'activités différents ayant de départements de communication pouvant donner aux étudiants stagiaires des chances de pratiquer la langue. L'expérience de leur stage est validée par une attestation signée par l'établissement ou l'entreprise puis confirmée par l'université. En même temps, l'étudiant a le droit de demander une faveur comme exemple aller *à* l'étranger par le biais d'un projet coopératif de l'université ou rester et préparer le concours national de master de français. Nous faisons un Tableau pour mieux présenter les stages des étudiants. Selon le Tableau donné, *à* part deux étudiantes en France, seuls sept étudiants ont fait leur stage dans un secteur pouvant leur permettre la pratique du français parce qu'en raison de la rémunération, le choix des étudiants est géographiquement limité *à* Changchun ou chez eux. Il faut savoir aussi que cette réalité ne dépend pas des étudiants mais du manque d'opportunité d'offres de stages dans un secteur pouvant leur permettre la pratique du français dans cette région du nord-est de la Chine.

Tableau 42：Stages des étudiants de l'année 2012

	Nombre total de sétudiants	En Chine	A Changchun	En rapport avec le français	Avec ré munération	Avenir professionnel (master ou travail)
La classe 1	19	18	7	4	2	12
La classe 2	19	17	9	5 (y compris 2 en échange)	9	5 (y compris 2 en échange)

D'abord, nous devons distinguer la situation des stages entre les classes 1 et 2. Dans la classe 2, le stage reflète la motivation du futur travail souhaité par les apprenants. 5 étudiants veulent chercher le travail ou vont en France pour continuer leurs études. C'est le même nombre qui fait leur stage en rapport avec le français. La situation de la classe 1 est plus complexe. Davantage d'étudiants de la classe 1 veulent chercher du travail ou continuer leur master. Autrement dit, la majorité des étudiants conservent encore leur motivation de continuer les études. Cela montre que dans la classe 1, la motivation d'apprentissage est plus élevée que celle de la classe 2 surtout en termes d'envie d'apprendre cette langue étrangère. Cependant, le nombre de stagiaires ne reflète pas cette volonté. Donc, le nombre des stages où les étudiants utilisent des connaissances spécialisées de langue ne représente que le besoin du marché de l'emploi régional.

Ensuite, le stage est un élément qui contribue à installer au niveau des apprenants la source de la motivation extrinsèque. Mais le stage n'est pas toujours perçu par les étudiants comme une source réelle de motivation parce que la majorité des stages sont dans des secteurs qui sont différents de leur futur travail souhaité. L'objectif du stage est de rendre les apprenants capables d'avoir une connaissance et expérience du travail. Il arrive très souvent que le stage démotive les étudiants: ceux qui veulent aller en France sont obligés de faire un stage qui n'a aucun lien avec la carrière de leur rêve.

D'autre part, la faible rémunération démotive aussi les étudiants en stage. Selon le chiffre donné par le journal officiel《Le Peuple》, la spécialité de français est la quinzième parmi les meilleures spécialités rémunérées. Cependant, la faible rémunération du stage ne doit pas être un élément de motivation parce qu'à l'origine le stage n'était pas un travail rémunéré. Les étudiants n'ont alors à coeur que leurs futurs projets de travail et pensent que le stage est un processus obligatoire mais moins important.

La quatrième découverte au cours de notre observation est que les étudiants ayant rejoint le département à la suite d'un changement de spécialité gardent leur motivation intacte. Selon la nouvelle règle de 2013 du Ministère de l'Education chinois, les étudiants de première année peuvent demander de changer leur spécialité selon leur volonté. Chaque année, une ou deux étudiantes entrent dans le département de français au deuxième semestre[①]. Les nouvelles débutantes ont suivi les cours avec leurs collègues de français et ont appris les connaissances du

① ZHAO Yixuan en 2012, CHENG Chao en 2013, WANG Mingming et WANG Junxian en 2014.

premier semestre après les cours. Une année après, les nouvelles arrivées ont pu non seulement rattraper le niveau de leurs collègues, mais aussi devenir pour certaines les meilleures de la classe. Si nous considérons que les facteurs didactiques sont les mêmes, nous pouvons conclure que c'est l'attraction vivace pour le français qui est la raison majeure du rattrapage de la compétence de langue. Elles ont plus d'envie ou d'attitude d'apprendre la langue plus que leurs collègues.

5. 2 Présentation des cours et des méthodes

Les cours des étudiants peuvent se présenter en deux catégories：les cours de français et les autres (Scolarité de l'Université Normale de Changchun, 2014：8-9 ; 108-111) Les cours de français ont des objectifs précis qui orientent les étudiants sur plusieurs chemins futurs. Les autres, le tronc commun, leur offrent des connaissances sociales nécessaires et remplissent des crédits obligatoires.

5. 2. 1 Les cours

Nous commencerons cette présentation par les cours donnés selon le programme. Si nous ne comptons pas le tronc commun, nous constatons qu'il y a vingt types de cours attachés au français dont le plus important est le cours intensif. Ce cours suit le manuel national《le français》qu'on a présenté dans le chapitre 2. 1. 2 de la comparaison des manuels chinois et français. Le cours intensif de français évolue chaque année et change radicalement après la 2ème année ; le contenu est complètement nouveau et l'est encore plus en 4ème année. Pendant les deux premières années, les cours de français sont centrés principalement sur l'apprentissage de la langue et sur la formation des compétences des étudiants en lecture, écriture, et *à* l'oral (compréhension, expression). Ils sont formés plutôt pour viser *à* acquérir des connaissances fondamentales classiques en compréhension et expression orale et écrite. L'objectif d'enseignement est renouvelé en troisième année. Nous passons *à* un niveau plus spécifique. Certains cours en restent encore aux objectifs d'approfondir le niveau de langue (ex, cours de littérature française), d'autres visent *à* former les étudiants dans les orientations plus professionnelles：traduction, interprétariat, affaires, commerce etc. Ces cours donnent aux étudiants des compétences pour se servir du français afin de répondre aux besoins sociaux. En raison de ce changement dans les objectifs du programme, la motivation des étudiants aura tendance *à* varier.

En suivant la méthode statistique, nous constatons toute l'importance du tronc commun dans la formation universitaire. Selon les règles ministérielles, pour les étudiants de la spécialité française, les cours autres que le français tels que l'informatique, l'introduction au marxisme, les approches de la pensée de MAO Zedong, l'éducation sportive etc., sont en général obligatoires. Cette catégorie de cours prend 72 points sur le crédit d'études, dont la totalité est de 177, 5. Ses heures comptent 1360, ce qui représente 41, 77% de la totalité(3256).

Tableau 43: Graphique du pourcentage des cours de tronc commun et ceux de français

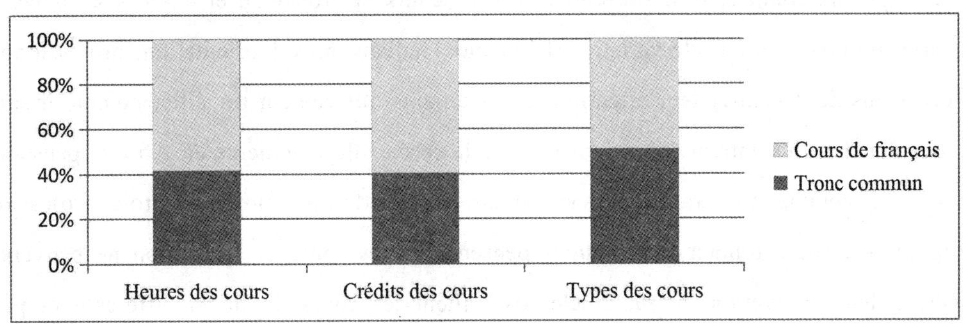

Le système chinois attache plus d'importance aux cours des deux premières années. Parmi ces 1896 heures de français, 1092 sont prévues pour les deux premières années, y compris le cours intensif de français, la lecture du français, le cours audio-visuel. Les cours de français des deux premières années représentent presque 60% du total des cours.

Tableau 44: Graphique du nombre total des heures des cours

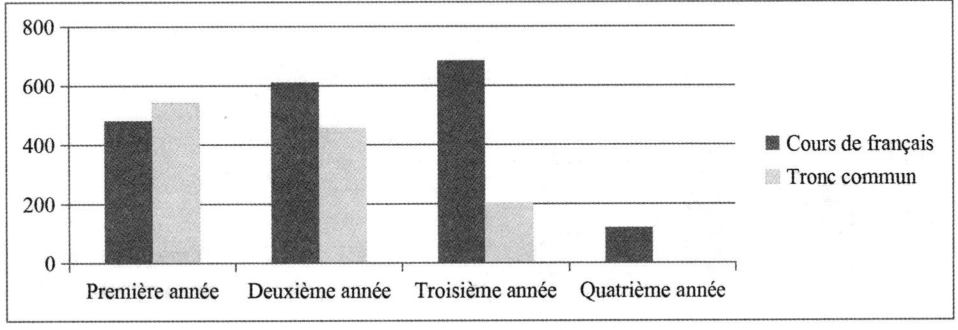

Ce graphique nous montre que les deux premières années sont très chargées. En raison du stage et de la soutenance des mémoires, la quatrième année est plus courte que les trois années précédentes. La troisième année est moins chargée parce que le nombre des cours du tronc commun baisse.

L'autre caractéristique de la composition des cours est la centralisation pour les deux premières années. Ce sont au total 1092 heures de six types de cours dont le plus important est le cours intensif de français. Ce cours représente dix heures par semaine, 680 heures au total, et coefficient 10 par semestre. Les étudiants peuvent facilement suivre les coefficients pour s'orienter.

Cependant, à partir des deux dernières années, le reste des cours, 804 heures, représente quatorze types de composantes. Autrement dit, les cours de troisième et quatrième années sont plus variés ou diversifiés. Cette variation donne aux étudiants plus d'orientations professionnelles et d'occasions de décentrer leur attention. Les étudiants qui veulent travailler comme interprète ou traducteur dans les entreprises chinoises dans le secteur du commerce en Afrique pensent que certains cours comme la littérature française n'ont pas grand intérêt pour leur projet professionnel et ceux qui veulent continuer leurs études pensent que les cours de traduction ne peuvent pas répondre à leur motivation instrumentale. Ils traitent les cours de façon différente et parfois comme un gaspillage de temps en se basant sur la motivation résultant de leurs propres objectifs futurs.

Les cours intensifs de français sont destinés aux connaissances grammaticales et au lexique, cependant l'objectif des cours des enseignants français répond en priorité à l'amélioration des compétences de compréhension et d'expression orale des étudiants. Mais la compétence écrite n'est pas négligée. Ainsi, les cours des enseignants français représentent quatre ans d'études et jouent un rôle de plus en plus important.

Tableau 45：Comparaison des heures des cours

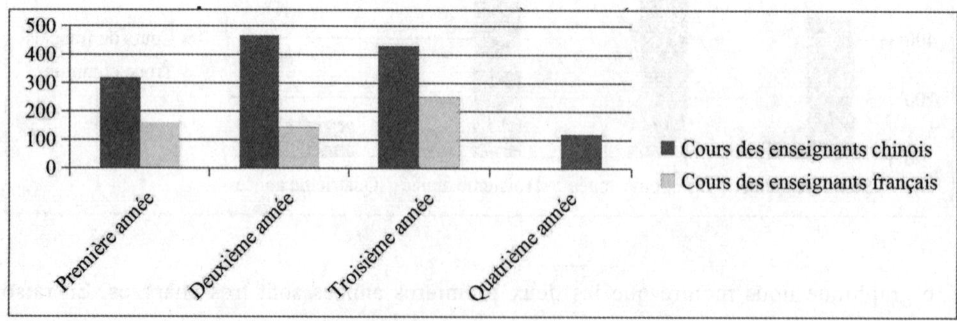

Les enseignants chinois fontdes cours intensifs de français, des cours de lecture et des cours de traduction. Les enseignants français enseignent les cours de communication orale, la méthodologie, la littérature, la phonétique et les cours audio-visuels. Cette partition est adaptée à la facilité de compréhension des étudiants et à la spécificité des enseignants.

5. 2. 2 Les méthodes d'enseignement

Les méthodes d'enseignement dépendent de plusieurs facteurs didactiques tels que les choix personnels de l'enseignant, le lieu du cours, les manuels utilisés, la spécificité du cours, etc. Tous les enseignants chinois utilisent les manuels publiés, et de préférence, les manuels reconnus par le Ministère de l'Éducation chinois. S'il n'existe pas de manuels standard du ministère pour certains cours, les manuels utilisés sont proposés par les enseignants et décidés par le directeur du département de français. Pour éviter qu'il y ait des différences de méthode, les enseignants sont en général les mêmes pour les mêmes cours dans deux classes parallèles, à l'exception des cours intensifs des deux premières années en raison du nombre d'évaluations. Ce cours est le plus fréquent et se fait une fois par jour (une heure et demie par jour). A cause de l'existence d'un grand nombre de cours du tronc commun dont il n'est pas possible de changer l'emploi du temps, les cours des deux classes sont alignés aux même horaires.

5. 2. 2. 1 Méthodes des enseignants chinois

● Le manuel《le Français》

Cours intensif des deux premières années avec les enseignants chinois

Comme ce que nous avons présenté dans le chapitre 2. 1. 2 des manuels utilisés, la série des manuels《le Français》est le manuel qui s'adresse aux étudiants des départements de français en Chine. Les quatre tomes ont été rédigés par MA Xiaohong, professeur de l'Université des langues étrangères de Beijing.

Cette série de manuels s'adresse aux étudiants chinois de spécialité française qui suivent le cursus universitaire à partir du niveau débutant. Elle leur permet d'acquérir des connaissances lexicales, grammaticales et une compétence langagière surtout écrite avec une méthode d'enseignement directe. À partir du 2ème tome, les livres couvrent aussi les connaissances culturelles et sociales des pays francophones.

L'ensemble pédagogique《le Français》s'adresse aux apprenants chinois de la première à la deuxième année dont les quatre objectif principaux sont de les orienter à avoir une compétence langagière fondamentale dans les domaines lexical et grammatical, à comprendre et à utiliser des expressions quotidiennes écrites et orales, y compris l'expression des besoins concrets et la présentation d'un événement, à être capable d'avoir une production orale et écrite d'environ 200 mots et *à* comprendre des textes allant du niveau A1 au B2.

Pour réaliser ces objectifs, ces manuels privilégient l'approche naturelle et une grammaire-traduction avec le soutien des matériels pédagogiques：le manuel, le livre de référence et un CD par étudiant pour reprendre les textes des leçons. L'ensemble pédagogique comprend quatre tomes qui indiquent quatre niveaux, de A1 *à* B2.

Chaque tome du livre comprend entre 16 et 18 leçons et chaque leçon de ces manuels contient des principes généraux d'approche pédagogique et une exploitation didactique：toutes les compétences sont bien prises en compte. On y voit les outils de communication orale et écrite avec un accompagnement en support CD (phase de salutation, phase de compréhension écrite et orale globale, phase de compréhension écrite et orale fine jusqu'au niveau B2). Il y a aussi une indication de démarche pédagogique qui soutient l'utilisation des parties du vocabulaire, de la grammaire ainsi que les exercices oraux ou écrits et de traduction Dans le Tome1, nous avons beaucoup d'exercices de phonétique. Dans les trois autres tomes, nous avons des productions orales avec une sélection de mots ou locutions. Le livre du professeur contient la correction de tous les exercices du manuel.

Chaque tome couvre environ 160-180 heures de cours, presque un semestre chinois selon le programme standard dans les universités chinoises. Chaque tome apporte aux enseignants chinois des aides et conseils dans la préparation et l'animation de leurs cours intensifs.

Chaque leçon du livre de référence comprend cinq parties：mots et expressions, contrôle de leçon, corrigé des exercices écrits de la leçon, corrigé du contrôle et traduction des textes du manuel. En général, l'utilisation du livre de référence n'est pas obligatoire, surtout toute la partie du contrôle de leçon. Les enseignants font des réunions pour discuter des exercices importants qu'ils utilisent.

En plus de l'utilisation de ces manuels, le recours *à* l'internet et la réunion du groupe d'enseignants sont aussi fréquents puisque les manuels sont un peu anciens et contiennent des erreurs. (Voir les détails dans le chapitre sur les manuels)

● Le manuel《Langue et civilisation françaises》

Cours intensif de troisième année avec les enseignants chinois

《Langue et civilisation françaises》est le manuel officiel pour le cours intensif *à* partir de la troisième année. À partir de la troisième année, le cours intensif de français a lieu trois fois par semaine. Ce manuel paru en 2005 a été rédigé par TONG Zhipei, professeur de l'Université des langues étrangères de Beijing et est édité par l'Édition d'Enseignement et de Recherches des Langues étrangères.

Tableau 46: Récapitulatif des cours de 3ème année. Manuel français-chinois

Niveau	Support didactique		Nombre de séquences/leçons	Objectifs visés ou compétences préparées
B1 B2	Cahier d'activités	Support sonore	34	Orientation pratique et professionnelle
C1 C2	Etudiant / Professeur (démarches & corrigés)	non		

Ce manuel s'adresse aux étudiants de spécialité française de troisième année dont le niveau est entre B1 et B2. Il est paru avec son livre de référence.

L'objectif général de l'ensemble pédagogique est de rendre les étudiants plus compétents et autonomes.

Afin de réaliser cet objectif, 《Langue et civilisation françaises》 privilégie l'approche communicative et de traduction: les stratégies pédagogiques mises en place favorisent l'utilisation des savoir-faire, des connaissances lexicales et la compréhension de tout type de textes. Ce manuel entraîne les étudiants *à* présenter des sujets différents d'une façon réfléchie et reconstruite et *à* produire des phrases complexes sans hésiter.

L'ensemble pédagogique comprend le manuel et le livre de référence.

Ces deux éléments constituent le matériel de base pour un enseignement-apprentissage qui assure la formation linguistique, lexicale et culturelle nécessaire *à* la communication interactive, *à* la production orale, écrite et *à* la compréhension du texte du niveau C1/C2 du Cadre commun européen de référence pour l'apprentissage, l'enseignement et l'évaluation des langues. Les objectifs d'enseignement-apprentissage (contextes socioculturels, objectifs linguistique et lexique, savoir-faire et faire-savoir) sont réalisés en cours et par les devoirs.

La différence ici est que pour 《Le Français》, l'auteur n'a pas prévu d'exercices audio-complémentaires . Ainsi 《Langue et Civilisation françaises》 comprend les 34 leçons faites de sujets authentiques et très variés, comme *Mon oncle Jules* de Maupassant, texte recomposé, extraits de *La Documentation française*, des revues françaises (comme l'Express, le Monde) ; des notes qui indiquent le contexte social et historique suivies d'explications de mots et expression difficiles. Certains exercices de compréhension, de composition de textes et de traduction de phrases en français complètent cet ensemble avec une partie d'exercices de grammaire et de stylistique qui suivent les leçons.

Il y a38 thèmes de sujets de composition tels que *l'Extrait du Rapport sur le Programme du Xe Plan quinquennal concernant le progrès social et le développement économique*, le Contrat de travaux etc., qui ont une visée d'orientation pratique et professionnelle.

Le livre de référence de《Langue et Civilisation françaises》offre non seulement les corrigés des exercices du manuel et la traduction du texte, mais aussi les mots et expressions clés.

● Le manuel《Lecture》

《Lecture》est le manuel officiel du Programme du XIIe plan quinquennal reconnu par le Ministère d'Education Chinois pour le cours de lecture de français. Ce manuel paru en 2012 pour la première fois a été rédigé par un groupe de cinq enseignants sous la direction du professeur SHEN Hao, de l'Université de technologie de Chongqing et est édité par la Presse de l'Université de Tianjin.

Tableau 47：récapitulatif des cours /Objectifs du Manuel de lecture français-chinois

Niveau	Support didactique		Nombre de séquences/leçons	Objectifs visés ou Compétences préparées TCF ou TEF.
B1 B2	Cahier d'activités	Support sonore	57 leçons réparties en 12 chapitres	Étudiants de 2e et 3e années, ainsi que ceux qui préparent leur TCF ou TEF.
	Etudiant / Professeur (démarches&corrigés)	non		

Les cours de lecture se déroulent entre le troisième et le cinquième semestre dans cette université.《Lecture》s'adresse aux étudiants de français de deuxième et troisième année, ainsi qu'*à* ceux qui préparent leur TCF ou TEF.

L'objectif général de《Lecture》est de préparer les apprenants *à* découvrir, compendre comment évolue la société française et de leurs présenter certains aspects des mutations sociales actuelles. C'est un soutien continu pour les apprenants dans le développement des 4 compétences langagières.

Pour réaliser ces objectifs,《Lecture》privilégie une approche directe, de grammaire-traduction et de lecture. Les stratégies pédagogiques mises en place favorisent la compétence de lecture des apprenants et leur permettent d'augmenter la capacité lexicale et de reconnaître l'utilisation des mots dans des contextes différents.

Ce manuel est un matériel pédagogique bien détaillé qui comprend une introduction en version chinoise qui explique l'ensemble des objectifs d'enseignement, les catégories de sujets des textes et les méthodes d'enseignement proposées ; un sommaire qui indique les titres et les objectifs de chaque chapitre et 57 leçons réparties en 12 chapitres (chaque chapitre possède un titre indiquant le thème et proposant quatre ou cinq leçons).

Il y a aussi une partie 《Notes》 qui indique le contexte culturel, qui présente les explications des mots et expressions-clés puis la traduction des phrases difficiles. Pour faciliter la compréhension des textes, il y a quelques QCM dans chaque leçon. Pour le maniement de la langue, ce manuel contient une partie 《Sujets de réflexion》 qui permet de réfléchir sur des histoires, de raconter/compléter des histoires, de partager/commenter des points de vue d'un texte ou de répondre avec un argument.

● Le manuel 《Grammaire moderne du français》

Il n'existe pas encore de manuel proposé par le Ministère de l'Éducation chinois ou reconnu pour le Programme du plan quinquennal. 《Grammaire moderne du français》 paru en 2008 est un manuel rédigé par MAO Yizhong, maître de conférence de l'Université de Nanjing et est édité par la Presse Yiwen.

Tableau 48: récapitulatif des cours /Objectifs du Manuel de grammaire français-chinois

Niveau	Support didactique		Nombre de séquences/leçons	Objectifs visés ou Compétences préparéesTFS4
A1 A2 B1 B2	Cahier d'activités	Support sonore	14 chapitres répartis en deux parties	Étudiants de 2e année, qui préparent leur TFS4
	Etudiant / Professeur (démarches & corrigés)	non		

Le cours de grammaire française se déroule au troisième semestre, un cours par semaine. C'est le même principe pour la préparation grammaticale du TFS4.

Ce manuel s'adresse aux étudiants de français à partir du premier semestre de deuxième année et aux apprenants qui souhaitent acquérir des connaissances structurelles sur la grammaire française.

L'objectif général du manuel est la pratique des connaissances grammaticales *à* travers des exercices écrits qui visent *à* préparer les examens ou concours comme TFS4, TCF ou TEF.

Afin de réaliser ces objectifs pédagogiques, le manuel édité en chinois demande un enseignement intensif, et aussi la coopération et la réaction des apprenants. Afin de les aider *à* mieux comprendre les cours, le manuel privilégie une approche traditionnelle chinoise. L'enseignant laisse souvent beaucoup de devoirs *à* faire qui comprennent des exercices écrits concernant le cours donné, la révision du cours et aussi la préparation du prochain cours.

C'est au total 14 chapitres répartis en deux parties contenant la morphologie et la syntaxe. La première partie comprend dix chapitres présentée comme suit：le nom, les articles, les déterminants, les adjectifs, les pronoms, les verbes, les adverbes, les prépositions, les conjonctions et les interjections. La deuxième partie comprend quatre chapitres：la phrase, la phrase simple, la phrase complexe et les moyens d'expression.

Le manuel contient les corrigés des exercices et l'index des termes grammaticaux.

Dans chaque chapitre, il existe certains sous-chapitres et exercices. A part la catégorisation standard, l'auteur fait aussi les exceptions, la comparaison entre l'usage correct et l'usage erroné et les points importants.

Par exemple, dans le premier chapitre：le Nom, comme tous les livres de grammaire, nous analysons le Nom en cinq catégories：l'espèce, le genre, le nombre, le rôle du nom dans la phrase et le nom venu de la conversion et le nom d'origine étrangère. En-dehors des règles standard, nous soulignons aussi les exceptions. Nous prenons l'exemple du genre du nom. Nous le résumons en huit règles.

Après la présentation de ces huit règles, ce sont des exercices écrits pour vérifier la compréhension et la mémoire des règles.

● L'examen final des enseignants chinois

L'examen final est une partie inévitable dans toute la stratégie pédagogique. En Chine, il faut préparer l'examen final *à* la fin du semestre pour tous les cours. L'organisation des examens de fin de semestre est faite par la scolarité de l'université.

A l'instar des enseignants français, les enseignants chinois indiquent les questions *à* réviser, sans en dévoiler le contenu ni la forme.

L'objectif de l'examen final est non seulement d'évaluer l'apprentissage du semestre des étudiants l'un après l'autre, mais aussi de modifier la stratégie d'enseignement pour résoudre les problèmes vus à l'examen. Pour réaliser cet objectif, tous les examens des enseignants chinois suivent la même forme: la forme écrite, d'une durée de 100 minutes, les notes totales de 100 points et le niveau passable est de 60 points. Il faut aussi préparer les devoirs de vacances aux étudiants et leur donner des conseils et consignes individuellement.

—Examen final version A

L'examen final version A, c'est l'examen qui met fin aux cours du premier semestre. Pour la première année: nous faisons deux versions de même niveau. La scolarité de l'université choisit une version pour l'examen final et l'autre pour l'examen de rattrapage.

Tableau 49: Les épreuves de l'examen final

Titre	Points	Quantité	Points grammaticaux	Unité (leçon) concernante
I	15%	30	Phonétique	1-10 leçons
II	15%	10	Conjugaison	2-15 leçons
III	10%	10	Articles	2-13 leçons
IV	10%	10	Prépositions	2-16 leçons
V	10%	10	Adjectifs (variation en genre et en nombre)	6-17 leçons
VI	10%	5	Questionsà poser	11-13 leçons
VII	30%	15	Questionsà traduire	4-18 leçons

D'abord, cet examen final couvre tout le tome 1 de la leçon 1 à la leçon 18 du manuel 《le français》 qui a été fait pendant le premier semestre. Il s'adresse à toutes les catégories de connaissances langagières y compris la phonétique, la morphologie et la syntaxe.

Ensuite, les pourcentages correspondent à leur importance au premier semestre, la phonétique occupe 15%, la morphologie 45% et la syntaxe 40%. Les dix premières leçons concernent principalement la phonétique, mais comprennent aussi des connaissances lexicales et la composition des phrases simples.

Par ailleurs, on ne choisit pas la forme du QCM pour éviter de deviner la réponse correcte. Tous les exercices entre la conjugaison et l'adjectif sont sous forme de cases à remplir. Les exercices de syntaxe concernent l'utilisation des expressions figées dans le contexte. Par exemple, les quinze phrases à traduire couvrent des expressions différentes.

Après l'examen final, il faut photocopier tous les papiers et les distribuer aux étudiants avant les vacances. Les étudiants peuvent analyser tout seuls les papiers et réfléchir sur leurs propres stratégies d'apprentissage pendant les vacances. Les enseignants font une réunion de restitution avec les étudiants pour expliquer l'examen et les erreurs. Cette restitution collective est aussi une opportunité d'apprentissage qui aide les étudiants à connaître les erreurs des autres et leurs propres faiblesses.

5. 2. 2. 2 Méthode des enseignants français

Les enseignants français ont plus de choix que les enseignants chinois parce qu'ils peuvent décider de leur méthode avec l'accord du directeur, alors que les enseignants chinois doivent respecter les consignes officielles. Les enseignants français utilisent des supports vidéo et audio pour leurs cours en prenant soin de transcrire des documents authentiques ou adaptés. Dans cette université, les méthodes des trois enseignants français sont différentes. Un professeur français a écrit son propre manuel avec une partie vocabulaire pour les cours audiovisuel et oral, et les autres sans manuels. Ici, nous prenons l'exemple de M qui utilise le manuel rédigé par lui-même et le directeur du département.

● L'Audiovisuel

Les coursd'audio-visuel et d'oral sont des cours importants pour les apprenants de première et deuxième années de cette université. Le cours oral se passe entre le premier et le quatrième semestre et le cours audio-visuel finit jusqu'à la fin de la troisième année. Ici, nous devons souligner que ce manuel n'est utilisé que pour les cours audio-visuel et oral de deux premières années. Par ailleurs, nous signalons que ce manuel est encore inédit et n'est publié nulle part.

● L'utilisation des documents reconnus

Les ouvrages publiés comme Reflet ou Taxi sont utilisés dans beaucoup de départements de français. Au cours de nos travaux de recherches, on a constaté certains problèmes mentionnés comme suit：

D'abord, dans le domaine du contenu des textes, la majorité des manuels français qu'on peut trouver en Chine sont pour la formation de FLE, mais ils ne sont pas particulièrement destinés aux apprenants chinois. Cela peut provoquer des difficultés dans la compréhension et l'usage des connaissances données en cours. Par exemple, dans *Reflet*, l'histoire des trois personnages Julie, Benoît et Pascal est le récit d'une vie à la française qu'on ne peut pas répéter en Chine. Les étudiants pensent que c'est loin de leur vie s'il n'y a aucun dialogue sur la Chine. De plus, en Chine, il n'est pas nécessaire de passer un entretien pour chercher un logement ni pour réserver une table dans un restaurant. Mais comme apprendre une nouvelle langue implique l' apprentissage d'une nouvelle culture, C' est tout de même une bonne chose, même si tous les étudiants ne sont pas obligés d'aller en France pour avoir un diplôme de Master ou de Doctorat.

Ensuite, à cause du programme d'importation des livres, les ouvrages français arrivent très tard en Chine. Aujourd'hui, le manuel français qu'on utilise le plus est *Reflet* qui a été édité en 1999 par Hachette et est entré en Chine en 2006. Son avènement en Chine s'est fait un peu tard et les habitudes sociales sont en changement permanent.

Les contextes sociaux et culturels entre la France et la Chine ne sont pas toujours comparables. Cependant, dans la formation universitaire, les cours audio-visuels et oraux sont des cours importants et forment aussi un tout avec les autres cours du programme en vigueur dans le département, surtout les cours intensifs de français. Les cours intensifs ont lieu cinq fois par semaine (10 crédits, 8 pour le premier semestre) et les cours audio-visuel et oral ont lieu deux fois par semaine (2 crédits).

Pour réaliser ces deux objectifs, on emploie une approche fonctionnelle et communicative. Les stratégies pédagogiques du cours se déroulent en deux parties oral et écrit pour motiver les apprenants et favoriser leur réactivité. On entraîne les apprenants à découvrir leurs propres limites et à pouvoir s'améliorer, à reconnaître leur compétence langagière et à l'exposer.

La méthode audiovisuelle est composée de plusieurs matériels pédagogiques avec des exercices écrits et oraux pour préparer le DELF A1, A2 et B1 puis des《liens utiles》pour donner aux étudiants des sites pour étendre leurs connaissances et leur vocabulaire.

● L'examen final d'un enseignant français.

L'examen final du cours audiovisuel est composé de deux parties： oral et écrit, pour lesquelles, les dictionnaires ne sont pas autorisés. Les deux parties sont faites séparément.

La partie orale demande aux étudiants dix minutes de préparation et cinq minutes d'oral. Avant de commencer l'examen, les étudiants doivent choisir deux photos parmi 10 faces cachées, révéler les deux choisies puis faire de nouveau un choix. Les étudiants ainsi ne savent pas sur quelle image ils vont tomber. L'objectif de cet examen est d'évaluer la présentation orale de l' étudiant sur l'image à travers son l'autonomie et son sens de créativité. Une note est attribuée selon la présentation de l'image (elle se fait généralement avec un raisonnement en trois parties avec la présentation d'un thème：exemple：《les animaux et l'homme》, des problèmes《de plus en plus d'animaux sont abandonnés dans les rues ; de plus en plus d'espèces sont menacées…》 et des solutions：《sauver, protéger les animaux ; créer des associations qui recueillent les animaux des rues ; faire attention à l'environnement, éviter le réchauffement de la planète…》), le respect du temps accordé et le vocabulaire utilisé.

L'objectif général de la partie écrite est l'évaluation de la compréhension orale et écrite. Une moitié des exercices suit la forme de QCM et l'autre consiste en des exercices à trous. Les exercices ne sont pas tous sélectionnés parmi des activités effectuées en classe par les étudiants. C'est pour préparer les étudiants aux exercices oraux du TFS4 car leurs résultats de la compréhension orale sont plus faibles que les autres et ils ne font pas beaucoup d'exercices. Pour mieux voir le contenu de l'examen qu'on évalue, nous devons le montrer dans les Tableau x.

Cet examen comprend les connaissances que les étudiants ont apprises. La partie de la compréhension orale est pragmatique. Tous les exercices sont concentrés sur la vie quotidienne. Ce sont des expressions apprises aux étudiants en cours. Le contenu de la deuxième partie "compréhension écrite" s'adresse au savoir et à la communication sino-française. Bien entendu, on peut trouver les réponses dans le texte si on ne connaît vraiment pas les particularités scientifiques des chauves-souris et des pandas géants. Le deuxième texte raconte une histoire communicative sino-française qui s'adresse en général à tout le monde. Le troisième exercice s'adresse à la compétence en production écrite des étudiants, ce qui représente à la fois leur niveau lexical, et leur niveau de créativité. C'est aussi une vérification des connaissances du cours car les étudiants ont déjà vu l'expression avant dans un autre texte. Et ce qui nous intéresse, c'est de voir comment en se basant sur leurs acquis les étudiants raisonnent et développent leurs connaissances.

5. 2. 2. 3 Différences entre les méthodes des enseignants chinois et français

● Rôle des manuels

Les Français peuvent faire les cours sans manuel ou avec des documents authentiques ou adaptés ; bien entendu, cette décision doit recevoir l'accord du directeur du département. Cette situation ne résulte pas d'une moins grande attention à la qualité d'enseignement des Français, mais du manque de manuels destinés à satisfaire les besoins.

Mais de leur côté, les enseignants chinois sont obligés d'utiliser les manuels publiés et de les présenter aux apprenants un semestre plus tôt. Quand les enseignants français ont décidé de faire le cours sans manuel, nous avons dû quand même réfléchir s'il était pertinent de se focaliser essentiellement sur l'oral bien que l'oral soit le centre de leur travail. Les étudiants chinois ont l'habitude d'utiliser le plus souvent les supports écrits comme témoignages et traces de leurs acquis, il faut en tenir compte. La disponibilité de documents écrits est un moyen didactique qui les rassure et les met en confiance. Ceci est vrai aussi pour les cours des enseignants français. Ainsi, nous ne pouvons pas négliger les attentes des étudiants concernant la compréhension et l'expression écrite qui s'ajoutent au souhait d'avoir un manuel réglementaire.

Ensuite, les enseignants chinois emploient en général les approches directes et de grammaire-traduction. Les enseignants français préfèrent l'approche communicative ou audio-visuelle. Les Chinois préfèrent donner des consignes claires aux étudiants et leur demandent de les suivre. Les Français ont l'habitude de s'inspirer de la réaction des apprenants pour organiser le travail en groupe. Cela résulte de trois raisons principales： l'objectif des cours, les manuels ou documents choisis et le contexte culturel. L'objectif des cours intensifs ou de lecture est en général de renforcer la compréhension des connaissances structurelles, y compris la morphologie, la syntaxe ou les expressions idiomatiques. L'objectif des cours audiovisuel ou oral est de motiver les apprenants *à* pratiquer des connaissances qu'ils ont apprises. Ceci n'exclut pas l'importance du cours intensif ni de la révision des connaissances grammaticales du cours audiovisuel ou de l'oral. Les méthodes qu'on utilise en cours sont aussi mixtes. Cependant, la priorité des méthodes dépend de l'objectif du cours. Les manuels offrent un cadre concret du contenu du cours, surtout si ces manuels sont reconnus par le Programme du plan quinquennal. L'approche dépend donc aussi des manuels choisis puisque la progression de chaque cours est définie par le manuel.

● Le contexte culturel

La différence de contexte culturelest aussi un facteur important qui influence les approches. En Chine, les enseignants ont l'habitude du suivi individuel des étudiants de leur classe： pour chaque activité, l'enseignant oblige l'étudiant *à* s'exercer vraiment en lui demandant un compte rendu. Les enseignants assistent aux cours d'accompagnement (de 6 h *à* 7h30) et les apprenants parlent directement avec leur enseignant au bureau ou les appellent au téléphone pour avoir des compléments d'explications. Aux yeux des apprenants, la quantité des devoirs est souvent un facteur pour juger de la responsabilité des enseignants. Les enseignants chinois préfèrent occuper tout le temps des apprenants par les devoirs plutôt que de leur laisser la disponibilité de travailler tout seuls. (voir les détails dans le chapitre 3 des didactiques en Chine).

● Utilisation de l'environnement

Les salles des cours des enseignants français et chinois ne sont pas les mêmes.

—Les enseignants chinois n'utilisent que les salles normales. À part le cours de traduction orale, pour laquelle ils sont obligés d'utiliser la salle de traduction orale, l'arrangement des classes est varié：en U, en rang ou en groupe. Quand on fait l'explication ou la présentation des nouvelles connaissances, on fait la classe en U parce que cet arrangement est plus facile pour laisser les étudiants se concentrer sur l'enseignement. Quand on fait les tests, on demande *à* la classe de se ranger en rang parce que l'enseignant peut observer la classe plus facilement. Quand on donne des consignes des travaux de communication, on fait la classe en groupe.

—La salle des enseignants français dépend du cours. Les cours audio-visuel, oral et phonétique ont lieu dans la salle multimédia où tous les apprenants ont un ordinateur et un écouteur. L'enseignant peut envoyer des consignes depuis l'ordinateur central. Il peut projeter pour tout le monde une vidéo ou un document power-point sur l'écran, choisir un ou deux étudiants pour parler et les autres pour écouter ou faire l'enregistrement de parole de certains étudiants. Les enseignants chinois et français peuvent arranger le programme d'enseignement avec une méthode qui s'adapte au contexte d'enseignement.

Cependant, nous ne voulons pas nier l'utilisation de matériel informatique dans les cours des enseignants chinois. Dans toutes les salles, on possède un ordinateur, un projecteur et un écran. Quand les étudiants font leurs exposés, ils utilisent aussi des power point. Toutes sortes de stratégies d'enseignement sont *à* la portée de l'enseignant.

● Habitudes d'enseignement

Si nous séparons l'enseignement-apprentissage de chaque cours en trois périodes：la préparation (avant le cours), le cours et la révision (après le cours), les enseignants chinois préfèrent tenir compte du cours et de la révision. Bien qu'on ne refuse pas de donner des polycopiés aux apprenants avant le cours, les devoirs du soir sont quotidiens après les cours. Des devoirs quotidiens sont prévus pour occuper le temps des apprenants, mais aussi pour avoir une occasion de connaître leur compréhension du cours.

Selon notre observation, les enseignants français distribuent souvent les documents avant les cours parce qu'ils pensent que les cours seront plus efficaces avec la préparation. Cependant les enseignants français font faire aussi des devoirs qui préparent les étudiants pour l'oral.

● Activités extrascolaires

La participation aux activités extrascolaires n'est pas égale entre enseignants locaux et enseignant étrangers. En tant que supplément au cours, les activités extrascolaires jouent un rôle important dans la vie des étudiants et aussi dans leur apprentissage. Le coin de français est une activité extrascolaire. Cependant, *à* cause de sa nature, on ignore souvent son importance dans l'analyse du programme parce qu'il n'est pas noté dedans. À première vue , le coin de français attire l'intérêt des étudiants parce qu'il suit souvent une forme plus dynamique que les cours. Dans le coin de français, on n'a pas de limite de temps et on peut trouver des sujets qui intéressent tous les participants. Afin d'équilibrer l'importance entre l'enseignement des Chinois et des Français et aussi en raison de la nature du coin de français, les enseignants français sont chargés de son organisation avec le soutien de l'association des étudiants. Une semaine avant, les enseignants français négocient les sujets qui seront traités au coin de français avec les étudiants et les distribuent sur les groupes QQ[①]. Le coin de français offre plus d'occasions de parler et écrire: on y fait souvent du théâtre, des doublages et plus d'exercices écrits. Quand il y a des fêtes, les enseignants chinois et français les passent ensemble.

5. 3 Notre choix personnel de la méthode d'évaluation continue

La méthode d'évaluation continue est une méthode d'enseignement pour évaluer les étudiants au cours de tout leur apprentissage. Durant l'enseignement, nous trouvons souvent tard leurs problèmes de compréhension car beaucoup d'étudiants ont des inquiétudes mais n'ont pas envie de poser des questions en cours et après le cours. Quand ils veulent le faire ou sont disponibles, ils ne peuvent pas toujours trouver les enseignants au bureau. De plus, l'enseignant manque d'occasions pour connaître leur compréhension en cours puisque le temps est limité. Cela provoque un retard dans l'enseignement.

Etre confronté *à* cette situation pédagogique nous a incité *à* réfléchir *à* une solution didactique pour évaluer l'apprentissage avant l'accumulation de retards difficile *à* rattraper.

La méthode d'évaluation continue n'est pas notre création, c'est une méthode qu'on utilise souvent dans les lycées chinois. Les lycées organisent chaque mois un test pour évaluer l'apprentissage des étudiants. Après le test, nous expliquons les erreurs et comparons leurs notes

① logiciel de communication informatique chinois où se retrouvent tous les membres.

avec les précédentes. Si les notes de certains étudiants baissent trop vite, nous avons un entretien avec ceux qui comprennent mal les cours pendant les derniers jours afin de leur donner en même temps de la pression et des encouragements.

Dans cette université, nous employons la méthode d'évaluation continue pour le cours intensif de français des deux premières années.

L'objectif de la méthode d'évaluation continue peut être perçu comme une technique de suivi-évaluation de l'efficacité d'enseignement-apprentissage régulier et progressif. Ceci aide l'apprenant *à* prendre une bonne habitude d'apprentissage des langues étrangères et *à* reconnaître les erreurs personnelles et se reprendre en main et mieux se cultiver. C'est une routine qui permet de garder sous pression l'enseignant et l'apprenant et par ricochet de les garder motivés.

Cette technique est un moyen didactique qui s'adapte aux étudiants de catégorie moyenne① et qui permet de relever de façon graduelle leur niveau.

Pour réaliser ces objectifs, la classe qui emploie cette méthode doit remplir les conditions exigées telles que l'accord de l'université, le travail supplémentaire de l'enseignant, la stratégie pédagogique présentée clairement devant tout le monde et avant le semestre.

Cette méthode s'adresse aux apprenants chinois de français de la classe 1 de première et deuxième années. Elle n'est utilisée que pour le cours intensif de français et également pour les apprenants du niveau débutant ou avec très peu de connaissances de français au niveau moyen, B1 selon le *Cadre commun européen de référence pour l'apprentissage, l'enseignement et l'évaluation des langues*.

Cependant on ne peut demander *à* tous les enseignants d'employer cette méthode didactique *à* la fois parce qu'il n'est pas sûr que cette méthode s'adapte *à* tous les cours et aussi parce que certains cours de français ne disposent pas même du manuel reconnu par le Ministère, ce qui entraîne qu'il serait impossible de faire une comparaison *à* grande échelle.

L'objectif de l'évaluation continue n'est pas un simple entraînement intensif, mais sert aussi *à* évaluer la compréhension des étudiants dans tout le processus d'apprentissage.

D'abord, la fréquence bimensuelle dépend du moment de la fin de l'unité d'apprentissage. Nousn'avons pas voulu d'évaluation mensuelle parce que nous voulions juste connaître la situation des étudiants dans la progression afin d'avoir une meilleure idée de remédiation.

① établissements de formation supérieure de catégorie moyenne représentent les universités publiques autres que celles-clé comme les catégories 211 et 985

Il vaut mieuxévaluer les apprenants après avoir étudié chaque unité d'enseignement qui est souvent comptée en deux leçons. Au premier semestre, nous pouvons finir une leçon par semaine. Mais pendant cette période, le contenu d'une semaine n'est pas suffisant pour un test surtout pour l'enseignement de phonétique. À partir du deuxième semestre, le contenu de chaque leçon devient de plus en plus difficile et complexe. Chaque unité d'enseignement doit être finie en une dizaine de cours. Si nous voulons couvrir le contenu de toute l'unité, il faut préparer le test tous les quinze jours.

La fréquence bimensuelle est un choix d'après l'apprentissage. Puisque nous voulons que les étudiants puissent travailler en suivant le rythme de l'enseignement, nous devons chercher des moyens de les orienter： donner des consignes en cours, préparer des devoirs du soir ou des tests. Le test demande aux étudiants de réviser les cours. Si le test est régulier, la révision du cours sera régulière. Cette régularité favorise l'amélioration de l'efficacité de l'apprentissage et incite *à* prendre une bonne habitude. La fréquence bimensuelle de cette évaluation suit la règlementation administrative en vigueur dans notre formation universitaire. Le projet d'enseignement est prévisible parce que nous utilisons le manuel standard et précisons l'avancement d'enseignement avant le semestre scolaire. Le directeur soutient aussi l'essai de l'évaluation continue dans la classe 1 et facilite son emploi. Bien que nous fassions une méthode didactique d'évaluation différente entre les deux classes de la même promotion, nous devons suivre la même progression du cours. Cela dépend de la décision du groupe des enseignants et de l'accord du directeur du département.

En somme, la fréquence n'est pas fixée, mais dépend du projet du cours, du manuel choisi et de la stratégie d'enseignement. Nous faisons le test toutes les deux semaines en raison du contenu du manuel et du projet du cours du groupe des enseignants.

5. 3. 1 Tâche de l'enseignant

Au premier cours, l'enseignant doit présenter clairement devant tout le monde le système d'évaluation et sa composition： 50% des notes des tests bimensuels, 20% de participation quotidienne et 30% des notes de l'examen final. Tous les étudiants connaîtront chaque fois leurs notes du test bimensuel après la correction de l'enseignant. Aussi, l'enseignant doit prévenir tout le monde le jour du test bimensuel, en général le lundi ou le vendredi, parce que les étudiants peuvent utiliser le week-end pour préparer le test ou réfléchir sur leur problème de compréhension.

Après le test, l'enseignant n'a pas encore fini son travail. Il doit corriger les tests et faire un rapport sur des erreurs individuelles et communes. Le plus important est le rapport du test que l'enseignant doit présenter devant la classe. Il doit indiquer le progrès ou le recul, les erreurs personnelles et communes et essayer de faire savoir *à* chacun son problème d'apprentissage. S'il le faut, il doit aussi faire des entretiens après l'explication du test.

5. 3. 2 Tâche de l'étudiant

En fait, ce que l'étudiant doit faire est répondre *à* un test toutes les deux semaines. Cependant, ce n'est pas tout ce que l'enseignement demande et souhaite. Il est proposé aux étudiants de suivre le cycle d'apprentissage: préparation, cours, révision, évaluation, réapprentissage.

La préparation se déroule avant le cours. L'étudiant doit préparer le vocabulaire, les nouveaux points grammaticaux et le texte. Quand il a des questions sur l'utilisation des mots ou la compréhension du texte, il peut suivre le cours avec. S'il n'a pas de questions, il peut écouter le cours pour vérifier si sa compréhension est bonne.

Sans compter l'efficacité de l'apprentissage autonome, la majorité des tâches et des travaux pédagogiques sont réalisés en cours. Il faut donc aider les étudiants *à* augmenter l'efficacité du cours. Il est difficile pour les étudiants de retenir en général toutes les expressions de l'enseignant pendant une heure et demie. Quand l'étudiant a eu la préparation, il peut suivre le cours avec ses propres objectifs. Il peut avoir une réflexion sur sa compréhension passée et chercher les réponses aux questions posées avant le cours. L'autre avantage de la préparation est d'augmenter sa confiance dans l'apprentissage et sa motivation. Il peut avoir une impression qu'il connaît la majorité des connaissances langagières avant le cours et qu'il est plus fort que les autres. Quand il peut donner les bonnes réponses aux questions posées par l'enseignant, il aura des satisfactions psychologiques qui provoquent de la fierté et de la motivation. La pratique des évaluations continue aide les étudiants *à* garder *à* l'esprit leur envie d'apprendre le français et de le pratiquer plus tard dans le monde professionnel. Cette méthode d'évaluation prend en compte toutes les composantes de la théorie de Gardner:

Motivation intrinsèque,

Intérêt pour la langue étrangère,

Attitudesenvers la communauté de la langue secondaire,

Evaluationde l'enseignant de langue étrangère,

Evaluationdes cours de langue étrangère,

Envie d'apprendre la langue étrangère,

Intensité de la motivation,

Attitudes envers l'apprentissage de la langue étrangère

Bien que pas mal d'étudiants pensent qu'ils ont gardé en mémoire tous les problèmes de compréhension en cours, il est aussi nécessaire de réviser afin de renforcer la mémoire sur des points importants et difficiles et de réfléchir sur les nouvelles questions de français. Pour certains étudiants, la révision est régulière. Pour les autres, la révision n'est faite qu'avant le test. Dans cette université, les classes 1 de première et deuxième années doivent faire au moins la révision des cours intensifs de français toutes les deux semaines puisqu'on fait un test bimensuel.

Tableau 50: Processus de l'apprentissage des étudiants

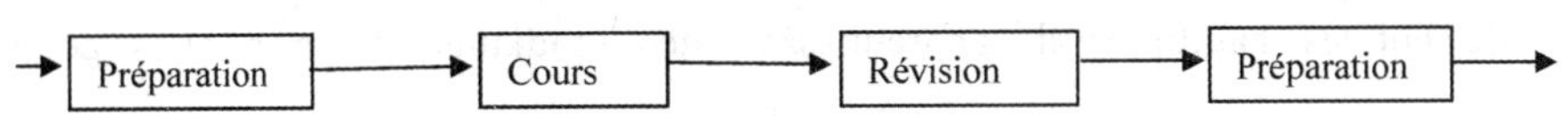

Ces trois premières étapes d'apprentissage forment déjà un cycle complet.

Cependant, ces trois étapes sont isolées du rôle de l'enseignant. La participation de l'enseignant est nécessaire parce qu'il doit évaluer cet apprentissage et donner des conseils. L'évaluation est faite après la révision et préparée par l'enseignant. Cette évaluation doit concerner le contenu de cette unité d'enseignement-apprentissage.

Après l'évaluation, l'étudiant doit réfléchir lui-même sur les problèmes qu'il a rencontrés à l'évaluation. Et le plus important est de suivre l'explication du test de l'enseignant. Cette fois, l'étudiant peut apprendre avec le retour individuel et collectif. A la restitution collective, l'étudiant retient non seulement les bonnes réponses de ses erreurs, mais reconnaît aussi les erreurs de ses camarades de classe et l'analyse de l'enseignant. Tout le monde peut savoir leurs points forts et faibles par rapport aux autres. Donc, pour chaque évaluation, les étudiants seront motivés pour continuer à apprendre puisque cette séance leur permet d'améliorer leurs performances à travers l'augmentation de leurs notes.

Tableau 51：L'intégration de la méthode d'évaluation continue dans l'apprentissage

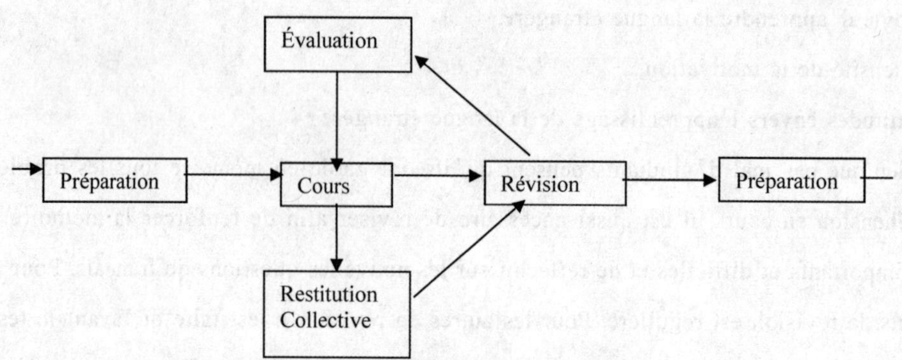

5. 3. 3 Les avantages et les inconvénients de la méthode

Les avantages de cette méthode nous amènent aux conclusions suivantes：

D'abord, elle donne de bonnes bases de départ pour les études futures c'est-à-dire：la formation de bonnes habitudes d'apprentissage des étudiants et de bonnes connaissances fondamentales de français. Avec la méthode d'évaluation continue, l'étudiant doit travailler régulièrement pendant les deux premières années. Cela contribue à la continuation du même rythme d'apprentissage des troisième et quatrième années. L'université donne à l'étudiant un environnement d'apprentissage d'une spécialité, ainsi qu'un entraînement pour le futur. Les professeurs exigent des étudiants de réviser régulièrement le cours afin de les inciter à connaître l'importance de l'habitude dans l'apprentissage. Comme pour les étudiants du niveau vrai-débutant, l'assiduité est toujours un facteur exigé dans l'apprentissage. Cependant, les étudiants peuvent être influencés par d'autres facteurs environnementaux. L'évaluation bimensuelle et la restitution collective poussent les étudiants et favorisent la régularité de la révision du cours. Avec une révision et une évaluation fréquentes, les étudiants peuvent repérer plus facilement leurs problèmes d'apprentissage et trouver les solutions.

Ensuite, elle s'adapte aux principes de l'apprentissage des langues étrangères. Différent d'autres disciplines, l'apprentissage des langues étrangères demande d'abord l'imitation et la répétition parce qu'elles sont difficiles à apprendre sans enseignant au début. L'intelligence n'est pas un facteur aussi important, comme il l'est dans l'apprentissage des sciences. Certains étudiants peuvent comprendre plus vite le cours que les autres, mais ils ont tous besoin de le retenir par la révision. La répétition est le meilleur moyen d'éviter d'oublier surtout pour les étudiants de L2 qui manquent d'occasions de pratiquer leur L2 dans la société chinoise. La révision répond à l' exigence de la motivation instrumentale des étudiants pour avoir une meilleure note dans une évaluation, cependant la régularité et la fréquence des révisions orientent les étudiants vers l'autonomie dans l'apprentissage.

D' autre part, elle relie l' apprentissage individuel et la restitution collective. Ici, la collectivité est composée de l'enseignant et des apprenants. Chaque étudiant réfléchit souvent sur ses propres problèmes d' apprentissage. Mais il risque encore de faire les mêmes erreurs que certains ont déjà faites. Comment peut-on savoir et prévoir toutes les erreurs actuelles ou potentielles? Cela nécessite une méthode didactique dynamique et taillée sur mesure, au lieu d' attendre des questions posées par les étudiants, individualisée pour évaluer l' apprentissage de chaque étudiant par unité d'enseignement. Et on fait une synthèse des points de vue et un cours supplémentaire pour les présenter devant tout le monde, une sorte de séance de remédiation. Cet échange doit se dérouler sous la direction de l'enseignant parce qu'il peut prévoir le risque des erreurs potentielles et préparer des fiches pour éviter la reprise des erreurs courantes.

Enfin, le test n'est pas seulement une évaluation de l'apprentissage, une synthèse des points importants de l' enseignement, mais il est pour l' étudiant une occasion de réfléchir sur le problème de la compréhension et de l'utilisation des connaissances du cours. De plus, après le test, les étudiants peuvent bénéficier d' un apprentissage collectif pour identifier les erreurs individuelles et communes. L'étudiant peut voir clairement son progrès ou son recul par rapport aux autres. Tout ceci aide à diminuer le doute chez les apprenants et à leur redonner confiance en eux. Celui qui ne manque pas de confiance en soi réussit à donner du sens à ce qu'il fait, à acquérir une conviction et la conviction est un terreau pour le maintien de la motivation.

Comme toutes choses, une bonne méthode peut posséder aussi des inconvénients.

D'abord, elle doit se réaliser avec des conditions préalables. Par exemple, l' enseignant intéressé doit travailler plus que les autres. Le directeur doit soutenir l' utilisation de cette méthode.

Ensuite, elle sertà tout le monde, mais elle ne peut pas motiver tout le monde. Certains étudiants critiquent cette méthode parce qu'ils préfèrent une vie plus facile. Ils croient que le travail devient moins important qu'au lycée et ils ne veulent pas travailler comme avant car les étudiants ne font plus l' objet d' un accompagnement par des spécialistes de l' orientation académique. Cependant sur le long terme, quand ils auront pris l'habitude de l'apprentissage régulier en suivant le rythme des évaluations et été capables d'échanger en langue cible, ils seront plus motivés pour l'acquisition que ceux qui travaillent moins bien. Ce sera aussi intéressant d'analyser cette hypothèse contradictoire.

5. 3. 4　Exemple d'un test bimensuel

Nous notons ici, pour donner un exemple, le test prévu pour les deux premières semaines de la première année.

L'objectif du test est d'évaluer les connaissances données pendant les deux premières semaines. La durée du test est de 30 minutes.

Pendant les deux premières semaines, le cours intensif de français se concentre sur la phonétique, la grammaire élémentaire, la conjugaison et les chiffres. Toutes ces connaissances sont mentionnées dans ce test.

Pour les exercices phonétiques, les mots qu'on a choisis ne montrent que les règles phonétiques. Par exemple, pour le mot *ficelle*, les étudiants doivent savoir les règles générales et spéciales.

Tableau 52：exemple de phonétique

Règles générales	Règles spéciales
f, i, ll, e (la deuxième)	c, e (la première)

Les règles phonétiques des lettres f et *i* sont fixées. La lettre c dépend de la lettre suivante. Quand la lettre c rencontre e, elle est prononcée comme /s/. La première lettre e se trouve devant un double l, elle se prononce comme /ɛ/. Les deux l se prononcent ensemble comme /l/. Et la dernière lettre e ne se prononce pas. La prononciation de chaque mot est fondée sur la composition de règles complexes. Nous voulons ainsi évaluer la compréhension et la pratique phonétiques des étudiants.

Pour la conjugaison, il s'agit d'une connaissance fondamentale pour continuer les études de français. Après deux semaines d'études, ils n'ont appris que la conjugaison des trois verbes : être, aller et avoir. Ici, nous choisissons la forme directe pour évaluer si les étudiants les ont toutes récitées.

Pour la traduction, ce sont des phrases simples et proches des celles du texte que les étudiants ont apprises au cours. Dans les textes, les phrases sont écrites en français et apparaissent en contexte. Pour éviter la répétition, nous voulons pratiquer les connaissances au sens opposé du chinois au français. Le contenu des phrases est sélectionné aussi. Par exemple, les deux premières phrases sont deux questions standard et fondamentales: qu'est-ce que c'est et qui est-ce ? Ce sont des phrases qu'on est obligé de réciter pour continuer facilement les études. Pour la troisième phrase, on demande à l'étudiant d'utiliser l'article indéfini. Pour la quatrième, on évalue leur utilisation des pronoms possessifs.

Les chiffressont aussi importants et fondamentaux. Les étudiants n'ont appris que de zéro à dix. On choisit cinq chiffres pour évaluer leur récitation.

Le cinquième exercice sert à évaluer l'utilisation des phrases communicatives des étudiants. Après deux semaines d'enseignement, nous demandons aux étudiants de savoir comment poser des questions fermées et y répondre ainsi que l'utilisation des pronoms interrogatifs qui, que, où.

Évidemment, nous ne pouvons pas évaluer toutes les connaissances données en cours et le pourcentage des exercices dépend aussi de l'enseignant.

5. 4 Profil des classes et classification des étudiants

5. 4. 1 Les classes

Les classes ne se ressemblent pas de par leurs profils. Elles diffèrent toutes selon l'année d'études, la composition des classes, l'âge des étudiants, les envies, les projets, l'humeur et la motivation des étudiants, le déroulement et l'efficacité des cours, les appréciations, le nombre d'heures de cours dans une semaine, les échanges et les rapports entre les enseignants et leurs étudiants, l'affectivité, etc. Les étudiants ont la possibilité de changer de filière lors qu'ils n'arrivent plus à progresser dans leurs études.

Mais bien sûr, le fait d'avoir choisi et de rester dans le département confirme la motivation des étudiants de français.

Les classes des 1ères et 2èmes années sonten général plus actives que celles de troisième et quatrième années: les étudiants débutent leur apprentissage de la langue française. Beaucoup rêvent de partir en France. Ils ont envie d'apprendre et sont très curieux. Même s'il est difficile pour eux de s'exprimer, certains osent prendre la parole, ils posent des questions, répondent brièvement et s'expriment par des gestes et des mimiques. Ils ne s'arrêtent pas à la première difficulté qu'ils rencontrent (ex. la prononciation) et contrairement aux classes des années supérieures, attachent plus d'importance aux erreurs qu'ils commettent. En effet, ce sont les étudiants qui font le plus appel à leurs enseignants et principalement pour corriger et revoir des points de grammaire. Les classes plus silencieuses sont celles des 3ème et 4ème années. Certaines se désintéressent complètement du cours (surtout les classes de 4ème année) et restent très silencieuses.

Mais toutes les classes silencieuses ne sont pas ainsi et il ne faut pas les juger trop rapidement. Contrairement aux premières impressions, une classe dynamique, plutôt bonne *à* l'oral, peut être plus paresseuse qu'une classe silencieuse et fournir de moins bons résultats *à* l'écrit. Nous avons constaté ce phénomène avec la promotion 2012. La classe 2 était plus dynamique et participait plus activement au cours des enseignants français. Au cours de l'approfondissement de l'apprentissage, la participation au cours de la classe 2 est devenue de plus en plus faible.

Dans les classes, lesétudiants sont aussi hétérogènes. Chaque classe possède de bons étudiants des étudiants moyens ainsi que des étudiants avec de grandes difficultés. Cela peut poser quelques problèmes quand les étudiants passent en 2ème année, voire même dès la 1ère année quand ils entament le second semestre. Les plus forts s'ennuient, fournissent moins d'efforts dans leur travail, viennent moins souvent en cours, se démotivent ou vont monopoliser la parole des autres. Les étudiants les plus faibles, eux, s'effacent, prennent moins la parole ou pas du tout, ils ont peur de parler et de se mesurer aux plus forts. Ils ne suivent pas les cours au même rythme. Leur motivation peut chuter rapidement.

Cette influence sur la motivation ne peut pasêtre évitée totalement. Cependant, nous devons contrôler l'écart des étudiants de la même classe. Nous devons encourager les étudiants les plus faibles en français et les aider après les cours. Les faiblesses des étudiants ne sont pas identiques, cette aide devient donc bien individuelle.

En général, les moins bons étudiants ne nient pas au début l'importance des études. Ils regrettent et souhaiteraient développer leurs compétences écrites et orales mais ne savent pas comment s'y prendre, quelles méthodes utiliser pour rattraper leur retard. Or les cours qu'on leur donne sont les mêmes que les autres et sont difficiles pour eux. L'organisation du cours est aussi une technique didactique qui peut influencer positivement la motivation des étudiants. Le cours peut se dérouler d'une façon coopérative entre l'enseignant et les apprenants. L'enseignant doit présenter des connaissances dont le niveau correspond aux étudiants.

5. 4. 2 Typologie des étudiants：les variables prises en compte

Différente du questionnaire, la classification des étudiants est significative de la problématique de notre enquête.

Nous avons voulu comparer les résultats des enquêtes d'étudiants différents. Cependant, la différence ne porte pas seulement sur les classes qui suivent des méthodes distinctes, mais aussi sur leur différence de statut. Nous nous posons souvent la question de savoir quels étudiants sont plus motivés que les autres. On ne peut pas répondre *à* cette question en se fiant *à* la première impression. Malgré cela, nous trouvons au cours de notre enseignement que certains étudiants sont plus motivés et plus assidus.

À part des raisons personnelles telles que la préférence de la spécialité, nous avons essayé de trouver les points communs *à* ces étudiants intéressés. Par exemple, tous les bons étudiants sont-ils des filles? Si c'est le cas, le genre devient une particularité commune. Dans la société, l'analyse est souvent plus complexe.

Nous avons voulu savoir si les étudiants défavorisés étaient plus motivés pour leurs études, puisqu'ils veulent améliorer leur vie. Cependant, leurs conditions de vie difficiles les obligent *à* travailler plus tôt au lieu de continuer leurs études. Face *à* cette confrontation, la conclusion ne peut se faire que par une série de recherches, comme l'enquête, l'entretien et l'observation. À présent nous allons voir pour finir la typologie des étudiants.

5. 4. 2. 1 Origine géographique et socio-culturelle

Les étudiants locaux qui représentent la moitié du département sont plus attachés *à* leur réseau familial. Ils ne veulent pas aller *à* l'extérieur du nord-est de la Chine. Cependant, au nord-est de la Chine, le marché de l'emploi pour les étudiants de français n'est pas encore assez développé. Outre la France, destination pour la continuation des études, l'Afrique est devenu un grand marché pour les étudiants de français. Entre 2011 et 2013, 38%, 47% et 32% des diplômés de français sont allés en Afrique. (CHEN Aowei, 2014: 41-44)

Bien que cette enquête ne concerne que le marché de l'emploi des étudiants des universités de Beijing, le résultat indique bien le développement du marché de l'emploi en Afrique. De plus, *à* cause de la politique de l'enfant unique et le poids du concept de famille, les parents ne veulent pas laisser les étudiants partir.

La Chine occupe une grande superficie, ce qui provoque une grande différence culturelle et économique entre le sud et le nord. Géographiquement, le sud de la Chine représente la région au-dessous de la montagne Qinling et la rivière Huai. Économiquement, le sud représente les provinces du Guangdong, du Zhejiang, du Fujian, du Jiangxi, du Hunan, du Guangxi, du Yunnan, du Guizhou, du Sichuan, la ville de Shanghai, la ville de Chongqing et la province du Hainan, qui se trouvent entre1100 km et 3000 km de la ville de l'université. Les étudiants du sud ne sont pas nombreux dans cette université en ce qui concerne la politique du recrutement géographique des lycéens, mais ils montrent tous un caractère particulier d'indépendance et une facilité pour communiquer avec leurs compatriotes.

L'autre différence qu'on ne peut pas ignorer est celle entre la ville et la campagne (LU Ming, CHEN Zhao, 2004：50-58). Grâce *à* l'augmentation de leurs revenus, les familles urbaines sont plus capables de soutenir les études *à* l'étranger de leurs enfants. Est-ce qu'ils peuvent en profiter au cours de leurs études ? La réponse n'est pas sûre. Un proverbe chinois dit *les enfants pauvres grandissent plus vite*. Une vie plus difficile par rapport *à* la vie urbaine peut aider les étudiants *à* s'aguerrir et *à* grandir dans l'épreuve. Ils croient que les études sont un moyen important, peut-être le seul, de s'échapper de leur vie difficile. Par conséquent, *à* la différence des étudiants urbains qui sont motivés sur le versant intégratif, les étudiants de famille rurale sont souvent plus motivés sur le versant instrumental.

5. 4. 2. 2 Niveau d'études des étudiants et rôle de l'anglais

Les étudiants du cursus universitaire ont en général plus de 19 ans après le lycée et moins de 23 ans avant d'être diplômés. Pourtant, cette classification exprime seulement que les étudiants intéressés sont jeunes. Donc, nous préférons distinguer les étudiants par génération, surtout la comparaison entre les deux premières années et les deux dernières (la licence chinoise compte quatre ans), parce qu'il y a un test national d'évaluation de français (TFS 4) organisé par le Ministère de l'Éducation chinois *à* la fin de la deuxième. Aux yeux de la plupart des étudiants chinois, la réussite de ce test est un seuil pour accéder au marché de l'emploi de la langue française.

Les étudiants sont tous vrais débutants. Avant le commencement du cours, seulement très peu d'étudiants ont appris certaines phrases de salutation telles que*Bonjour*, *Ça va?*, par les cours des centres de langues *à* distance ou sur place. Mais au cours de l'entretien avec les enseignants et les apprenants, nous n'avons pas trouvé que l'anticipation de l'apprentissage soit un facteur de réussite important pour la suite. Cependant, nous pouvons trouver un impact sur la motivation.

Les étudiants recrutés dans cette université ont tous acquis des connaissances d'anglais depuis le collège. Comme langue européenne, l'anglais est plus proche du français que le chinois. Bien que nous puissions indiquer beaucoup de différences entre ces deux langues, l'habitude et l' expérience d'apprentissage d'une langue étrangère sont quand même répétables au cours de l'apprentissage d'une nouvelle langue. Pour distinguer les étudiants par ce moyen, il faut connaître leurs notes du premier examen au lieu de l'utilisation des notes de Gaokao dont les conditions de passage dans les provinces ne sont pas identiques. Nous essayons de mélanger les points de vue des enseignants d'anglais et les notes finales. Toutes les notes sont comptées sur cent au lieu de vingt comme cela se fait en France. Le niveau excellent signifie que les notes sont supérieures à 85. Le niveau moyen présente le niveau passable, disons plus de 60. Le niveau faible est inférieur à 60. Ici, nous devons souligner que l'importance de cette comparaison est d'avoir la connaissance de leurs compétences d'anglais avant de commencer leurs études de français. Autrement dit, nous ne nous intéressons pas à leurs études d'anglais des étapes suivantes.

Cependant, quel est le rapport entre la motivation et leur niveau d'anglais ? Est-ce que les étudiants qui ont eu un niveau avancé d'anglais sont plus motivés ? A priori oui, puisqu'ils ont déjà établi leurs propres méthodes d'apprentissage de langue étrangère. Dans ce cas, la compétence est un élément lié à l'enseignant et son enseignement, mais la motivation est liée à l'intérêt individuel de l'apprenant et à tout son potentiel en expérience.

L'envie d'aller en France comprend deux types d'orientations selon la théorie de Gardner : l'intégration sociale et la motivation instrumentale (Dörnyei, 2005 : 48). La première est liée à l'insertion soicoprofessionnelle dans le nouveau monde des locuteurs de la langue, et la deuxième est le signe de la récompense sociale des apprenants, le symbole que représente la réussite des tests TCF ou TEF.

Aller en France est le plus grand rêve de certains apprenants. Nous pensons qu'ils seront plus motivés logiquement rien qu'en pensant à leur rêve. Nous faisons cette distinction d'abord pour vérifier cette hypothèse. Bien entendu, cette réponse ne correspond qu'à l'envie d'aller en France. Ensuite, la motivation instrumentale nous semble être une source de motivation temporaire. Selon le système universitaire chinois, les étudiants doivent passer leur test le plus important (TFS4) à la fin de la deuxième année. On peut donc se demander si les étudiants à partir de la troisième année seront moins motivés.

5. 4. 2. 3 Le choix d'une filière

Le choix de la spécialité est le facteur définitif qui influence la motivation des étudiants. Logiquement, si la spécialité de français est décidée par eux-mêmes, ils peuvent être motivés plus facilement et ont eu une motivation interne. Cependant, cette motivation est probablement fragile et variable avant d'apprendre le français. Si cette décision est le fait des parents, ces derniers peuvent de leur propre initiative motiver les étudiants. Dans ce cas, la motivation externe est plus forte. L'encouragement des parents deviendra une source de la motivation. L'intérêt de cette distinction n'est pas fait pour comparer l'intensité de la motivation interne et de la motivation externe, mais pour observer leur évolution continue. Au cours de l'apprentissage, les étudiants peuvent comparer les difficultés pour apprendre le français avec celles de l'anglais. La récitation des conjugaisons, les règles du genre des noms ou des prononciations spéciales peuvent provoquer la baisse de l'intensité de la motivation des étudiants.

L'expérience de formation des parents n'a pas de lien direct avec la motivation des étudiants. Mais cette expérience exprime dans un certain sens leur statut social qui influencera directement l'environnement de la vie des étudiants. L'environnement est un facteur qui compte dans la motivation selon le développement des théories de motivation. Comme socialement relatif *à* une promotion, nous avons distingué quatre aspects du climat environnemental： l'engagement et l'application des étudiants au sein d'une promotion, la chaleur affective et la disponibilité des enseignants, la réglementation académique et l'organisation de la classe. Ces mesures ne sont pas objectives; elles sont les perceptions que les élèves ont du climat scolaire dans lequel ils se trouvent. Si les parents profitent de leurs formations finies dans leur vie ou que leur développement professionnel est limité par leur formation, ils encourageront probablement leurs enfants *à* étudier. D'un autre côté, aux yeux des étudiants, leur cognition suit aussi l'existence familiale et sociale. Ils peuvent être motivés pour apprendre une langue étrangère si leurs parents leur font souvent des compliments sur leurs connaissances langagières. C'est pour cette raison qu'on veut savoir s'il existe un rapport entre le niveau de formation des parents et la motivation des enfants. C'est aussi une étude d'un courant de l'opinion sociale chinoise： la solidification des classes sociales.

5. 4. 2. 4 La variable de genre

Nous devons souligner ici un grand déséquilibre entre les nombres des filles et des garçons. La quatrième année, nous avons 5 étudiants contre 33 étudiantes, 8 contre 43 en troisième, 6 contre 45 en deuxième et deux contre 39 en première. Ce type de déséquilibre entre les sexes existe dans toutes les disciplines de langues des universités chinoises. Puisque plus de filles choisissent ce type de discipline que les garçons, cela signifie-t-il que la motivation des filles est plus élevée au départ que chez les garçons?

Les filles ont plus de facilité à aller vers des filières qui exigent moins d'efforts physiques comme le métier d'hôtesses, d'interprètes-traducteurs. La confiance que les étudiants ont en leurs compétences individuelles joue un rôle clé dans leur engagement et surtout dans le choix de leur filière à l' université. Comme nous l' avons observé dans la composition des classes des promotions présentées ci-dessus, la perception des compétences qu'a l'apprenant de lui-même influencera les choix qu'il fait pour sa propre orientation vers une filière ou vers telle autre. Néanmoins, cette confiance est variable. Quelqu'un peut se sentir compétent en langues mais être un peu moins confiant pour ce qui est des mathématiques. Cette différence ne sera pas sans conséquence. Ceci justifierait au mieux la prédominance de tel sexe sur l' autre dans certains départements.

5. 5 Conclusion du chapitre 5

Après avoir eu la description du contexte de réalisation des enquêtes de motivation, on peut résumer certains points concernant l'Université selon le profil des étudiants.

D'abord, l'établissement choisi est représentatif. D'abord, cette université n'est ni parmi les meilleures comme celles des projets 211 ou 985 ni parmi les plus mauvaises comme celles de la troisième catégorie. Ensuite, elle ne se situe ni dans les villes les plus importantes comme Beijing, Shanghai ou Hongkong ni dans les villes les moins développées. Changchun, où elle se trouve, est le chef-lieu de la Province du Jilin et a la population de 8 millions d'habitants.

Ensuite, le développement du département est stable. D'abord, la majorité des enseignants travaillent à plein temps et le nombre est stable. Ensuite, le recrutement des étudiants est aussi stable. Chaque année, il y a deux classes par promotion, bien que le nombre des étudiants puisse changer.

Et puis, la qualité de l'enseignement est garantie. D'abord, on emploie le programme d'enseignement standard① y compris les cours, les manuels, les outils, les matériels. Ensuite, les notes des TFS 4 garantissent la bonne qualité de l'enseignement. Le résultat moyen des étudiants d'ici est légèrement meilleur que les notes moyennes de l'État. Le niveau de français des étudiants représente la moyenne nationale des étudiants francophones.

Enfin, la situation des étudiants est variée y compris la situation de la famille, leurs origines

① Commission d'éducation nationale de la République populaire de Chine, *Programme des cours des deux premières années de la spécialité de français*, Foreign Language Teaching and Research Press, 2007 et l’expérience de formation des parents. Cela prouve que nos échantillons n'ont pas été prélevés sur une population spécifique ou réduite.

Chapitre 6
L'enquête: méthodologie

Introduction du Chapitre 6, Deuxième Partie

Nous voulons étudier l'impact des méthodes et actions didactiques des enseignants sur la motivation des étudiants chinois des classes du département de Français Langue Etrangère (FLE). C'est pourquoi nous avons présenté en détail le système didactique de l'Université Normale de Changchun au chapitre précédent.

D'un point de vue général, les raisons d'une motivation dépendent de plusieurs paramètres. Dans le cadre de l'éducation, la motivation peut être influencée par des facteurs internes et externes. Les efforts souvent démesurés des enseignants ne se traduisent pas toujours par une amélioration notable de l'apprentissage et de la maitrise du Français dans le contexte chinois. Spolsky (1989) montre les facteurs essentiels pour le résultat de l'apprentissage, et le rôle central de la motivation dans ce processus, où la motivation est liée aux attitudes de l'apprenant ainsi *à* sa personnalité. Devant des questions consistant *à* se demander pourquoi tous les moyens mis en œuvre (formation accrue, matériaux pédagogiques de qualité, implication des enseignants, …) donnent si peu de résultats, ou encore quels sont le rôle et les finalités de l''apprentissage du Français Langue Etrangère (FLE), la place de la motivation apparaît au premier plan.

Nous pensons que le présent travail pourrait être important dans l'orientation des professionnels de l'enseignement du Français Langue Etrangère, en rendant plus efficace l'apprentissage de la langue.

Au premier regard, -ce que reflètent les résultats de nos différentes enquêtes destinées *à* mesurer le degré de motivation des apprenants de français-, nous constatons que la réalité des choses ne correspond pas aux notes des étudiants, mais nous verrons qu'il existe un lien entre la variation de la motivation et la réalité des notes. Tout d'abord, la motivation et l'acquisition sont deux concepts très différents. Le premier représente le niveau d'investissement en apprentissage et la seconde représente le résultat de l'apprentissage. Deuxièmement, compte tenu de la lenteur de la variation des résultats des notes par rapport *à* l'évolution des attitudes d'apprentissage, la relation entre les deux n'est pas nécessairement positive. Cependant, nous pouvons également trouver quelques points communs inévitables parmi les étudiants qui ont obtenu les meilleures notes.

Pour améliorer l'apprentissage des langues étrangères, il convient d'adopter des stratégies d'enseignement qui jouent sur la simulation d'un milieu naturel utilisant la langue dont on vise l'apprentissage. Les stratégies d'enseignement recourent quasi-exclusivement *à* la langue étrangère, elles s'appuient en grande partie sur des activités dites communicatives dans des situations simulées. Avant les activités naturelles, Audin (AUDIN Line, 2004：63-80) propose d'abord la réflexion sur la fonction de langue maternelle dans l'acquistion de la langue étrangère. Sa stratégie d'enseignement se déroule en trois étapes：*1. réflexion conduite en langue maternelle sur le fonctionnement de la langue, 2. réflexion conduite en langue maternelle sur le fonctionnement de la langue cible, 3. entraînement dans la langue étrangère. Loin d'être incompatible avec les approches communicatives*, cette stratégie permet aux étudiants de comprendre les logiques internes de la langue étrangère.

6. 1 Les conditions méthodologiques de notre enquête

Nous avons réalisé notre étude entre mars et décembre 2015. Nous avons choisi une université du nord-est de la Chine avec un département d'enseignement de français. Les étudiants enquêtés sont tous Chinois. Ils ont tous fini la formation du premier et du deuxième cycle, et sont entrés en cursus universitaire de licence nationale par l'accès standard appelé *Gaokao*.

Notre travail ne porte pas seulement sur la pratique d'une approche pédagogique ou sur une comparaison de méthodes d'enseignement, mais nous nous intéressons *à* l'analyse de toutes les sources d'influences qui peuvent agir sur la motivation des étudiants. Notre objectif est de réaliser ce travail théorique et pratique de façon scientifique et efficace. Pour ce faire, nous allons comparer dans la même université des étudiants de la même promotion qui ont travaillé selon des méthodes d' Enseignement/Apprentissage/Evaluation différentes sur plusieurs semestres. Dans cette université, chaque niveau compte deux classes travaillant avec deux enseignants différents. Ceci voudra dire que ces deux classes sont soumises à deux différentes méthodes d' Enseignement/Apprentissage/Evaluation. Quels seraient donc les impacts des méthodes d' Enseignement/Apprentissage/Evaluation sur la motivation des étudiants ?

Le but de ce travail est d'examiner ce que c'est qu'un enseignement motivant, selon l' opinion, l'environnement socioéconomique des élèves et selon l'expérience professionnelle du professeur.

Nous allons aussi examiner s'il y a des points communs pour les étudiants les plus motivés dans chaque classe, et si oui, quel est le plus important. En particulier, nous allons essayer de répondre aux questions suivantes:

- Quels sont les facteurs auxquels le professeur et les élèves donnent un rôle important ?
- Quelle est la fonction de la méthode d' évaluation continue dans la motivation des étudiants ?
- La promotion de l'élève a-t-elle une influence quelconque sur sa motivation ?
- L'expérience d'éducation des parents influence-t-elle la motivation des étudiants ?

Afin de mieux relancer cette recherche, nous devons d' abord donner des détails sur le questionnaire employé et puis nous analyserons les réponses apportées par les apprenants.

6. 1. 1 Le choix d'une théorie de la motivation

Afin de mieux soutenir cette enquête, nous devons d'abord nous donner à nous-même une définition de la motivation pour apprendre une langue étrangère et choisir la théorie qu' on emploiera ici. Dans le chapitre sur la motivation et le chapitre sur la didactique, nous avons présenté l'évolution des approches de la motivation et de l'acquisition des langues étrangères. La motivation pour l'acquisition d'une langue étrangère apparaît ainsi comme une notion complexe: d'un côté, l'acquisition d'une langue étrangère est considérée comme un processus explicite qui peut s'accomplir comme tous les sujets d'enseignement; mais d'un autre côté, la langue est aussi une expression sociale et culturelle dont l' acquisition dépasse le seul cadre éducatif, et qui demande l'incorporation de beaucoup d'éléments appartenant à d'autres champs.

Dans la didactique du français langue étrangère et seconde, il existe des approches et des méthodes multiples pour aider le professeur à trouver des façons efficaces et motivantes d' enseigner le français.

《*Le fait que, dans une classe, il y a souvent une grande diversité parmi les élèves en ce qui concerne leurs origines sociales, leurs intérêts, leur goût d'apprendre et leurs manières préférées d'apprentissage et d'enseignement, rend le choix d'approches plus compliqué. Ainsi, le professeur est placé devant un grand défi s'il veut réussir à motiver tous ses élèves* 》(Karolina Axell, 2007：1).

Surtout, le fait que l'enseignement soit vécu comme motivant ou pas, ne dépend pas seulement de l'action du professeur, mais également de l'attitude puis de la personnalité même des étudiants qu'il a en face de lui.

C'est pourquoi, en considérant cette complexité, nous ne sommes pas étonné de l'existence de la diversité considérable des approches de la motivation pour l'acquisition d'une langue étrangère.

6. 1. 2　Rappel：les facteurs internes et internes de la motivation

Nous avons vu dans le chapitre 4 que la motivation est d'abord vue comme un phénomène psychologique. C'est ce que disent les théories psychologiques telles que la*théorie de l'auto-efficacité*, *de l'auto-valeur, de l'établissement des objectifs, de l'autodétermination* (Dörnyei, 2005：18-29). On fait aussi souvent une distinction entre la motivation intrinsèque, où il s'agit des intérêts et des besoins personnels de l'apprenant, et la motivation extrinsèque, qui concerne les facteurs extérieurs comme par exemple les récompenses (Ellis, 1994). Après de nombreuses recherches, il est possible de dire que la motivation, comme tous les phénomènes humains, dépend non seulement des éléments cognitifs et affectifs individuels, mais aussi de facteurs externes. La définition de la motivation est alors considérée comme "*l'interaction entre des facteurs extérieurs et la personnalité, l'état interne*."(Cuq, 2003：171) Cependant, il existe plus de désaccord sur la nature même de la motivation (Ellis, 1994). Selon Gardner et MacIntyre (1993), la motivation a trois composants：《desire to achieve a goal, effort extended in this direction, and satisfaction with the task》(désir d'atteindre un but, effort dans la réalisation et la satisfaction pour un travail fait).

Enfin, nous savons que la motivation peut jouer comme un être causative sur l'effet de l'apprentissage et qu'elle peut aussi être résultative par l'influence de l'apprentissage.

6. 1. 3　Les représentations des apprenants

Nous avons vu aussi que les recherches se sont déplacées de la psychologie vers lamotivation sociale.《*La motivation sociale nécessite la présence psychologique d'un autre et détermine les réactions de cette personne*》. (Weiner, 1994: 557-573)

Elaine Horwitz (1988: 283-294) a développé les Beliefs About Language Learning Inventory (BALLI) qui examinent les convictions des étudiants dans 5 domaines distincts:

- Difficulté d'apprentissage de la langue
- Aptitude en langue étrangère
- Nature de l'apprentissage de la langue
- Stratégies d'apprentissage et de communications
- Motivations et attentes

Beaucoup de chercheurs s'en sont servi pour solliciter les étudiants sur les problèmes d'apprentissage de langues. Nous l'utiliserons également pour les questions directrices dans notre enquête. Cependant nous modifierons certaines parties pour qu'elles soient davantage en adéquation avec les problèmes liés *à* notre recherche sur les sources de la motivation des étudiants chinois pour l'apprentissage de la langue française.

6. 1. 4 L'impact du contexte socio-culturel

La représentation de la motivation est liée aux particularités d'une communauté. Les dimensions environnementales ont grosso modo une grande influence sur la cognition, sur le comportement et l'achèvement du projet d'un individu. Par exemple, la société chinoise est collectiviste alors que dans les pays occidentaux est plutôt individualiste. Triandis (1995: 1) dit que l'individualisme et le collectivisme sont des syndromes culturels qui différencient les principales cultures d'Europe et d'Amérique du Nord, des principales cultures d'Afrique, d'Asie ; les individualistes se concentrent sur la réalisation d'objectifs personnels, par eux-mêmes, dans le but du plaisir, d'autonomie et autoréalisation. A l'opposé se trouvent les adeptes du collectivisme qui se concentrent plutôt sur la réalisation des objectifs de groupe, par le groupe, dans le but de bien-être du groupe, pour le bien commun, et l'utilité collective.

De même quenous avons présenté les particularités didactiques des cours de français du système chinois dans le chapitre sur la didactique, il nous faudra introduire le lecteur au système de classification des étudiants chinois.

6. 1. 5 Gardner et l'AMTB

Parmi toutes ces théories de motivation, la théorie de Gardner qu'on emploie ici est《*the most influential motivation theory in the L2 field* 》(Dörnyei, 2005：46). Gardner a analysé la motivation des étudiants québécois pour L2, leur deuxième langue. La plus grande avancée de sa théorie est la distinction entre *motivation* et *orientation*. Outre la motivation intrinsèque, il a proposé deux types d'orientations qui peuvent influencer la motivation：intégratif et instrumental. La première signifie la disposition positive pour le groupe de L2 et l'envie de l'interaction et la deuxième signifie des profits pragmatiques potentiels tels qu'un salaire élevé ou la réussite d'un examen. Ce système théorique rappelle bien l'*AMTB* (*Attitude Motivation Test Battery*), un dispositif de mesure du degré de motivation. Notre enquête a pour objectif d'observer la valeur de la motivation des étudiants et sa tendance *à* la variation. C'est pourquoi nous nous appuierons en partie sur l'AMTB. Cependant, *à* cause des différences du contexte socio-culturel, nous avons dû modifier certaines questions pour les adapter *à* notre propre enquête：ainsi le travail de Gardner s'adresse aux étudiants canadiens qui parlent anglais et veulent apprendre une L2, alors que nos étudiants sont tous chinois, avec l'anglais comme L2 et ils apprennent le français.

6. 2 Méthodologie de l'enquête

Nous avons conduit cette étude dans huit classes de français langue étrangère.

181 étudiants ont reçu notre questionnaire.

Cette série d'enquêtes s'est déroulée entre mars 2015 et septembre 2015.

Afin de diminuer la pression sur les étudiants et d'obtenir une valeur plus représentative, Nous avons fait une enquête de motivation deux fois par semestre.

La première enquête s'est faite au début du semestre pour observer la valeur de la motivation après les vacances. Elle a été influencée probablement par les projets de vacances des étudiants, mais elle marque le point de départ de l'observation.

La deuxième enquête s'est faite *à* la fin du semestre pour observer la variation de la valeur de la motivation. Elle est plutôt considérée comme celle qui renseigne le mieux sur ce qu'est devenue la motivation des étudiants que nous suivons.

Dans le semestre suivant, Nous avons continué notre enquête pour analyser l'évolution de la motivation des étudiants. Le questionnaire reste le même：les questions correspondent *à* la même catégorie de questions selon la méthode de Gardner et suivant la progression.

Nous devons remarquer ici que les étudiants nouvellement inscrits *à* l'université en septembre 2015 participaient *à* l' enquête pour la première fois et qu' ils ont utilisé le questionnaire de mars 2015. Pour les étudiants de 2012, ils ont dû faire leur troisième enquête en novembre *à* cause de leur stage(en septembre et octobre 2015).

Tableau 53: Cohortes d'étudiants enquêtés

Etudiants échantillons	Mars 2015	Juillet 2015	Septembre 2015
Lagénération 2012 (quatrième année)	Oui	Oui	Oui, mais en novembre 2015
Lagénération 2013 (troisième année)	Oui	Oui	Oui
Lagénération 2014 (deuxième année)	Oui	Oui	Oui
Lagénération 2015 (première année)	Non	Non	Oui, mais la version de mars 2015

6. 2. 1 Le questionnaire d'enquête

Nous avons élaboré un questionnaire composé en deux parties afin demieux classer les étudiants de FLE et faire une analyse quantitative. Plus précisément, nous avons analysé le profil des étudiants selon leurs réponses sur la première partie du questionnaire pour ensuite prendre la mesure de l'intensité de la motivation des étudiants selon leurs réponses *à* la deuxième partie du questionnaire. La partie 《classification》(première partie du questionnaire) répondait *à* notre besoin de classer les étudiants. Nous y reviendrons un peu plus loin.

L'enquête se présente sous la forme de questions *à* trous et de questions fermées. Elle s'est déroulée dans un anonymat total. Même avec les cases《nom et prénom 》, les étudiants n'étaient pas obligés d' écrire leurs vraies identités. Ils remplissaient la partie d' identification avec la consigne de l'enseignant qui administrait le questionnaire. La deuxième partie du questionnaire respecte les principes de la méthode de Gardner, comme nous le détaillerons un peu plus loin.

Toutes les questions des parties 1 et 2 ont été transcrites en chinois pour laisser les étudiants comprendre sans malentendu et y répondre facilement. Au total, 181 élèves ont participé.

Nous avons ajouté une étude de cas qualitative dans huit classes de français langue étrangère pour rendre compte des différences plus fines entre les étudiants. On peut utiliser une étude qualitative pour comprendre un homme, sa manière de raisonner et sa réaction. 《La perspective qualitative cherche *à* trouver des ressemblances et des différences entre les individus》.

Afin d'introduire facilement les participants-étudiants *à* notre enquête et de classer les réponses individuelles des étudiants, nous avons élaboré chaque fois une adaptation avant passer aux questions de Gardner. Pour distinguer ces deux parties, nous avons nommé《classification》la partie que nous avons conçue.

6. 2. 2 Analyse des trois versions de la partie《classification》

La partie《classification》comporte des cases *à* remplir et des QCM dont l'objectif est principalement l'introduction de l'enquête de motivation, la baisse du stress et la classification des étudiants. Avant de remplir toute la page, pour recueillir les vraies informations de la part des étudiants, nous avons dû leur expliquer que l'objectif de cette enquête ne visait que la recherche de la motivation et que les réponses n'avaient pas de conséquences pour eux. Les étudiants craignent souvent que leurs mauvais choix provoquent une impression négative dans la tête de leurs enseignants. Après avoir eu l'accord des étudiants, nous leur avons présenté l'enquête et demandé de la remplir sur place. Le temps et le lieu sont deux facteurs qu'on ne peut pas négliger. Nous avons respecté la disponibilité des étudiants pour optimiser les chances de réussite de cette enquête et pour ainsi répondre aux paramètres communs de recueil des données. Les enseignants des étudiants pouvaient rester sur place pour confirmer notre explication et partir avant le commencement de l'enquête pour leur laisser penser que ce travail était hors de l'observation des enseignants.

6. 2. 2. 1 Analyse de la première partie：《classification》

La partie《classification》est restée inchangée pour toutes les promotions ayant participé aux différentes étapes d'administration du questionnaire d'enquête. Nous avons au totalune dizaine de questions *à* trous *à* remplir et trente questions fermées. (les noms n'ont pas de valeur scientifique. Toute identité est suffisante, soit A, B , ou X) Nous voulons savoir si c'est la différence des âges des étudiants de la même promotion qui provoque la variation cognitive.

Les trois questions suivantes,

—"*qui a choisi la spécialité《français》pour vous?*",

—"*est-ce que vous voulez aller en France plus tard?*",

—"*est-ce que vous avez appris le français avant vos études universitaires?*"

sont les questions permettant de classer les étudiants.

La question suivante

—"*pensez-vous que le français est une langue ____________? A. difficile, B. élégante, C. précise*"

est destinée *à* atténuer la pression interne des étudiants *à* l'égard de la langue.

La question:

—"aimez-vous le cours de français?"

est presque une question de base parce qu'on envisage une réponse positive. Si la réponse est neutre ou négative, cet étudiant est sans doute moins motivé puisque le cours est le premier moyen d'apprentissage.

Les deux questions:

—"aimez-vous bien votre enseignant de français?" et

— "Le fait de bien aimer votre enseignant peut-il vous motiver dans vos études?"

sont posées pour distinguer les enseignants aux yeux desétudiants.

Les deux questions suivantes:

—"aimez-vous la méthode d'évaluation continue bimensuelle?"

—"est-ce que cette méthode peut vous motiver? "

sont destinées *à* voir les réactions des étudiants. Par rapport *à* la première question, la deuxième question est plus importante pour observer la motivation des étudiants. Les trois autres questions portent sur:

—la raison principale qui vous pousserait *à* travailler,

—le point le plus satisfaisant de l'université,

—le point le moins satisfaisant de l'université.

Dans le contexte actuel de la popularité des outils multimédia et de téléphone portable, les étudiants auxquels nous devons enseigner ont un grand besoin de nous. Dans le cas de la Chine, nous avons souvent dans nos classes des apprenants très stimulés et en contact permanent avec des technologies que nous "leurs enseignants'' apprenons encore *à* connaître, et il n'est pas toujours évident de capter leur intérêt. La motivation, c'est l'enjeu principal de la génération d'étudiants actuelle.

6. 2. 2. 2 Analyse de la deuxième partie《classification》

La deuxième séance de questions joue aussi un rôle d'introduction et d'observation continue. Afin de mieux analyser les questions dans l'ordre, nous avons indiqué ici un numéro devant chaque question.

Parmi ces onze questions, six sontdes questions fermées, trois sont des questions *à* trous et deux sont mixtes. Les quatre premières questions sont posées pour avoir une connaissance sur l'évaluation des cours de français durant la période mars-juillet 2015.

La question 1, "*Après ce semestre d'études, est-ce que vous aimez le français ?* ", est un point de départ. Nous devons non seulement connaître les réponses de ces étudiants, mais aussi comparer les changements de leurs points de vue sur la langue française après une comparaison entre leurs réponses actuelles et celles obtenues de leur ancienne participation. Les trois réponses *à* choisir "*A. J'aime B. Je n'aime pas C. difficile à dire*" ne donnent pas beaucoup de liberté de réflexion aux étudiants et les poussent *à* donner leur impression directement en suivant les propositions orientées.

La question 2, "*est-ce que vous aimez la méthode d'enseignement utilisée pour le cours de français? A. J'aime B. Je n'aime pas C. difficile à dire*" est destinée *à* voir l'appréciation des étudiants des cours de Français et leur point de vue sur leurs professeurs.

Cette question a pour but de donner des précisions sur le rapport entre la motivation des étudiants et la méthode pédagogique utilisée par l'enseignant chargé du cours. Si la première réponse est positive, nous envisageons que ce choix l'est aussi, parce que les cours sont le moyen majeur d'apprendre le français pour les étudiants. L'étudiant, après la classe, abandonne souvent la langue jusqu'au moment de faire ses devoirs de maison. Ensuite, il abandonne de nouveau la langue pour ne la retrouver qu'en classe. L'étudiant se forge donc une image de langue《universitaire》qui ne vit que dans la salle d'étude. Cela voudrait donner plus d'importance au rôle de l'enseignant dans l'apprentissage de la langue par les étudiants.

La question 3《*le cours que tu aimes le plus*： ____________》et la question 4《*le cours que tu aimes le moins*： ____________》entraînent les étudiants *à* une réflexion plus approfondie que les questions précédentes. Les étudiants doivent chercher le nom du cours parmi ceux qu'ils ont suivis. En général, les réponses individuelles ne sont pas prises en compte, mais seulement les choix communs. Les cours de français sont certainement la cible de la question 3, cependant, les réponses viennent des étudiants： les autres cours sont aussi possibles comme réponses. Si leur premier choix n'est pas le français, ceci pourrait être une sorte de renseignement sur leur motivation vis-*à*-vis de ce cours. Sur la quatrième question, on n'envisage pas de réponse orientée, c'est une sorte de question subsidiaire.

Les questions 5, 6 et 7 renseignent sur une autre dimension de la motivation et se concentrent sur des interactions sociales qui pourraient exister entre les apprenants de la même classe, par exemple dans la question 5, 《*si vos amis ou camarades de classe vont en France, est-ce que cela vous donne l'envie d'y aller? A. oui, B. Non*》, en général, les étudiants qui ont décidé d'aller en France ou qui veulent y aller peuvent accélérer leur projet, autrement dit, choisissent A. Ce qu'on veut savoir par cette question c'est si les étudiants qui ne voulaient pas aller en France au début peuvent être influencés par leur environnement. Le choix du refus d'aller en France est peut-être lié *à* une situation sociale plus personnelle ou familiale, mais beaucoup plus profond que la réponse A ou B. Pour approfondir la recherche de la vraie raison, nous avons créé les deux questions suivantes.

La question 6, "*si vous voulez aller en France, est-ce que vos parents vous soutiendront ? A. Oui, B. non*", possède un sens complexe. Le sens littéral de cette question est de connaître la position des parents. Mais le sens implicite est d'éviter de dévoiler trop directement les vraies raisons de refus des parents des étudiants telles que le manque d'argent. Aux yeux des étudiants, la confirmation de certains problèmes de leurs familles serait une sorte d'immixtion dans l'enquête. Nous ne voulons pas les mettre en difficulté, ni avoir de réponses fictives.

La question 7, 《*si vous ne voulez pas aller en France, quelle est la raison? A. familiale, B. langagière, C. affective, D. projet de coopération. E. autres:* ______________ 》, est une question QCM qui veut aider les étudiants. Les choix A, C et D dépendent des facteurs externes, mais les choix B et E relèvent d'un facteur interne.

La question 8, 《*est-ce que le TFS (détail de TFS) 4 peut influencer votre motivation ? A. TFS 4 est la source de ma motivation, B. oui, mais il n'est pas le plus important, C. un peu, D. je ne m'intéresse pas au TFS 4.*》, est une question complexe qui donne quatre choix aux étudiants, mais la réponse n'est pas difficile *à* donner. La réponse la plus négative est le choix D qui est presque le synonyme de la démotivation des étudiants, car le TFS 4 est le concours national le plus important au cours de leurs quatre ans d'études universitaires, autrement dit le permis d'entrée sur le marché de l'emploi comme bon locuteurs de français. Il existe plusieurs possibilités de choix des réponses A, B et C. Le choix A signifie que la motivation instrumentale de cet étudiant est forte, cependant, après le TFS 4 (*à* la fin de la deuxième année), il peut perdre sa motivation. L'enseignant doit l'aider et l'orienter *à* en retrouver une nouvelle. Le choix B signifie que le TFS 4 est important pour lui, mais il est motivé par d'autres facteurs. Le choix C est quasiment négatif, sauf qu'il travaille avec sa motivation interne. Autrement dit, il fait ses études pour son propre plaisir.

La question 9, 《*travaillez-vous régulièrement? A. Oui, B. Non*》 est une question sur la régularité du travail des étudiants： pour voir si l'élève s'engage rapidement ou lentement. Le choix A signifie que sa motivation interne est assez forte pour soutenir son travail. Le choix B signifie que ses études sont influencées facilement par des facteurs externes. L'autre explication est peut-être différente： cet étudiant n'a pas le désir de travailler. Bien que beaucoup d'étudiants choisissent la bonne réponse dans la majorité des cas, nous devons vérifier leurs notes pour avoir plus de détails ou de preuves de leur engagement.

La question 10, "*maintenant, qu'est-ce qui influence le plus vos études* ______(*par exemple*： *l'encouragement de l'enseignant* ; *trop d'activités qui n'ont aucun rapport avec le français*)" est une question vraiment ouverte qui n'oriente pas les réponses de la part de l'étudiant et qui donne aux étudiants un large espace de réflexion avant d'entrer dans l'enquête de la partie 《AMTB》. Leurs réponses peuvent aller dans deux sens contraires. Pour éviter des réponses absolument positives ou négatives, les deux propositions de réponses permettent d'équilibrer les réponses.

La question 11, "*est-ce que vous êtes directeur de classe ? A. Oui, B. Non. Si oui, lequel …*" est spécifique au système chinois. Dans chaque classe, on choisit certains étudiants pour jouer le rôle de directeurs： chef de classe, responsable des études dans cette classe, chargé des affaires de la Ligue de la jeunesse communiste de la classe, etc. Aux occupants de ces postes sont associés la confiance des camarades, le sens des responsabilités et l'appréciation des enseignants. Les étudiants choisis pour ces postes ont souvent plus de sentiment de l'honneur devant les autres, cependant, ils doivent consacrer plus de temps au travail de la classe. Cet équilibre est difficile *à* trouver. Nous pensons que notre étude doit couvrir cette particularité chinoise et trouver quelques pistes pour analyser la fonction de leader de classe dans la motivation des autres étudiants.

6. 2. 2. 3 Analyse de la troisième partie《classification》

Cette enquête a été faite en septembre pour les étudiants des promotions 2013 et 2014 et en novembre pour ceux de la promotion 2012. Il y a quatorze questions au total pour la partie 《classification》 avec neuf questions dites fermées. L'objectif cette fois-ci est d'introduire et de présenter l'enquête suivante aux étudiants et de les faire réfléchir sur les vacances.

La question 1: 《Dans le campus, quel est l'endroit que vous fréquentez le plus pour vous exercer? 》 est une question sans enjeu particulier d'introduction à la question suivante. Nous n'envisageons pas de réponse identique à cette question ouverte, cependant, nous faisons réfléchir les étudiants pour apprendre un peu sur leur lieu de prédilection dans l'enceinte du campus. Cet endroit peut être la bibliothèque, leur propre classe, les salles ou les amphis, même la pelouse.

La question 2: "que pensez-vous de votre salle de cours ?" est un peu spéciale. Le contexte de cette question est que dans les universités chinoises les cours des classes de langues autres que l'anglais sont souvent installées dans des salles fixes. Donc, cette question demande leurs appréciations sur leur propre classe de cours. Le choix A signifie que la classe est satisfaisante ou neutre, mais le choix B est plus intéressant à nos yeux, parce que cela nous montre un facteur externe qui peut influencer négativement la motivation.

La question 3: "Par rapport au développement des départements universitaires, est-ce que vous êtes satisfait du département de français ? A. Oui, B. Non. Est-ce que votre point de vue peut influencer vos études ? A. Oui, B. Non" se compose de deux questions qui dévoilent les sentiments des étudiants sur le département de français. Cette question concerne le sentiment de fierté d'appartenance des étudiants et l'influence de ce sentiment sur leur motivation. La satisfaction (réponse A) ne signifie pas qu'il s'agit d'une source de la motivation des étudiants, mais en revanche le choix B représente un obstacle à la motivation. Pour préciser la réponse du choix A, nous devons poser la deuxième question. La réponse la plus intéressante est le choix B parce qu'elle écarte toute possibilité de liaison entre la motivation pour les études et l'environnement, ce qui mérite alors une attention plus profonde.

De la question 4 à la question 7, nous avons demandé beaucoup de choses sur les vacances, parce que cette enquête a été faite en septembre. La question 4 "Au cours des vacances, combien d'heures d'exercices faites-vous par jour?" est conçue pour développer une réflexion sur la qualité de leurs vacances. Nous ne nous intéressons pas vraiment au chiffre rempli qui varie logiquement entre 0 et 4. Si les étudiants remplissent 0 ou plus de 4, nous devons leur faire une observation continue pour vérifier leur changement de performance en classe.

La question 5: "Par rapport au semestre dernier, que pensez-vous de votre français ?

A. meilleur, B. plus mauvais, C. pareil" est une continuation de la réflexion sur les vacances. Cette question propose aux étudiants une réflexion plus approfondie et plus essentielle. Les deux autres réponses à cette question sont aussi intéressantes parce que nous pouvons trouver la confrontation des réponses par comparaison avec la question trois. *Est-ce que cela va influencer vos études ?* Ce n'est pas une question difficile mais nous pouvons voir leur degré de satisfaction par rapport au département.

La question 6："*Avez-vous étudié la langue française pendant les vacances ? A. Oui B. Non* " concerne une réflexion totale sur les activités menées pendant les vacances. Cette question demande aux étudiants de résumer clairement leurs vacances sans se chercher des excuses. Nous avons décidé de choisir la forme fermée de cette question afin de leur faire prendre conscience de leurs projets.

La question 7："*pensez-vous avoir fait de progrès pendant les vacances ?* ＿＿＿＿＿" est une question ouverte. Après la précision sur leurs vacances, une idée de leur propre point de vue sur leurs efforts personnels suffit pour renseigner sur le sérieux accordé aux études pendant les vacances. Peut-être qu'ils n'ont pas beaucoup travaillé pendant les vacances, cependant le fait de travailler n'est pas incompatible avec le fait de passer de très bonnes vacances.

La question 8："*Voulez-vous reprendre votre projet inachevé pendant les vacances prochaines ? A. Non. B. Oui, bien que je veuille, je ne peux pas me contrôler. C. Non, pas question de travailler parce que l'essentiel des vacances c'est le repos. D. Oui, parce que j'aime faire de progrès.*"

Cette partie conclut notre série de questions sur les vacances et offre aux étudiants une rétrospection sur la manière dont ils se sont organisés pendant les vacances. Le choix B représente le manque de confiance et le manque d'envie d'étudier. Il existe deux possibilités pour le choix C qui est le plus négatif. Soit cet étudiant est démotivé, soit cet étudiant a beaucoup confiance en lui-même pour bien réussir dans ses études sans avoir besoin d'efforts complémentaires pendant les vacances. Le choix D ne concerne que les étudiants très motivés.

Les deux questions suivantes sont aussi très spécifiquement chinoises. Les étudiants chinois de la même promotion sont souvent très solidaires, autrement dit, chaque étudiant est influencé par l'ambiance de son département.

La question 9：《*Écrivez un événement qui vous a plus marqué au cours de votre apprentissage? :* ＿＿＿＿＿, *Ecrivez un événement qui vous a plus déçu ?:* ＿＿＿＿＿, *est-ce que ces deux événements ont influencé votre motivation pour les études ? A. la première oui, mais la deuxième non, B. Oui pour les deux, C. la deuxième oui, la première non, D. aucune.* 》comprend trois questions détaillées. Parmi ces trois, nous nous intéressons le plus à la dernière qui expose la relation entre la motivation et ces deux événements. Les réponses des étudiants sur les événements marquants ou démotivants peuvent être variées.

La question 10: "Est-ce que vous *êtes fier de votre spécialité*? A. Oui, B. Non, Est-ce que le *sentiment de fierté* peut *motiver vos études*? A. Oui, B. Non" comprend deux questions fermées. Si la réponse d'un étudiant est positive, cela montre que cet étudiant peut être bien motivé par cette fierté. Une réponse négative *à* cette question ne nous indique pas d'office une absence de motivation, mais pourrait signifier que l'environnement n'a pas trop d'influence sur sa motivation. La deuxième question est un complément de la première qui nous permet de vérifier la confirmation de l'influence de cette fierté.

En conclusion, les troisétapes de la partie《classification》sont toutes une introduction de la partie《AMTB》. Cette partie va être utilisée pour mesurer la variation de la motivation et nous permettre de classer les étudiants selon l'objectif de l'enquête. Nous avons voulu connaître l'évolution de la motivation des étudiants au fil du temps par une comparaison des réponses des étudiants sur les mêmes questions *à* eux administrées *à* des moments différents.

6. 2. 3 Analyse de la partie《AMTB》

Cette partie suit la méthode《AMTB》(The Attitude/Motivation Test Battery) qui a été créée par Gardner pour analyser la composition de la motivation *à* apprendre une langue étrangère. Gardner pense que la motivation pour apprendre une langue étrangère est observable et mesurable. Selon lui, la motivation peut être décomposée en plusieurs facteurs tels que l'orientation intégrative et les attitudes envers les conditions d'apprentissage. Pour Gardner, l'orientation intégrative est une mesure de l'intérêt de l'apprenant pour la langue en apprentissage et une mesure des attitudes de l'apprenant envers les locuteurs de cette langue secondaire. Gardner souhaite que l'on porte une attention particulière aux conditions d'apprentissage sur deux volets: l'évaluation de l'enseignant et l'évaluation du contenu des cours donnés par l'enseignant. L'état de la motivation de l'apprenant est influencé non seulement par ces deux facteurs, mais aussi par l'évolution de l'intensité de l'envie personnelle de l'élève pour l'apprentissage de la langue.

Tableau 54：Structure de la conceptualisation de la Motivation selon Gardner (d'après Dörnyei, 2007：50)

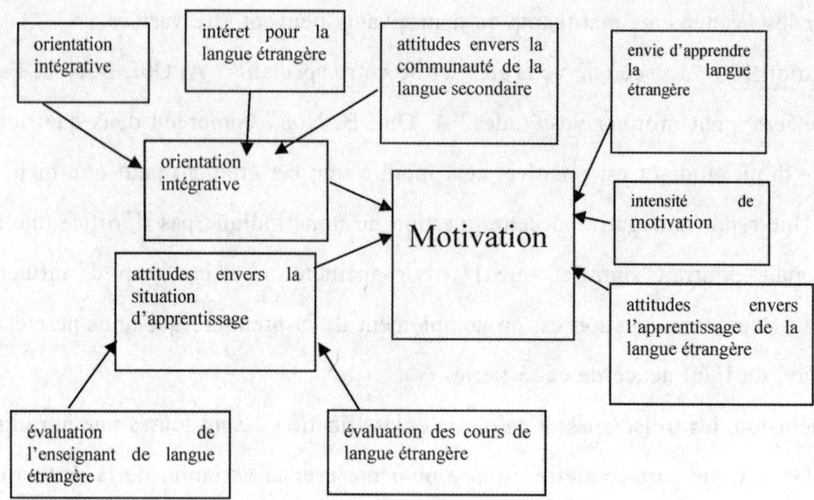

Ce Tableau de Gardner est une théorie générale qui montre comment fonctionne la motivation dans une communauté d'apprenants au cours d'une séquence de classe. Nous en avons déjà eu un aperçu plus haut.

—L'orientation intégrative

L'orientation intégrative correspond au désir de se familiariser, de se rapprocher de la culture et du vécu des locuteurs de la langue en apprentissage.

—L'orientation instrumentale, pour sa part, correspond au désir d'apprendre la langue pour des buts pragmatiques.

Les orientations ne sont pas équivalentes à la motivation. Ce sont plutôt des raisons, des motifs, qui poussent un individu à apprendre une langue seconde.

Les apprenants ont différentes façons d'apprendre une notion ou de saisir une information. On conçoit l'apprenant comme une personne ayant des attitudes qui correspondent à des formes d'intelligence très différentes selon la catégorie d'apprenants à laquelle l'élève appartient. C'est lorsque les méthodes ou pratiques pédagogiques utilisées par un enseignant ne correspondent pas aux formes de personnalités que les élèves sont en difficulté. Les élèves doivent avoir un lien personnel avec ce qu'ils apprennent afin de trouver cela intéressant.

Voici une représentation personnelle pour rendre plus simple le Tableau de Gardner.

Tableau 55: Canal de communication Enseignant-Enseigné

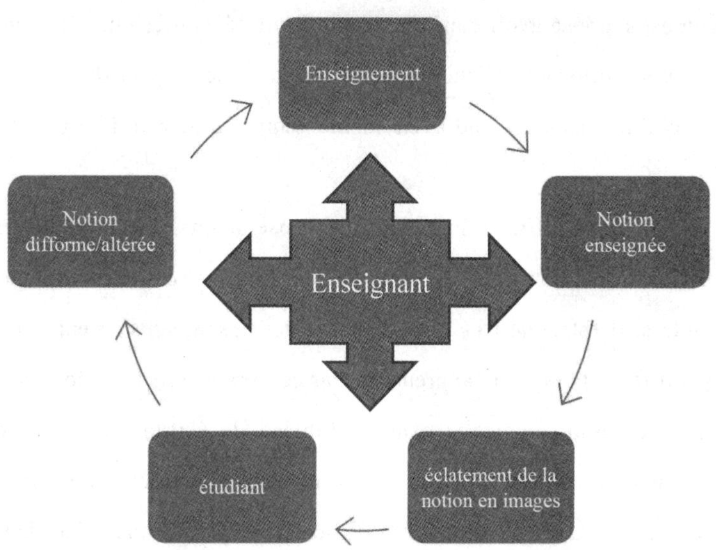

Cette image présente ce qui se passe au cours d'une séquence de classe lorsque tous les aspects évoqués par le Tableau de Gardnerd'après Dörnyei (2007) fonctionnent. C'est en plus clair ce qu'on appelle l'aide à l'apprentissage.

Nous allons prendre le temps de faire un détour pour développer cette notion.

Actuellement, en matière d'aide à l'apprentissage, on a tendance à voir les choses sur le seul plan cognitif. Or, l'apprentissage est un phénomène plus complexe.

Nous n'allons pas mélanger plusieurs théories mais nous allons évoquer tout au moins, la théorie des formes multiples d'intelligence qui permet de contextualiser et d'avoir une autre perception, plus positive, des difficultés que peuvent avoir les auditeurs dans nos classes.

L'enseignant envoie en direction de sa classe une notion par le moyen de plusieurs activités/items. Mais c'est chaque étudiant qui reçoit le message de façon personnelle et individuelle en fonction de l'image qui l'atteint. Quelle que soit la motivation des auditeurs, les paramètres agissant dans le processus de la transmission de l'information conditionnent le résultat du travail exécuté par l'enseignant.

Compte tenu de la méthode d'enseignement de certaines disciplines, il est difficile d'imaginer une pédagogie spéciale s'appuyant sur les forces ou les faiblesses de chaque élève. Mais le développement des sciences de l'éducation nous impose désormais de pouvoir intégrer lors de la préparation de nos séquences d'enseignement/apprentissage/évaluation, des considérations qui tiennent compte des méthodes pédagogiques plus individualisées en lien avec les différents types d'auditeurs qu'on est supposé avoir dans une communauté d'apprenants. On devra alors planifier l'enseignement d'une notion ou d'une connaissance dans le respect de certaines particularités propres *à* une discipline mais il faudra en même temps garder *à* l' esprit la diversification des activités.

Cela peut rendre plus difficile le travail des enseignants. Bien que leurs méthodes d' enseignement puissent fonctionner sur certains de leurs élèves, ces méthodes pourraient ne pas marcher sur les autres. Il est donc très important que les enseignants soient conscients que dans leurs classes il y a différents types d'apprenants. Par cette raison, il faut alors que les enseignants fassent jumeler l' information contenue dans le Tableau de Gardner avec la connaissance des différents types d'apprenants pour pouvoir structurer leur programme de manière *à* ce que tous leurs étudiants soient en mesure d'apprendre efficacement, quelles que soient leurs personnalités.

Dans la dynamique d'aide aux apprenants qui n'avanceraient pas toujours au même pas que les autres, on interviendra par des activités supplémentaires afin de compenser ce qu'on considère être un retard. Les praticiens des intelligences multiples proposent une autre dynamique. Elle prend appui sur les ressources propres, afin de favoriser les apprentissages pour lesquels un retard est observé. Ainsi, par exemple, on demandera *à* l'élève dont la force est l'intelligence musicale, de rythmer une règle de grammaire alors qu' *à* celui qui a une dominante kinesthésique, on suggèrera de l'associer *à* des mouvements du corps.

Les activités d' enseignement et d' apprentissage devraient être axées sur le 《je》, la personnalité même de l'apprenant ou l'apprenante. Ceci montre pourquoiGardner souhaite que l' on porte une attention particulière *à* la situation d'apprentissage sur deux volets : l'évaluation de l'enseignant et l'évaluation du contenu des cours donnés par l'enseignant. La motivation finale est influencée par ces deux facteurs, mais aussi par l'envie d'apprendre la langue étrangère, l' intensité de la motivation et l'attitude vis-*à*-vis de l'apprentissage de la langue étrangère.

Ce Tableau présente une réalité vraie en pédagogie mais cette réalité a besoin d'être replacée dans le contexte actuel, auquel nous devons encore nous arrêter.

Les enseignants actuels ne sont pas de la même génération que leurs étudiants. La plupart d' entre eux (dont nous-même) sont nés avant l'an 2000 sinon avant 1990. Ces promotions n'avaient pas les mêmes facilités que les générations qui sont venues après l'an 2000. Ce simple constat est porteur d'une indication importante au plan de la pédagogie. Le rapport *à* la connaissance des enseigants est fondamentalement différent de celui des jeunes nés au cours des années 2000. Ces nouvelles générations sont des générations-multimédia c'est-à-dire des générations ayant habitude des outils de Nouvelles Technologies de l'Information et de la Communication (NTIC). Ainsi, ces nouvelles générations dont font partie nos étudiants ont une intelligence visuelle-spatiale très différente de la nôtre et qui se développe par le biais de stimulations variées.

Dans un monde qui voit l'éclatement des univers d'images à travers la pléiade des stations de télévisions, l'envahissement de la publicité, etc., il importe de se rendre à l'évidence que les plus jeunes générations ont besoin de l'image pour apprendre, d'une forme intermédiaire de médiation entre le professeur, la connaissance et l'élève. Dans notre société l'image prime. Une image suffit à construire ou à modifier et éloigner une idée de son originalité, son sens.

Nous voyons ainsi apparaître une multiplicité de manières dont dispose chaque individu pour saisir une notion d'apprentissage. On l'appelle la théorie des intelligences multiples. Cette théorie des intelligences multiples est porteuse de facteurs d'explication potentielle des différents comportements, qui témoignent de la présence dans nos classes d'apprenants qui sont très différents en tout et qui, de ce fait, ont différentes façons de faire de progrès dans l'apprentissage. Mais le système scolaire a souvent tendance à ignorer leurs besoins par ce que l'école (ici l'enseignant) ne voit pas souvent les choses sous cet angle.

Selon ce modèle, le comportement de l'élève dépend de ce qu'il retient des éléments qu'il perçoit. Chaque apprenant pourra expliquer ses succès et ses échecs sur la base de sa perception. De tout ce qui précède, la réussite d'une séquence d'enseignement s'opère grâce à la combinaison de deux dimensions: les causes internes à l'élève (talent, effort, fatigue, etc.) et les causes externes (difficulté d'une tâche, chance, qualité de l'enseignement, camarades, etc.)

6. 3 Principes de notation des deux versions du test AMTB

Nous avons utilisé lesdeux versions 1985 et 2004 du test AMTB de Gardner très populaire dans le domaine du contrôle des attitudes/des motivations.

6. 3. 1 Première version du test AMTB

La première version est la version initiale avec ses 134 énoncés qui couvrent des domaines différents comme détaillés dans le Tableau suivant:

Tableau 56：Version initiale du test AMTB Gardner[①], 1985：178-184

Attitudes towards French Canadiens(Attitudes envers les Francophones du Canada)	10énoncés
Interest in foreign languages(Intérêt pour la langue secondaire/nouvelle)	10énoncés
Attitudes towards European French people (Attitudes envers la population francophone d'Europe)	10énoncés
Attitudes towards learning French(Attitudes envers l'apprentissage la langue française)	10énoncés
Integrative orientation (Orientation intégrative)	4énoncés
Instrumental orientation (Orientation Instrumentale)	4énoncés
French class anxiety (l'anxiété d'être dans une classe langue française)	5énoncés
Parental encouragement (soutien des parents)	10énoncés
Motivational intensity(Intensité de la motivation)	10 questions
Desire to learn French (Envie d'apprendre le français)	10 questions
Orientation index (Indice d'orientation)	1énoncés
Evaluation of the French teacher (Évaluation de l'enseignant de français)	25énoncés
Evaluation of the Frenchcourse (Évaluation du cours de français/inspection pédagogique de l'enseignant)	25énoncés

Dans cette enquête, les parties *Motivaional Intensity* (Intensité de la motivation) et *Desire to learn French* (Envie d'apprendre le français) suivent la même forme qui comprend des questions avec trois réponses, comme：

I actively think about what I have learned in my French class：

a) very frequently

b) hardly ever

c) once in awhile (*la première question de* Motivaional Intensity)

Ces trois réponses donnent des points compris entre 1 et 3 ; par exemple dans l'exemple au-dessus, le choix A, la réponse la plus positive, représente trois points. Le choix B, la réponse la plus négative, représente un point et le choix C, deux points (position neutre).

La majorité du reste est l'énoncé d'expressions des attitudes：

1. French Canadians are a very sociable, warm-hearted and creative people. (La première question de "Attitudes towards French Canadians").

---

① Nous insistons pour employer les appellations en anglais afin d'éviter les malentendus de traduction.

5. Studying French can be important for me because it will make me a more knowledgeable person. (La deuxième question de 《Instrumental orientation 》).

Selon l'explication de l'utilisation de Gardner dans son rapport technique, il veut laisser les candidats faire un choix parmi sept attitudes différentes:

Tableau 57: Choix des Attitudes de la première version

Strongly Disagree	Moderately Disagree	Slightly Disagree	Neutral	Slightly Agree	Moderately Agree	Strongly Agree
		*				

La note de cette question varie de 1 *à* 7 points et les points sont attribués du plus négatif au plus positif. Pour dix énoncés, le maximum des notes est de 70 points. (Gardner, 1985: 2)

De《 Attitudes towards French Canadians 》 *à* 《*Parental encouragement* 》, la méthode de marquage des pointsest identique, sauf que l'on doit faire attention aux expressions d'orientation opposée. Nous avons respecté les consignes de Gardner pour la notation des résultats venus des étudiants.

La partie 《*Orientation index* 》 ne possède qu'un énoncé:

I am studying French because:

a) *I think it will someday be useful getting a good job*.(1 points)

b)*I think it will help me to better understand French people and way of life*. (2points)

c) *I will allow me to meet and converse with more and varied people*. (2points)

d.) *A knowledge of two languages will make me a better-educational person*.(1point)

Entre les choix a) et b), les étudiants peuvent choisir une seule réponse, de même pour les choix c) et d).

La méthode de notation des parties de l' Évaluation, qui comprennent deux objets (enseignants et cours), est aussi différente des précédentes. Afin d'expliquer sa méthode, Gardner a fait une introduction spéciale pour indiquer l' utilisation de cette évaluation. Il met deux antonymes *à* deux extrémités entre lesquelles il y a sept cases *à* remplir.

Par exemple: Votre professeur est:

Efficace ________ / ________ / ________ / ________ / ________ / ________ / ________ /Inefficace

Le choix d'une case indique une note dont la plus haute est 7 et la plus basse est 1.

6. 3. 2 Deuxième version du test AMTB

La deuxième version de 2004 est la plus récente.

Afin d'éviter la répétition de la présentation de la méthode de Gardner, nous présentons seulement les modifications apportées *à* la version de 1985 par la nouvelle version, celle de 2004.

— Nombre : Il y a au total 116 énoncés (Gardner, 2004 : 2-12) qui ne sont pas tous les mêmes que la première version.

—Forme : Cette fois, Gardner supprime le choix "Neutral" et conserve les six autres. Ainsi la note maximale de chaque énoncé est de six points.

EX : *Spanish football players are much better than Brazilian football players.*

Tableau 58 : Choix des Attitudes de la deuxième version

Strongly Disagree	*Moderately Disagree*	*Slightly Disagree*	*Slightly Agree*	*Moderately Agree*	*Strongly Agree*

— Objet : La première version correspond *à* l'observation de la motivation des étudiants canadiens anglophones sur l'acquisition de français. La deuxième version est consacrée *à* la motivation de l'acquisition de l'anglais.

—Classification et répétition des énoncés : Dans la nouvelle version, les énoncés ne sont pas rangés selon les facteurs motivationnels, mais exposés devant les étudiants sans ordre particulier. Ainsi Gardner répète les quatre énoncés de l'*orientation instrumentale*. Mais ils ne sont rangés, ni l'un après l'autre, ni selon l'ordre de la version précédente.

Tableau 59 : Différences de classification des énoncés

Ordre de《Instrumental orientation 》(1985)	Numéro de la version de 2004
Studying French can be important for me only because I will need it for my career. (L'apprentissage du français peut être important pour moi seulement parce que j'en aurai besoin pour ma carrière.)	15

Studying French can be important for me because it will make me more knowledgeable person. (L' apprentissage du français peut être important pour moi parce qu'il me permet d'être plus compétent.)	35
Studying French can be important to me because I think it will someday be useful in getting a good job. (L' apprentissage du français peut être important pour moi parce que selon moi ce sera un jour utile pour obtenir un bon emploi.)	59
Studying French can be important for me because other people will respect me more if I have a knowledge of a foreign language. (L' apprentissage du français peut être important pour moi parce que d' autres gens vont me respecter plus si j' ai une connaissance d'une langue étrangère.)	79

Au cours de notre sélection des questions, nous avons dû faire attention à la répétition des énoncés. Après une relecture de la version 2004, nous n'avons trouvé que 45 questions identiques.

—Modifications: Le plus important est que les modifications soient possibles. Dans cette thèse, nous n'indiquerons pas seulement les mots (comme entre français, anglais ou japonais), mais aussi la modification du sens. Bien que Gardner emploie les mêmes énoncés, il modifie certaines expressions dans chaque phrase.

Tableau 60: Différences entre les énoncés

Énoncés de 1985	Énoncés de 2004
1. Studying French can be important for me only because I will need it for my career.(L'apprentissage du français peut être important pour moi seulement parce que j'en aurai besoin pour ma carrière.)	15. Studying English is important because I will need it for my career. (L' apprentissage de l' anglais est important pour moi parce que j'en aurai besoin pour ma carrière.)
2. Studying French can be important for me because it will make me more knowledgeable person. (L' apprentissage du français peut être important pour moi parce qu'il me permet d'être plus compétent.)	35. Studying English is important because it will make me more educated. (L' apprentissage de l' anglais est important pour moi parce qu' il me permet d'être plus éduqué.)
3. Studying French can be important to me because i think it will someday be useful in getting a good job. (L' apprentissage du français peut être important pour moi parce que selon moi ce sera un jour utile pour obtenir un bon emploi.)	59. Studying English is important because it will be useful in getting a good job.(L' apprentissage de l' anglais est important parce qu' il sera un jour utile pour obtenir un bon emploi.)

4. *Studying French can be important for me because other people will respect me more if I have a knowledge of a foreign language. (L'apprentissage du français peut être important pour moi parce que d'autres gens vont me respecter plus si j'ai une connaissance d'une langue étrangère.)*	79. Studying English is important because other people will respect me more if I know English. (L'apprentissage de l'anglais est important pour moi parce que d'autres gens vont me respecter plus si j'ai appris l'anglais.)

I ci, nous n'utilisons pas la traduction française pour montrer clairement les nuances des phrases. Chaque "can be" a été changé en "is" et chaque "for me" ou "to me" a été supprimé. L'expression "is" (《est 》: l'emploi du présent) est plus rassurante que l'hypothèse "can be" 《peut-être 》.

Cette nuance a aussi son sens: les phrases deviennent plus simples, ce qui permet aux lecteurs ayant participé aux sessions de l'enquête de comprendre plus facilement les sens des choses, ce qui diminue la pression et le stress *à* leur niveau.

Par ailleurs, la langue cible de recherche a été changée de *français* en *anglais*. Autrement dit, cette méthode d'enquête est modifiable, adaptable et n'est pas prédéfinie pour les recherches sur une seule langue étrangère, c'est pourquoi nous l'avons utilisée pour réaliser nos travaux. Les participants aux sessions d'administration du questionnaire ne sont pas les mêmes. La modification de cette méthode d'enquête a rendu les choses plus faciles pour les étudiants qui ont accepté de répondre *à* nos questions.

—Deux méthodes de mesure: Les 104 premières questions de la version 2004 répètent les questions de la version de 1985 de Gardner. Ici, les apprenants ont *à* donner leurs appréciations entre *strongly disagree* et *strongly agree*: il n'y a pas *neutral* . La note de chaque énoncé se situe alors entre un et six selon l'avis choisi par les apprenants participants *à* l'administration du questionnaire.

Gardner indique que l'objectif de chaque énoncé de la deuxième partie de cette enquête est de savoir le point de vue des apprenants. Pour chaque question, de la gauche vers la droite, nous avons sept chiffres de 1 *à* 7 comme dans l'exemple suivant:

1. *My motivation to learn English in order to communicate with English speaking people is*:

WEAK ______ 1: ______ 2: ______ 3: ______ 4: ______ 5: ______ 6: ______ 7 STRONG

Il faut choisir de 1à 7 entre ces deux antonymes.

L'enquête se déroule *à* l'aide d'une série dedouze questions. Chaque question est notée de 1 *à* 7 points. Donc, cette partie de la nouvelle enquête est notée maximum 84 (7x12) et minimum 12 (1x12). La mesure de l'intensité de la motivation des apprenants se fait alors *à* travers les variations des réponses sur les (12) questions suivant les choix qu'ils feront entre la proposition 1, 2, 3, 4, 5, 6 ou 7.

6. 4　Notre adaptation de la méthode ATMB

La méthode de Gardner est utilisée depuis longtemps et dans plusieurs pays de culture et langue maternelle différentes de celles des locuteurs anglophones pour des recherches dans le domaine de l'apprentissage des secondes langues ou langues étrangères. Nous l'avons aussi adoptée dans le cadre de nos travaux. Cependant, cette adoption est fondée sur la sélection des énoncés et des questions avec une légère modification pour pouvoir mieux l'adapter *à* notre objectif de recherche.

Pour cela, nous avons tout d'abord réduit les champs des questions pour mieux l'utiliser dans notre enquête. Notre recherche s'applique au public chinois. Par rapport au *soutien parental*, nous voulons distinguer les étudiants suivant le degré d'instruction de leurs parents, parce que l'environnement familial des étudiants joue un très grand rôle dans leurs succès scolaires. La différence des niveaux d'instruction des familles d'origine des étudiants nous permettra de vérifier l'état de la motivation des étudiants selon les familles de provenance. Nous allons pouvoir suivre sur la durée de notre enquête, ce qui se passe au niveau de leur motivation.

La méthode adoptée pour cette enquête est adaptation obtenue après une fusion des versions 1985 et 2004 de la méthode d'enquête de Gardner. Chaque phrase de la version 1985 a été employée sur une échelle de notes comptant de 1 *à* 6 points par question et pour avoir une note plus précise que la réponse *oui* ou *non*. Cette adaptation est très proche de la méthode de recherche version 2004 de Gardner. Nous avons aussi conservé la portion qui concerne l'évaluation des enseignants et des cours en respectant le sens des mots pendant la traduction comme dans l'exemple suivant:

My French teacher:(Mon enseignant de français)

Efficient…/…/…/…/…/…/…/inefficient (Efficace…/…/…/…/…/…/…/inefficace)

Tableau 61：À vos yeux, votre enseignant de français est efficace.

Strongly disagree (Complètement en désaccord)	Moderately disagree (modérément en désaccord)	Slightly disagreed (légèrement en désaccord)	Slightly agree (légèrement d'accord)	Moderately agree (modérément d'accord)	Strongly agree (Complètement d'accord)
1	2	3	4	5	6

Les champs《*Motivation intensity*》et《*Desire to learn french*》suivent une méthode particulière que nous avons présentée dans ce chapitre. Pour synchroniser la méthode de comptage, nous avons aussi modifié la méthode de questions *à* choix multiples (QCM) sous forme d'échelle d'appréciation allant de 1 *à* 6. Afin d'expliquer clairement notre méthode, nous prenons encore une fois l'exemple de la première question de《*Motivation intensity*》:

I actively think about what I have learned in my French class：

1. very frequently　　B. *hardly ever*　　C. *once in awhile*

Notre adaptation de la méthode a suivi trois étapes.

—La première étape est de choisir la réponse la plus positive. Dans ce cas, nous prenons le choix A.

—La deuxième étape est de composer la nouvelle phrase avec la lettre choisie (A).

Donc, la nouvelle phrase est：

I actively think about very frequently *whatI have learned in my French class*.

—La troisième étape est de mettre la nouvelle phrase sous la forme de 1 *à* 6 comme suit：

Tableau 62：*I actively think very frequently about what I have learned in my French class.*

Strongly disagree (Complètement en désaccord)	Moderately disagree (modérément en désaccord)	Slightly disagreed (légèrement en désaccord)	Slightly agree (légèrement d'accord)	Moderately agree (modérément d'accord)	Strongly agree (Complètement d'accord)
1	2	3	4	5	6

L'avantage de ce changement est non seulement d'harmoniser la façon de suivre l'évolution de la motivation des apprenants, mais cette méthode rend l'enquête plus précise, puisque nous allons pouvoir étudier et suivre la motivation sur une échelle de 1 *à* 6 au lieu de 1 *à* 3.

Une question s'étale sur une ligne graduelle de 1 point *à* 6 points. Les points sont accordés suivant la valeur en note de la sélection faite entre les cases 1/2/3/4/5 ou 6 des propositions de réponses par le participant. La case 1 vaut 1 point et la case 2 vaut 2 points ainsi de suite jusqu'à la case 6 qui vaut 6 points.

Ainsi, sur le Tableau suivant, le choix de la réponse《Strongly disagree(Complètement en désaccord)》de la case 1 va donner 1 point au répondant qui fait ce choixpour sa réponse sur cette question. Mais celui qui choisit la réponse de la case 5 sera notée 5 parce que les propositions de réponses sont placées dans des cases qui leur attribuent de façon systématique leur valeur en note. Ceci nous permet de faire la mesure de l'intention et de l'attitude de chaque participant de façon individuelle.

Tableau 63

Strongly disagree (Complètement en désaccord)	Moderately disagree (modérément en désaccord)	Slightly disagreed (légèrement en désaccord)	Slightly agree (légèrement d'accord)	Moderately agree (modérément d'accord)	Strongly agree (Complètement d'accord)
1	2	3	4	5	6

La dernière partie de la version 2004 est aussi spécifique, non seulement pour la méthode de calcul que nous venons de présenter, mais aussi pour le sens. Les douze questions sont prévues pour analyser la motivation à apprendre la langue comme les 104 questions précédentes.

Au total donc, nous avons retenu et adapté 184 questions: 113 questions sont choisies de la version 1985 et 71 de la version 2004 de la méthode de Gardner pour conduire notre enquête. Enfin donc, nous avons reclassé les 184 questions en trois catégories dans le respect de la conceptualisation de la méthode de Gardner:

Tableau 64: Adaptation issue des deux versions de Gardner

Questions composées d'après deux versions de Gardner		
Catégories	Composition détaillée	Nombre des questions
Intégrative (origine de la motivation pour le choix d'étudier la langue)	Integrative orientation (Motivation intrinsèque)	13
	Intérêt pour la langue étrangère	29
	Attitudesenvers la communauté de la langue secondaire	15

Attitudes envers la situation d'apprentissage (rôle de l'enseignant et la pédagogie de l'enseignant)	Evaluationde l'enseignant de langue étrangère	30
	Evaluationdes cours de langue étrangère	29
Motivation d'apprentissage	Envie d'apprendre la langueétrangère	26
	Intensité de la motivation	16
	Attitudes envers l'apprentissage de la langue étrangère	26
Total		184

Dans le Tableau, les questions ainsi reclassées en trois catégories selon la conceptualisation de la méthode de Gardner sont rangées et présentées dans l'ordre suivant:

—57 questions ont été posées dans la session《Orientation intégrative》du questionnaire pour avoir des détails sur les raisons du choix d'étudier la langue ;

—59 questions ont été posées dans la session《Attitudes envers la situation d'apprentissage》pour mesurer l'aspect pédagogique des paramètres entrant dans le soutien de la motivation des apprenants ;

—68 questions ont été posées pour vérifier le maintien de la motivation.

—36 questions sont identiques *à* la première version du questionnaire et le reste est modifié selon les besoins.

Achaque passage du questionnaire d'enquête, nous avons respecté, pour chaque session, le même nombre de questions (Tableau ci-dessus) afin de faciliter le calcul des valeurs de la motivation et pour aisément les comparer.

6. 5 Réalisation de notre questionnaire

Nous avons évité la répétition des questions entre deux enquêtes consécutives.

Pour équilibrer le nombre des questions, nous avons choisi:

— 3 questions pour la partie《*Motivation intrinsèque*》,

— 4pour la partie《*Intérêt pour la langue étrangère*》,

— 3pour la partie《Attitudes envers la communauté de langue secondaire》,

— 5pour la partie《*Évaluation de l'enseignant de langue étrangère*》,

— 5pour la partie《*Évaluation des cours de langue étrangère*》,

— 3pour la partie《Envie d'apprendre la langue étrangère》,

— 3pour la partie 《Intensité de la motivation 》

—4 pour la partie 《Attitudes envers l'apprentissage de la langue étrangère 》.

Pour réaliser la première enquête, nous avons utilisé le Tableau suivant et les 10 questions de chaque catégorie.

Tableau 65: Questions de la première enquête

Motivation intrinsèque: 1. 5. 8	Intérêt pour la langue étrangère: 4. 10. 11. 14
Attitudes envers la communauté de la langue secondaire: 3. 12. 15	*Évaluation de l'enseignant de langue étrangère* : 4. 5. 6. 7. 29
Évaluation des cours de langue étrangère : 20. 21. 22. 23. 24	Envie d'apprendre la langue étrangère: 1. 2. 4
Intensité de la motivation: 6. 7. 10	Attitudes envers l'apprentissage de la langue étrangère: 1. 2. 21. 22

Dans ce Tableau, nous devons faire attention au numéro 14 Intérêt pour la langue étrangère, au numéro 29 *Évaluation de l'enseignant de langue étrangère* et au numéro 21 Attitudes envers l'apprentissage de la langue étrangère, parce que ce sont des questions qui demandent plus d'attention de la part des participants de l'enquête. Ils ont dû réfléchir un peu plus afin de ne pas choisir des propositions de réponses qui pourraient aller contre leurs véritables idées de réponses.

La deuxième enquête comprend le même nombre de questions que la première enquête.

Tableau 66: Questions de la deuxième enquête

Motivation intrinsèque: 3. 11. 13	Intérêt pour la langue étrangère : 2. 7. 13. 17
Attitudes envers la communauté de la langue secondaire: 6. 7. 8	*Évaluation de l'enseignant de langue étrangère: 11. 12. 14. 15. 27*
Évaluation des cours de langue étrangère: 1. 2. 11. 13. 14	Envie d'apprendre la langue étrangère: 9. 18. 19
Intensité de la motivation: 11. 13. 14	Attitudes envers l'apprentissage de la langue étrangère: 4. 5. 10. 23

Le numéro 17 《Intérêt pour la langue étrangère 》, le numéro 27 《*Évaluation de l'enseignant de langue étrangère* 》et le numéro 10 《Attitudes envers l'apprentissage de la langue étrangère 》 avec deux options opposées pour avoir le choix《non》avec la réponse positive.

La troisième enquête comprend le même nombre de questions qu'avant. Cette fois, nous avons évité la répétition dans le choix des questions.

Tableau 67：Questions de la troisième enquête

Motivation intrinsèque：4. 9. 12	Intérêt pour la langue étrangère：1. 5. 12. 24
Attitudes envers la communauté de la langue secondaire：9. 10. 11	Evaluation de l'enseignant de langue étrangère：1. 9. 13. 16. 26
Evaluation des cours de langue étrangère：9. 10. 17. 25. 29	Envie d'apprendre la langue étrangère：8. 11. 22
Intensité de la motivation：5. 8. 9	Attitudes envers l'apprentissage de la langue étrangère：8. 15. 24. 26

Sur la questionnuméro 24《*Intérêt pour la langue étrangère*》, la question numéro 16《*Évaluation de l'enseignant de langue étrangère*》et la question numéro 8《Attitudes envers l'apprentissage de la langue étrangère》les participants ont dû réfléchir un peu plus afin de ne pas choisir des propositions de réponses qui pourraient aller contre leur véritable pensée.

6. 6 Conclusion du chapitre 6

En résumé, nous avons suivi les principes de la méthode de Gardner et adapté l'ensemble (184 questions) des deux versions (en 1985 et en 2004) des tests ATMB au contexte chinois. Pour mieux observer et mesurer la variation de la motivation d'une certaine durée, il y a six choix pour chaque question. Toutes les cases de chaque question représentent des valeurs différentes de l'ordre l'intensité de la motivation allant de 1 *à* 6.

Nous avons choisi, chaque fois, 30 questions avec 3 questions proposant des options opposées pour avoir le choix《non》avec la réponse positive. Les étudiants avaient donc besoin de réfléchir un peu plus afin de ne pas choisir des propositions de réponses aléatoires ou sans adéquation avec leurs idées.

Conclusion de la Deuxième Partie

Dans cette Deuxième Partie, il a d'abord été question du rôle de la motivation dans le processus d'apprentissage: nous avons apporté des précisions sur les conditions qui aident *à* maintenir la motivation dans l'apprentissage. De plus nous avons fait l'inventaire des différents éléments qui entrent dans la réalisation de la mission de l'enseignant, et présenté les profils d'apprentissage et de motivation.

À partir des définitions possibles de la motivation, il fallait aussi rappeler comment est évaluée la motivation dans l'éducation en Europe et en Chine. Avant tout, la motivation est utilisée dans le domaine psychologique comme l'《*ensemble des facteurs conscients ou inconscients qui déterminent un acte, une conduite*》(Hachette, 2000) ou l'《ensemble des facteurs dynamiques qui orientent l'action d'un individu vers un but donné》(sur le site du Centre National de Ressources Textuelles et Lexicales). Bien qu'on ne puisse pas séparer l'éducation des présupposés psychologiques (CRAHAY, 1999), les chercheurs en sociolinguistique ont essayé de comprendre la relation entre la motivation et l'acquisition d'une langue étrangère.

À la suite des travaux fondateurs de Gardner et Tremblay qui ont analysé le cas des immigrés canadiens et leur envie d'acquérir la langue étrangère du pays pour faciliter leur intégration, certaines théories et courants sont nés dans le champ de la psychologie cognitive y compris la théorie socio-éducative(Gardner, 1985), la théorie de l'autodétermination (Deci, Ryan, 1985), la théorie de l'approche cognitive (Weiner, 1992), le rôle de l'enseignant dans la motivation (Sarazzin, Tessier et Trouilloud, 2006), la motivation dans l'acquisition de la langue L2(Raby, Narcy-Combes, 2009) et la motivation chez les adultes (Cosnefroy, 2010). Ces recherches nous montrent non seulement l'importance et la nécessité de la motivation dans l'apprentissage de la langue étrangère, mais aussi proposent un modèle pour mesurer l'intensité de la motivation.

En Chine, les recherches sur la motivation ont commencé *à* partir de 1979 (Gui Shichun, 1979) où la formation de l'éducation supérieure venait d'être refondée après la fin de la Grande Révolution.

Nous pouvons résumer ainsi les deux particularités des recherches sur la motivation en Chine：

● Presque toutes les recherches sur la motivation en acquisition de langue étrangère ne concernent que les étudiants d'anglais excepté l'enquête de ZHENG (ZHENG Lihua, 1987：56-64). Cependant, nous l'avons signalé *à* plusieurs reprises, les étudiants de français en Chine sont en fait des étudiants bilingues chinois-anglais, ce qui nous oblige *à* revoir les motivations de l'apprentissage du français, au lieu de suivre les résultats de l'étude sur les motivations de l'apprentissage de l'anglais pour les étudiants chinois.

● La recherche sur la motivation en Chine est plus axée sur la recherche statique d'un aspect, comme la motivation interne, plutôt que sur les régularités de la variation de la motivation pour une certaine durée. Grâce aux recherches réalisées telles que l'importance de la motivation instrumentale (HUA Huifang, 1998), l'importance du recrutement dans la motivation (WU Dinge, 2000), la responsabilité sociale dans la motivation (GAO Yihong, ZHAO Yuan, CHENG Ying, ZHOU Yan, 2003), nous pouvons comprendre certaines différences entre la motivation des étudiants chinois et celle des étudiants étrangers. Cependant, nous ne pouvons pas encore comprendre la fonction des facteurs didactiques qui peuvent apporter une variation de la motivation des étudiants.

Pour répondre aux lacunes du champ d'étude de la motivation, nous avons composé trois questionnaires divisés en deux parties：des informations, et des questions adaptées selon le modèle de Gardner. Après avoir saisi les informations concernant les étudiants, nous avons pu observer la variation de la motivation en suivant la classification des étudiants.

Dans le département de français où l'enquête a été faite, pour essayer de remédier au problème rencontré dans l'enseignement du FLE en Chine et d'équilibrer la motivation instrumentale des étudiants avant et après le Gaokao (équivalent au BAC en France), le département a choisi une méthode d'évaluation continue (Contrôle régulier et évaluation commune). La particularité de cette recherche est que la méthode d'évaluation continue est considérée comme une seule variable didactique dans les deux classes d'une même promotion. En réalité, la classe 1 dans laquelle l'enseignant emploie la méthode d'évaluation continue travaille mieux que l'autre classe (selon les résultats du TSF 4 de 2013 *à* 2015). Bien que ce résultat puisse confirmer l'importance de cette méthode didactique dans l'acquisition, nous souhaitons comprendre comment elle motive les étudiants dans l'apprentissage.

Troisième Partie
Résultats et analyses des enquêtes

Introduction de la Troisième Partie

Après la description de l'université concernée et la méthodologie de l'enquête, nous devons à présent faire face aux questions suivantes: quel résultat voulons-nous obtenir à travers le questionnaire de motivation? Quelles variables de motivation voulons-nous observer et analyser? Pour répondre à ces questions, nous devons rappeler les particularités de cette enquête de motivation.

D'abord, c'est la première fois que quelqu'un fait une enquête pour analyser la variation de la motivation des étudiants de français en Chine. C'est la plus grande nouveauté, et c'est ce qui justifie notre intérêt pour tester les particularités du contexte chinois sur la motivation. Les recherches réalisées sur la motivation ont été faites surtout dans les pays occidentaux. En ce qui concerne la Chine, la différence la plus grande est la superficie. L'établissement où a été faite l'enquête se situe au nord-est de la Chine. Le fait que des étudiants venus du Sud de la Chine soient venus étudier à l'U. N. de Changchun distante de plusieurs milliers de kilomètres nous semble un bon test pour mesurer leur motivation. L'autre critère nouveau est l'attachement particulier des Chinois à la famille: les membres de famille peuvent-ils influencer la motivation des étudiants? Il s'agit donc d'abord de vérifier l'expérience de formation des parents. Notre hypothèse est que la qualité de la formation des parents peut motiver les étudiants, parce qu'ils devraient considérer leurs parents comme des exemples.

Ensuite, puisque tous les étudiants participants sont des étudiants chinois, nous devrons réfléchir à leurs particularités. Par exemple, les lycéens chinois ont l'habitude d'apprendre les cours dans les classes parascolaires. Peuvent-ils apprendre le français pendant les vacances de fin du lycée? Le Gaokao chinois a lieu en juin, et l'entrée universitaire est en septembre. Puisqu'ils ont assez de temps, nous pensons qu'ils le peuvent; c'est pourquoi nous voudrions savoir si cette préparation peut motiver les étudiants au cours du cursus universitaire.

Et puis, on peut aussi tester l'influence des particularités de la gestion des étudiants dans le système universitaire chinois. Par rapport aux universités françaises, on doit sélectionner dès le premier jour un chef de classe, un responsable des études et un secrétaire de la Ligue de la Jeunesse communiste dans chaque classe en Chine. Ces rôles ont-ils des impacts différents sur la motivation ? Nous pensons que le sens de l'honneur, qui fait partie des traditions en Chine, peut les aider *à* se former *à* l' auto-apprentissage ou l' autodétermination. Cependant, leurs disponibilités sont réduites *à* cause d' un important travail administratif quotidien. Face *à* ce dilemme, seront-ils plus motivés ou non ?

Enfin, dans ce département de français, nous avons utilisé un système d' évaluations régulières dans une classe pour chaque promotion. Les évaluations sont une méthode qui oblige les étudiants *à* réviser régulièrement des connaissances, mais qui en contrepartie leur rappelle leurs jours difficiles avant le Gaokao. La classe suivant cette méthode sera-t-elle moins motivée que l'autre classe ?

Nous terminerons cette étude par une synthèse sur les points communs aux étudiants les plus motivés.

Chapitre 7
Résultats des enquêtes par promotions

Introduction du Chapitre 7, Troisième Partie

Avant de continuer la description des résultats des enquêtes, nous devons nous poser certaines questions: pourquoi les données ont-elles été collectées séparément dans deux classes de la même promotion? Pourquoi avons-nous choisi des critères comme le sexe, le choix de la spécialité, la préparation du français avant l'entrée universitaire et les rôles de classe ?

En fait, pour que ces résultats puissent avoir une valeur comparative, nous devions utiliser des critères communs, tout en faisant varier la méthode d'apprentissage.

En effet, il fallait comparer deux classes qui utilisent deuxmodes d'évaluation différents. Les étudiants ont tous accédé *à* l'université après le processus national de sélection du gouvernement chinois, le Gaokao. Les étudiants sont dans le même département et sont encadrés dans les mêmes conditions. Notre travail a consisté *à* opérer une intervention pour pouvoir conduire notre enquête. Le premier mode didactique est la méthode d'éducation (voir chapitre 3. 3. 6) avec l'évaluation continue (voir chapitre 5. 3) qui évalue l'apprentissage des étudiants, l'apprentissage individuel et collectif et pour laquelle nous avons fait l'hypothèse qu'elle influence leur motivation. Mais une classe sur deux par promotion ne suivait pas la même méthode d'encadrement intensif avec l'évaluation. Cette classe suivait le programme tel que les enseignants le déroulent habituellement, et elle ne passait que l'examen final du semestre.

Notre comparaison a cherché *à* montrer l'importance de l'évaluation continue et de l'encadrement intensif dans la motivation des étudiants.

Ensuite, les recherches sur la motivation et nos hypothèses indiquent que chez les étudiants il y a des facteurs sociaux qui conditionnent les paramètres de l'évolution de la motivation tels que les dispositions naturelles de chaque individu commele sexe, le lieu de naissance, des facteurs familiaux comme le niveau de diplôme des parents, et des paramètres plus particuliers comme le soutien financier des parents pour aller en France.

La motivation globale est aussi mesurée par huit catégories. Selon la théorie de Gardner, en effet, les divers aspects de contrôle et de mesure de l'évolution de la motivation au niveau des apprenants de langues étrangères sont au nombre de huit：*motivation intrinsèque*, *intérêt* pour la langue *é*trang*è*re, attitudes envers la communaut*é* de la langue secondaire, *évaluation de l'enseignant de langue étrangère* , *évaluation des cours de langue étrangère* , envie d'apprendre la langue *é*trang*è*re, intensit*é* de motivation et attitudes envers l'apprentissage de langue *é*trang*è*re. Les trois premiers aspects concernent la partie la *motivation intrins*è*que* et les deux évaluations suivent l'*attitude* envers la *situation d'apprentissage*. Elles ne varient pas au même rythme parce que toutes les catégories ne dépendent pas des mêmes conditions. Par exemple, les trois premières sont souvent attachées *à* l'envie individuelle, au soutien financier de la famille des étudiants. Les deux évaluations sont reliées au contexte d'enseignement, aux outils utilisés et *à* l'adaptation de la méthode didactique. Notre analyse doit s'adresser alors non seulement *à* la variation de la motivation globale, mais aussi *à* celle de chaque catégorie.

Bien entendu, il ne faut pas négliger lesspécialités individuelles de chaque étudiant, même les enfants d'une même famille et d'une même formation peuvent avoir des préférences différentes pour un cours.

Quatre promotions d'étudiants de l'université de Changchun ont participé *à* cette enquête. En raison de leur entrée récente *à* l'université, les étudiants de première promotion n'ont participé *à* l'enquête qu'une fois en septembre 2015. Les trois autres promotions l'ont faite les trois fois en 2015. Cependant, la promotion de dernière année a fait sa dernière enquête en novembre en raison de la rentrée des étudiants en stage. Pour mieux distinguer les étudiants des promotions différentes, nous les appelons selon l'année d'entrée：par exemple, les étudiants de première année sont entrés *à* l'université en 2015, nous les appelons donc les étudiants de 2015.

Cette présentation commence par les étudiants de 2015 parce qu'ils n'ont fait qu'une fois l'enquête et qu'ils viennent d'entrer *à* l'université. C'est encore le temps de leur intégration. Pour cette raison, ils sont moins impliqués parce qu'ils sont nouveaux. Ils seront de plus en plus motivés au fur et à mesure que les méthodes d'enseignement les aideront à progresser.

7. 1 Présentation des résultats de l'enquête des étudiants de 2015

Nous avons choisi la première version de l'enquête de Gardner pour distinguer les étudiants de 2015 et mesurer leurs motivations et nous travaillons sur la première partie de cette version.

7. 1. 1 Profil des étudiants

41 étudiants de deux classes de 2015 ont participé. Un étudiant de la classe 1 (la classe 1501)① a abandonné ses études universitaires avant notre enquête, donc, dans la classe 1, nous avions 20 étudiants contre 21 dans la classe 2.

Presque tous les participants de 2015 sont nés entre 1996 et 1997, sauf un de la classe 1 en 1994 et un de la classe 2 en 1998.

Parmi ces 41étudiants, il y a 16 locaux, divisés également dans les deux classes.

6 étudiants viennent de villes grandes ou moyennes, comme Jilin, Baotou, Shenzhen, Huhehaote et Changchun, le reste vient des petits villages.

Le niveau de formation des parents de13 étudiants est supérieur au niveau BAC+ 3, équivalent au diplôme de l' IUT (Dazhuan). Ce diplôme est le niveau le plus bas de la formation supérieure.

36 étudiants ont choisi leur spécialité eux-mêmes, ce qui représente 87, 8% de la totalité. Pour le reste, 2 étudiants confirment que le français est le choix de leurs parents. Cette réponse indique que les étudiants de 2015 sont déjà assez autonomes pour faire eux-mêmes leur choix de spécialité.

7. 1. 2 Le questionnaire

● Les étudiants veulent-ils aller en France?

35 étudiants de 2015 ont envie d'aller en France. Pour les 6 restants, 1 étudiante vient de la classe 1 et 5 étudiantes de la classe 2.

Pour mieux comprendre leur choix, nous reprenons les informations à leur sujet: 3 étudiantes sur les 6 n'ont pas choisi leur spécialité elles-mêmes et les 3 autres viennent de petits villages. Ce sont ces deux raisons (absence de volonté et souci financier)qui sont en général les raisons majeures pour s'abstenir d'aller en France.

① La classe 1 de 2015 peut aussi être nommée comme la classe 1501.

● Les étudiants ont-ils appris le français avant d'entrer à l'université?

C'est le cas de 7 étudiants qui n'occupent que 17% de la totalité. Cette différence de départ provoque-t-elle une facilité de compréhension des connaissances langagières ou une différence dans l' intensité de la motivation? En tout cas, nous n' avons pas encoretrouvé de grande différence dans le domaine de motivation.

● Quelle est l'attitude vis-à-vis du français?

La réponse des étudiants de 2015 est celle de vrais débutants, et elle est aussi complexe.

2 étudiantes ont fait des choix multiples A, B, C et B, C, et 39 ont choisi une seule réponse. Nous trouvons 10 fois A, 13 fois B et 21 fois C. La majorité des étudiants pensent que le français est précis (47, 8%) au lieu de difficile (22, 7%) à première impression.

31 étudiants s'intéressent au cours de français et 38 étudiants aiment leurs enseignants.

Ici, nous devons bien comprendre que 20 étudiants de la classe 2 aiment leur cours de français et leur enseignante en même temps. Cependant, dans la classe 1, sept étudiants qui aiment leur enseignante chinoise pensent que leur cours de français n'est pas intéressant. Les étudiants sont émotionnellement versatiles. L'apparence physique des enseignants semble compter dans la façon dont les étudiants s' attachent aux cours des professeurs. Cette influence stimule leur volonté d'apprentissage et ils sont instinctivement enclins à fournir plus d'efforts. Ceci témoigne de l'immaturité sentimentale de certains de ces apprenants. Par contre, dans une autre classe avec un professeur que les étudiants apprécient moins, leur volonté sera moins élevée. La motivation des étudiants est conditionnée par l'attachement qu'ils développent envers les enseignants.

Le point de vue sur le contrôle semi-mensuel est similaire entre les deux classes. La majorité des étudiants, 13 dans la classe 1 et 14 dans la classe 2, ont choisi la réponse B. Très peu d' étudiants, 3 dans la classe 1 et 2 dans la classe 2, aiment bien cette méthode d' enseignement. Cependant, la majorité des étudiants, 16 dans la classe 1 et vingt dans la classe 2, confirment l' importance des contrôles intensifs dans leur motivation d'études. Ce résultat correspond aussi à notre hypothèse sur la situation contradictoire qui demandait si la motivation des étudiants pourrait être conditionnée par l' attachement qu' ils développent envers ou à l' encontre des enseignants.

● Les réponses sur l'objectif de leurs études universitaires sont très variées, nous devons donc distinguer les réponses tenant compte de motifs internes et externes.

Tableau 68：comparaison des facteurs internes et externes

Internes	Externes
Aimer le français(7), Responsabilité(2), Réaliser le rêve(2), Eviter d'être le dernier(1)	Aller en France(6), L'enseignante est belle(1), Gagner de l'argent(2), Chercher un bon travail(7), Obtenir le diplôme(2), Avoir un bon avenir(1).

● Les trois dernières questions concernent le point de vue des étudiants sur leurs conditions de vie dans cette université. Qu'est-ce qu'ils aiment ou n'aiment pas ?

100% d'étudiants sont satisfaits du département de français. Sauf 3 étudiants, les autres critiquent la situation du dortoir, leur emploi du temps trop chargé, le manque des salles disponibles, tous les types d'activités. Cependant, 24 étudiants pensent que ces inconvénients n'influencent pas immédiatement leur motivation pour les études.

7. 1. 3 Comparaison entre les deux classes des étudiants de 2015

Si nous comparons lesvaleurs de la motivation, les résultats de l'enquête des deux classes sont très proches：c'est parce que ce sont des étudiants de première année et qu'ils n'ont commencé leurs études de français que depuis quelques semaines au moment de la passation de cette enquête. La valeur moyenne de la motivation① de la classe 1 est de 142, 6 et celle de la classe 2 est de 140, 53.

Dans la classe 1, toutes les notes sont entre 113 et 159. La motivation de la classe 2 est plus variée, la plus basse est de 104 et la plus haute est de 173, ce qui nous indique que les étudiants les plus motivés comme les moins motivés se trouvent tous dans la classe 2.

Parmi les huit catégories que nous avons observées, les notes les plus proches sont Motivation intrinsèque (16, 25 contre 16, 24), Attitudes envers la communauté de langue secondaire (14, 45 contre 14, 43) et Intensité de motivation (12, 8 contre 13, 14). Cette similitude peut être expliquée par la séparation aléatoire des deux classes.

Mais la plus grande différence vient des catégories *Évaluation de l'enseignant de langue étrangère* (25, 85 contre 24, 81) et *Évaluation des cours de langue étrangère* (25, 25 contre 24, 19). Nous trouvons deux explications à cette variation. D'abord, ces deux catégories possèdent chacune 5 questions dont les notes totales sont sur 30 au lieu des 18 ou 24 des autres catégories.

① Pour mieux comprendre la valeur du chiffre, voir le résumé de la méthodologie de l'enquête (chapitre 6). Chaque fois, on pose 30 questions et chaque question comporte 6 cases allant de 1 à 6 points.

Ensuite, la différence dans la méthode didactique entre ces deux classes peut provoquer des appréciations différentes. Bien que la majorité des étudiants n'ait pas envie de choisir la méthode d'évaluation continue, la classe 1 qui suit cette méthode pense que son enseignant est plus studieux que celui de la classe 2.

Tableau 69 : Graphique de comparaison des motivations entre les classes 1 et 2 de 2015

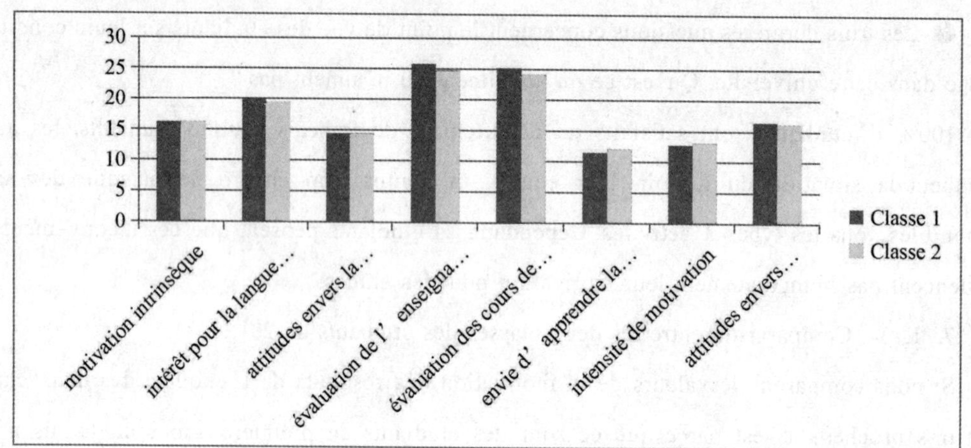

7. 2 Présentation des résultats de l'enquête des étudiants de 2014

Pour la première enquête, il y a au total 45 étudiants participants dans cette année, dont la classe 1 est de 24 étudiants et la classe 2 est de 21 (3 absents dans la classe 1 et 3 absents dans la classe 2). Tous ces étudiants étaient volontaires pour participer *à* cette série d'enquêtes. Leur première enquête a eu lieu en mars 2015, la deuxième en juillet et la troisième en septembre. La différence avec les étudiants de la promotion 2015 est que les étudiants de 2014 ont eu leur première enquête après avoir fait un semestre de français.

7. 2. 1 Première enquête des étudiants de 2014

7. 2. 1. 1 Profil des étudiants

La majorité des étudiants de 2014 sont nés entre 1995 et 1996. Pour le reste, 2 étudiants de la classe 1 sont nés en 1994 et 3 étudiants sont nés en 1997. La concentration des années de naissance induit une cognition similaire des étudiants. Savoir qu'on est avec les gens de sa génération inspirerait une confiance qui joue sur le mental de l'apprenant. Dans l'approche sociocognitive, la motivation en contexte scolaire est un état dynamique qui a ses origines dans les perceptions qu'un élève a de lui-même et de son environnement et qui l'incite *à* choisir une activité, à s'y engager et à persévérer dans son accomplissement afin d'atteindre un but. L'environnement est donc ici un déterminant très important. Les étudiants tiennent beaucoup compte de leur entourage et de la réaction des camarades avant toute prise de parole. Dans un groupe d'étudiants d'âge similaire, il y a moins d'évitement et de frustrations lors d'une mauvaise réponse à une question posée en classe. C'est une réalité culturelle: ne pas se rendre ridicule, ne pas montrer ses limites en public.

Pour l'année 2014, il y a 20 étudiants venant de la province du Jilin dont 9 de la classe 1 et 11 de la classe 2. Pour le reste, 7 étudiants de la classe 1 et 4 étudiants de la classe 2 viennent du sud de la Chine.

La majorité des étudiants de 2014 viennent de petits villages surtout dans la classe 1. Seuls 9 étudiants viennent de Changchun, le chef-lieu de province ou d'autres villes importantes telles que Jilin, Xiamen et Qingdao contre 11 de la classe 2 (Changchun, Xi'an, Kunming, Tianjin, Baotou, Dalian et Ürümqi).

Les niveaux de formation des parents desétudiants ne sont pas égaux pour ces deux classes. Pour la classe 1, seuls 2 étudiants ont déclaré que leurs parents ont obtenu un diplôme supérieur au niveau BAC+ 3 contre 14 dans la classe 2.

Comme pour l'année 2015, 36 étudiants ont choisi eux-mêmes le français comme leur spécialité. Ils représentent 80% de la totalité, un pourcentage un peu plus bas que l'année 2015. Ces 36 étudiants ne sont pas divisés également dans les deux classes: 21 étudiants pour la classe 1 et 25 pour la classe 2. Pour le reste, 4 étudiants, 2 de chaque classe, disent que la spécialité est choisie par les parents.

Seuls 8 étudiants ne veulent pas aller en France, dont 3 de la classe 1 et 5 de la classe 2. Parmi ces 8, la moitié n'a pas choisi cette spécialité, 2 autres viennent de petits villages.

39 étudiants de 2014 n'avaient pas appris le français avant leurs études universitaires, ce qui représente 87% du total concerné.

2 étudiants de la classe 1 et 4 étudiants de la classe 2 avaient déjà l'expérience des études de français. Le taux est proche de l'année 2015.

7. 2. 1. 2 Le questionnaire

● Qu'est-ce que les étudiants pensent du français?

12 étudiants ont choisi la réponse A*difficile*, 21 étudiants ont choisi la réponse B *élégant* et 12 étudiants ont choisi la réponse C *précis*. Ces trois réponses représentent respectivement 27%,

48% et 27% des étudiants. Ces pourcentages ne sont pas également répartis dans les deux classes. 9 étudiants de la classe 1 pensent que le français est difficile contre 3 de la classe 2, 6 étudiants de la classe 1 pensent que le français est élégant contre 15 de la classe 2 et 9 étudiants pensent que le français est précis contre 3 de la classe 2.

Par rapport aux résultats de 2015, davantage d'étudiants rencontrent des difficultés au cours de six mois d'études.

La majorité des étudiants confirment leur préférence pour le cours de français, ce qui représente 37 étudiants, 82% de la totalité contre 100% en 2015. 8 étudiants se sont abstenus d'exprimer qu'ils aiment le cours de français dont 6 de la classe 1. Cependant, 44 étudiants ont choisi la réponse 1 pour confirmer leur préférence pour leur enseignant. En comparaison avec l'année 2015, nous pensons que ce ne sont pas les études universitaires ou la méthode de contrôles qui peuvent développer l'intérêt des cours ni faire baisser leur préférence pour l'enseignant. Certains facteurs internes et externes entrent aussi en jeu tels que：l'amour de l'étudiant pour l'apprentissage du français, son sens de responsabilité, son envie de réaliser ses rêves pour le futur, son envie d'éviter d'être le dernier de la classe.

34 étudiants pensent que la préférence pour l'enseignant est une source de motivation pour leurs études, 11 étudiants n'admettent pas l'importance de l'enseignant dans leur motivation. Ces étudiants sont répartis presque également dans les deux classes, 6 dans la classe 1 et 5 dans la classe 2. Parmi ces 11 étudiants, 10 ont choisi leur spécialité eux-mêmes et veulent aller en France. Ces tendances sont soutenues par des facteurs externes tels que la plus-value sociale qu'on gagne par le fait d'avoir sur son curriculum des indications comme：séjour académique en France, ainsi que par l'attractivité de l'enseignant(e). Savoir parler français est un atout supplémentaire pour gagner de l'argent ou pour avoir un bon travail, obtenir un diplôme *à* l'étranger comme garantie morale d'un bon avenir.

● Par rapport aux contrôles, seuls 2 étudiants de la classe 1 disent les aimer. La majorité des étudiants peuvent les accepter, mais ne les aiment pas. Même réaction pour la classe 2. La différence entre la classe 1 et la classe 2 est de dire si les étudiants pensent que la méthode de contrôle est utile pour leurs études. Pour éviter son emploi, 7 étudiants de la classe 2 minimisent son importance pour leurs études. Cependant, dans la classe 1 qui a employé cette méthode, seul 1 étudiant pense que les contrôles ne sont pas utiles.

● Les raisons justifiant d'apprendre le français sont très variées. À part une étudiante qui indique *nul* dans l'enquête, il y a 8 raisons au total dont la majeure est de trouver un bon travail (27 étudiants). 2 étudiants pensent que l'enseignant est la raison qui le pousse à travailler. 6 étudiants considèrent les études comme relevant de leur propre intérêt, 3 pour aller en France, 1 pour éviter d'être recalé à l'examen, 1 pour le TFS 4, 2 parce que cela les fait rêver et 1 pour devenir traducteur.

Par rapport à l'enquête de 2015, la plus grande différence est que plus d'étudiants apprennent le français pour leur avenir professionnel.

● Les points de satisfaction vis-à-vis de l'université sont aussi variés selon les étudiants.

Les deux plus importants sont le département de français (14 étudiants), le centre culturel, et la qualité de l'enseignant (11 étudiants). La variation des points concernant les inconvénients est très semblable. Les deux premiers facteurs sont l'environnement concernant les études (15 étudiants) et l'environnement de la vie courante (12 étudiants).

Ce qui nous intéresse le plus est la différence de choix des étudiants entre ces deux classes et leur différence de sensibilité.

La classe 2 (qui ne suit pas la méthode de contrôles) critique très fortement l'environnement concernant les études (14 étudiants) contre une seule dans la classe 1 et est beaucoup plus sensible aux inconvénients liés à un médiocre environnement 18 étudiants de cette classe 2 pensent que cela peut influencer leurs études contre 10 dans la classe 1. Autrement dit, en moyenne, la motivation de la classe 1 est plus stable que celle de la classe 2.

Quand nous avons fait la première enquête, ces deux classes avaient fait six mois de français dans l'université, l'une avec la méthode de contrôles et l'autre non. En utilisant une méthode différente pendant six mois, la différence des motivations de ces deux classes est plus grande que celle de 2015.

7. 2. 1. 3　Comparaison entre les deux classes

Tableau 70：la répartition des notes de ces deux classes

	< 110	111-120	121-130	131-140	141-150	151-160	> 161
Classe1	0	0	4	5	9	5	1
Classe2	0	1	11	3	5	2	0

La moyenne de la classe 1 est de 144, 38 contre 133, 57 de la classe 2. Toutes les notess' étagent entre 120 et 167. La plus forte vient de la classe 1 et la plus faible vient de la classe 2. Le soutien vient de la densité des efforts supplémentaires que font les étudiants de la classe qui a fait l'expérience de l'évaluation continue. Cette classe est donc plus sollicitée et donc plus active.

Tableau 71 : Graphiquedu résultat de la première enquête de 2014

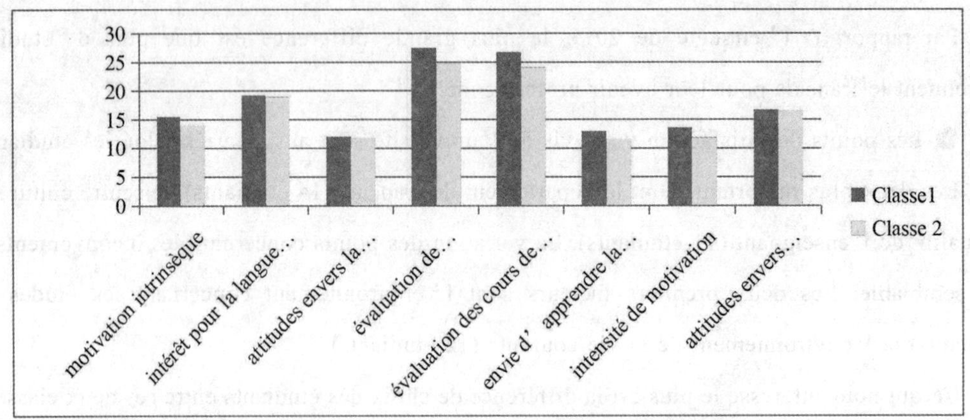

Nous pouvons aussi trouver des points intéressants selon les catégories.

Parmi les huit catégories de motivation de l'enquête, comparée *à* la classe 2, la classe 1 affiche une motivation beaucoup plus constante que celle de la classe 2, ce qui semble montrer l'importance de la méthode de contrôles. Cependant, *Orientation Intégrative* et *Attitudes envers l'apprentissage de la langue étrangère* sont bien proches (19, 29 contre 19 et 16, 75 contre 16, 52). La plus grande différence vient des catégories *Évaluation de l'enseignant de la seconde langue* (27, 46 contre 24, 76) et *Évaluation de l'enseignement de la seconde langue* (26, 71 contre 24, 1). Ces deux catégories sont influencées directement par la méthode. En général, les étudiants comprennent l'importance de la méthode d'évaluation continue même s'ils affirment en subir la pression. Cependant, l'étudiante la moins motivée démontre que cette méthode n'aide pas les étudiants paresseux, qui sont distancés par les autres.

7. 2. 2 Deuxième enquête des étudiants de 2014

La deuxième enquête a été faite en juillet 2015, vers la fin du semestre. C'est aussi la fin de la première année pour la promotion 2014.

7. 2. 2 Analyse des réponses au questionnaire

Au total, 51 étudiants de 2014 ont participé *à* la deuxième enquête dont 27 de la classe 1 et 24 de la classe 2, tous volontaires pour faire cette enquête.

Question1. "Après ce semestre d'études, est-ce que vous aimez le français ? A. J'aime, B. je n'aime pas, C. difficile à dire."

Aucun étudiant n'a choisi la réponse *B non,* cependant 12 étudiants ont choisi la réponse *C difficile à dire* , surtout dans la classe 1(7 étudiants sur 12).

Question 2: "Est-ce que vous aimez la méthode du cours ? A. J'aime, B. je n'aime pas, C. difficile à dire."

36 étudiants dont 16 de la classe 1 ont choisi A, 14 dont 10 de la classe 1 ont choisi C et une étudiante a choisi B.

Question 3: 《*Le cours que tu aimes le plus*: ____________》:

24 étudiants de la classe 1 et 16 étudiants de la classe 2 ont choisi le cours intensif comme le cours qu'ils aiment le plus.

La situation de la classe 2 est paradoxale: 20 étudiants aiment la méthode du cours de français, mais seuls 16 préfèrent ce cours aux autres. Pourquoi sur 24 étudiants qui aiment le plus le cours intensif de français, n'y en a-t-il que 16 qui ont choisi la réponse A de la question 2?

D'abord, la question 2 concerne une réflexion sur leur propre sentiment dans l'absolu. La question 3 est une préférence, ce qui est une notion relative. L'étudiant peut ne pas aimer le cours de français, mais encore moins les autres. Ensuite, la méthode du cours et le cours n'ont pas le même sens. Pour les étudiants de la classe 1, ils aiment les cours de français, mais n'aiment pas la méthode de cours. Cette réponse contradictoire nous montre en réalité que le cours les aide, mais que la méthode est difficile et demande plus de travail.

Question 4: 《*Le cours que tu aimes le moins*: ____________》

Les réponses sont très dispersées. Pour les réponses de la classe 1, à part 3 étudiants qui remplissent tout, six étudiants indiquent le cours de marxisme, 7 le cours de sport, 6 la grammaire française, 4 l'anglais.

14 étudiants de la classe 2 ont préféré ne pas répondre à cette question. Nous pouvons considérer leur réponse comme nulle. Pour le reste des étudiants de la classe 2, 9 ont choisi le cours d'anglais et l'autre le cours de français.

Question 5: 《*si vos amis ou camarades de classe vont en France, est-ce que cela favorise votre motivation pour y aller* ? A. oui, B. Non》

Les réponses donnent 18 A dans la classe 1 et 16 A de la classe 2, donc le pourcentage de réponses est très proche. Par rapport aux 8 étudiants du début du semestre, 5 étudiants persistent dans leur choix de ne pas aller en France dont une vient de la classe 1.

Question 6："*si vous voulez aller en France, est-ce que vos parents vous soutiennent ? A. Oui, B. non*"

2 étudiants de la classe 1 et 5 étudiants de la classe 2 ont choisi la réponse B. Autrement dit, ces étudiants n'ont pas la possibilité d'aller en France parce qu'en Chine, les études et la vie des étudiants sont financées par la famille. Il n'existe pas de bourse d'entreprise ni gouvernementale pour les licenciés. Bien que ce soit peut-être le propre point de vue de leurs parents, la raison majeure de cette décision vient de leur situation de financement.

Question 7：《*si vous ne voulez pas aller en France, quelle est la raison? A. familiale, B. langagière, C. affective, D. projet de coopération. E. autres：* ___________》

20 étudiants ont choisi la réponse A, 10 pour chaque classe y compris les 7 étudiants qui ont choisi la réponse B de la question 6. La raison pour laquelle les parents ne les laissent pas aller en France est le manque d'argent.

Question 8：《*est-ce que le TFS 4 peut influencer votre motivation ? A. TFS 4 est la source de ma motivation, B. oui, mais il n'est pas le plus important, C. presque non, D. je ne m'intéresse pas au TFS 4.*》

Aucun étudiant n'a choisi la réponse D. La majorité des étudiants ont choisi A ou B et ce sont les plus motivés selon notre méthode. Seul 1 étudiant de la classe 1 néglige l'influence de TFS 4. 21 étudiants de la classe 1 et 18 de la classe 2 font la réponse B. Cela signifie deux choses. D'abord, le TFS 4 est important pour la majorité des étudiants. Ensuite, le TFS 4 n'est pas leur seul objectif. Beaucoup d'étudiants ont déjà réfléchi au futur après le TFS 4.

Question 9：《*est-ce que votre travail est régulier? A. Oui, B. Non* 》

39 étudiants pensent oui, dont 20 de la classe 1 et 19 de la classe 2. La réponse B n'est pas négative. Cette distinction sert juste à voir si les étudiants ont l'habitude de travailler.

Question 10：《*Maintenant, qu'est-ce qui influence le plus vos études* ___________(*par exemple：l'encouragement de l'enseignant ; des activités qui n'ont aucun rapport avec le français*) 》

Les réponses sontaussi variées que les autres questions ouvertes. 13 étudiants pensent que ce sont les activités hors du français qui influencent le plus leurs études, tous ces étudiants viennent de la classe 1. 5 étudiants de la classe 1 et 4 de la classe 2 ont choisi les notes de l'examen. Pour ces 9 étudiants, leur motivation est de la motivation instrumentale. Pour le reste, 3 pour le dortoir,

9 pour l'enseignant dont 8 de la classe 2, un pour le climat, 2 pour le bruit, et 6 pour les loisirs.

Question 11：《est-ce *que vous êtes un directeur de classe* ? A. *Oui*, B. *Non*. *Si oui, lequel*… 》(chef de classe, responsable des études, secrétaire de la Ligue de la Jeunesse communiste ou les autres)

Il y a 17 étudiants directeurs de classe, dont 8 de la classe 1. Cette question sert *à* analyser la différence de motivation entre les directeurs et les autres étudiants. Dans les classes chinoises, il y a souvent plusieurs directeurs de classes, y compris un chef de classe, un responsable des études de classe, un secrétaire de la Ligue de la Jeunesse Communiste, un responsable de communication etc.

7. 2. 2. 2 Bilan de la deuxième enquête des étudiants de 2014

Cette fois, les notes de l'enquête① sont plus élevées que pour la première enquête, parce que les étudiants ont passé un semestre de français de plus *à* l'université：la note moyenne de la classe 1 est de 151, 26 contre 144, 38 en mars, et la classe 2 est de 140, 83 contre 133, 57.

Tableau 72：Répartition des notes des étudiants

	< 110	111-120	121-130	131-140	141-150	151-160	> 161
Classe 1	0	0	1	6	2	14	4
Classe 2	0	3	6	4	2	6	3

Nous trouvons que la concentration des notes de la classe 1 est plus évidente que la classe 2 et presque jusqu'au niveau le plus élevé.

Bien que les deux classes aient augmenté de 7 points, la composition de l'augmentation nous indique que la différence vient des trois catégories suivantes：*Évaluation de l'enseignant de langue étrangère*, *Évaluation des cours de langue étrangère* et Attitudes envers l'apprentissage de la langue étrangère. Il y a presque 2 points d'écart, ce qui semble indiquer que ces trois catégories sont influencées plus directement par la méthode didactique.

① Nous devons indiquer tout d'abord que le nombre des participants n'est pas identique *à* la première fois. Chaque classe a 3 étudiants de plus que la première fois.

Tableau 73：Graphique du résultat de la deuxième enquête de 2014

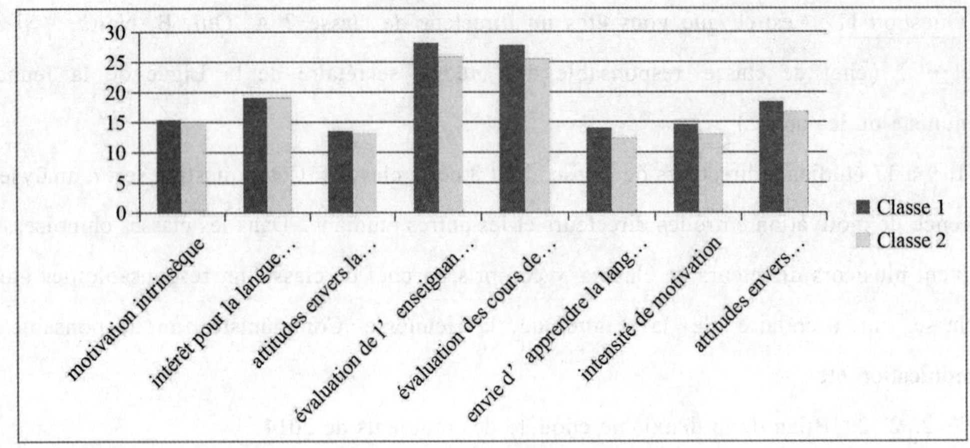

7. 2. 3 Troisième enquête des étudiants de 2014

Dans la troisième enquête qui a lieu en septembre 2015, il y avait au total 50 participants de 2014 dont 26 de la classe 1 et 24 de la classe 2. A ce moment-là, les étudiants étaient déjà en deuxième année et venaient de passer leurs vacances. L'autre point important qu'on ne peut pas négliger est le changement d'enseignant au cours intensif de français.

7. 2. 3. 1 Analyse des réponses au questionnaire

Question 1："*Dans le campus, quel est l'endroit que vous fréquentez le plus pour vos études ?*"

La majorité des étudiants (33 étudiants, 15 de la classe 1 et 18 de la classe 2) disent que leur endroit préféré est la classe. Cette réponse peut nous indiquer qu'ils peuvent travailler normalement parce qu'ils peuvent fréquenter cet endroit. Le deuxième choix est le Centre Culturel de France (13 étudiants).

Question 2："*Que pensez-vous de l'ambiance du cours ? A. satisfaisant, B. pas satisfaisant*"

28 étudiants pensent que l'ambiance du cours est satisfaisante dont 17 de la classe 1 et 11 de la classe 2.

21 étudiants ont choisi la réponse B.

Une étudiante de la classe 1 indique la réponse C《comme ci, comme ça》.

Donc, la majorité des étudiants de la classe 2 ne sont pas satisfaits de leur situation de travail, alors que la classe 1 l'accepte bien.

Question 3："*Par rapport au développement des départements universitaires, est-ce que* vous *êtes* satisfait du *département* de français ? A. Oui, B. Non. Est-ce que votre point de vue va influencer vos *études* ? A. Oui, B. Non."

Pour la première question, la réponse est très positive. Seule une étudiante de la classe 2 a choisi la réponse B.

Pour la deuxième question, 17 étudiants de la classe 1 et 13 étudiants de la classe 2 ont choisi la réponse A. Sans ignorer les étudiants qui ont choisi B, nous pensons qu'il y en a plus(30 étudiants) qui sont motivés par le développement du département de français.

Question 4: "*Au cours des vacances, combien d'heures par jour travaillez-vous ?*"

Pour mieux expliquer les réponses des étudiants, nous faisons le Tableau ci-dessous:

Tableau 74: réponses des étudiants

	< 1h	1h	2h	3h	4h	5h	6h	> 6h
La classe 1①	2	6	6	3	3	1	0	1
La classe 2	1	5	9	5	1	2	0	1

Le résultat le plus important dans cette question est de vérifier si les étudiants travaillent et les faire réfléchir sur leurs études pendant les vacances.

Question 5: "*Par rapport au semestre dernier, que pensez-vous de votre français ? A. meilleur, B. plus mauvais, C. pareil*"

Une étudiante de la classe 2 n'a pas répondu *à* cette question. Pour les autres, 10 étudiants ont choisi A (4 de la classe 1 et 6 de la classe 2), 14 étudiants ont choisi B (8 de la classe1 et 6 de la classe2) et 25 ont choisi C (14 pour la classe1 et 11 pour la classe2).

Ces réponses ne montrent que leurs propres impressions sur la variation du niveau de français et nous devrons le vérifier. Le plus important est qu'il y a au total 10 étudiants qui disent avoir fait des progrès pendant les vacances.

Question 6: "*Avez-vous étudié la langue française pendant les vacances ?* A. Oui, B. Non"

Une étudiante de la classe 2 ne répond pas *à* cette question. Pour le reste, 13 étudiants ont choisi A (5 de la classe 1 et 8 de la classe 2) et 36 étudiants ont choisi B (21 de la classe 1 et 15 de la classe 2). Le nombre de A est proche de la réponse *à* la question 5.

Question 7: "Pensez-vous avoir fait de progrès pendant les vacances ? ____________"

① 4 étudiants de la classe 1 ne s'exercent pas régulièrement, ce qui signifie qu'ils ne travaillent pas beaucoup.

Les réponses sont très variées：*nul, normal, sans projet, pas de réflexion* etc.

Cependant, les réponses les plus nombreuses sont：*Satisfaisant* et *Insatisfaisant* .

Dans la classe 1, 4 étudiants ont rempli*satisfaisant*, 5 *insatisfaisant* et 6 étudiants ont répondu *normal*. Ce résultat correspond aux deux questions précédentes.

Dans la classe 2, 13 étudiants sont satisfaits de leurs vacances et 4 non.

Ce résultat ne correspond pas aux deux questions précédentes. La seule explication est que certains projets de vacances n'ont pas le français comme objectif.

Question 8："*Voulez-vous reprendre votre projet inachevé pendant les vacances prochaines* ? A. Non. B. *Oui, bien que je veuille, je ne peux pas me discipliner* C. Non, *pas question de travailler parce que l'essentiel des vacances c'est le repos*. D. *Oui, parce que j'aime faire des progrès*."

Les réponses se trouvent dans le Tableau au-dessous.

Tableau 75：comparaison des réponses entre les deux classes

	A	B	C	D
Classe 1	13	11	2	0
Classe 2	9	9	4	2

Donc, 24 étudiants de la classe 1 regrettent de ne pas avoir assez travaillé pendant les vacances dont 11 pensent que c'est parce qu'ils ne peuvent pas se discipliner; et 2 étudiants trouvent que les vacances ne sont pas faites pour étudier.

Dans la classe 2, 18 regrettent de ne pas avoir assez travaillé pendant leurs vacances, dont 9 parce qu'ils ne savent pas se discipliner et 4 parce qu'ils ne veulent pas travailler pendant les vacances. 2 étudiants pensent qu'ils ont déjà pas mal travaillé.

Question 9:《*Écrivez un événement qui vous a motivé le plus*：__________, Ecrivez l'*événement le plus démotivant*：__________, *est-ce que ces deux événements ont influencé votre motivation pour vos études* ? A. *le premier oui, mais le deuxième non*, B. *Oui pour les deux* C. *le deuxième oui, le premier non*, D. *aucune*.》

Nous devons analyser successivement les réponses *à* ces trois questions.

—D'abord pour ce qui motive le plus, 18 étudiants dont 9 de la classe 1 et 9 de la classe 2 pensent que c'est la responsabilité de l'enseignant qui est le plus motivant.

13 étudiants indiquent le Centre Culturel de France dont 9 de la classe 1 et 4 de la classe 2.

2 étudiants indiquent le développement du département de français (un dans chaque classe).

2 étudiants de la classe 1 ont choisi la méthode de contrôles.

Les autres réponses sont variées telles que la solidarité, l'humanité etc.

Neuf étudiants de la classe 2 ne remplissent pas la case.

Donc, les étudiants de la classe 1 sont plus satisfaits du département.

—Ensuite, pour ce qui démotive le plus, 24 étudiants (12 dans chaque classe) ne remplissent rien.

2 étudiants de la classe 1 considèrent le changement de professeur comme le point le plus démotivant.

3 étudiants de la classe 1, leur faiblesse en français.

Certains étudiants (4 de chaque classe) critiquent l'environnement du cours.

Toutes les réactions sont cependant positives pour la motivation des études, même si nous trouvons aussi certaines réponses discordantes, telles que la méthode d'évaluation continue (2 étudiantes de la classe 1) et trop de devoirs (1 étudiante de la classe 2).

—Pour la troisième question, l'analyse est complexe.

La majorité pense que le fait motivant est plus important que le démotivant: 15 étudiants ont choisi A contre 4 qui ont choisi C. En général, les étudiants qui choisissent A sont plus motivés que les étudiants de C.

A la relecture, nous pouvons trouver les vraies raisons qui démotivent ces 4 étudiants: MIAO Dongxue, LI Yang et WANG Ying de la classe 1 et FU Shuangli de la classe 2.

MIAO a choisi la réponse C, mais elle ne remplit rien dans les deux dernières cases. Donc, elle pense qu'un fait démotivant peut influencer sa motivation, mais elle n'en a pas rencontré.

LI a choisi la méthode de contrôles comme démotivant. Elle était probablement la moins motivée des deux classes.

WANG pense que le fait le plus démotivant est son niveau faible de français. Cependant, son niveau n'est pas parmi les plus mauvais. Autrement dit, elle s'inquiète de son français et veut l'améliorer, mais elle a persévéré.

FU a choisi C *à* cause de l'environnement qui ne favoriserait pas la poursuite des études. Cette critique qui est liée*à* la construction du campus et *à* son environnement, est sans solution et donc particulièrement démotivante.

En ce qui concerne FU et WANG, ces deux étudiantes sont moins motivées par les facteurs externes ou internes; cependant elles ont exprimé le désir de continuer *à* travailler. La réponse B montre que la motivation est affectée, alors que ce n'est pas le cas pour D.

Pour ces raisons variées, il est difficile de résumer leurs réponses en un mot.

17 étudiants ont choisi la réponse B(8 de la classe 1 et 9 de la classe 2).

14 étudiants ont choisi la réponse D (8 de la classe 1 et 6 de la classe 2.)

Pour les étudiants qui ont choisi B, nous analysons ci-dessous le fait le plus démotivant.

Tableau 76：répartition des réponses sur un fait démotivant

Ce qui est démotivant pour les étudiants qui ont choisi B		
Rien	3	La classe 1
Départ de mon ancien professeur	1	La classe 1
Déplacement de la salle d'origine	1	La classe 1
La méthode de contrôles	1* ①	La classe 1
Le déséquilibre entre les garçons et les filles	1	La classe 1
Le français est trop difficile	1	La classe 1
L'environnement insuffisant des études	3	La classe 2
Rien	5	La classe 2

Voir la photo ci-dessous：

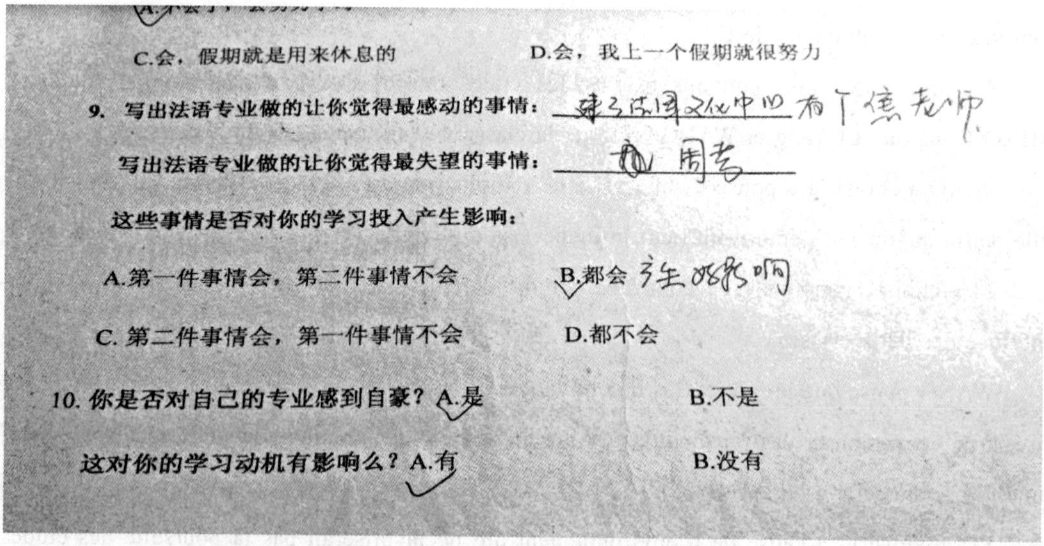

C.会，假期就是用来休息的　　D.会，我上一个假期就很努力

9. 写出法语专业做的让你觉得最感动的事情：

写出法语专业做的让你觉得最失望的事情：

这些事情是否对你的学习投入产生影响：

A.第一件事情会，第二件事情不会　　B.都会

C. 第二件事情会，第一件事情不会　　D.都不会

10. 你是否对自己的专业感到自豪？A.是　　B.不是

这对你的学习动机有影响么？A.有　　B.没有

① * une étudiante a ajouté quelques mots en chinois *à* propos du choix B：deux événements peuvent avoir une influence positive.

En conclusion de B, les réponses du Tableau 76 montrent qu'aucun étudiant n'est démotivé par un fait vraiment démotivant.

Question 10: "Est-ce que vous *êtes* fier de votre *spécialité* ? A. Oui, B. Non, Est-ce que cette *fierté* peut motiver vos *études* ? A. Oui, B. Non"

Toute la classe 1 en est fière (19 de la classe 2): seuls 5étudiants ont choisi la réponse B.

Pour la deuxième question, 43 étudiants ont choisi l'option A dont 21 de la classe 1401 et 22 de la classe 1402. Nous croyons que le reste n'est pas bien motivé par le développement du département.

7. 2. 3. 2 Bilan des réponses des étudiants de 2014 *à* la troisième enquête

Au retour de leurs vacances, les notes de motivation de cette enquête sont aussi différentes entre ces deux classes qu'avant: la moyenne de la classe 1 est de 143, 85 et la moyenne de la classe 2 est de 133, 75.

Dans la classe 1①, toutes les notes varient entre 110 et 167.

Dans la classe 2, les notes varient entre 109 et 169. Les notes montrent qu'aussi bien les étudiants les plus motivés que les moins motivés viennent tous de la classe 2, ce qui nous pose une autre question: pourquoi la moyenne de la classe 1 est-elle beaucoup plus élevée que la classe 2? Nous devons comparer la répartition des notes de ces deux classes.

Tableau 77: répartition des notes de ces deux classes

	< 110	111-120	121-130	131-140	141-150	151-160	> 161
Classe 1	1	2	2	2	7	10	2
Classe 2	2	4	5	3	8	1	1

P armi les huit catégories, les notes les proches sont Motivation *intrinsèque* (14, 92 contre 14, 625), *Intérêt* pour la langue *étrangère* (18 contre 17, 625) et Attitudes envers la *communauté* de langue secondaire (13, 65 contre 13, 33). Les plus grandes différences sont sur les cinq autres. Cette différence résulte de la distinction des méthodes qui provoque une impression différente sur les cours, mais aussi une intensité différente du travail et par ricochet donne une idée de la variation de l'impact de la pédagogie selon qu'ils travaillent avec tel enseignant ou tel autre

① HUANG Lanfei, une des meilleures étudiantes de la classe 1 qui a obtenu les notes les plus hautes de juillet, n'a pas participé *à* cette enquête *à* cause de son congé de maladie.

enseignant. Bien entendu, nous ne pouvons pas ignorer l'importance de la différence des méthodes utilisées par des enseignants.

Tableau 78: Graphique du résultat de la troisième enquête de 2014

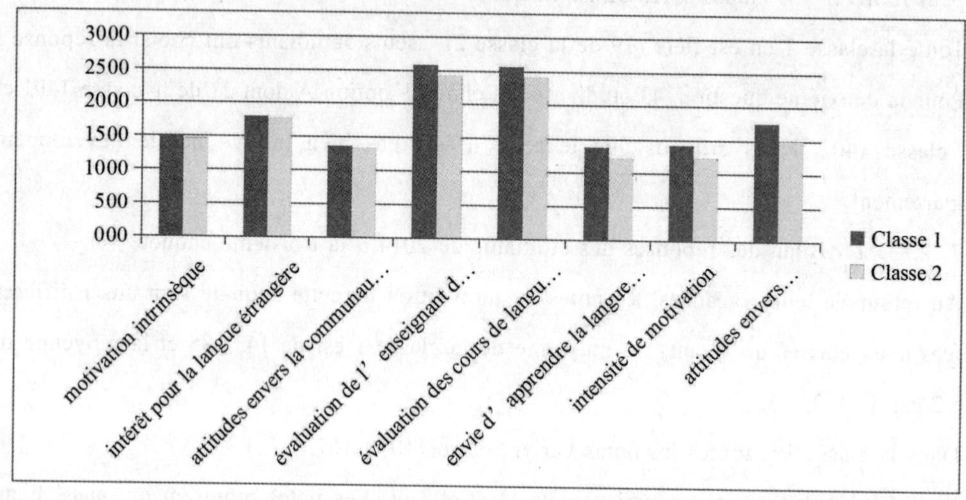

Avant la comparaison avec les deux fois précédentes, nous devons souligner la différence dans le nombre des étudiants enquêtés dans chaque classe. Cette variation peut provoquer des nuances dans les chiffres des moyennes puisque le nombre des étudiants n'est pas important.

La moyenne de la classe 1 est de 143, 85 contre 144, 38 la première fois et 151, 26 la deuxième fois.

La moyenne de la classe 2 est de 133, 75 contre 133, 57 la première fois et 140, 83 la deuxième fois.

Cette variation nous donne des informations importantes.

—D'abord, la motivation a varié entre le semestre et les vacances. Elle est plus élevée *à* la fin du semestre qu'au début du semestre. Les notes de la troisième fois sont proches de la première. En raison de la différence du nombre des étudiants de la promotion 2014, nous ne pouvons pas confirmer cette nuance. Cependant, la deuxième fois peut montrer l'importance de l'enseignement universitaire. Puisque ce pic est suscité par l'enseignement, il est logiquement considéré comme le niveau le plus haut de la variation de la motivation. Par rapport *à* la courbe, nous pensons que le début du semestre a été le niveau le plus bas pendant le semestre. Mais pendant les vacances, il y a eu aussi une rupture du rythme du travail scolaire. Les paramètres qui influencent la motivation changent lorsqu'on change de classe et de promotion.

—Ensuite, le chiffre n'illustre pas tout. Nous ne pouvons pas juger du niveau du français des classes selon leurs notes de motivation. La compétence langagière dépend de beaucoup de facteurs didactiques *parmi* lesquelles la motivation. La variation de la motivation pourrait être beaucoup plus un signe de volonté ou de désir: quand un étudiant est plus motivé qu'avant, cela ne signifie pas qu'il travaille mieux qu'avant, mais qu'il veut travailler plus qu'avant. La même variation ne signifie pas la même chose.

Si nous ne regardons que la différence moyenne, elle fait 7 points pour ces deux classes. Cependant, l'importance de l'augmentation n'est pas la même parce que la difficulté est de plus en plus élevée par rapport aux notes de motivation. En réalité, la sensibilité *à* la variation de la motivation n'est pas la même selon le niveau de motivation. Par exemple, pour les étudiants qui sont soit autonomes soit au contraire démotivés, la notion de motivation ne joue pas, alors que pour les étudiants qui ont pris l'habitude d'un apprentissage régulier, leur motivation deviendra de plus en plus stable.

D' autre part, parmi ces huit catégories, nous trouvons certaines différences dans les augmentations. Pour mieux les expliquer, nous faisons deux graphiques ci-dessous:

Tableau 79: Graphique de la classe 1 de 2014

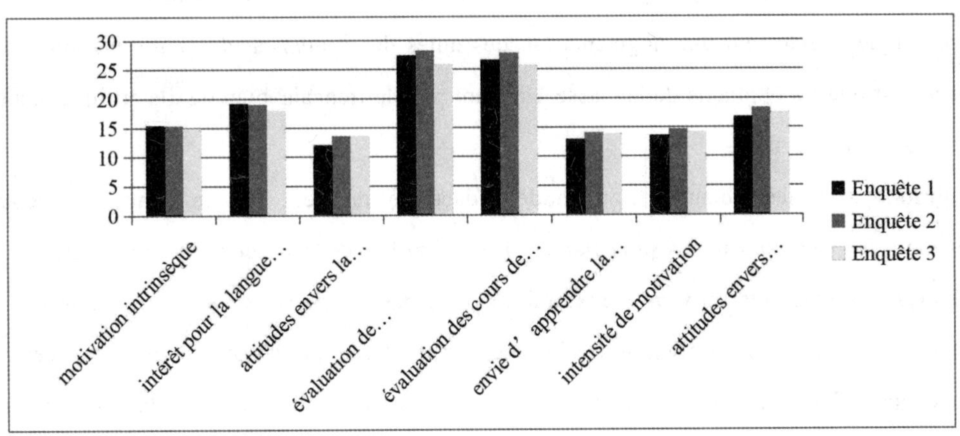

Tableau 80: Graphique de la classe 2 de 2014

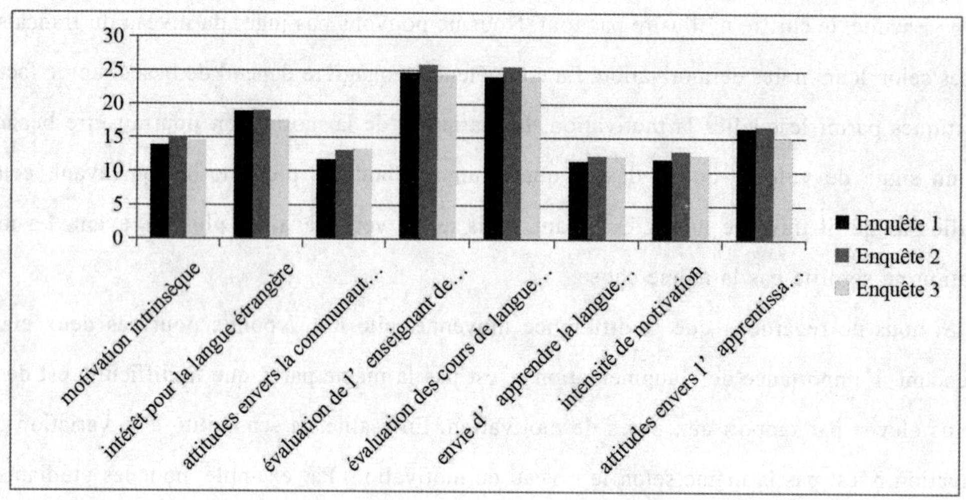

Pour les trois premières catégories, nous ne trouvons pas de grandes différences. En raison de la méthode des contrôles, les étudiants de la classe 1 pensent que leur professeur est plus responsable et les étudiants de la classe 2 pensent qu'ils ne sont pas bien orientés par le professeur au cours de leur apprentissage. Donc, la classe 1 aime plus son enseignant et le cours. Cette attitude peut provoquer un consensus à l'intérieur de la classe. La plus grande différence vient des trois dernières catégories. Grâce à la méthode des contrôles qui demande plus de travail, elle provoque directement une augmentation des notes de l'*intensité de la motivation*. Le plus étonnant est que les étudiants de la classe 1 aiment plus le français, bien qu'ils critiquent souvent l'excès de travail à faire.

Enfin, parmi lesétudiants, la méthode didactique ne peut pas influencer beaucoup la motivation des meilleurs ni les plus faibles. Elle n'influence que ceux qui sont entre les deux extrémités, les étudiants moyens, ceux qui ne sont pas ni mauvais, ni bons： pour ces deux dernières catégories, leur motivation est beaucoup plus stable que les autres, alors que ces autres (les moyens) n'ont pas encore choisi entre travailler automatiquement dans la bibliothèque, ou jouer avec l'ordinateur toute la journée. Ils manquent de plus d'orientation, de soutien que les meilleurs ou les plus faibles. A la relecture des enquêtes, nous trouvons que les étudiants qui ont la motivation la plus faible sont toujours les mêmes et leurs motivations ne varient presque pas. Les meilleurs ont toujours plus de 160 et les plus faibles ont presque 110. Cependant, la variation moyenne vient des étudiants qui se trouvent entre les deux et qui peuvent avoir plus de 150 ou moins de 140.

7. 3 Présentation des résultats de l'enquête des étudiants de 2013

7. 3. 1 Première enquête des étudiants de 2013

Nous avions 51 étudiants et participants en 2013: 25 dans la classe 1 et 22 dans la classe2 (4 absents pour la première fois).

Comme pour l'année 2014, la première enquête a eu lieu en mars 2015, la deuxième en juillet et la troisième en septembre. Elle est différente de l'année 2015 et de l'année 2014: quand les étudiants de 2013 ont commencé leur première enquête, ils étaient en deuxième année.

7. 3. 1. 1 Profil des étudiants

La majorité des étudiants de 2013 sont nés entre 1994 et 1995. Pour le reste, deux étudiants de chaque classe sont nés en 1993 et un étudiant de la classe 2 est né en 1996.

Dans l'année 2013, il y a 34 étudiants venant de la province du Jilin dont 17 de la classe 1 et 17 de la classe 2. Pour le reste, 5 étudiants de la classe 1 et 3 étudiants de la classe 2 viennent du sud de la Chine.

Presque la moitié des étudiants de cette année 2013 viennent de grandes villes: 11 de la classe 1 et 10 de la classe 2. Trois étudiants de la classe 1 viennent de Changchun, le chef-lieu de la province du Jilin et 8 viennent de Jilin, la deuxième plus grande ville de la province. Dans la classe 2, 5 étudiants viennent de Changchun, une de Jilin, les 4 autres viennent de Wuhu, Nanchang, Zhengzhou et Wulumuqi(Ürümqi). Les origines sociales influencent la perception que les étudiants ont de la place des études dans la préparation de leur avenir. Même si c'est une influence morale, cela compte beaucoup sur le plan psychologique.

La richesse de l'environnement social dans lequel évoluent les étudiants constitue un terreau de soutien moral et social pour les uns et les autres: s'ils ont eu la chance de s'imprégner de leurs différences individuelles, cela renforce leur ardeur au travail et revitalise leurs efforts.

Les niveaux de formation des parents des étudiants ne sont pas non plus égaux pour ces deux classes de 2013. Dans la classe 1, nous avons 6 étudiants qui déclarent que leurs parents ont obtenu un diplôme supérieur au niveau BAC+ 3 contre 8 dans la classe 2.

Comme les deux promotions précédentes, 40 étudiants ont choisi leur spécialité eux-mêmes. Ils représentent 85% de la totalité des étudiants(47 au total), pourcentage plus élevé que les années 2014 et 2015: ces 40 étudiants ne sont pas répartis également dans les deux classes, 21 dans la classe 1 et 19 dans la classe 2.

7. 3. 1. 2 Analyse du questionnaire

● Seuls 9 étudiants ne veulent pas aller en France dont 2 de la classe 1 et 7 de la classe 2. Parmi ces 9, 6 étudiants viennent de petits villages. Nous pensons que la raison en est le financement qui les empêche d'aller en France.

● 42 étudiants n'ont pas appris le français avant d'aller à l'université, ce qui représente 89, 4% de 2013. Ce taux est plus haut que ceux des années 2014 et 2015.

● Qu'est-ce que les étudiants pensent du français? 21 étudiants ont choisi la réponse A *difficile*, 5 étudiants ont choisi la réponse B *élégant* et 27 étudiants ont choisi la réponse C *précis* (5 étudiants de la classe 2 font de multiples choix：3 AC, 1 ABC et 1 BC). Ces trois réponses représentent 39, 6%, 9, 4% et 51% des étudiants. Entre ces deux classes, le point de vue des étudiants n'est pas le même. 9 étudiants de la classe 1 pensent que le français est difficile contre 10 de la classe 2. Deux B de la classe 1 contre 3 de la classe 2 et 14 de la classe 1 contre 13 de la classe 2. (5 étudiants de la classe 2 font des choix multiples)

A part une étudiante de la classe 2 qui a choisi《ne pas aimer 》le cours de français》, la majorité des étudiants ont choisi la réponse A《aimer le cours de français 》. 19 étudiants de la classe 1 et 16 de la classe 2 font ce choix, soit au total 76, 47% de 2013. L'estime qu'ils ont pour les enseignants conditionne fortement leur performance ou leurs efforts dans les classes.

Tous les étudiants de la classe 1 ont choisi la réponse A, cependant les réponses de la classe 2 sont plus variées. 15 étudiants aiment leur enseignant, 6 se sont abstenus d'exprimer leur goût et 1 étudiant a choisi encore la réponse《ne pas aimer/ ne pas aimer》. À la relecture, nous trouvons que ce ne sont pas les mêmes étudiantes. 33 étudiants pensent que la préférence vis-à-vis de l'enseignant est une source de motivation pour leurs études et deux pensent que non. Mais nous ne faisons pas cette distinction, puisque tous les étudiants de la classe 1 aiment leur enseignant.

La situation est complexe dans la classe 2. Quatre étudiants nient l' importance de l' enseignant dans leur motivation alors que trois pensent aimer leur enseignant. L'étudiante qui n' aime pas son enseignant pense pourtant que l' enseignant est un facteur important dans sa motivation. Cette nouvelle tendance se base sur ce qui affecte les apprenants chez un enseignant. Le métier d'enseignant est une œuvre délicate. Ce n'est pas aisé d'avoir un parfait contrôle sur tout et à tout moment.

● Par rapport à la méthode de contrôles, seulement 1 étudiante de la classe 1 et 4 étudiants de la classe 2 l'aiment. Cette mention se rapporte aux composantes n°s 2, 5 et 6 de la méthode Gardner de la motivation. C'est-à-dire que l'attitude de ces étudiants est soutenue par leur intérêt pour la langue française et par le sentiment d'autosatisfaction qui les anime pendant les cours.

La majorité des étudiants ont choisi la réponse B qui signifie 《ni aimer, ni ne pas aimer》, soit 16 dans la classe 1 et 10 dans la classe 2. Cette attitude se rapporte aux composantes 1 (*Motivation intrinsèque*) et 8 (*Attitude envers la langue*).

En clair, ces sujets affichent un déficit d'autodétermination, ce qui représente l'essence même de leur présence dans ce département depuis les premiers jours.

Dans une classe, nous avons deux catégories de participants: il y a l'apprenant par opposition à l'élève. Ces deux catégories de participants représentent une matière vivante, inconstante et surtout très mobile. 8 étudiants de chaque classe n'aiment pas la méthode des contrôles bien que la classe 2 n'utilise pas cette méthode. Pour cette catégorie, ils affichent leur faible envie d'apprendre la langue (composante 6 de la méthode). Cependant 21 étudiants de la classe 1 pensent que cette méthode est utile pour leurs études (témoignage de leur envie de faire des efforts, 13 de la classe 2 pensent qu'elle sera utile pour leurs études (composantes 8 et 2 de la méthode). 4 étudiants de la classe 1 rejettent sa contribution à la motivation (les moyens, groupe de ceux qui se font une autonomie relative). Parmi ces 4, 2 n'aiment pas la méthode des contrôles et deux n'ont pas d'opinion. 7 étudiants ont choisi la réponse négative pour éviter de l'employer dans leur classe. 2 étudiants ne font pas de choix, mais créent un choix C 《je ne sais pas 》. Ces situations surviennent lorsque les apprenants découvrent qu'ils n'arrivent pas toujours à travailler à leur rythme. Et l'enseignant doit devenir un vrai technicien. Il fait usage de ce qu'on appelle la pédagogie 《du contrat 》 ou de la pédagogie 《par objectifs 》. L'enseignant négocie en permanence avec les apprenants lors de la réalisation des activités et de l'évaluation des acquis.

● Le travail est la raison principale de l'apprentissage (32 étudiants dont 20 de la classe 1).

2 étudiants de la classe 1n'ont rien rempli rien dans cette case.

6 étudiants de la classe 2 ont rempli 《pour apprendre plus de connaissances》,

3 étudiants de la classe 1 disent 《ne pas avoir de regrets pour l'avenir après leursétudes universitaires 》, 2 étudiants de la classe 1 remplissent 《aimer》 et 2 de la classe 1 pour 《aller au sud 》.

Les autres réponses sont très individuelles telles que 《aller en France 》 (1 de la classe 2), 《aimer l'enseignant 》 (1 de la classe 2), le diplôme (1 de la classe 2), la persévérance (1 de la classe 2) et la facilité de communication (1 de la classe 1).

D' après les réponses de nombreux étudiants, l' endroit le plus attrayant de l' université serait le département de français. Il y a au total 26 étudiants qui ont choisi cette réponse dont 19 de la classe 1.

13 étudiants ne sont pas de cet avis： 5 de la classe 1 et 8 de la classe 2. Autrement dit, en comparaison avec la classe 2, la classe 1 est plus satisfaite de son département. 2 étudiants de la classe 2 sont satisfaits de leur environnent d'études et 3 de la classe 1 votent pour le programme des cours. Les autres réponses n'ont pas de lien avec leurs études comme le chauffage en hiver (1 de la classe 1) et les boutiques d'alimentation (2 de la classe 2). Leurs points d'insatisfaction sont plus nombreux que les points de satisfaction. Nous avons au total 13 facteurs dont les étudiants de 2013 ne sont pas satisfaits. Voici les plus importants：16 étudiants critiquent l'environnement de leurs études, dont 12 de la classe 1 et 4 de la classe 2, contre 2 qui en sont satisfaits, 15 étudiants critiquent le programme des cours dont 5 de la classe 1 et 10 de la classe 2, 2 étudiants de la classe 1 critiquent certains professeurs et pensent qu'ils sont moins efficaces dans leur rôle et 2 de la classe 1 critiquent《tout sauf le département de français》. Le reste des avis porte sur des choses comme la pollution de l' air, certaines règles de l' université, le manque des outils pédagogiques français. 7 étudiants de chaque classe pensent que cela va influencer leur motivation pour les études.

7. 3. 1. 3 Bilan de la première enquête des étudiants de 2013

Quand nous avons fait la première enquête en mars, ces deux classes étaient en deuxième semestre de la deuxième année. En utilisant des méthodes différentes depuis une année et demie, nous voyons que la différence des motivations entre ces classes est évidente：la moyenne de la classe 1 est de 151, 76 contre 142, 23 de la classe 2. Ces notes sont plus élevées qu' en 2014 parce qu'ils vont faire leur TFS 4 en mai. Toutes les notes varient entre 118 et 172. Cette variation est plus large que celle de l'année 2014. La plus haute vient de la classe 1 et la plus basse vient de la classe 2. Voici le Tableau de la répartition des notes de ces deux classes：

Tableau 81：Répartition des notes de ces deux classes

	< 110	111-120	121-130	131-140	141-150	151-160	> 161
Classe 1	0	0	3	4	5	2	11
Classe 2	0	2	2	7	5	2	4

Cette répartition donne des notes qui montrent des changements. Après une année et demie d'études de français, les étudiants peuvent déjà se faire une idée de leur niveau en français. Mais tout le monde n'a pas le même niveau dans le maniement de la langue, aussi pouvons- nous penser que le niveau de motivation va de pair avec le degré de compétence.

Nous pouvons aussi comparer les catégories de motivation. Parmi ces 8 catégories, la classe 1 est supérieure à la classe 2 pour 7 d'entre elles, sauf *Attitudes towards L2 community*.

La plus grande différence vient des catégories: *Evaluation of the L2 teacher* (27, 48 de la classe 1 contre 23, 82 de la classe 2)*et Evaluation of the L2 course* (26, 4 de la classe 1 contre 23, 18 de la classe 2). Pour la première fois, une étudiante de la classe 2 a dit qu'elle n'aimait pas le cours. Ces situations surviennent lorsque les apprenants découvrent qu'ils n'arrivent pas toujours à travailler à leur rythme et qu'ils estiment être mis sous pression.

Tableau 82: Résultat de la première enquête de 2013

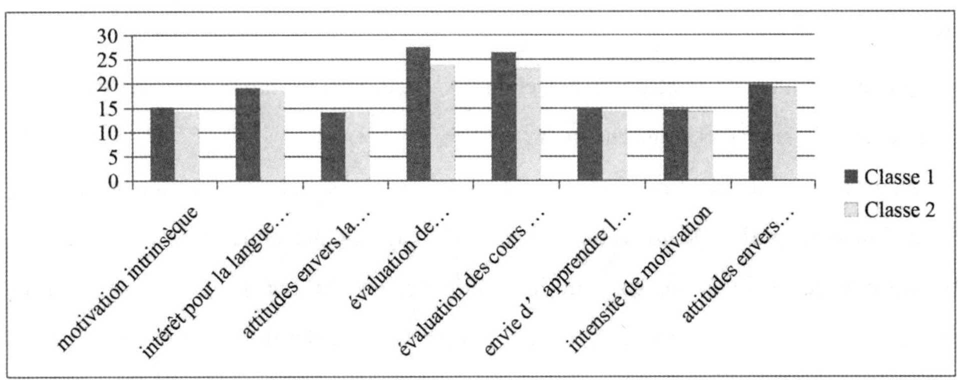

7. 3. 2 Deuxième enquête des étudiants de 2013

La deuxième enquête de 2013 a été faite avec l'année 2014, à la fin du semestre. Mise à part la différence d'époque, il y a aussi deux différences par rapport à la première enquête. D'abord, les participants ne sont pas cent pour cent les mêmes. 23 étudiants de la classe 1 et 25 étudiants de la classe 2 participent à cette enquête. Ensuite, l'année 2013 vient de passer le TFS 4. Avant et après un examen très important, la motivation des étudiants est probablement différente. La motivation personnelle est bien un pilier de l'épanouissement personnel. C'est un phénomène qui trouve ses racines dans les raisons personnelles de chaque sujet. Ceci pourrait expliquer ce que devient la motivation pour les études au niveau de chaque étudiant selon qu'ils réussissent ou pas au test du TFS4. Pour un apprenant qui avait fixé comme objectif de commencer par travailler avec le niveau licence et un autre pour qui il faut poursuivre jusqu'au master, les visions ne seront pas les mêmes. C'est un réflexe psychologique, qui est tout *à* fait naturel. Se trouver des excuses est une tendance *à* se dédouaner de ses responsabilités en se justifiant par des éléments extérieurs：ceci pourrait nous amener *à* chercher ce qui était l'objectif même du choix de la filière, le point de départ de la motivation personnelle de chaque étudiant du département de français.

Voir le détail des réponses①.

7. 3. 2. 1 Analyse des réponses au questionnaire de la deuxième enquête

Question 1：“*Après ce semestre d'études, est-ce que vous aimez le français ? A. J'aime , B. je n'aime pas , C. difficile à dire.* ” Un étudiant de la classe 2 a choisi la réponse *B non.*

29 étudiants ont choisi au total la réponse A dont 13 de la classe 1 et 16 de la classe 2. Le reste a choisi la réponse C.

Question 2：“*Est-ce que vous aimez la méthode du cours ? A. J'aime B. je n'aime pas C. difficile à dire.*”

12 étudiants dont 9 de la classe 1 ont choisi A, 22 dont 8 de la classe 1 ont choisi C et 18 étudiants dont 6 de la classe 1 ont choisi B.

La majorité des étudiants ne sont pas satisfaits de leur situation en cours ou la critiquent. Cette situation se rapporte *à* lamotivation intrinsèque. La seule personne qui connaît les tenants et les aboutissants de la situation, ce sont les étudiants. On ne fait jamais un choix sans une quelconque conviction. Une conviction est une norme très proche de la foi et ce n'est pas très facile de contrarier une vision, une conviction avec des conditions externes. Le rôle des enseignants ne pourrait pas suffire *à* lui tout seul *à* déraciner une conviction ancrée. Les apprenants doivent plutôt sonder leur intellect pour mettre en relief les véritables raisons de leur manque de motivation personnelle et éviter de se trouver des excuses. L'enseignant n'est qu'un guide, un accompagnateur. Il n'est pas un forgeron qui pourrait *à* lui tout seul donner un destin aux diverses aspirations des apprenants. La motivation est personnelle et n'apparaît pas seule. C'est le fruit d'une réflexion, d'une remise en question perpétuelle. C'est la définition d'objectifs concrets, réalisables, qui permettent de s'améliorer et d'améliorer sa motivation. Manquer de motivation en cours de route insinuerait que l'on n'a pas trouvé ses objectifs. Une vraie

① Deux absents de la classe 1 nous ont demandé de remplir le questionnaire deux jours après，mais nous avons refusé pour des raisons de scientificité.

motivation suppose un état d'esprit concret, un sentiment très proche de la raison de vivre. L'erreur est d'oublier de faire comprendre aux apprenants que tout repose sur leurs épaules et qu'ils sont seuls face *à* leurs responsabilités: la responsabilité ici se résume éviter de baisser la garde.

Question 3: 《*le cours que tu aimes le plus*: ________》: 17 étudiants de la classe 1 et 3 de la classe 2 ont choisi le cours intensif de français, une étudiante de la classe 1 et 13 de la classe 2 ont choisi la grammaire française. 2 étudiants de chaque classe préfèrent les cours de l'enseignant français. Un étudiant de la classe 1 aime le cours de traduction. Cinq étudiants de la classe 2 ne remplissent rien dans cette case. Deux étudiants de la classe 2 remplissent 《tout》.

Question 4: 《*le cours que tu aimes le moins*: ________》: cette question est ouverte comme la question 3. 19 étudiants ne remplissent rien dont 3 de la classe 1 et 16 de la classe 2.

Aucun est probablement la meilleure réponse. Pour le reste, 11 étudiants de la classe 1 pensent que c'est le cours de traduction, 5 de la classe 1 le cours de marketing, 2 de la classe 1 et une de la classe 2 la littérature française, 1 de la classe 1 la lecture, une de la classe 1 l'audio-visuel, 5 de la classe 2 le cours intensif de français et 2 de la classe 2 contre la grammaire française.

L'explication sur les questions 2, 3 et 4: ce qui nous intéresse le plus est la différence entre le nombre d'étudiants choisissant A et B de la question 2 et le nombre qui aime et ceux qui aiment le moins le cours intensif de français. Bien que le cours intensif soit le plus important, les autres cours de français peuvent influencer négativement ou positivement la motivation des étudiants.

Les étudiants sont des adultes en devenir. Le rôle de l'école est de faire un peu pression pour les orienter. Le premier objectif des programmes d'études c'est d'influencer la psychologie des apprenants et modeler leur détermination. Ils ne sont pas encore en mesure de reconnaître les bienfaits de ce système. La motivation personnelle est influencée par notre environnement, nos valeurs et notre conception du monde qui nous entoure. Etudier et persévérer jusqu'*à* obtenir un diplôme est un long chemin, et les étudiants qui ne se sont pas fixé des objectifs précis en chemin perdent leur motivation et abandonnent.

Question 5: 《*Si vos amis ou camarades de classe vont en France, est-ce que cela favorise votre motivation pour y aller ? A. oui, B. Non*》:

20 étudiants de la classe 1 et 14 étudiants de la classe 2 ont choisi la réponse A. La classe 1

est beaucoup moins nombreuse que la classe 2. Par rapport au niveau de mars 2015, la classe 2 a beaucoup changé. 11 étudiants ont choisi la réponse B contre 7 la fois dernière.

Question 6："*Si vous voulez aller en France, est-ce que vos parents vous soutiennent ? A. Oui, B. non*"：

22 étudiants de la classe 1 et 20 étudiants de la classe 2 ont choisi la réponse A.

Seuls 4 étudiants de la classe 2 sont sûrs de la réponse négative de leurs parents. Une étudiante de la classe 1 a choisi A et B avec une phrase d'explication《l'un oui, l'autre non》.

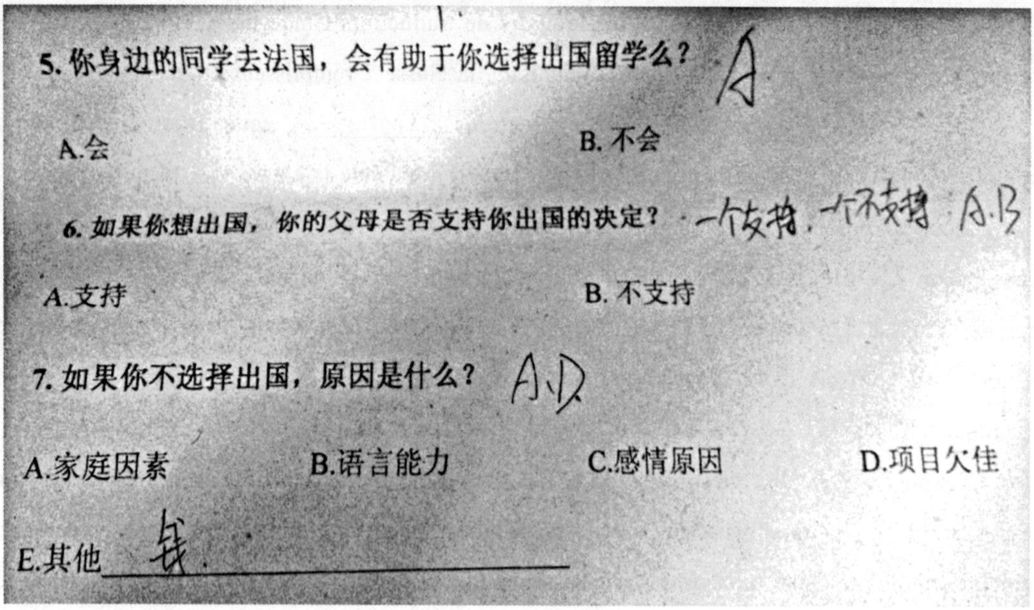

5. 你身边的同学去法国，会有助于你选择出国留学么？ A

A.会　　　B. 不会

6. 如果你想出国，你的父母是否支持你出国的决定？ 一个支持，一个不支持 A.B

A.支持　　　B. 不支持

7. 如果你不选择出国，原因是什么？ A.D

A.家庭因素　　　B.语言能力　　　C.感情原因　　　D.项目欠佳

E.其他 钱

Une autre dela classe 2 n'a pas choisi mais ajoute une phrase《Je ne sais pas》.

5. 你身边的同学去法国，会有助于你选择出国留学么？

A.会　　　　B. 不会

6. 如果你想出国，你的父母是否支持你出国的决定？ 不知道

A.支持　　　　B. 不支持

7. 如果你不选择出国，原因是什么？

A.家庭因素　　B.语言能力　　C.感情原因　　D.项目

E.其他________________

Question 7：《*si vous ne voulez pas aller en France, quelle est la raison? A. familiale, B. langagière, C. affective, D. projet de coopération. E. autres：* ___________ 》

Les réponses sont très variées. 9 étudiants dont une de la classe 1 ont fait de multiples choix. Nous avons eu trois BD, un AC, un ABD, trois AB et un AE dont un BD vient de la classe 1 et les autres viennent de la classe 2. En fait, 12 étudiants ont choisi la réponse A dont 6 de la classe 1. 19 ont choisi la réponse B dont 9 de la classe 1. 6 étudiants ont choisi la réponse C dont 2 de la classe 1. 7 étudiants ont choisi la réponse D dont 4 de la classe 1. 9 étudiants ont choisi la réponse E dont 3 de la classe 1. Une étudiante de la classe 2 n'a pas répondu.

Question 8：《*Est-ce que le TFS 4 peut influencer votre motivation ? A. TFS 4 est la source de ma motivation, B. oui, mais il n'est pas le plus important, C. presque non, D. je ne m'intéresse pas au TFS 4.*》：

Personne n'a choisi l'option D et la majorité des étudiants ont choisi la réponse B. Il y a au total 42 étudiants dont 18 de la classe 1. 5 étudiants de la classe 1 ont choisi la réponse A. Une seule étudiante de la classe 2 a choisi la réponse C.

Cela signifie que le TFS est important pour l'année 2013. Mais la majorité des étudiants ont choisi la réponse B, c'est-à-dire, qu'ils pensent qu'ils travaillent pour le TFS 4, mais aussi pour d'autres objectifs plus importants. Ce sera peut-être la continuation de leurs études en France ou leur projet professionnel.

Question 9：《*est-ce que vous travaillez régulièrement ? A. Oui, B. Non* 》

29 étudiants pensent que《oui 》dont 12 de la classe 1 et 17 de la classe 2. Une étudiante de la classe 2 n'a pas répondu.

Question 10："*Maintenant, qu'est-ce qui influence le plus vos études* ________(par *exemple*：*l'encouragement de l'enseignant* ; *trop d'activités qui n'ont aucun rapport avec le français*)"

Les réponses *à* cette question sont dispersées. Nous trouvons au total 12 réponses différentes. 16 étudiants, dont 11 de la classe 1 pensent que ce sont les activités hors du français qui influencent le plus négativement les étudiants. 6 étudiants de la classe 1 pensent que leur humeur influence leurs études. 5 de la classe 2 ont choisi les encouragements de l'enseignant. 4 de la classe 2 pensent que la difficulté de l'acquisition des connaissances influence leur motivation. 3 de la classe 2 ont choisi l'examen. Les autres réponses sont individuelles comme ce qui se passe en classe, les devoirs, les habitudes de travail, les parents, le climat. Toutes ces réponses sont remplies par une personne. 2 étudiants de la classe 1 pensent que la méthode didactique est la plus importante et 5 de la classe 2 ne remplissent rien.

Question 11："*est-ce que vous êtes un directeur de classe ? A. Oui, B. Non. Si oui, lequel*…"(comme chef de classe, reponsables des études, secrétaire de la Ligue de la Jeunesse Communiste, etc.)：il y a 16 étudiants, dont 7 de la classe 1, qui ont choisi la réponse A. Cette question sert *à* analyser la différence de la motivation entre les directeurs et les étudiants non gradés.

7. 3. 2. 2 Bilan de la deuxième enquête pour les étudiants de 2013

La deuxième enquête a eu lieu en juillet. Ces deux classes sont *à* la fin du deuxième semestre de la deuxième année et viennent de passer leur TFS 4.

Bien que la majorité des étudiants disent que le TFS 4 n'est qu'une partie de leur source de motivation, l'influence du TFS 4 est évidente. La motivation moyenne de la classe 1 passe de 151, 76 *à* 150, 61. Celle de la classe 2 passe de 142, 23 *à* 138, 59. La variation des motivations et la différence entre les deux classes sont claires. Presque toutes les notes sont plus basses qu'avant le TFS 4. Elles sont entre 109 et 172. La plus haute vient de la classe 1 et la plus basse vient de la classe 2. Voil*à* le Tableau de la répartition des notes de ces deux classes：

Tableau 83: Répartition des notes de ces deux classes

	< 110	111-120	121-130	131-140	141-150	151-160	> 161
Classe 1	0	1	2	3	4	6	7
Classe 2	1	2	4	8	8	1	1

L a répartition de la classe 1 suit la forme du ballon d'air dont le haut est plus large que le fond. La répartition de la classe 2 suit la forme du losange qui a une pointe de chaque côté.

Quand nous comparons les 8 catégories de motivation, la variation est large. Bien que la différence des deux motivations soit importante, deux catégories l'emportent dans la classe 2 sur celles de la classe 1: *Intérêt pour la langue étrangère* et *Attitudes envers la communauté de langue secondaire*. Bien que la motivation globale de la classe 1 soit plus élevée que l'autre classe, deux catégories de la motivation de la classe 2 sont en tête: *Intérêt pour la langue étrangère* et *Attitudes envers la communauté de langue secondaire*. En considérant la seule variable qui est le système d'évaluation continue, la classe 2 préfère la méthode didactique plus intensive et conserve de l'intérêt pour la langue et sa culture.

Tableau 84: Résultat de la deuxième enquête de 2013

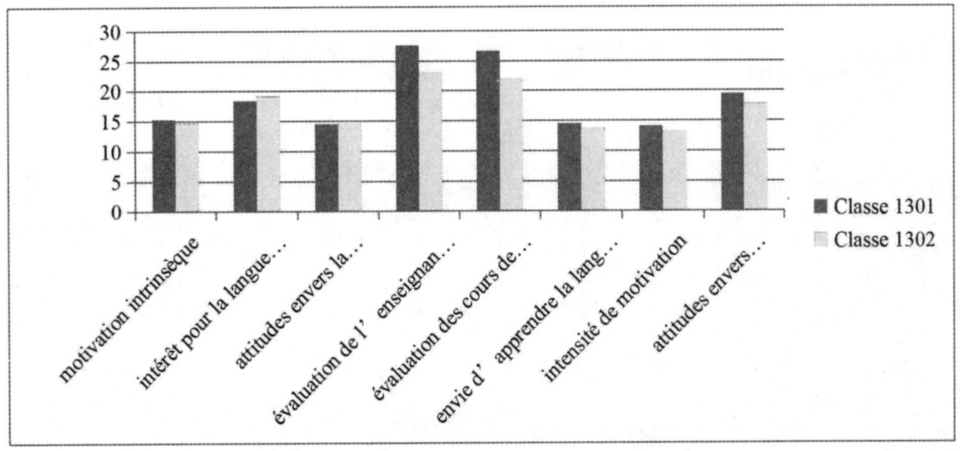

7. 3. 3 Troisième enquête des étudiants de 2013

La troisième enquête a été faite en septembre 2015, au début du premier semestre de la troisième année. Les étudiants participants ne sont pas les mêmes que les deux fois précédentes. Il y a au total 45 étudiants dont 23 de la classe 1. Dans la classe 1, le nombre est le même que pour l'enquête de juillet, mais les étudiants ne sont pas les mêmes. Dans la classe 2, le nombre est inférieur au mois de juillet. Et de plus, il y a encore quelques changements des étudiants. Enfin, ils ont changé d'enseignant cette année.

7. 3. 3. 1 Analyse du questionnaire

Question 1 : "*Dans le campus, où est l'endroit que vous fréquentez le plus pour vos études ?*" :

21 étudiants (7 de la classe 1 et 14 de la classe 2) pensent que leur endroit préféré est la classe. Le deuxième choix que 12 étudiants de la classe 1 ont choisi est le Centre Culturel de France. Pour le reste, 3 étudiants de chaque classe ne remplissent rien. 2 étudiants de la classe 2 disent n'importe où. Les autres réponses sont remplies par une seule personne.

Question 2 : "*Que pensez-vous de l'ambiance du cours? A. satisfaisant, B. pas satisfaisant*" :

14 dont 6 de la classe 1 ont choisi la réponse A.

26 dont 16 de la classe 1 ont choisi la réponse B.

4 étudiants dont une de la classe 1 ne choisissent pas.

Une autre réponse de la classe 2 est fabriquée par l'étudiante. Elle crée la réponse C《pas mauvais, je n'ai pas d'impression.》

1. 在校园内，你心中最适合上课的地方是：一般

2. 你认为现在自己上课的环境怎么样？A.满意 B.不满意 C 还行，没什么感觉

3. 同其他专业相比，你对于法语专业是否满意？A.满意 B.不满意

这会影响你学习么？A.会 B.不会

4. 假期当中，你每天学习的时间是多少？2 小时（不是每天都学，学的时候是

5. 假期过后，你觉得自己的法语水平______？

A.提高了 B.下降了 C.没有变化

6. 假期过后，你是否兑现了自己放假前的计划？A.完成了 B.没有

7. 你对自己的假期安排感到 安排很好，却有变化.

8. 如果回到假期中，你还会同样度过假期么？

Question 3 : “Par rapport au développement des départements universitaires, est-ce que vous êtes satisfait du département de français ? A. Oui, B. Non. Est-ce que votre point de vue va influencer vos études ? A. Oui, B. Non.”

Pour la première question, la réponse est très positive. 30 étudiants dont 21 de la classe 1 ont choisi la réponse A. Cependant, 9 étudiants dont 2 étudiants de la classe 1 ont choisi la réponse B. Une étudiante de la classe 2 fabrique aussi une réponse C《comme ci comme ça》.

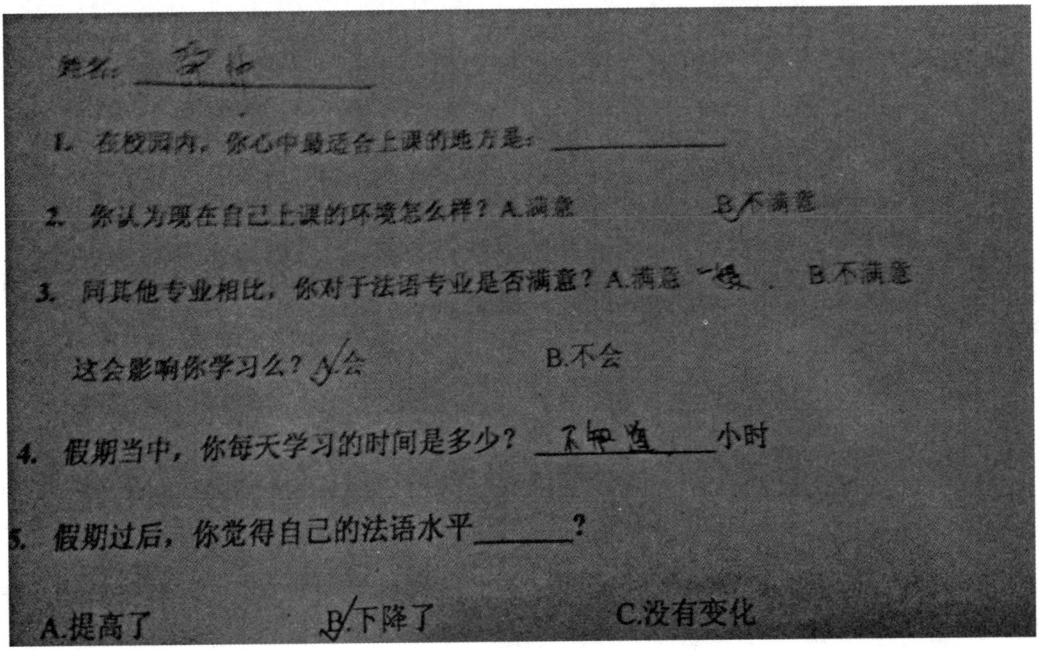

姓名：______

1. 在校园内，你心中最适合上课的地方是：______
2. 你认为现在自己上课的环境怎么样？A.满意 B.不满意
3. 同其他专业相比，你对于法语专业是否满意？A.满意 B.不满意

这会影响你学习么？A.会 B.不会

4. 假期当中，你每天学习的时间是多少？______小时
5. 假期过后，你觉得自己的法语水平______？

A.提高了 B.下降了 C.没有变化

Pour la deuxième question, 35 étudiants ont choisi la réponse A dont 17 de la classe 1.

9 étudiants ont choisi la réponse B dont 5 de la classe 1. Et une étudiante de la classe 1 s'est abstenue. A la relecture, les deux étudiants de la classe 1 qui ont choisi B pour la première question ont choisi la réponse A pour la deuxième question. Cela nous indique que le développement du département de français a influencé négativement la motivation de ces deux étudiants. 6 étudiants de la classe 2 sur 7 font le même choix.

En conclusion, 8 étudiants ne sont pas satisfaits du développement du département de français mais la classe 1 est plus satisfaite que la classe 2.

Question 4 : “Au cours des vacances, combien d'heures par jour étudiez-vous ?” pour mieux expliquer les réponses des étudiants, nous faisons le Tableau ci-dessous :

Tableau 85：Heures de travail pendant les vacances

	< 1h	1h	2h	3h	4h	5h	6h	> 6h
La classe 1*	1	9	10	1	0	0	0	0
La classe 2*	3	6	7	0	2	0	0	0

* Deux étudiants de la classe 1 et quatre étudiants de la classe 2 ne remplissent rien. Ce qui signifie qu'ils ne travaillent pas beaucoup.

Le résultat le plus important de cette question est de vérifier si les étudiants travaillent et les faire réfléchir sur leurs études pendant les vacances.

Question 5："*Par rapport au semestre dernier, que pensez-vous de votre français ? A. meilleur, B. plus mauvais, C. pareil*"

Tout le monde a répondu *à* cette question, cependant, seuls 3 dont une de la classe 1 ont choisi la réponse A.

24 étudiants dont 10 de la classe 1 ont choisi la réponse B.

18 étudiants dont 12 de la classe 1 ont choisi la réponse C.

Ces réponses ne sont que leurs propres impressions, et nous devrons les vérifier par la suite.

Question 6："*Avez-vous étudié la langue française pendant les vacances ? A. Oui, B. Non*"：

42 étudiants ont choisi la réponse B dont 22 de la classe 1. A la première impression, nous trouvons le même nombre pour le choix A des questions 5 et 6. Cependant, *à* la relecture, ce ne sont pas les mêmes étudiants. Donc pour ces trois étudiants, il y a deux possibilités：leur projet est trop difficile ou trop facile, leur croyance sur la motivation n'est pas certaine.

Question 7："*Pensez-vous avoir fait de progrès pendant les vacances?* ＿＿＿＿＿"：

Les réponses sont très variées et démotivantes. La majorité des réponses sont négatives.

20 étudiants dont 14 de la classe 1 confirment qu'ils n'ont pas réalisé leurs projets de vacances. Et pire, 10 étudiants de la classe 2 disent qu'ils n'ont pas de projet de vacances. 7 étudiants dont 5 de la classe 1 pensent que leurs vacances ne se passent pas mal. Seuls 4 étudiants dont une de la classe 1 sont satisfaits de leurs progrès en vacances. 4 étudiants se sont abstenus de nous répondre.

Question 8："*Voulez-vous reprendre votre projet inachevé pendant les vacances prochaines ? A. Non. B. Oui, bien que je veuille, je ne peux pas me discipliner.* C. Non, *pas question de travailler parce que l'essentiel des vacances c'est le repos. D. Oui, parce que j'aime faire des* progrès.": Les réponses se trouvent dans le Tableau ci-dessous:

Tableau 86: Options des deux classes

	A	B	C	D
La classe1*	12	17	2	0
La classe 2*	9	8	3	1

* deux étudiants de la classe 1 et une étudiante de la classe 2 n'ont pas répondu *à* cette question.

Donc, 29 étudiants de la classe 1 regrettent l'emploi de leur temps pendant leurs vacances; 17 pensent qu'ils ne peuvent pas se discipliner et deux étudiants croient que les vacances ne sont pas pour les études. Dans la classe 2, 17 regrettent leur emploi du temps pendant les vacances dont 8 parce qu'ils n'ont pas su se discipliner et 3 qui ne voulaient pas travailler pendant les vacances. Une étudiante pense qu'elle a déj*à* pas mal travaillé.

Question 9: 《 *Écrivez un événement qui vous motive le plus: ________, Ecrivez un événement le plus démotivant: ________, est-ce que ces deux choses influencent votre motivation d'études ? A. la première oui, mais la deuxième non, B. Oui pour les deux, C. la deuxième oui, la première non, D. aucune.* 》

Nous devons analyser les réponses *à* ces trois questions l'une après l'autre. D'abord le plus intéressant, c'est que 12 étudiants dont 8 de la classe 1 et quatre de la classe 2 pensent que la fondation du Centre Culturel de France est l'événement le plus frappant. 12 étudiants pensent plutôt que ce qui les motive le plus c'est l'enseignant: 8 de la classe 1 et 4 de la classe 2. 4 étudiants dont une de la classe 1 pensent que le développement du département de français est le point le plus satisfaisant. Une étudiante de la classe 1 aime plus l'environnement et une autre de la classe 2 pense qu'elle est très heureuse de ne pas échouer aux examens. Cependant, ces deux réponses sont individuelles. 15 étudiants ne mentionnent pas les points satisfaisants, probablement parce qu'ils n'en sont pas contents.

Ensuite, le plus décevant: 25 étudiants ne remplissent rien dont 12 de la classe 1 et 13 de la classe 2. 9 étudiants dont 2 de la classe 1 sont déçus de leur enseignant. 4 étudiants de la classe 1 critiquent le manque de pratique. Les autres réponses sont individuelles, avec cette liste fournie par un seul étudiant: ne pas faire les cours au centre culturel de France, manque de situations proches de la réalité, modification du programme des cours de troisième année, environnement des études, achat des livres de français et difficulté d'apprendre le français. Cependant, il y a des propositions étonnantes：par exemple, l'achat des livres de français nous semble normal, nous ne comprenons pas pourquoi cette étudiante demande des livres gratuits. La réponse la plus préoccupante est que c'est l'impression sur l'enseignant qui va influencer vraiment leur motivation; car l'enseignant est important aux yeux des étudiants, et son encouragement est quand même une source de motivation.

Pour la troisième question, l'analyse est complexe. 4 étudiants de la classe 2 n'ont rien choisi. Seuls 2 étudiants de chaque classe ont choisi la réponse A qui nous semble la meilleure réponse. QIAO Xianke et LIU Pengfei sont ces deux étudiants de la classe 1. QIAO croit que son travail assidu en première et deuxième années est ce qui est plus important. LIU pense que son enseignant est son meilleur élément de motivation. Cependant, ils ne remplissent pasla case concernant l'événement le plus démotivant. Quant *à* deux autres étudiantes de la classe 2：JIN Yan et ZHENG Shilin, JIN ne remplit rien pour les deux questions précédentes, ZHENG n'a rempli que l'élément le plus motivant. Sa réponse：la fondation du Centre Culturel de France. 27 étudiants dont 17 de la classe 1 ont choisi la réponse B. Parmi ces 17, 8 étudiants n'ont`rien rempli dans la case concernant l'événement le plus démotivant. Autrement dit, seuls 9 étudiants sont influencés par les éléments démotivants. Cependant leurs raisons sont très variées. Dans la classe 2, 4 étudiants parmi ces 10 ne remplissent pas la case traitant de ce qui est démotivant et les six autres ne sont pas satisfaits de leur enseignant.

Tableau 87: l'explication des étudiants qui ont choisi B

Ce qui est démotivant pour les étudiants qui ont choisi B		
Modification du programme des cours de la troisième année	1	La classe 1
Les cours inutiles	3	La classe 1
Ne pas suivre les cours au Centre Culturel de France	1	La classe 1
Certains enseignants ne sont pas professionnels aux yeux des apprenants	2	La classe 1
Le stage ne suffit pas.①	1	La classe 1
On manque de l'environnement du style français	1	La classe 1
Rien	8	La classe 1
Rien	4	La classe 2
L'enseignant manque de professionnalisme.	6	La classe 2

En conclusion, l'enseignant est cité comme source de démotivation. Il y a au total 8 étudiants qui ont ce point de vue. Parmi ces 8, six sont venus de la classe 2, et leur point de vue concerne l'enseignant du cours intensif de français. La plus grande différence entre les deux enseignants concerne la méthode d'évaluation continue. Par rapport au professeur de classe 1, les étudiants de classe 2 bénéficient de moins de suivi de la part de l'enseignant. C'est pourquoi cette impression prouve qu'avec beaucoup plus d'accompagnement, les étudiants arrivent *à* atteindre une belle performance en termes de résultats et montre que la pratique de l'évaluation continue n'est pas inutile dans la variation de leur motivation.

Une étudiante de la classe 2, WANG Tong, a choisi la réponse C. Ce qui est étonnant, parce que WANG Tong travaille très bien, presque l'un des meilleurs étudiants. Sa réponse vise aussi l'enseignant qui influence fort la motivation des étudiants.

Pour les étudiants qui ont choisi la réponse D, leur motivation ne varie pas. Ce sont soit les étudiants les meilleurs ou les plus mauvais.

<u>Question 10</u>: "*Est-ce que vous êtes fier de votre spécialité* ? A. *Oui*, B. *Non*, *Est-ce que*

① Le stage apparaît pour sa première fois dans la liste. En Chine, les stages peuvent être organisés par l'établissement ou cherchés par les étudiants. La majorité des postes de stage ne sont pas rémunérés. Les étudiants suivent leurs stages pour acquérir de l'expérience avant l'entretien du recrutement. Cependant, pour 2015, l'établissement n'offrait que moins de vingt postes de stages aux étudiants. Une autre impression concernant l'apparition du stage est que les étudiants de troisième année commencent *à* s'inquiéter de leur futur professionnel.

votre fierté peut motiver vos études ? A. Oui, B. Non"

21 étudiants de la classe 1 en sont fiers et 17 de la classe 2.

WANG Wei et YU Shanshan sont les deuxétudiants de choix B de la classe 1 et ils travaillent bien.

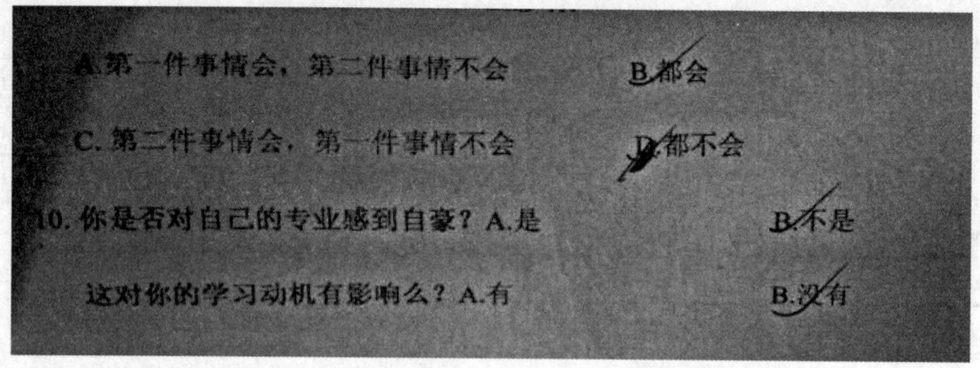

A.第一件事情会，第二件事情不会 B.都会

C.第二件事情会，第一件事情不会 D.都不会

10. 你是否对自己的专业感到自豪？A.是 B.不是

这对你的学习动机有影响么？A.有 B.没有

(photo de WANG Wei)

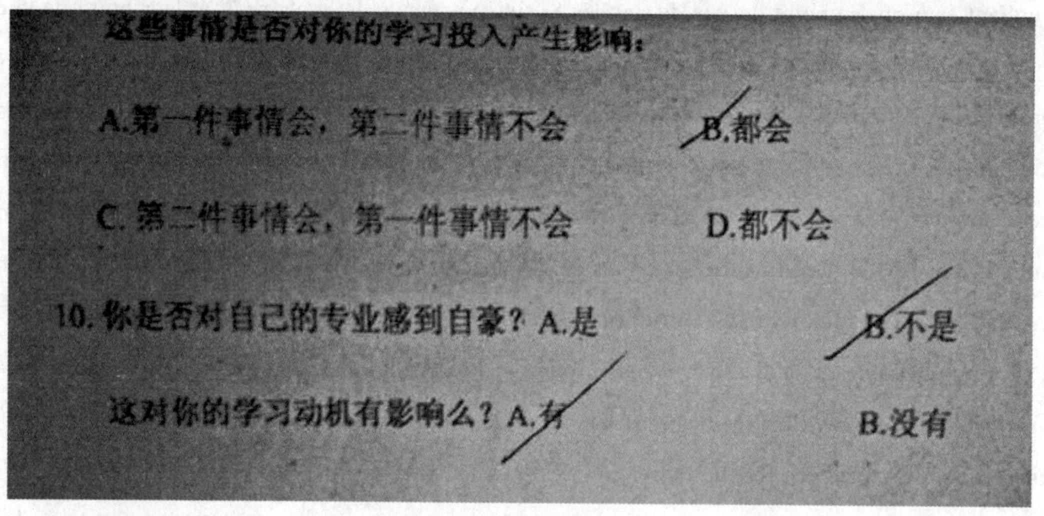

这些事情是否对你的学习投入产生影响：

A.第一件事情会，第二件事情不会 B.都会

C.第二件事情会，第一件事情不会 D.都不会

10. 你是否对自己的专业感到自豪？A.是 B.不是

这对你的学习动机有影响么？A.有 B.没有

(photo de YU Shanshan)

Dans la classe 2, la situation est plus complexe. A part ces 17, 3 étudiants ont choisi la réponse B qui sont LI Laidian, LI Xintong et HAN Yucheng. Ils ne travaillent pas bien en classe.

A.第一件事情会，第二件事情不会 B.都会

C.第二件事情会，第一件事情不会 D.都不会

10.你是否对自己的专业感到自豪？A.是 B.不是

这对你的学习动机有影响么？A.有 B.没有

(photo de LI Laidian)

A.第一件事情会，第二件事情不会 B.都会

C.第二件事情会，第一件事情不会 D.都不会

10.你是否对自己的专业感到自豪？A.是 B.不是

这对你的学习动机有影响么？A.有 B.没有

(photo de LI Xintong)

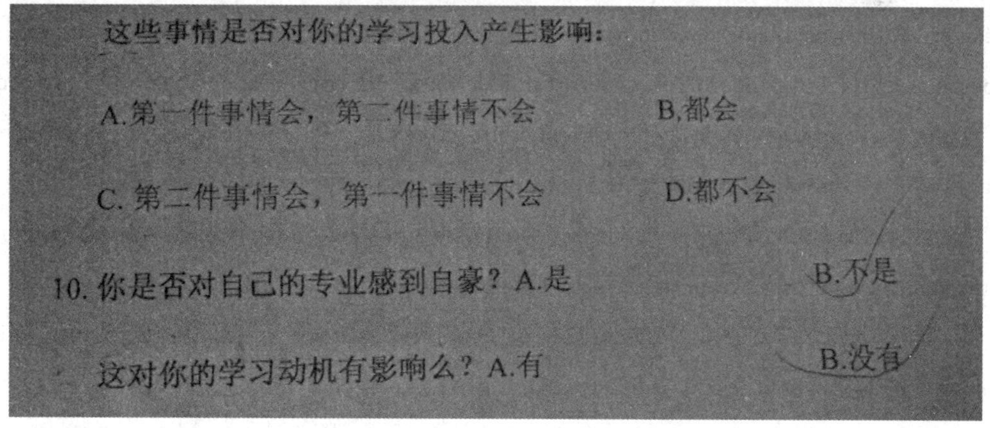

这些事情是否对你的学习投入产生影响：

A.第一件事情会，第二件事情不会 B.都会

C.第二件事情会，第一件事情不会 D.都不会

10.你是否对自己的专业感到自豪？A.是 B.不是

这对你的学习动机有影响么？A.有 B.没有

(photo de HAN Yucheng)

XU Qian, étudiante de la classe 2, n'a rien choisi. Et SHAO Shuai a inventé une réponse《comme ci comme ça》.

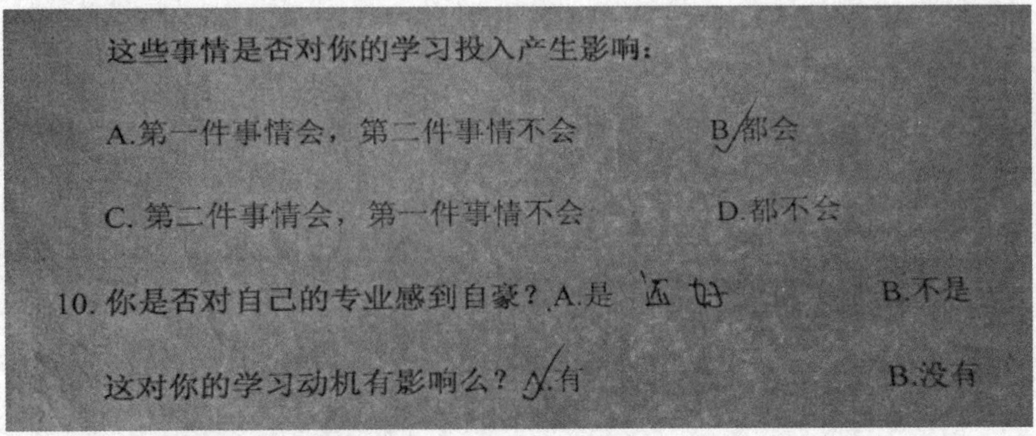

这些事情是否对你的学习投入产生影响：

A.第一件事情会，第二件事情不会　　　　B.都会

C.第二件事情会，第一件事情不会　　　　D.都不会

10.你是否对自己的专业感到自豪？A.是　　　　B.不是

这对你的学习动机有影响么？A.有　　　　B.没有

(photo de SHAO Shuai)

Pour la deuxième question, 38 étudiants ont choisi la réponse A dont 20 de la classe 1.

À cause de certains étudiants qui ont choisi la réponse B (fierté), nous ne sommes pas sûrs que leur motivation soit influencée positivement ou négativement. A la relecture, YU Shanshan et LI Laidian ont choisi B et A. A écouter ces deux étudiants, il faut revoir l'aménagement du cadre de travail. Cet avis ne vient que de deux étudiants, donc c'est un avis minoritaire.

7. 3. 3. 2　Bilan de la troisième enquête pour les étudiants de 2013

En septembre, nous avons fait la troisième enquête pour l'année 2013 dont les étudiants participants ne sont pas les mêmes que les deux enquêtes précédentes. Cette fois, la moyenne de la classe 1301 est de 142, 7 et la moyenne de la classe 1302 est de 123, 48. Cette différence est importante, et on doit d'abord voir la répartition de toutes les notes afin de mieux la comprendre.

Dans la classe 1, toutes les notes varient entre 172 et 111. LIU Pengfei a la motivation la plus haute, WANG Hongyuan la motivation la plus basse.

Dans la classe 2, la situation est beaucoupmoins bonne parce que certains étudiants critiquent leur enseignante de français qui n'est pas la même que dans la classe 1.

La moyenne de la classe 2 est de 123, 48 et toutes les notes varient entre 161 et 97. PEI Shuai et CHEN Xin sont lesmeilleurs et LI Laidian le moins bon.

Voici le Tableau qui nous indique la répartition des notes de ces deux classes de 2013:

Tableau 88：Répartition des notes des deux classes de 2013 (3ème enquête)

	< 110	111-120	121-130	131-140	141-150	151-160	> 161
Classe 1	0	3	4	2	3	8	3
Classe 2	6	5	7	0	2	0	2

Ces deux répartitions sont très différentes.

La classe 1 est concentrée dans l'intervalle de 151-160. Cependant, la motivation de la majorité des étudiants de la classe 2 est entre 96 et 130. La différence de motivation est plus importante qu'avant. Plus précisément, nous devons vérifier de quelle catégorie elle vient.

Parmi les huit catégories, c'est seulement dans *attirance pour la nouvelle langue*, que la classe 2 est plus forte (17, 52 contre 18, 29). Cependant, les notes concernant *Évaluation de l'enseignant de la nouvelle langue* et *Évaluation du cours* de la nouvelle langue de la classe 2 ont très vite baissé. Comme nous avons vu les réactions des étudiants dans la partie《classification》de l'enquête, les étudiants sont bien démotivés par ce problème.

Tableau 89：Graphique du résultat de la troisième enquête de 2013

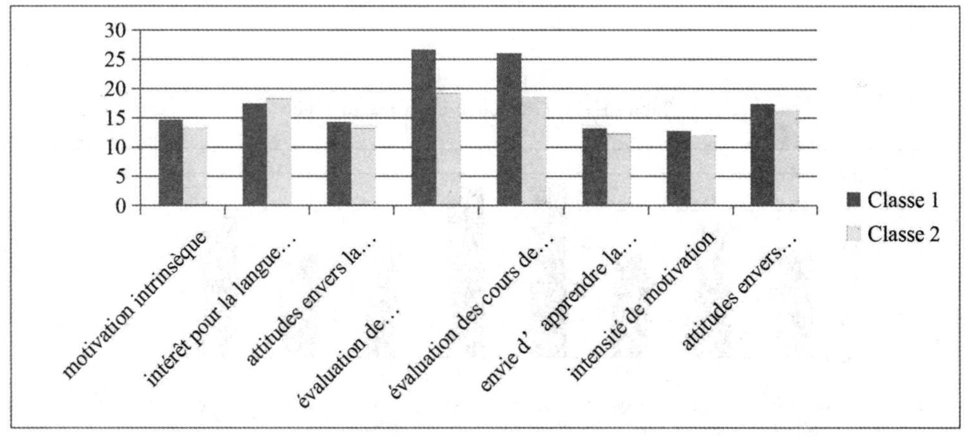

Nous devons souligner encore une fois la différence entre les étudiants pour ces trois enquêtes avant de mettre ces trois résultats ensemble. Cette différence peut être un signe de variation de la motivation des étudiants.

La moyenne de la classe 1 est de 142, 7 contre 151, 76 la première fois; de 150, 61 la deuxième fois.

La moyenne de la classe 2 est de 123, 48 contre 142, 23 de première fois et 138, 59 de deuxième fois.

Contrairement àla réduction de huit points de la classe 1, la classe 2 a eu une variation de dix-huit points.

Rassemblons ces enquêtes pour mieux analyser la variation de la motivation.

7. 3. 4 Bilan des 3 enquêtes pour les étudiants de 2013

Tableau 90：Graphique de la classe 1301

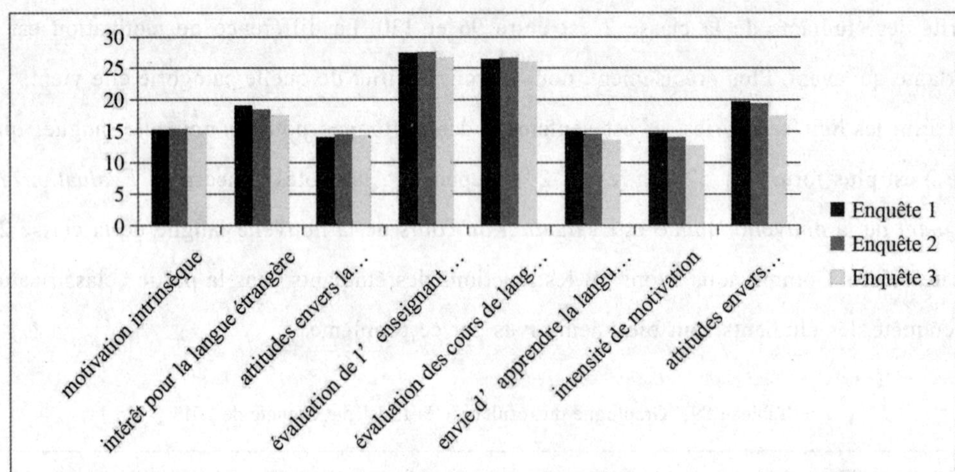

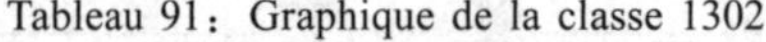
Tableau 91：Graphique de la classe 1302

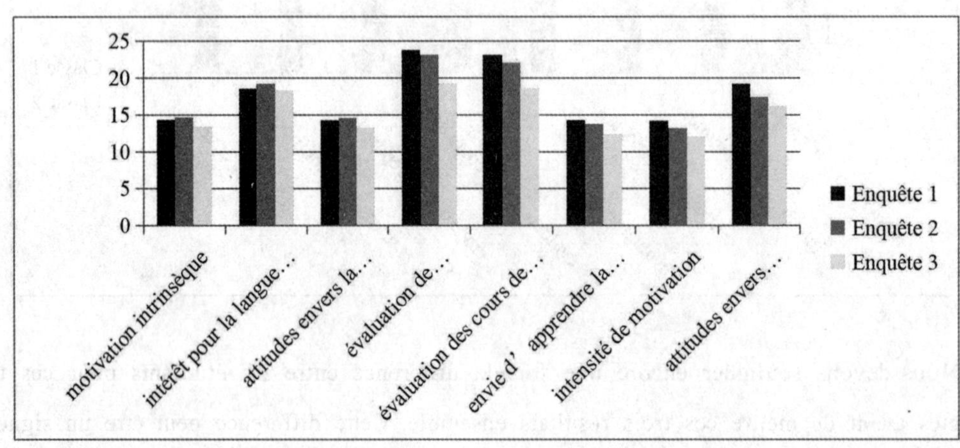

T outd'abord, pour les classes 1 et 2, la motivation présente une tendance à l'affaiblissement. Cette variation identique peut être expliquée par deux raisons majeures：leur TFS 4 et l' influence des vacances.

Dansla partie 《classification 》, nous avons bien compris l'impression des étudiants sur l'importance de leur TFS 4. Après ce test, la majorité des étudiants perdent leur source de motivation et manquent d'une nouvelle orientation. Cette impression a été quantifiée. D'après ces deux Tableau x, la baisse de motivation qui s'installe après le TFS 4 est plus importante que l'influence positive des examens de fin de semestre. Par rapport aux vacances, leur influence ne peut pas aider les étudiants *à* retrouver une nouvelle source de motivation.

D' autre part, l' importance de l' enseignement est quantifiée dans leur motivation. L'influence directe de l'enseignant et de sa méthode peut être vérifiée dans la catégorie de l'enseignant et des cours. La seule différence ici est la pratique de la méthode d' évaluation continue dans l'une des deux classes pour chaque promotion.

Si on compare ces trois enquêtes dans la classe 1302, cette variation de motivation peut être expliquée par l'inadaptation du changement de l'enseignement: dans la classe 1, la variation est beaucoup moins forte grâce *à* la méthode d' enseignement. Autrement dit, dans la classe qui utilise la méthode d'évaluation continue, la motivation ne baisse pas. Le fait de garder actifs les étudiants de cette classe par le biais de la pratique de l'évaluation continue sert *à* stimuler leur ardeur au travail.

D'autre part, l'analyse de la variation de ces huit catégories montre que la classe 2 ne perd pas son intérêt pour le français. De plus, cette catégorie de motivation de la classe 2 est plus haute que pour la classe 1. La méthode didactique peut influencer l'impression des étudiants sur l'enseignant et le cour, mais elle ne peut pas influencer directement leur intérêt pour la langue, sauf peut-être leur intérêt pour l' apprentissage de la langue, bien que les étudiants se plaignent toujours qu'ils doivent réviser les cours toutes les deux semaines.

Enfin, par la comparaisonentre les trois répartitions des motivations des étudiants, la motivation des meilleurs étudiants est différente de celle les autres. La méthode didactique ou le changement d'enseignant peut influencer tout le monde. Mais les meilleurs étudiants possèdent toujours une motivation plus haute que les autres. Et la variation de leur motivation n'est pas considérable. Conclusion: les étudiants ayant gardé intact leur degré de motivation doivent faire partie d'un groupe d'apprenants qui se sont fixé des buts personnels suffisants pour maintenir leur séjour dans le département.

7. 4 Présentation du résultat de l'enquête des étudiants de 2012

7. 4. 1 Première enquête des étudiants de 2012

Dans la classe 1, 17 ont participé *à* la première enquête en mars 2015 (deux absentes, REN Ruolan et ZHANG Aicong faisaient leurs études en France). C'était le deuxième semestre de la troisième année des étudiants de la promotion 2012.

7. 4. 1. 1 Profil des étudiants de 2012

La majorité des étudiants de 2012 sont nés entre 1993 et 1994. Une étudiante de la classe 1 est née en 1991 et il y a une étudiante née en 1995 de chaque côté.

Dans l'année 2012, il y a 23 étudiants venant de la province du Jilin dont 10 de la classe 1 et 13 de la classe 2. Pour le reste, 4 étudiantes de la classe 1 et 2 étudiantes de la classe 2 viennent du sud de la Chine.

12 étudiants dont 6 de la classe 1 viennent de grandes villes. Parmi ces 12 étudiants, 5 viennent de Changchun, le chef-lieu de la province du Jilin, les autres viennent de Jilin, Nanjing, Luoyang, Datong et Haikou.

Les niveaux moyens des formations des parents de la classe 1 sont supérieurs *à* ceux de la classe 2. 9 étudiants de la classe 1 confirment que leurs parents sont diplômés du niveau BAC+ 3 contre 2 de la classe 2.

19 étudiants avaient choisi leur spécialité eux-mêmes dont 10 étudiants de la classe 1 et 8 étudiants de la classe 2. Ils représentent la moitié des étudiants de cette promotion, un nombre beaucoup plus élevé que les promotions des trois années précédentes.

Seule une étudiante de la classe 1 ne veut pas aller en France, cependant, dans la classe 2, il y en a 9. Ces 10 étudiants viennent tous de petits villages.

Différence avec les autres années：certains étudiants ont commencé leurs études de français avant l'entrée *à* l'université. 3 étudiants de la classe 1 et 5 étudiants de la classe 2 affirment avoir commencé l'apprentissage du français avant leur inscription *à* l'université.

7. 4. 1. 2 Analyse du questionnaire

● Quepensent les étudiants du français?

4 étudiants font des choix multiples. 2 étudiantes de la classe 1 ont choisi B et C. Les deux autres de la classe 2 ont choisi AC et AB.

Nous avons au total 15 A, 9 B et 16 C. Ces trois réponses représentent individuellement 37,

5%, 22, 5% et 40%. Entre les deux classes, l'opinion des étudiants n'est pas la même. 4 étudiants de la classe 1 pensent que le français est difficile contre 11 de la classe 2, donc, la classe 2 pense que le français est plus difficile que la classe 1. Pour le choix B *élégant*, 6 contre 3et le choix C *précis*, 9 contre 7.

● 25 étudiants ont choisi《aimer le cours de français》dont 13 de la classe 1, soit 69, 4%. 3 étudiants de la classe 1 et 6 étudiants de la classe 2 ont choisi《comme ci comme ça》, soit 25%. Un étudiant de la classe 2 a choisi C《ne pas aimer le cours de français》et une étudiante de la classe 1 n'a pas répondu. Les étudiants ont de l'estime pour le professeur, mais ils n'aiment pas son cours. 34 étudiants ont choisi la réponse A, seul un étudiant de chaque classe a choisi la réponse négative. 14 étudiants de la classe 1 et 16 de la classe 2 pensent que l'attitude de l'enseignant influence leurs études. Une étudiante de la classe 1 n'a pas fait de réponse, et cependant elle aime bien son enseignant.

你认为法语是一门＿＿＿＿的语言？ A.难　B.优美　C.严谨

你喜欢法语课么？ A.喜欢　B.谈不上喜欢　C.不喜欢

你喜欢法语老师么？ A.喜欢　B.谈不上喜欢　C.不喜欢

你觉得是否喜欢法语老师会影响你的学习么？ A.会　B.不会

你喜欢周考么？ A.喜欢　B.谈不上喜欢　C.不喜欢

周考会让你努力学习么？ A.会　B.不会

写出自己努力学习的最重要的原因：工作。

对于学校目前最满意的是：法国文化中心，焦老师

Dans la classe 2, l'étudiant qui n'apprécie pas son enseignant trouve négligeable l'importance de son enseignant dans sa motivation. Si on considère que toute motivation tire sa source des raisons pour lesquelles l'on accepte d'entrer dans une action quelconque, ne pas apprécier un enseignant devient un fait banal, anodin. Si l'on considère que l'enseignant doit motiver toute la classe afin de pouvoir faire passer sa consigne, alors l'enseignant est l'un des éléments importants de la motivation d'un étudiant. Tous les enseignants sont conscients de ce rôle. Dans notre cas, le sentiment de cet étudiant ne peut pas démotiver l'enseignant dans l'accomplissement de ses tâches.

● Par rapport à la méthode d'évaluation, 7 étudiants de la classe 1 l'aiment. 11 étudiants de la classe 2 pensent l'aimer aussi, mais ils n'y ont jamais participé. 5 étudiants de la classe 1 et 4 de la classe 2 expriment leur attitude par：《ni l'un ni l'autre》. Ils sont neutres par rapport à cette méthode. 5 étudiants de la classe 1 et 4 étudiants de la classe 2 n'aiment pas cette méthode. Autrement dit, il y a plus d'étudiants de la classe 1 que de la classe 2 qui n'aiment pas cette méthode. Cependant, 33 étudiants pensent que la méthode est utile pour la motivation, dont 5 de la classe 1, et 18 de la classe 2.

Pour l'année 2012 et la précédente, leurs raisons ne sont pas très variées. 19 étudiants ont choisi le fait de trouver du travail comme la raison principale de leur motivation. Une étudiante de la classe 1, et 8 étudiants de la classe 2 travaillent pour le diplôme ou pour passer l'examen . Une étudiante de la classe 1 et 3 étudiants de la classe 2 travaillent pour aller en France. 3 étudiantes de la classe 1 travaillent pour réaliser leurs rêves. Un étudiant de la classe 2 n'a rien mentionné.

En conclusion, le pourcentage des raisons de travail est réparti comme suit：

Tableau 92：Pourcentage des raisons de travailler des étudiants de l'année 2012

	Travail	Aller en France	Diplôme	Rêve	Rien
La classe 1	70, 59%	5, 88%	5, 88%	17, 65%	0
La classe 2	36, 84%	15, 79%	42, 11%	0	5, 26%
Total	52, 78%	11, 11%	25%	8, 33%	2, 78%

Cette répartition des choix des étudiants indique que la classe 1 choisit comme motivation principale de trouver un travail après les études de français et que la classe 2 fait l'apprentissage plutôt pour le diplôme. Les apprenants de la classe 1 sont dans le département pour pouvoir décrocher un emploi à la fin de leur cursus. Ils étudient cette langue pour s'offrir un peu plus de chance sur le marché de l'emploi. Cela veut dire que la motivation intégrative est forte dans la classe 1 et que pour la classe 2, c'est la motivation instrumentale qui domine.

Les points satisfaisants de l'université se répartissent en 4 niveaux.

● 7 étudiants de la classe 1 et 9 de la classe 2 remplissent《tout 》pour exprimer leur satisfaction du département et de l'université. 11 étudiants dont 6 de la classe 1 et 5 de la classe 2 ont choisi le Centre Culturel de France. 4 étudiants de la classe 1 et 3 de la classe 2 ont choisi 《l'enseignant et l'enseignement》. Un étudiant de la classe 2 ne nous a pas répondu.

● Leurs points d'insatisfaction sont plus variés que les points satisfaisants. Il y a 6 réponses différentes et 18 étudiants n'ont pas choisi, dont 10 de la classe 1, ce qui représente 50% de la totalité de 2012. 5 étudiants de la classe 1 et 6 étudiants de la classe 2 ont choisi l'infrastructure comme point insatisfaisant. Une étudiante de chaque classe pense que la bibliothèque est trop petite. Une étudiante de la classe 1 et deux étudiants de la classe 2 pensent que l'environnement de l'université n'est pas confortable. Une étudiante de la classe 2 craint qu'elle manque d'occasion de recrutement et un autre étudiant de la classe 2 remplit 《tout 》. 9 étudiants dont 3 de la classe 1 pensent que tous ces facteurs n'influencent pas leurs études, donc leur motivation est plus statique que les autres. Les facteurs externes participent aussi au maintien de la motivation des apprenants. Un bon environnement, une bonne bibliothèque, une bonne pelouse dans un hall de sport, une bonne cantine ou un bon dortoir, peut ajouter un plus au plaisir d'étudier.

7. 4. 1. 3 Bilan de la 1ère enquête des étudiants de 2012

La première enquête a été faite en mars 2015, ces deux classes en sont au deuxième semestre de troisième année. En utilisant des méthodes différentes depuis deux ans et demi, la différence des motivations entre ces deux classes est claire: la moyenne de la classe 1 est de 147, 71 contre 137, 89 pour la classe 2. Toutes les notes varient entre 173 et 85. Cette variation est plus grande que toutes les années précédentes. La plus haute vient de la classe 1 et la plus basse vient de la classe 2. Voilà le Tableau de la répartition des notes de ces deux classes:

Tableau 93: Répartition des notes de ces deux classes

	< 110	111-120	121-130	131-140	141-150	151-160	> 161
Classe 1	0	0	1	6	4	2	4
Classe 2	1	2	3	3	6	2	2

La motivation de la classe 1 est plus stable et moins sensible que celle de la classe 2. Cette réalité résulte de l'influence de l'utilisation de méthodes différentes. L'impact de la pédagogie est plus ressenti au niveau de la classe 2 que dans la classe 1. Après plus de deux ans d'utilisation de la méthode d'évaluation continue, plus d'étudiants de la classe 1 ont gardé un niveau de motivation élevé dans l'apprentissage du français. Cependant, par rapport aux années précédentes, leur motivation a aussi connu une légère baisse.

Nous pouvons aussi comparer les huit catégories de motivation. Toutes les notes de la classe 1 sont plus hautes que celles de la classe 2. Les plus grandes différences viennent des items：Orientation Intégrative, Intérêt pour la langue et Attitudes envers l'apprentissage de la langue étrangère. Cependant, les rapports entre *Évaluation de l'enseignant de la seconde langue* et *Évaluation de la seconde langue* sont proches dans ces deux classes.

Tableau 94：Résultats de la première enquête de 2012

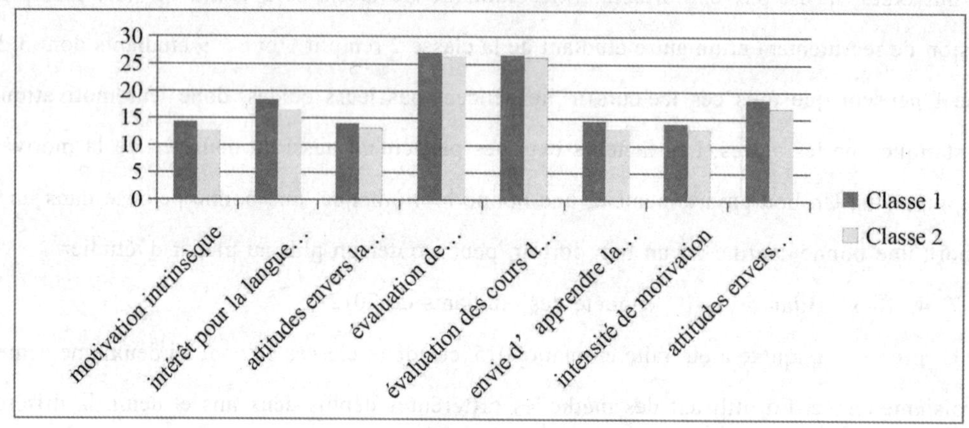

Ce graphique indique que dans le deuxième semestre de la troisième année, l'influence des enseignants et celle des cours sont plus faibles qu'avant. Et en même temps, les étudiants ont déjà leurs propres projets d'avenir. La motivation pour apprendre la langue française dépend de la subjectivité de chacun, mais aussi de sa compétence：un étudiant de première année qui ne sait pas parler français veut encore aller en France, par contre, celui de troisième année abandonne son rêve d'aller poursuivre ses études en France.

7. 4. 2 Deuxième enquête des étudiants de 2012

La deuxième enquête de 2012 a eu lieu en juillet 2015, vers la fin du semestre.

La participation des étudiants est la même que la première fois：17 étudiants de la classe 1 et 19 de la classe 2 ont participé à cette enquête. Nous devons souligner que les étudiants de 2012 ont tous passé pour la deuxième fois leur TFS 4. À part les examens pour aller en France et le TFS 8 qui n'est pas obligatoire, ils n'ont plus d'autres examens importants au niveau national.

7. 4. 2. 1　Analyse du questionnaire

Question 1 : “Après ce semestre d'études, est-ce que vous aimez le français ? A. J'aime, B. Je n'aime pas, C. difficile à dire. ”

8 étudiants de la classe 1 et 9 étudiants de la classe 2 ont choisi la réponse A.

2 étudiants de la classe 1 et 6 étudiants de la classe 2 ont choisi la réponse B.

7 étudiants de la classe 1 et 4 de la classe 2 ont choisi la réponse C.

Tableau 95 : Pourcentages des étudiants des réponses différentes

	A	B	C
La classe 1	47, 1%	11, 8%	41, 1%
La classe 2	47, 37%	31, 58%	21, 05%
Total	47, 2%	22, 2%	30, 6%

Question 2 : “Est-ce que vous aimez la méthode du cours ? A. J'aime　B. Je n'aime pas, C. difficile à dire.”

7 étudiants de la classe 1 et 11 étudiants de la classe 2 ont choisi la réponse A.

5 étudiants de la classe 1 et 5 étudiants de la classe 2 ont choisi la réponse B.

5 étudiants de la classe 1 et 3 étudiants de la classe 2 ont choisi la réponse C.

Tableau 96 : pourcentage des choix ABC

	A	B	C
La classe 1	41, 2%	29, 4%	29, 4%
La classe 2	57, 9%	26, 3%	15, 8%
Total	50%	27, 8%	22, 2%

Question 3 : 《le cours que tu aimes le plus : ________》

Sur 15 étudiants, 7 de la classe 1 choisissent le cours intensif de français.

2 étudiants de la classe 1 préfèrent la littérature française.

4 étudiants de la classe 1 et 2 étudiants de la classe 2 préfèrent les cours des enseignants français.

1 étudiant de la classe 1 et 2 étudiants de la classe 2 aiment le plus les cours de sport.

3 étudiants de la classe 1 et 5 de la classe 2 ne font pas de choix.

Tableau 97：pourcentage des préférences des cours

	Intensif	littérature	Oral	Sport	Nul
La classe 1	41, 18%	11, 76%	23, 53%	5, 88%	17, 65%
La classe 2	42, 11%	0%	10, 53%	10, 53%	36, 83%
Total	41, 67%	5, 56%	16, 67%	8, 33%	27, 77%

Question 4：《Le cours que tu aimes le moins：________》

Cette question est ouverte comme la question 3.

7 étudiants de la classe 1 et 3 de la classe 2 ne remplissent pas cette case.

3 étudiants de la classe 1 et 13 de la classe 2 répondent：《le cours oral 》qui est enseigné par les Français.

3 étudiants de la classe 1 et 2 de la classe 2 ont choisi《le cours intensif》.

2 étudiants de la classe 1 et 1 de la classe 2 ont choisi《traduction 》.

2 de la classe 1 ont choisi《approche de marxisme》.

Tableau 98：pourcentage des cours les moins aimés

	Intensif	Traduction	Oral	Marxisme	Nul
La classe 1	17, 66%	11, 75%	17, 66%	11, 75%	41, 18%
La classe 2	10, 53%	5, 26%	68, 42%	0%	15, 79%
Total	13, 89%	8, 33%	44, 44%	5, 56%	27, 78%

Presque la moitié des étudiants aiment le cours intensif, cependant la majorité des étudiants de la classe 2 n'aiment pas le cours des enseignants français qui devient un obstacle dans la motivation pour les études. Le cours de l'audiovisuel prépare les étudiants pour les deux compétences de la communication. Pour être *à* l'aise dans la communication orale ou écrite, il faut avoir un bon bagage en vocabulaire. C'est normal pour les étudiants d'afficher leur manque d'enthousiasme *à* l'égard de ces deux compétences par ce que leur lexique n'est pas encore bien fourni. L'apprentissage d'une langue est un acte de longue haleine. C'est un apprentissage long et les résultats ne sont visibles qu'après plusieurs mois d'un travail régulier. Il a fallu des années pour être locuteurs de nos langues maternelles. Il est donc naturel qu'il faille du temps pour étudier une langue étrangère. Il leur faut être patients, persévérer et travailler régulièrement. Par rapport *à* la différence de performance *à* l'oral entre la classe 1(17, 66%) et la classe 2(68, 42%), les étudiants de classe 1 pratiquent plus (ils bénéficient de la méthode d'évaluation continue).

Question 5: 《Si vos amis ou camarades de classe vont en France, est-ce que cela favorise votre motivation d'y aller ? A. oui, B. Non》

Seuls 6 étudiants de chaque classe ont choisi la réponse A. Autrement dit, la majorité absolue des étudiants ont décidé leurs projets futurs sans être influencés par la décision des proches. Ce sont desétudiants qui recevront bientôt leur diplôme de licence. Les étudiants sont déjà mûrs et leur motivation est stable.

Question 6: "si vous voulez aller en France, est-ce que vos parents vous soutiennent ? A. Oui, B. non"

26 étudiants ont choisi la réponse A dont 14 de la classe 1. Les autres ont tous choisi la réponse B. En comparaison avec leur choix de la question 5, ce n'est pas la raison familiale qui empêche la majorité des étudiants d'aller en France. À la relecture, le point commun des étudiants qui ont choisi B est leur niveau de français insuffisant. L'esprit de cette question était de voir s'il y avait une quelconque influence extérieure qui conditionne la motivation pour aller en France ou pour rester terminer son cursus universitaire sur place. La raison de leur réticence est qu'ils manquent de confiance dans leur capacité *à* s'adapter *à* la vie d'étudiants dans un environnement totalement francophone.

Question 7: 《Si vous ne voulez pas aller en France, quelle est la raison? A. familiale, B. langagière, C. affective, D. projet de coopération. E. autres: ________》

Une seule étudiante de la classe 1 ne répond pas *à* cette question et une autre a choisi A, B et E.

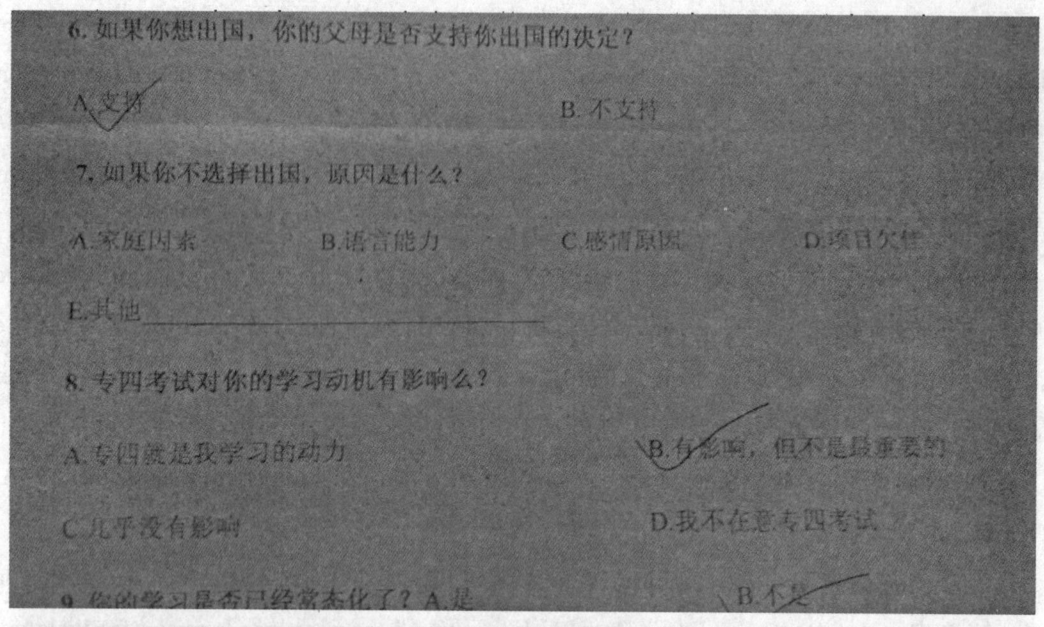

6. 如果你想出国，你的父母是否支持你出国的决定？

A.支持　　B.不支持

7. 如果你不选择出国，原因是什么？

A.家庭因素　　B.语言能力　　C.感情原因　　D.项目欠佳

E.其他________

8. 专四考试对你的学习动机有影响么？

A.专四就是我学习的动力　　B.有影响，但不是最重要的

C.几乎没有影响　　D.我不在意专四考试

9. 你的学习是否已经常态化了？A.是　　B.不是

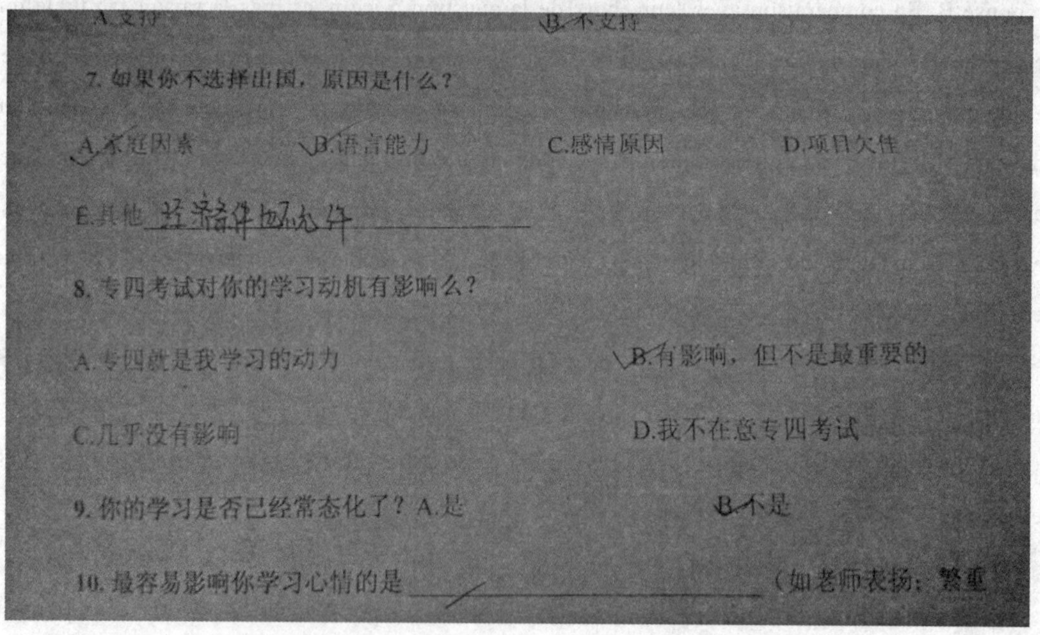

A.支持　　B.不支持

7. 如果你不选择出国，原因是什么？

A.家庭因素　　B.语言能力　　C.感情原因　　D.项目欠佳

E.其他________

8. 专四考试对你的学习动机有影响么？

A.专四就是我学习的动力　　B.有影响，但不是最重要的

C.几乎没有影响　　D.我不在意专四考试

9. 你的学习是否已经常态化了？A.是　　B.不是

10. 最容易影响你学习心情的是________（如老师表扬；繁重

(dans la case E, cette étudiante a rempli《la situation économique ne le permet pas》)

Au total, dans la classe 1, nous avons 6 A, 7 B, 2 C, 2 D et 1 E.

Dans la classe 2, tout le monde fait un choix, cependant deux étudiantes font des choix multiples：AB et AE.

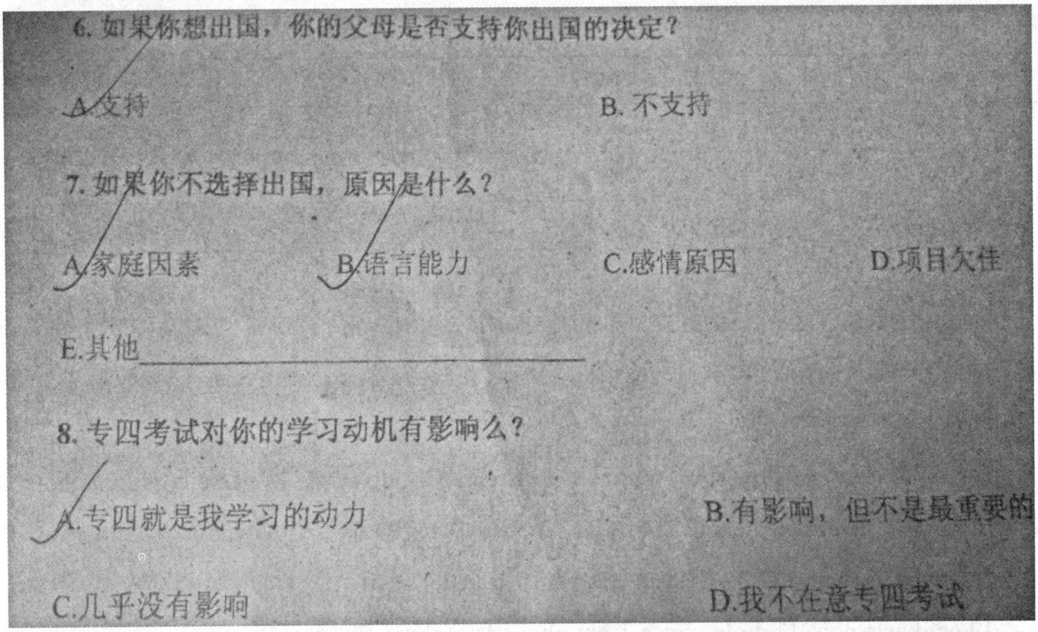

6. 如果你想出国，你的父母是否支持你出国的决定？

A.支持　　B. 不支持

7. 如果你不选择出国，原因是什么？

A.家庭因素　　B.语言能力　　C.感情原因　　D.项目欠佳

E.其他________________

8. 专四考试对你的学习动机有影响么？

A.专四就是我学习的动力　　B.有影响，但不是最重要的

C.几乎没有影响　　D.我不在意专四考试

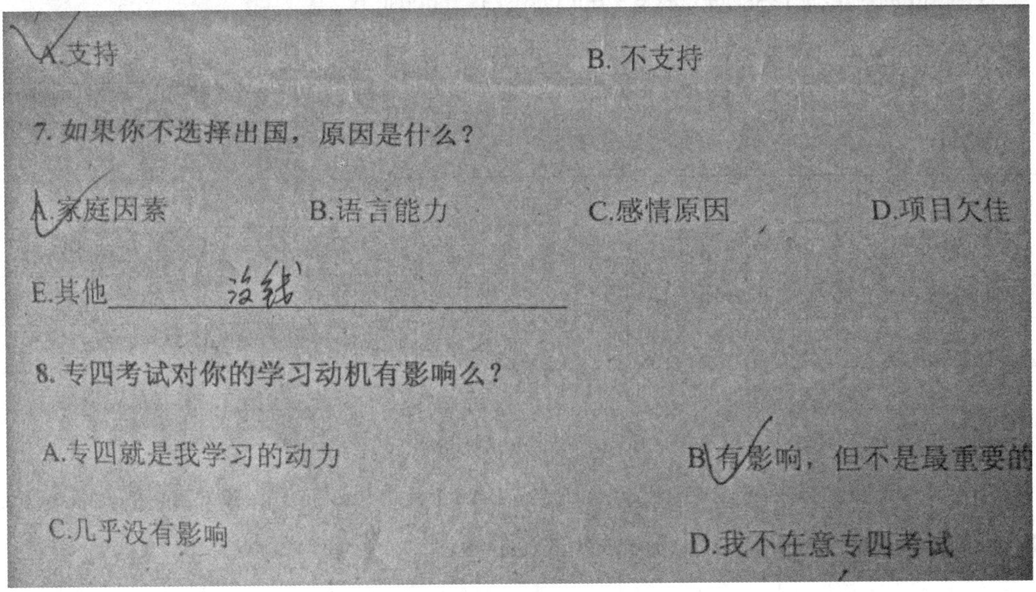

A.支持　　B. 不支持

7. 如果你不选择出国，原因是什么？

A.家庭因素　　B.语言能力　　C.感情原因　　D.项目欠佳

E.其他　没钱

8. 专四考试对你的学习动机有影响么？

A.专四就是我学习的动力　　B.有影响，但不是最重要的

C.几乎没有影响　　D.我不在意专四考试

(Dans la case E, cette étudiante a rempli《manque d'argent》)

Dans la classe 2, il y a au total7 A, 10 B, 2 D et 2 E.

En conclusion, 17 étudiants pensent que leur niveau de français n'est pas suffisant.

4 étudiants critiquent les projets de coopération universitaire.

Dans chaque classe, il y a une étudiante qui affirme qu'elle n'a pas d'argent pour financer un séjour en France.

Tableau 99：pourcentage des choix des étudiants

	A	B	C	D	E
La classe 1	33, 33%	38, 89%	11, 11%	11, 11%	5, 56%
La classe 2	33, 33%	47, 62%	0%	9, 525%	9, 525%
Total	33, 33%	43, 59%	5, 13%	10, 26%	7, 69%

Question 8：《*Est-ce que le TFS 4 peut influencer votre motivation ? A. Le TFS 4 est la source de ma motivation, B. oui, mais il n'est pas le plus important, C. pas vraiment, D. je ne m'intéresse pas au TFS 4.*》

Les réponses *à* cette question sont claires. À part 5 étudiants de la classe 2 qui ont choisi la réponse C, le reste des étudiants a choisi les réponses A ou B. Aucun étudiant n'a fait le choix D.

12 étudiants dont 5 de la classe 1 ont choisi la réponse A.

19 étudiants dont 12 de la classe 1 ont choisi la réponse B.

5 étudiants de la classe 2 ont choisi la réponse C.

Tableau 100：Pourcentage des choix des étudiants

	A	B	C	D
La classe 1	29, 41%	70, 59%	0%	0%
La classe 2	36, 84%	36, 84%	26, 32%	0%
Total	33, 33%	52, 78%	13, 89%	0%

Question 9：《*Est-ce que vous travaillez régulièrement? A. Oui, B. Non* 》

Tout le monde a répondu. 5 étudiants de la classe 1 et 9 étudiants de la classe 2 pensent qu'ils étudient régulièrement. Le reste a choisi la réponse B.

Question 10：" *maintenant, qu'est-ce qui influence le plus vos études* ________ (*par exemple*：*l'encouragement de l'enseignant ; trop d'activités qui n'ont aucun rapport avec le français*)"

Les réponses sont variées car c'est une question ouverte. Nous trouvons au total 13 réponses différentes y compris des abstentions：5 étudiants n'ont pas donné leurs avis dont 2 de la classe 1.

5 étudiants de la classe 1 pensent que l'encouragement de l'enseignant est le facteur le plus

important dans leur motivation. Même pour ceux de troisième année, l' encouragement du professeur motive aussi les étudiants. Comme facteur externe, cela leur permettra d' avoir confiance en eux et pourra être un soutien efficace pour accompagner leur motivation intégrative. L'environnement des études est cité par 4 étudiants de la classe 1 parmi les éléments démotivants. Une étudiante de chaque classe pense que la mauvaise relation personnelle va influencer sa motivation. Les autres réponses sont individuelles et proposées par une seule personne: la qualité de l' enseignement, les activités hors du recrutement, les devoirs inutiles pour le travail, le mauvais début d'études, les règles universitaires trop strictes, l'examen oral, trop d'examens inutiles et les distractions.

Question 11: 《est-ce que vous *êtes un directeur de classe ?* A. *Oui*, B. *Non*. *Si oui, lequel* … 》

14 étudiants dont 6 de la classe 1 sont des responsables de classe.

7. 4. 2. 2 Bilan de la 2ème enquête des étudiants de 2012

La deuxième enquête a été faite en juillet comme les années précédentes. La variation des notes dans la motivation des étudiants est claire. Toutes les notes varient entre 175 et 72. La motivation moyenne de la classe 1 est de 145, 59, celle de la classe 2 est de 130, 84. L'étudiante dont la motivation est la plus haute vient de la classe 1 et l'étudiant le plus démotivé est de la classe 2.

Tableau 101: Répartition des notes de ces deux classes

	< 110	111-120	121-130	131-140	141-150	151-160	> 161
Classe1	0	1	2	2	6	3	3
Classe2	3	2	4	4	3	2	2

La répartition de la classe 1 est plus concentrée que la classe 2. Dans la classe 2, les étudiants sont répartis dans tous les intervalles.

Quand nous comparons les8 catégories du questionnaire de motivation, la variation est plus importante. Par rapport *à* la première fois, les résultats des réponses pour la classe 1 sont tous supérieurs *à* ceux de la classe 2. La motivation la plus proche entre ces deux classes est *Évaluation de l'enseignant de langue étrangère* et *Évaluation des cours de langue étrangère*, parce qu'ils suivent les mêmes professeurs et s'adaptent déjà à leurs méthodes.

Tableau 102：Graphique durésultat de la deuxième enquête de 2012

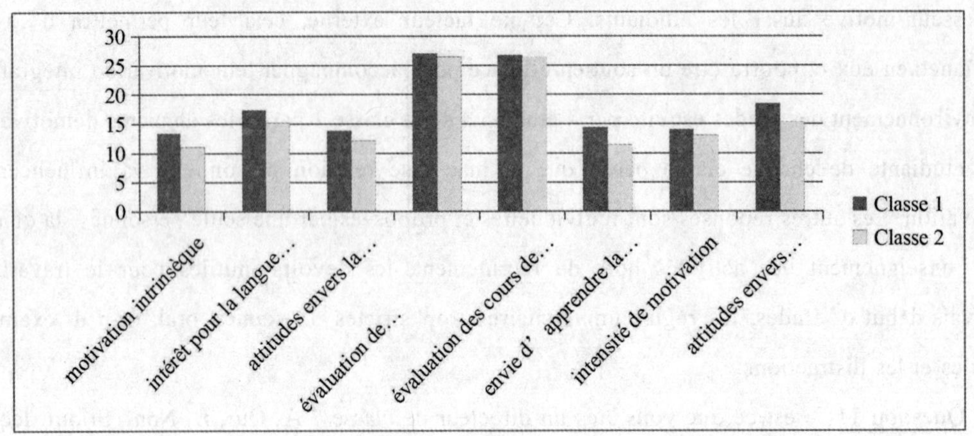

7. 4. 3　Troisième enquête des étudiants de 2012

La troisième enquête s'est faite en novembre 2015 *à* cause du stage obligatoire de la quatrième année.

Il y a au total 31 étudiants dont 17 de la classe 1 et 14 de la classe 2.

Le nombre d'étudiants et les étudiants ne sont pas les mêmes.

Dans la classe 1, deux étudiantes, REN Ruolan et ZHANG Aicong, reviennent de France, mais deux étudiants, KONG Siyi et LAN Tian, sont absents pour raison de stage en entreprise. Dans la classe 2, cinq étudiantes sont absentes, dont trois, YUAN Hong, LV Xuesong et YANG Runxin, sont en stage, deux, CHENG Zhi et ZHANG Jie vont en France en septembre.

7. 4. 3. 1　Analyse du questionnaire

Question 1："*Dans le campus, où est l'endroit que vous fréquentez le plus pour vos études ?*"

La majorité des étudiants ont choisi la classe (12 de la classe 1 et 8 de la classe 2) ce qui représente 64, 52% des étudiants.

4 étudiantes de la classe 1 pensent que le Centre Culturel de France est l'endroit idéal pour les cours. 2 étudiantes de la classe 2 préfèrent le bâtiment administratif. Une étudiante de la classe 1 répond《n'importe quel endroit 》. Les deux autres réponses sont plus étonnantes：le petit bois (un étudiant de la classe 2) et le stade (un étudiant de la classe 2). Deux étudiantes de la classe 2 ne répondent pas.

Question 2："*que pensez-vous de l'ambiance au cours ? A. satisfaisant, B. pas satisfaisant*"

25 étudiants ont choisi la réponse A dont 15 de la classe 1, 6 étudiants pour le choix B dont quatre de la classe 2.

Tableau 103: Répartition des choix

	A	B
La classe 1	88, 24%	11, 76%
La classe 2	71, 43%	28, 57%
Total	80, 65%	19, 35%

Donc, nous pouvons trouver deux informations importantes selon les chiffres: la classe 1 est plus satisfaite de l'ambiance de son cours que la classe 2, bien que les deux classes étudient dans la même salle. Au total, les étudiants sont plus satisfaits qu'avant.

Question 3: "Par rapport au développement des départements universitaires, est-ce que vous êtes satisfait du département de français ? A. Oui, B. Non. Est-ce que votre point de vue va influencer vos études ? A. Oui, B. Non."

Pour la première question, la réponse est presque identique: seuls deux étudiants de la classe 2, BING Yumeng et ZHOU Qun, ont choisi la réponse B.

Pour la deuxième question, 21 étudiants ont choisi la réponse A dont 11 de la classe 1. Autrement dit, ces 11 étudiants sont motivés par le développement du département de français et la motivation des autres est plus stable.

La situation est plus complexe dans la classe 2.

10 étudiants ont choisi la réponse, et 4 ont choisi la réponse B, cependant, BING et ZHOU ne sont pas dans ces 4. Autrement dit, ils estiment être démotivés par le premier facteur (le département). Ces deux étudiants sont pratiquement à la fin de leur formation de licence. Leur avis n'aura plus trop d'impact sur leur performance puisqu'ils sont en quatrième année et ils finiront bientôt.

Question 4: "combien d'heures par jour vous entraînez-vous pendant les vacances,?"

Pour mieux rendre compte des réponses des étudiants, nous faisons le Tableau ci-dessous:

Tableau 104：Heures de travail des deux classes

	< 1h	1h	2h	3h	4h	5h	6h	> 6h
La classe 1	0	6	8	0	1	2	0	0
La classe 2	4	2	6	1	0	0	0	1* ①

Cette question permet de vérifier leur intérêt pour la langue qu'ils apprennent. En travaillant beaucoup, ils vont améliorer leur performance. Celui qui travaille dix heures par jour s'appelle LI Zetong, il est chef de classe. Il n'est pas fort en français et n'a pas travaillé beaucoup pendant ses trois ans d'études：en fait, ses performances en classe ne correspondent pas *à* ce qu'il affirme. Il ne semble pas faire de progrès.

Question 5：*"Par rapport au semestre dernier, que pensez-vous de votre français ? A. Meilleur, B. plus mauvais, C. pareil"*

Seuls 3étudiants dont une de la classe 1 pensent que leur français est meilleur qu'avant.

18 étudiants dont 10 de la classe 1 ont choisi la réponse B et le reste a choisi la réponse C.

Les 3 étudiants qui ont choisi la réponse A travaillent respectivement cinq heures par jour, dix heures par jour et deux heures par jour y compris LI Zetong.

Question 6：*"Avez-vous étudié la langue française pendant les vacances ? A. Oui, B. Non "*

9 étudiants dont 7 de la classe 1 pensent qu'ils ont mené *à* bien leur projet de vacances.

Les deux étudiants de la classe 2 qui pensent que leur français est meilleur qu'avant ont choisi la réponse A. Cependant, certains étudiants de la classe 1 qui pensent que leur français est moins bien qu'avant ont choisi aussi la réponse A.

Question 7：*"Pensez-vous avoir fait de progrès pendant les vacances?* ________ "：

Cette question est ouverte, il y a 5 possibilités de réponses.

13 étudiants ne sont pas satisfaits de l'accomplissement de leur projet de travail pendant les vacances dont 8 de la classe 1.

14 étudiants en sont satisfaits dont 6 de la classe 1. Deux étudiantes de la classe 1 disent que les vacances se sont passées normalement. Une étudiante de la classe 1 en est déçue et une étudiante de la classe 2 dit qu'elle n'a pas réussi *à* se discipliner. Dans la classe 1, le nombre des étudiants qui sont satisfaits de leurs vacances est proche de celui qui a choisi la réponse A de la

① * Tout le monde remplit cette case.

question 6. Mais, 6 étudiants de la classe 2 qui n'ont pas accompli leur projet de travail pendant les vacances sont aussi satisfaits.

Question 8："Voulez-vous reprendre votre projet inachevé pendant les vacances prochaines ? A. non, je vais travailler avec effort. B. Oui, bien que je veuille, je ne peux pas me contrôler. C. Oui, parce que l'essentiel des vacances est le repos. D. Oui, parce que j'avais beaucoup travaillé durant mes vacances précédentes."：Les réponses se trouvent dans le Tableau ci-dessous：

Tableau 105：choix des étudiants

	A	B	C	D
Classe1	7	4	3	3
Classe 2	8	2	1	3

Au total 15 étudiants regrettent de ne pas avoir réalisé leur projet de travail pendant leurs vacances, ce qui représente presque la moitié. 6 étudiants le regrettent aussi et confirment qu'ils ne savent pas se discipliner. Pour ces six, peut-être, il vaut mieux travailler pendant le semestre que pendant les vacances. Pour les étudiants qui ont choisi la réponse D, il y en a trois dans chaque classe. Parmi ces 6, 5 étudiants ont réalisé leur projet de travail pendant les vacances sauf XIN Yuan de la classe 2.

6. 假期过后，你是否兑现了自己放假前的计划？A.完成了 B.没有

7. 你对自己的假期安排感到 不行 。

8. 如果回到假期中，你还会同样度过假期么？

A.不会了，会努力学习 B.会，虽然想努力，但是控制不住自己

C.会，假期就是用来休息的 D.会，我上一个假期就很努力

9. 写出法语专业做的让你觉得最感动的事情： 了解一个新国家

写出法语专业做的让你觉得最失望的事情：________

这些事情是否对你的学习投入产生影响：

A.第一件事情会，第二件事情不会 B.都会

(Elle a choisi la réponse D de la question 8 et la réponse B de la question 6.)

Parmi les 4 étudiantes ayant fait le choix C, 3 viennent de la classe 1：ZHAO Yixuan et WANG Di, pensent qu'elles ont réalisé leur projet de travail pendant les vacances.

L'autre de la classe 2, LI Zhongqiu, pense que son niveau de français n'a pas baissé.

Question 9：《 *Écrivez un événement qui vous a plus marqué au cours de votre apprentissage?：________, Ecrivez un événement qui vous a plus démotivé ?：________, est-ce que ces deux événements ont influencé votre motivation pour vos études ? A. la première oui, mais la deuxième non, B. Oui pour les deux, C. la deuxième oui, la première non, D. aucune.* 》

Pour la première question ouverte, nous avons au total six réponses différentes.

11 étudiants de la classe 1 pensent que la pédagogie de leur enseignant est l'événement le plus marquant. 5 étudiants de chaque classe ont choisi le Centre Culturel de France et les activités qui y sont organisées. 7 étudiants de la classe 2 n'ont pas répondu. Les autres réponses sont individuelles：beaucoup ont fait référence au coin français et l'apprentissage de connaissances sur un nouveau pays.

Tableau 106：Ce qui a le plus marqué les étudiants

	Enseignant	Centre et activités	Autres	Aucun
La classe 1	64, 71%	29, 41%	5, 88%	0%
La classe 2	0%	35, 71%	14, 29%	50%
Total	35, 48%	32, 26%	9, 68%	22, 58%

S elon les données, nous pouvons résumer de deux façons：

— Tous les points remplis par les étudiants sont positifs, donc la classe 1 est plus motivée que la classe 2. Tous les étudiants de la classe 1 se sont trouvé un motif important qui les attache à leurs études depuis trois ans, mais du côté de la classe 2, il n'y en a que la moitié qui s'est trouvé un motif de rendre leurs études importantes. Cette différence tient selon nous au fait que la majorité des étudiants de la classe 1 apprécie la pédagogie de leur enseignant. Cet aspect est important parce que ceci rend le travail plus actif dans la classe 1 grâce à la méthode d'évaluation continue. Pour les étudiants, la bonne organisation de la classe, la bonne gestion de la classe est comme un stimulant qui leur permet d'aller plus loin dans leurs efforts.

—Pour la deuxième question, 19 étudiants n'ont pas répondu parce qu'ils ne trouvent rien à signaler sur le département de français. Les autres réponses sont variées et classées en six types.

6 étudiants pensent que certains cours sont démotivants dont une de la classe 1.

Une étudiante de chaque classe pense que c'est le stage qui est mal organisé.

Deux étudiantes de la classe 1 ont regretté d'avoir été absentes au Festival culturel du département de français. Cependant, à nos yeux, cette déception est assez normale puisqu'elles auraient dû participer aux activités culturelles. Les deux autres réponses sont individuelles: insuffisance de décoration du mur au Centre Culturel de France et trop d'examens dans le département.

Tableau 107: Le fait le plus démotivant aux yeux des étudiants

	Nul	Cours	Stage	MA*	MP	Examens
La classe 1	70, 59%	5, 88%	5, 88%	17, 65%	5, 88%	0%
La classe 2	50%	35, 72%	7, 14$	0%	0%	7, 14%
Total	61, 29%	19, 35%	6, 45%	6, 45%	3, 23%	3, 23%

* Manque des Activités * * Mur des Photos

Dans le Tableau , la première colonne et la quatrième colonne reflètent les facteurs positifs. Donc, la majorité absolue des étudiants de la classe 1 ne trouvent rien de démotivant dans le département. Mais une étudiante de la classe 1 et cinq de la classe 2 critiquent les cours et en sont déçus.

Pour mieux analyser les deux premières questions, nous devons avancer vers la troisième question. 13 étudiants au total ont choisi la réponse A, 7 des étudiants sont de la classe 1. Pour ces étudiants, ils ne sont motivés que par le département. 9 étudiants ont choisi la réponse B, 4 étudiants viennent de la classe 1. Ces étudiants sont à la fois motivés et démotivés par le département. À la relecture, parmi les 4 de la classe 1, deux étudiantes sont celles qui voulaient participer au Festival culturel. Et parmi les 5 de la classe 2, une étudiante, HE Chao, n' pas rempli la case concernant l'événement le plus démotivant.

Tableau 108：Le fait le plus démotivant aux yeux des étudiants (Réponse B)

Ce qui est démotivant pour les étudiants qui ont choisi B		
Stage	1	La classe 1
Mise des photos sur le mur	1	La classe 1
Manquer le Festival	2	La classe 1
Cours	3	La classe 2
Stage	1	La classe 2
Rien	1	La classe 2

S eule une étudiante de la classe 2 a choisi la réponse C. Elle n' a pas rempli la case concernant l'événement le plus démotivant, mais écrit que certains cours sont démotivants.

8 étudiants dont 6 de la classe 1 ont choisi la réponse D. Ce choix signifie que cela n'a pas d'impact sur la motivation.

Le stage apparaît aussi dans les mentions des étudiants de la promotion 2012 comme élément de découragement. Au total, nous avons deux étudiantes qui ont fait ce choix. Comme ce que nous avons présenté avant, le manque de postes de stage augmente l' inquiétude potentielle des étudiants sur leur futur professionnel. Certains étudiants abandonnent leurs études probablement pour deux raisons：une compétence insuffisante en français et le manque d'offres de travail pour des locuteurs de français dans leurs villes natales. Quand ils envisagent leur avenir, comme la poursuite de leurs études de master, ou aller travailler en Afrique dans les compagnies chinoises, le stage apparaît moins important.

En conclusion, nous avons en tout7 étudiants démotivés.

Question 10：*"Est-ce que vous êtes fier de votre spécialité ? A. Oui, B. Non, Est-ce que votre fierté peut motiver vos études ? A. Oui, B. Non"*

16 étudiants de la classe 1 et 12 de la classe 2 sont fiers de leur spécialité. 26 étudiants pensent que le sentiment de fierté *à* propos de la spécialité va influencer leur motivation. Pour les 3 étudiants qui ne sont pas fiers de leur spécialité, seul un étudiant pense que c'est son état d'esprit quotidien qui influence sa motivation.

9. 写出法语专业做的让你觉得最感动的事情：______法语角______

写出法语专业做的让你觉得最失望的事情：______实习______

这些事情是否对你的学习投入产生影响：

A.第一件事情会，第二件事情不会　　　　B.都会

C. 第二件事情会，第一件事情不会　　　　D.都不会

10. 你是否对自己的专业感到自豪？A.是　　　　B.不是

这对你的学习动机有影响么？A.有　　　　B.没有

7. 4. 3. 2 Bilan de la 3ème enquête des étudiants de 2012

Pour la troisième enquête, les étudiants ne sont pas les mêmes et après leur congé de stage, ils ne sont plus sûrs de leurs objectifs, de leurs buts dans la filière FLE. Les notes de ces deux classes ont fortement baissé. Dans la classe 1, la moyenne de mesure de la motivation est de 140, 18 à l'issue de la troisième enquête contre 145, 59 dans la deuxième enquête. Pour la troisième enquête, la moyenne de mesure de la motivation dans la classe 2 est de 123 contre 130, 84 la deuxième fois. La motivation la plus haute vient de ZHANG Yali, étudiante de la classe 1, dont la note est de 174. La plus faible demeure celle de ZHOU Qun, étudiant de la classe 2 dont la note est de 67.

Tableau 109：Notes de motivation des étudiants

	< 110	111-120	121-130	131-140	141-150	151-160	> 161
Classe 1	2	1	4	2	3	0	5
Classe 2	2	3	3	4	0	2	0

P armi les huit catégories de motivation, les notes de la classe 1 sont toutes plus élevées que la classe 2. De plus, toutes les catégories ont des différences de plus ou moins deux points.

Tableau 110：Graphique durésultat de la troisième enquête de 2012

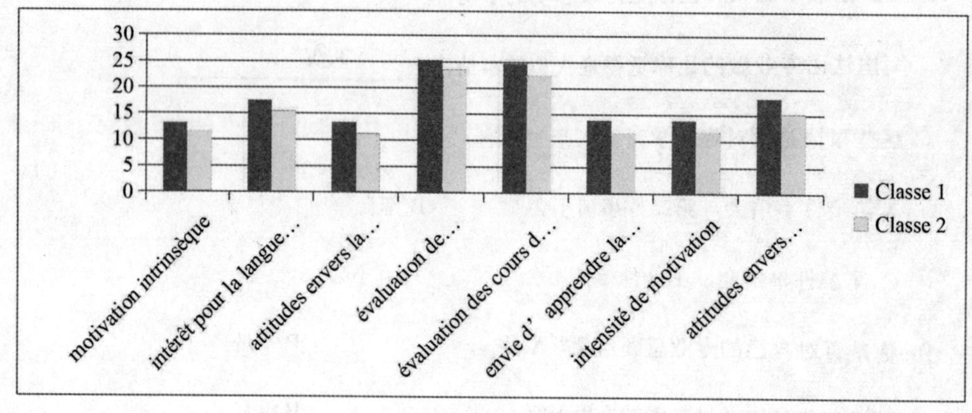

Cette comparaison est le résultat de méthodes d'évaluations différentes entre ces deux classes sur plusieurs semestres. Pour la classe 1, la moyenne de mesure de la motivation varie de 147, 71 *à* 140, 18. Pour la classe 2, la moyenne de mesure de la motivation varie de 137, 89 *à* 123.

7. 5 Conclusion du chapitre 7

Ces données nous indiquent des points de comparaison.

—16 Que ce soit dans la classe 1 ou la classe 2, la motivation baisse continûment de la première enquête *à* la troisième enquête, c'est-*à*-dire du deuxième semestre de la troisième année *à* la quatrième année.

Tableau 111：Variation de motivation dans les deux classes

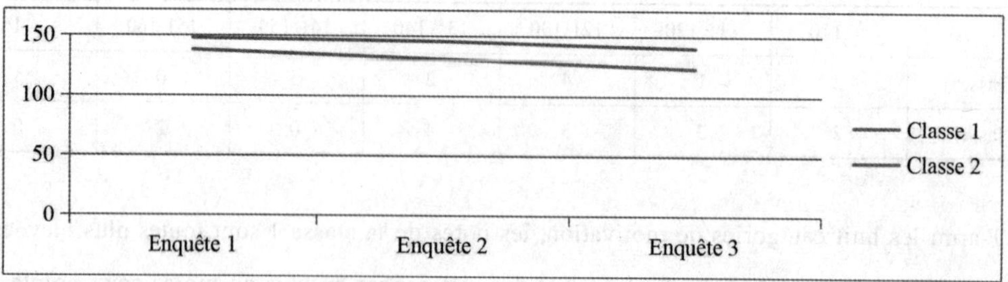

Cette tendance montre que l'emploi de méthodes variées ne peut pas entraîner systématiquement de changement dans la motivation des étudiants dans toutes les classes si nous n'insistons pas avec la même intensité de travail, même si les méthodes sont les mêmes. Cette courbe montre l'influence du changement de la troisième à la quatrième année pour chacune des deux classes qui n'utilisent pas la méthode d'évaluation. En quatrième année, il n'y a pas de changement de professeur par rapport à la troisième. La plus grande différence est que les étudiants ont moins de cours qu'avant. C'est pourquoi l'intensité du travail est aussi un facteur décisif de la variation de la motivation.

—Ensuite, les huit catégories de motivation ne font pas les mêmes effets sur les mêmes sujets.

Tableau 112: Graphique de la classe 1 de 2012

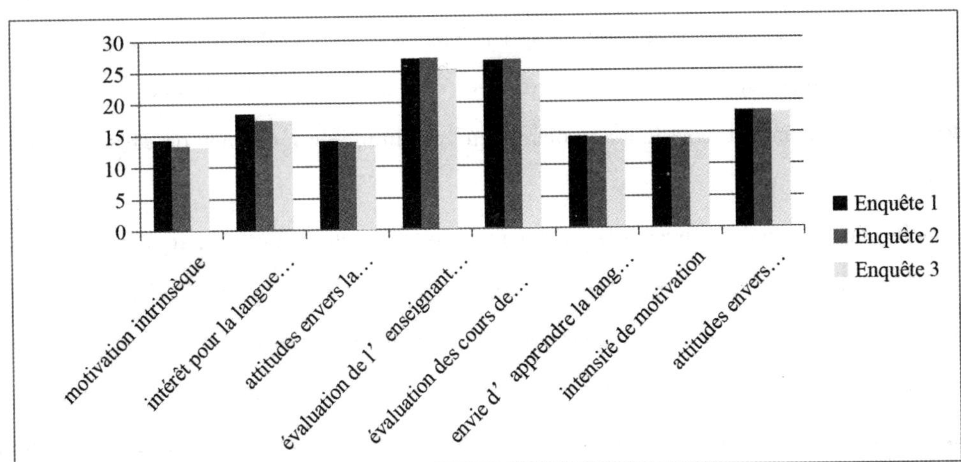

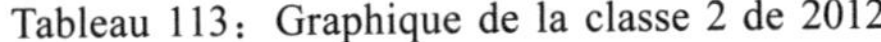
Tableau 113: Graphique de la classe 2 de 2012

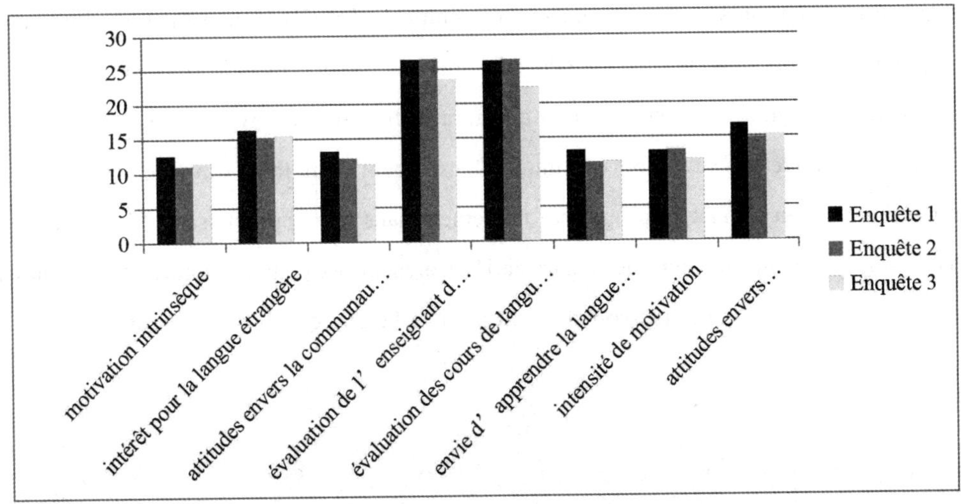

S i nous comparons la variation des motivations, la classe 1 est moins sensible que la classe 2. Les relations entre la motivation et les variables de performance, de satisfaction et de bien-être sont les causes réelles du progrès de la motivation au niveau de chaque classe ou au contraire de leur *amotivation*. Lorsqu'un individu a la chance de se retrouver dans un environnement qui ne l'éloigne pas trop de ses objectifs primaires, cet individu a des chances d'être efficace dans le travail et d'y trouver satisfaction.

Nos séries d'enquêtes nous ont permis d'investiguer sur les relations entre la motivation et les variables de performance, de satisfaction et de bien-être des étudiants du département de français. Nos diverses observations confirment la progression ou la dégradation de la motivation tout au long de notre série d'enquêtes. Ce qui influence le plus la détermination est l'espoir d'augmenter ses chances après les études. Cette idée fait que la motivation évolue ou régresse selon que les étudiants avancent dans leurs études jusqu'*à* la limite de l'examen de TFS et du stage en entreprise.

Sur le plan national, l'apprentissage du français est surtout motivé par le rêve de pouvoir être utile pour les compagnies chinoises opérant en Afrique francophones. Ceci indique pourquoi certains étudiants sont moins actifs parce que beaucoup d'apprenants n'ont pas suffisamment d'informations sur les débouchés que leur offre leur filière. Les professeurs étrangers ne parlent aux étudiants que des possibilités de voyage vers la France ou de poursuite des études en France. Et ces deux éléments sont faiblement motivants car pour aller en France, il faut disposer de beaucoup de moyens, ce qui n'est pas évident pour bon nombre des étudiants du département de français. Ceux qui restent constants sont ceux qui ont l'ambition d'aller directement travailler, une fois leur diplôme obtenu dans le département de français. Pour ceux-*là* rien ne peut modifier facilement leur vision, et c'est cette vision qui aura fortifié leur motivation depuis le début.

Avec la méthode d'évaluation continue, l'enseignant peut faire travailler les étudiants de façon continue et leur permet de progresser facilement dans leur apprentissage. Si les étudiants n'ont pas assez d'accompagnement de la part de l'enseignant, ils peuvent tomber dans la passivité, ce qui peut les amener *à* ne plus avoir de goût pour la langue qu'ils apprennent.

Chapitre 8
Analyse des résultats

Introduction du Chapitre 8, Troisième Partie

Après la présentation du résultat des enquêtes, nous voulons développer l'analyse et dévoiler quelques particularités de la variation de la motivation des étudiants chinois de français afin d'expliquer la tendance commune de la variation de la motivation. Notre hypothèse de recherche a consisté *à* analyser l'influence positive ou négative des activités didactiques de l'enseignant sur la motivation d'études des étudiants. Elle peut être expliquée par plusieurs facteurs.

8. 1 Le facteur sexuel dans la motivation

Bien que l'apprentissage soit une décision individuelle, les travaux de PANG ont déj*à* montré la relation entre le sexe des étudiants et l'apprentissage des langues étrangères, surtout l'anglais. PANG a confirmé l'existence de la différence des garçons et filles chinois face *à* l'apprentissage de l'anglais. L'Anglais, tout comme le Français étant des langues occidentales, les conclusions de PANG peuvent aisément être une bonne référence dans nos recherches. (PANG Yuhou, 2003：80-85) Selon la recherche de SHI et LIU (SHI Yunzhang, LIU Zhenqian, 2006：59-64), le niveau de compréhension écrite est bien distingué entre les filles et les garçons. Cette recherche était conduite sur 220 étudiants chinois d'une université provinciale et indique que les filles travaillent mieux que les garçons bien qu'ils ne montrent pas de grande différence au cours. YU et ses collègues malaisiens (2010：96-101) ont prouvé la différence dans l'acquisition de nouvelles langues entre les étudiantes et les étudiants chinois. Ces recherches précédentes ont confirmé l'influence du sexe dans le processus de l'apprentissage/acquisition d'une nouvelle langue dans le contexte chinois. En même temps, il ne faut pas oublier que l'apprentissage est attaché *à* la variation de la motivation. Alors, est-ce que le principe de la différence du sexe fonctionne aussi dans l'apprentissage du français? Est-ce que les étudiantes chinoises sont plus motivées que les étudiants? Dans notre recherche, nous allons analyser si les filles sont plus sensibles que les garçons sous l'effet de la méthode d'éducation avec l'évaluation continue? Pour répondre *à* ces trois questions, nous avons suivi comment évolue la motivation moyenne des garçons par rapport *à* celle des filles puis calculé la moyenne de la classe.

Tableau 114：comparaison des motivations des garçons et filles

	2012	2013	2014	2015
Motivation des garçons	126, 36*	132, 91	138, 53	154
Motivation des filles	139, 64	142, 91	142, 09	140, 9

Tableau 115：comparaison des motivations des classes 1

	Classe 1 de 2012	Classe 1 de 2013	Classe 1 de 2014	Classe 1 de 2015
Motivation des garçons	137	144	138, 75	* *
Motivation des filles	145, 36	159, 36	147, 52	142, 6

Tableau 116：comparaison des motivations des garçons et filles

	Classe 2 de 2012	Classe 2 de 2013	Classe 2 de 2014	Classe 2 de 2015
Motivation des garçons	120, 78	120, 82	138, 33	154
Motivation des filles	133, 51	136, 34	135, 83	139, 11

* note moyenne = ensemble des notes de motivation/nombre desgarçons (filles)/nombre des enquêtes participées.

* * Il n'y a aucun garçon dans la classe 1 de 2015.

S elon notre calcul, les moyennes dressent la situation de la motivation durant la période des trois enquêtes, mais n'indiquent pas la variation de la motivation. Nous avons comparé aussi la différence entre la classe 1 et la classe 2 puis la différence entre les garçons et les filles afin d'observer la différence des sensibilités. D'abord, en moyenne, les étudiants des classes 1 sont tous plus motivés que les classes 2. Cela nous montre que les garçons comme les filles peuvent devenir plus motivés par le biais de la méthode de l' évaluation continue. Ensuite, d' après notre observation, la moyenne des filles est plus élevée que celle des garçons dans la majorité des cas. Cependant cette conclusion n'est pas toujours justifiée. Deux cas illustratifs de cette situation sont dans la classe 2 de la promotion de 2014 et de la promotion 2015. Bien que le nombre des garçons soit limité dans chaque classe, cette situation a des raisons explicables. Dans une situation stricte, comparées aux garçons les filles chinoises s' adaptent plus facilement. Les garçons aiment attendre la veille des examens avant de se mettre au travail. Cette habitude ne facilite ni l' apprentissage des langues étrangères, ni la méthode d'éducation avec l'évaluation continue. Cette façon de faire des garçons peut avoir un lien direct avec la faiblesse de leur motivation et de leur rendement dans toutes les classes 1. Cette conclusion est proche de l'importance de la différence sexuelle dans l'apprentissage de l'anglais. Cependant, toutes les filles ne sont pas toujours plus motivées que les garçons, puisque nous pouvons trouver aussi des garçons plus motivés que les filles.

Tableau 117: comparaison des motivations les plus élevées et les plus basses des classes 1

	Classe 1 de 2012	Classe 1 de 2013	Classe 1 de 2014	Classe 1 de 2015
Le plus élevé des garçons	139, 33*	166, 33	143	* *
Le plus bas desgarçons	132	117, 33	128	* *
La plusélevée des filles	172, 67	167	169	159
La plus basse des filles	114, 67	127, 67	120, 33	113

Tableau 118: comparaison des motivations les plus élevées et les plus basses des classes 2

	Classe 2 de 2012	Classe 2 de 2013	Classe 2 de 2014	Classe 2 de 2015
Le plus élevé des garçons	162, 33	141	164	159
Le plus bas desgarçons	74, 67	108, 33	124	149
La plusélevée des filles	173	156, 67	156	173
La plus basse des filles	96, 67	113	119	104

* note = l'ensemble des trois notes d'un(e) étudiant(e)/nombre de participations

* * Il n'y a aucun garçon dans la classe 1 de 2015.

Si nous comparons les motivations entre les étudiants les plus motivés et les moins motivés, nous trouvons qu'un étudiant peut devenir le plus motivé sous l'effet de certaines interventions pédagogiques. Bien que la motivation moyenne des garçons soit souvent plus faible, il existe toujours des exceptions et l'influence de la méthode sur la motivation est aussi individuelle.

Après avoir comparé la moyenne de la motivation entre classe 1 et de la classe 2 de chaque promotion puis entre les garçons et filles, nous constatons que la source de cette différence n'est guère visible, puisque la motivation est organisée sur une échelle de huit catégories selon la méthode d'enquête de Gardner. Avant d'analyser l'influence de la méthode de l'évaluation continue sur les garçons et les filles, nous devons voir d'abord la portée de ces huit catégories de motivations dans les classes 2 de chaque promotion puisque ces classes n'étaient pas soumises à notre intervention.

Tableau 119：Graphique des huit catégories des garçons et filles de la classe 2 de 2012

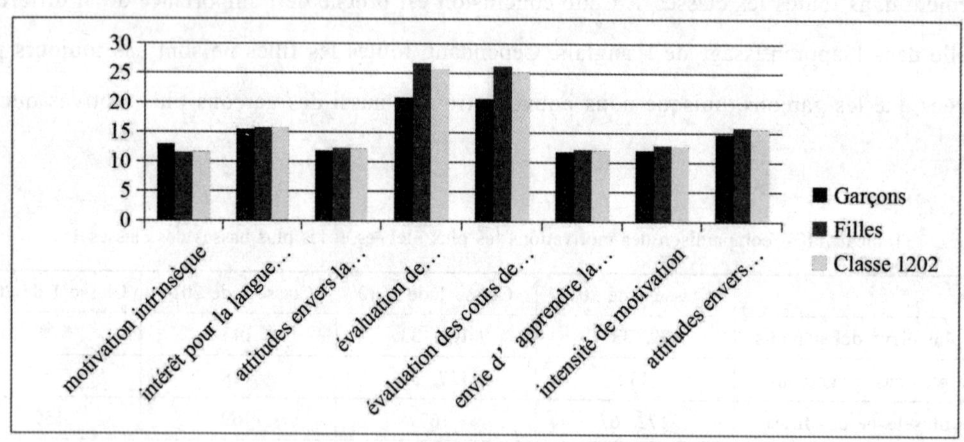

La promotion 2012 se trouve dans sa dernière année. Les étudiants seront bientôt diplômés. Les garçons sont plus motivés pour aller dans les pays étrangers (poursuivre leurs études de master en France ou travailler en Afrique). Cependant, ils sont beaucoup moins motivés pour les activités académiques.

Tableau 120: Graphique des huit catégories des garçons et filles de la classe 2 de 2013

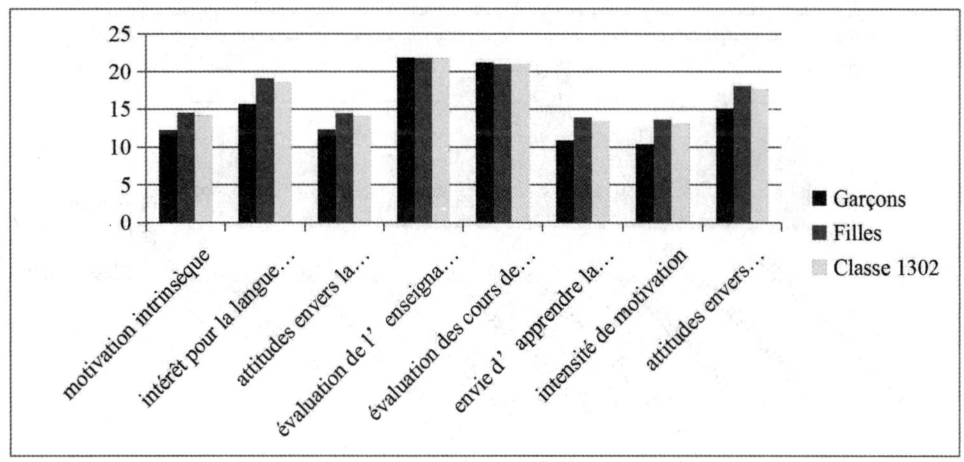

Le degré de motivation entre les garçons et filles est proche sur les deux évaluations. Mais dans le détail les garçons sont moins motivés si l'on considère six niveaux de catégories: motivation intrinsèque, intérêt pour la langue étrangère, attitudes envers la communauté de la langue secondaire, envie d'apprendre la langue étrangère, intensité de motivation et attitudes envers de l'apprentissage de langue étrangère. Cependant, pour l'évaluation du cours et de l'enseignant, la motivation des étudiants est semblable de celle des filles.

Tableau 121: Graphique des huit catégories des garçons et filles de la classe 2 de 2014

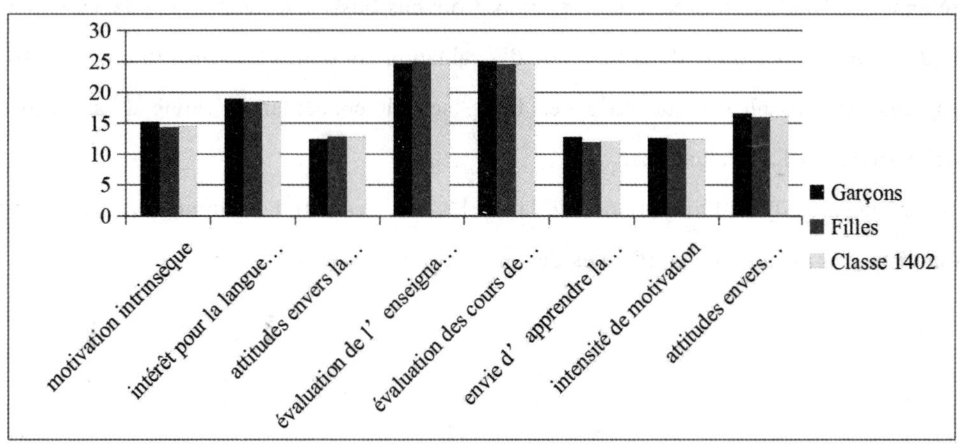

Entre les garçons et filles de cette promotion, le niveau moyen de motivation de la classe 2 est plus élevé que celles des années précédentes.

Tableau 122：Graphique des huit catégories des garçons et filles de la classe 2 de 2015

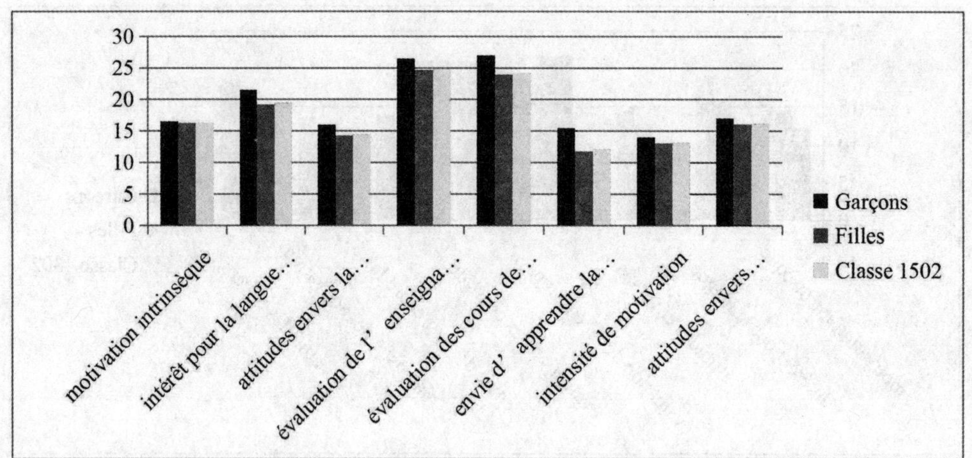

D 'après l' observation de ces quatre graphiques, nous trouvons que les garçons peuvent être motivés comme les filles, en prenant les huit niveaux de la méthode de Gardner. Autrement dit, l' influence du sexe n' est pas absolue dans la motivation. Par exemple：au niveau des promotions 2012, 2014 et 2015, les garçons sont plus motivés pour aller *à* l' étranger, alors que ceux de la promotion 2013 le sont moins. Ou encore：les garçons de la promotion 2012 ont des performances moins bonnes que leurs camarades de classe de sexe féminin pendant les évaluations, mais ceux de la promotion 2015 sont plus motivés. Bien que nous n' ayons pas fait quatre années d' observation consécutive, nous trouvons aussi une tendance *à* la variation chez ceux qui n' ont pas bénéficié de la méthode d' évaluation continue：la sensibilité *à* la motivation des garçons est plus élevée que celle des filles, surtout concernant l' envie d' apprendre une langue étrangère et les évaluations.

Pour mieux analyser l' importance de la méthode d' évaluation continue dans la motivation, nous devons voir ensuite les graphiques des motivations des classes.

Tableau 123: Graphique des huit catégories des garçons et filles de la classe 1 de 2012

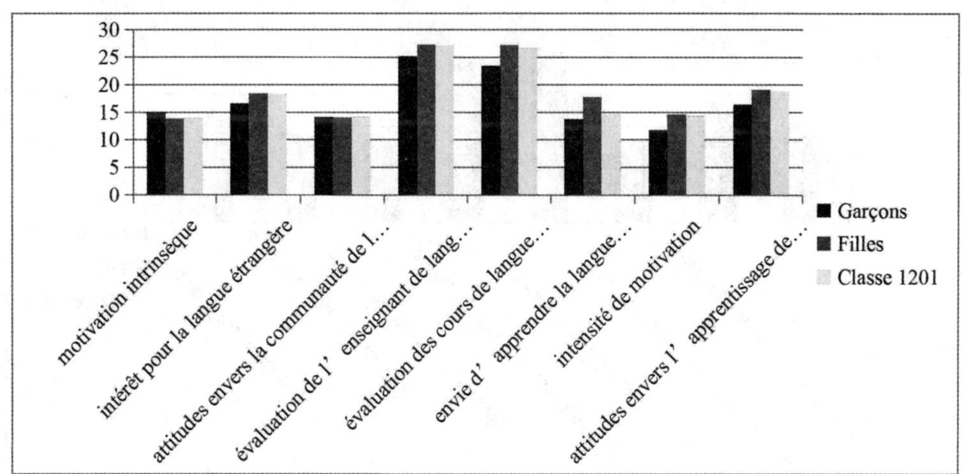

S elon ce Tableau , nous observons une différence de motivation entre les garçons et les filles. Les garçons préfèrent aller à l' étranger tandis que les filles s' intéressent plus à la langue étrangère et à l'apprentissage.

Tableau 124: Graphique des huit catégories des garçons et filles de la classe 1 de 2013

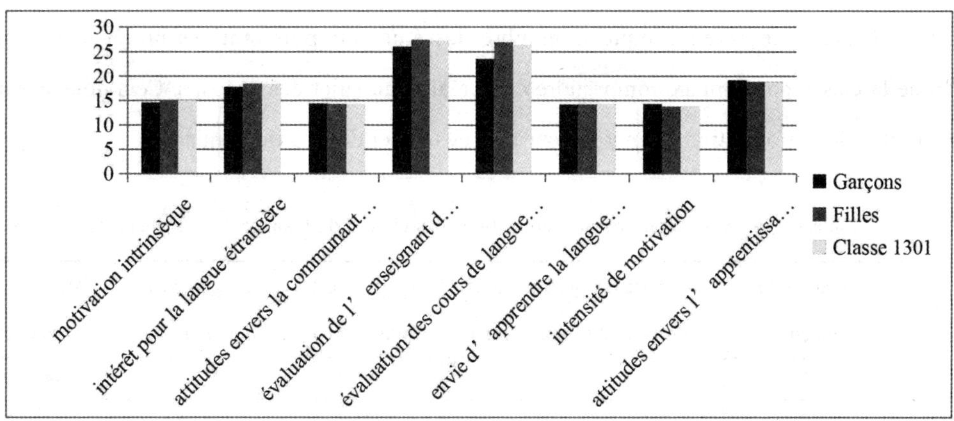

L es garçons de 2013 sont beaucoup moins motivés que les filles pour les évaluations. Cependant, par rapport à la catégorie《aller à l'étranger》, la motivation des garçons est proche des filles. Au niveau de la promotion 2012, la comparaison de la motivation entre les garçons et filles n'est pas très nette au sujet de l'envie d'apprendre la langue étrangère, l'intensité de motivation et les attitudes envers l'apprentissage de la langue étrangère.

Tableau 125：Graphique des huit catégories des garçons et filles de la classe 1 de 2014

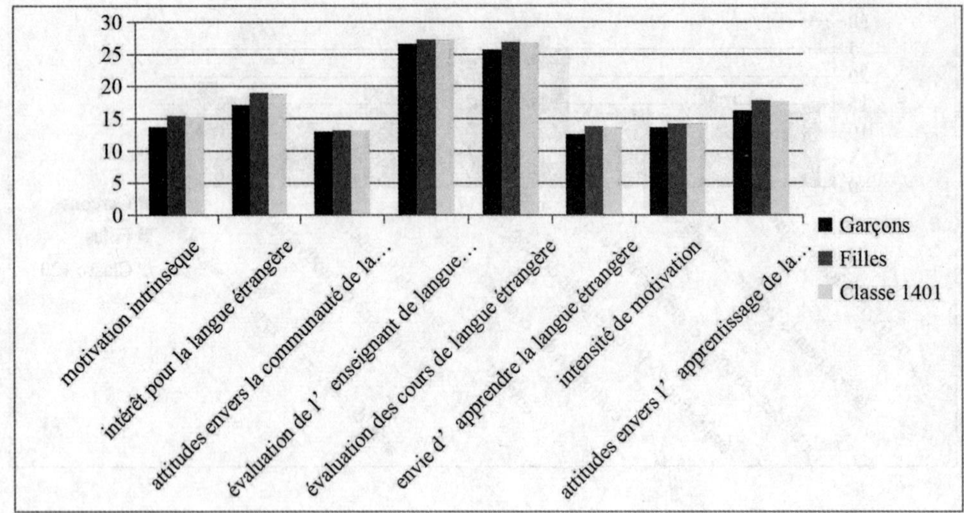

Dans toutes les catégories, les filles sont plus motivées. Cependant, les écarts entre les garçons et filles ne sont pas grands.

Avant de conclure sur la comparaison des motivations des garçons et filles, il faut admettre que des nuances peuvent résulter des cas individuels des étudiants car les garçons ne sont pas nombreux. Il faut prendre en compte le nombre des étudiants plus motivés plutôt que le niveau moyen de la classe pour mieux comprendre cette réalité au sujet des garçons. Cela nous permet de retenir plutôt des informations générales au lieu des exceptions ou des nuances.

Tableau 126：Comparaisons des motivations des classes de l'année 12 *à* l'année 15

Classe	Nombre des garçons	Nombre des garçons plus motivés que la moyenne	Le garçon le plus motivé	Le garçon le moins motivé	Moyenne de classe
1201	2	0	139, 33	132	144, 49
1202	3	1	162, 33	74, 67	131, 31
1301	4	2	166, 33	117, 33	148, 45
1302	4	1	141	108, 33	133, 87
1401	3	0	141, 67	128	146, 61
1402	3	1	164	124	136, 16
1502	2	2	159	149	140, 52
Total	21	7			

S elon ce Tableau , les garçons qui sont plus motivés que le niveau moyen de la classe font un tiers de la totalité. Autrement dit, les étudiants de sexe masculin sont moins motivés que leurs camarades du sexe féminin.

En résumant le résultat des comparaisons entre les garçons et les filles, nous trouvons des conclusions suivantes:

Selon les chiffres donnés sur la motivation, la classe 1 est toujours plus motivée que la classe 2. C'est-à-dire que les garçons et filles de la classe 1 ont développé quelque chose de plus que leurs camarades de la classe 2. Les résultats se retrouvent au niveau de toutes les promotions. Cependant, la différence entre la classe 1 et la classe 2 revêt un aspect pluriel. Au niveau des promotions, les différences ne viennent pas des mêmes situations de motivation et au niveau des classes aussi, les performances dépendent de différents paramètres. Cette différence est plus visible au niveau des deux premières années de la promotion 2012 qu'au niveau de toutes les autres classes années de toutes les autres promotions.

Dans les classes 2, nous constatons que les étudiants sont de moins en moins motivés si on les compare à leurs camarades filles. Alors, tout porte à croire que les garçons baissent d'ardeur plus facilement, sans que la méthode d' évaluation continue soit en cause. Les étudiantes apprécient au contraire la méthode d'évaluation continue. Cela ne veut pas dire que toutes les étudiantes aiment les évaluations, mais elles comprennent mieux l' importance des évaluations dans les études. Si nous comparons les garçons les plus motivés et les garçons les moins motivés, la méthode d'évaluation continue influence davantage les garçons les moins actifs que ceux qui sont déjà motivés.

Enfin, nous trouvons aussi que la variation de la motivationse présente sous une forme de "colline" dont le sommet se trouve en deuxième année. Cette tendance ne dépend pas de l'emploi de la méthode d'enseignement. Le sommet de la motivation se trouve en deuxième année et il n'y a pas de grande différence entre la motivation des garçons et des filles de la promotion 2014 et de celle de 2013. Mais, pour les années 2012, la différence est plus grande parce que les étudiants sont en quatrième année et qu'ils doivent réfléchir à leur future profession, qui peut ne pas être attaché au français.

8. 2 Le facteur 《 apprentissage précoce du français 》 avant les études universitaires et la motivation

Selon la partie"classification" de notre enquête, certains étudiants ont déjà étudié le français avant leurs études universitaires. L'apprentissage de la langue va être plus facile pour ces étudiants ayant été en contact avec le français depuis le cycle secondaire que pour leurs camarades de classe qui viennent de découvrir la langue. Mais est-ce que cet avantage peut leur donner plus de confiance en eux et plus de motivation? Est-ce que ces étudiants seront toujours plus motivés que les autres pendant leurs études universitaires? Et quelle influence aura la méthode de l'évaluation continue sur ces étudiants puisque nous avons pris la connaissance de l'influence de la méthode avec l'évaluation continue sur toute la classe? Est-ce que cette méthode a une influence différente sur les apprenants de la langue qui ont une avance sur les autres ou bien l'influence exercée sur l'ensemble des apprenants de la classe sera la même?

Tableau 127：Nombre d'étudiants qui ont appris le français avant la licence

	2012		2013		2014		2015	
	Classe1	Classe2	Classe1	Classe2	Classe1	Classe2	Classe1	Classe2
Nombre	3	5	2	3	4	3	2	5

Puisque la séparation des étudiants est aléatoire, le nombre de ceux qui ont appris le français n'est pas égal entre les deux classes. Par rapport au nombre d'étudiants de la classe, très peu d'étudiants ont appris le français avant l'entrée à l'université. Les étudiants ayant un vécu de l'apprentissage de la langue française avant leur entrée à l'Université ne montrent pas de différence visible dans le pourcentage. Cependant, nous ne pouvons pas négliger l'influence de cet apprentissage préparatoire sur leur motivation. Ceux qui ont eu connaissance de la langue française avant les autres doivent être plus sûrs d'eux au début parce qu'ils peuvent comprendre le cours plus facilement et répondre plus vite au professeur, mais ils pourront aussi probablement plus facilement contracter l'habitude d'apprentissage sans révision. Cet avantage peut aussi devenir un grand défi pour leurs études.

Tableau 128: Graphique de la comparaison des motivations

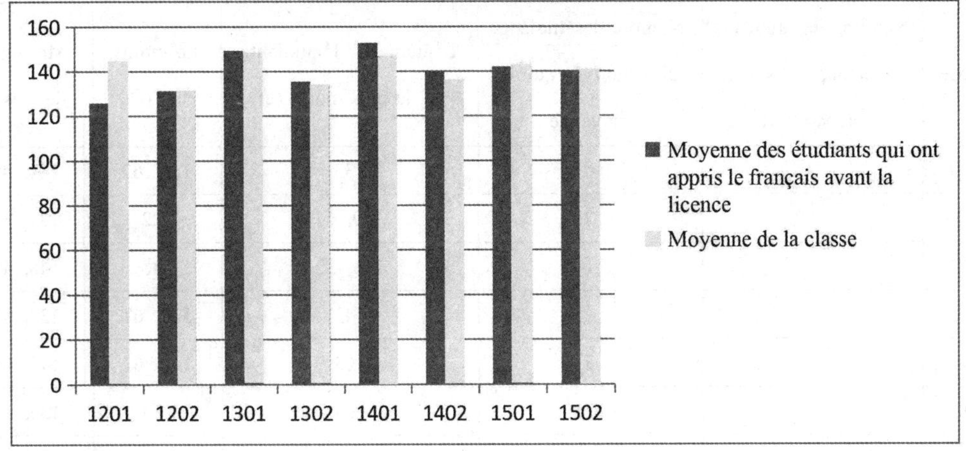

L'analyse commence par la comparaison entre la motivation moyenne de la classe et la motivation des étudiants ayant appris le français. D'après ce graphique, une conclusion se présente: dès le début, les étudiants qui ont appris le français sont aussi motivés que les autres. Dans les classes de la promotion 2015, il y a des différences de moins d'un point. Les étudiants ne se font pas encore distinguer par leur compréhension du cours certainement parce que l'enquête est trop proche de leur entrée *à* université. À partir du deuxième semestre (nous avons fait des enquêtes pour l'année 2014 *à* partir de leur deuxième semestre), ces étudiants peuvent être les plus motivés, mais cette situation ne dure pas longtemps. Avec le temps, la motivation ne dépend pas finalement de leur expérience d'apprentissage du français au cycle secondaire, mais de leur situation pendant leurs études universitaires: leur motivation devient de plus en plus proche de la motivation moyenne de toute la classe *à* partir du deuxième semestre de la deuxième année.

Pour la classe 1 de 2012, la différence est contraire *à* ce qu'on a pour toutes les autres classes. Cela résulte de deux explications. Soit, leur motivation ne dépend pas de leur apprentissage avant la licence pour un long terme, soit c'est une exception, dont l'explication serait que les étudiants de cette classe n'ont pas suffisamment travaillé pendant quatre ans.

Comme le nombre de ces étudiants est limité, nous devons nous poser des questions: est-ce que ces moyennes proches résultent de quelques étudiants soit très motivés soit très démotivés ? Est-ce que les moyennes des étudiants ayant une expérience de la langue au collège sont proches de celle des tous les autres étudiants de la classe?

Tableau 129：Comparaison des étudiants avec apprentissage préparatoire

Classe	Nombre des étudiants avec apprentissage préparatoire	Nombre desétudiants plus motivés que la moyenne	L'étudiant / l'étudiante le, la plus motivé(e)	Le moins motivé	Moyenne de classe
1201	3	0	133	114, 67	144, 49
1202	5	2	140, 67	122	131, 31
1301	2	1	155, 33	140	148, 45
1302	3	2	142	124, 67	133, 87
1401	4	3	163	141, 67	146, 61
1402	3	2	164	124	136, 16
1501	2	1	143	141	142, 6
1502	5	2	159	126	140, 52
Total	27	13			

S elon la totalité, 13 étudiants sur 27 sont plus motivés que la motivation moyenne de la classe. Ce pourcentage est un symbole significatif qui nous montre le manque d'efficacité de l'apprentissage avant l'entrée universitaire sur la motivation. Une moitié est plus motivée, soi-disant l'autre moitié est moins motivée. Cependant, quand nous nous concentrons sur la promotion, le pourcentage devient différent. Pour la quatrième année, la majorité des étudiants qui ont préparé le français avant l'entrée universitaire perdent leur avantage. Pour la deuxième et la troisième année, les situations sont différentes. La majorité d'entre eux sont plus motivés que les autres. Cela montre que l'influence de l'apprentissage préparatoire peut être renforcée avec l'intensité des études et deviendra de plus en plus faible au cours des études universitaires.

L'autre point exposé dans le Tableau ci-dessus est la sensibilité des motivations des étudiants les moins motivés. Pour les années 2014 et 2013, l'étudiant le moins motivé de la classe 1 est beaucoup plus motivé que celui de la classe 2. Cependant, les motivations des plus élevés sont plus proches. Autrement dit, l'étudiant le moins motivé est plus sensible *à* la méthode d'éducation avec l'évaluation continue que l'étudiant le plus motivé. Quand l'étudiant est motivé, l'influence de la méthode d'éducation avec l'évaluation continue devient faible.

Maintenant, nous devons approfondir notre analyse sur les huit catégories de la motivation. Quelle catégorie l'apprentissage préparatoire influence-t-il le plus ? Est-ce que l'apprentissage préparatoire peut motiver pour l' intégration des étudiants *à* l' étranger, pour le désir de l' apprentissage de la langue 2, ou l'évaluation du cours? Notre hypothèse est que si ces étudiants ont un niveau de départ meilleur que les autres, ils auront moins de difficulté en communication et dans la compréhension du cours. Ils seront plus motivés pour aller *à* l'étranger et apprendre la langue française. Ils auront aussi moins de difficulté concernant la prépartion des évaluations régulières.

Tableau 130: Graphique de la comparaison des motivations de la classe 1201

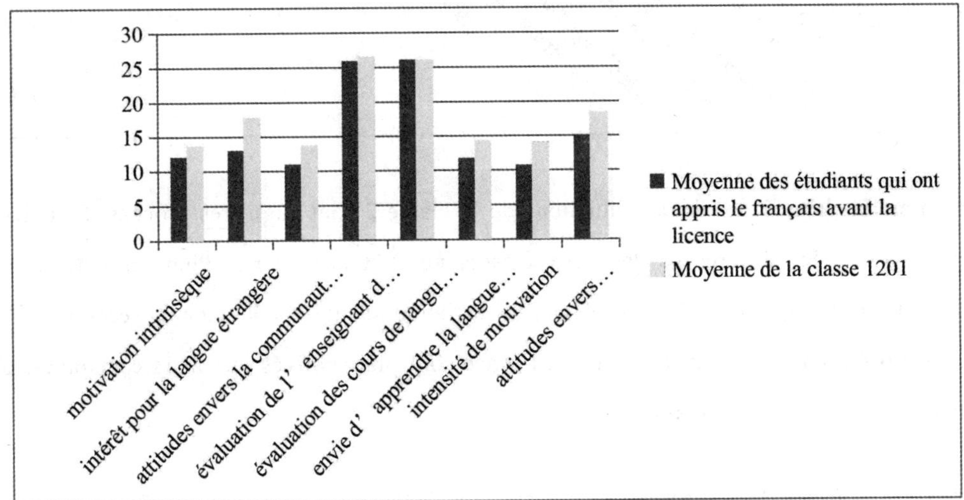

S i on compare avec la classe 1 de 2012, six catégories se distinguent en-dehors des deux évaluations: la plus forte est"intérêt pour la langue étrangère" (13 contre 17, 78) et "envie d' apprendre la langue étrangère" (11, 75 contre 14, 29), "intensité de motivation" (10, 75 contre 14, 04) et "attitudes envers l'apprentissage de la langue étrangère" (15, 13 contre 18, 37).

Tableau 131：Graphique de la comparaison des motivations de la classe 1202

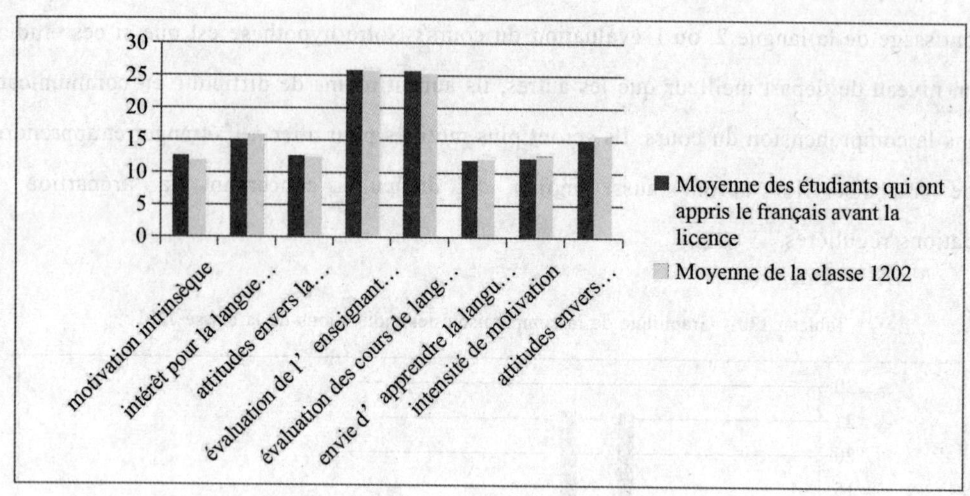

Comme la classe 1, les deux évaluations de la classe 2 sont aussi très proches. Pour les six autres catégories, les différences des deux classes ne sont pas claires. Pour les catégories de "motivation intrinsèque" et "attitudes envers la communauté de la langue secondaire", les étudiants qui ont appris le français avant la licence sont plus motivés que leurs camarades. Cette situation est différente de la classe 1.

Tableau 132：Graphique de la comparaison des motivations de la classe 1301

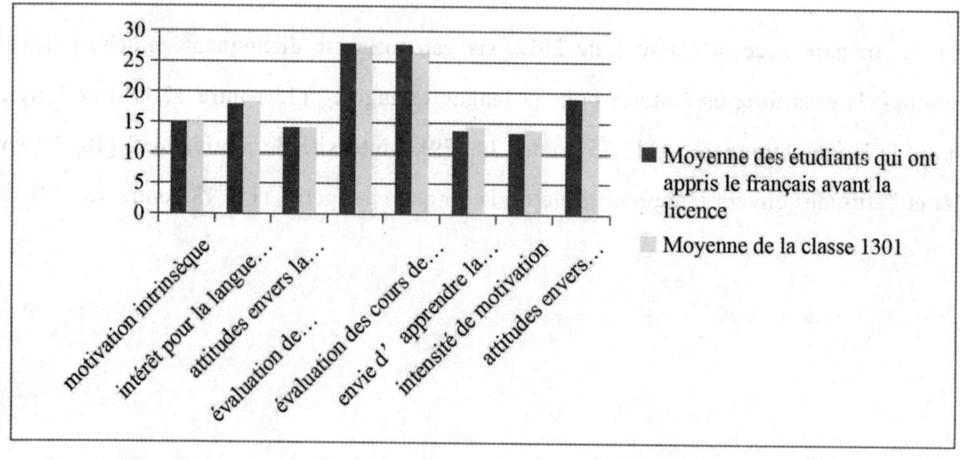

En-dehors de l'évaluation pour les cours (27, 8 contre 26, 35), il n'y a pas de distinction entre les catégories. La moyenne de la classe est plus élevée pour les catégories：motivation intrinsèque (15 contre 15, 11), intérêt pour la langue étrangère (18 contre 18, 35), attitudes envers la communauté de la langue secondaire (14, 2 contre 14, 31), envie d' apprendre la langue étrangère(13, 8 contre 14, 3) et intensité de motivation(13, 4 contre 13, 89). Bien que toutes ces différences soient de moins d'un point, nous pouvons quand même confirmer que l'avantage de l'apprentissage préparatoire a disparu après trois semestres de l'enseignement avec la méthode d'éducation avec l'évaluation continue.

Tableau 133: Graphique de la comparaison des motivations de la classe 1302

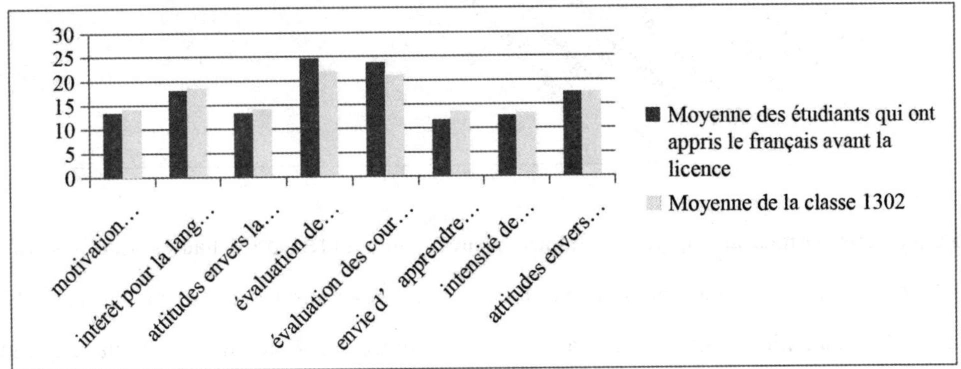

Bien que la moyenne de la classe soit proche de celle des étudiants avec l' apprentissage préparatoire, les deux chiffres ne peuvent montrer que les points totaux. Parmi les huit catégories, la différence est claire. Sauf les deux évaluations, ces étudiants sont moins motivés que leurs camarades de classes. La plus grande différence qui fait presque quatre points se trouve dans l'évaluation des cours. En ce qui concerne l'attitude visà vis de l'apprentissage, ces étudiants sont aussi dynamiques que leurs camarades.

Tableau 134：Graphique de la comparaison des motivations de la classe 1401

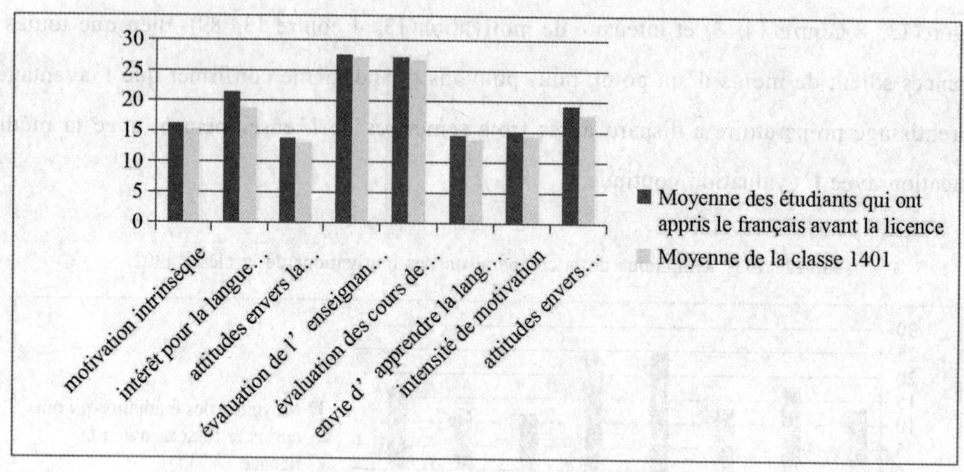

S elon cette comparaison, les colonnes bleues sont toutes plus hautes que les rouges. Cependant, les deux moyennes ne sont pas bien distinguées pour les deux évaluations：27, 64 contre 27, 19 (évaluation pour l'enseignant) et 27, 21 contre 26, 77 (évaluation pour le cours). La plus grande différence est l'attitude vis-*à*-vis de l'apprentissage qui fait 1, 5 point (19, 27 contre 17, 6).

Tableau 135：Graphique de la comparaison des motivations de la classe 1402

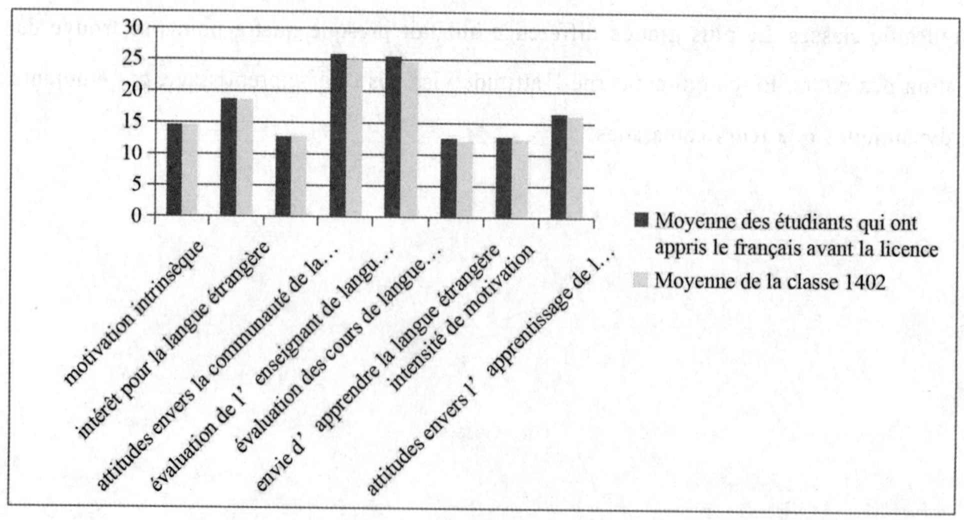

L a différence totale de ces moyennes de la classe 2 n'est pas aussi importante que celle de la classe 1. Toutes les colonnes bleues sont plus hautes que les colonnes rouges sauf dans le cas attitudes envers l'apprentissage de la langue étrangère (12, 75 contre 12, 8). La plus petite différence est l'orientation intrinsèque (14, 58 contre 14, 54), et la plus grande différence est les deux évaluations (25, 92 contre 25 pour l'évaluation de l'enseignant, 25, 58 contre 24, 62 pour l'évaluation des cours).

En conclusion, on constate dans un premier temps que l'apprentissage préparatoire représente des particularités qu'on peut résumer ainsi:

D'abord, l'apprentissage préparatoire avant l'entrée à l'université n'est pas un facteur définitif qui influence directement la motivation des étudiants. Seuls 13 étudiants sur 27 sont plus motivés que leurs camarades. Au début, pour l'année 2015, ces étudiants ne montrent pas de grande différence dans leur motivation (seulement trois étudiants sur sept sont plus motivés). Et sur le long terme, pour l'année 2012 par exemple, seulement un quart des étudiants ayant étudié un peu de français au collège sont restés motivés. Bien que nous ne puissions pas bien juger l'effet de l'apprentissage préparatoire du français sur la performance des étudiants l'ayant fait, son importance n'est pas encore totalement établie.

D'ailleurs, la différence entre ces étudiants avec la préparation et le reste de la classe se réduit au cours des années scolaires. Pour l'année 2014, les résultats des deux classes sont plus proches que les autres années et 5 étudiants sur 7 sont plus motivés que le niveau moyen. Ce pourcentage beaucoup plus élevé que les autres années résulte du programme des cours et du test TFS4 qui a lieu au second semestre de 2e année. Pour le réussir étant donné qu'il s'agit de l'entrée seuil dans leur avenir professionnel, les étudiants de l'année 2014 (de deuxième année) ont travaillé plus et ont dû être plus motivés que les autres générations. Donc, les motivations des étudiants qui ont appris le français sont plus sensibles à l'intensité des études parce que la deuxième année est plus difficile à cause du TFS4.

Ensuite, l'évaluation continue influence la motivation des étudiants qui ont appris le français avant la licence, puisque la motivation de ces étudiants est différente selon les classes. D'après notre enquête, la méthode d'éducation avec l'évaluation continue influence plus les étudiants moins motivés que les plus motivés. C'est pourquoi les étudiants les moins motivés, l mais qui ont bénéficié de la préparation de la classe 1 sont plus proches de la moyenne de toute la classe.

Enfin, nous pouvons diviser les huit catégories en deux parties selon la différence d'influence exercée par la méthode d'éducation avec l'évaluation continue: les deux évaluations pour l'enseignant les cours d'une part, et les six autres, d'autre part.

Si nous comparons les classes 1 et 2 de toutes les années, ce sont les étudiants ayant bénéficié d'une préparation qui ont les résultats les plus positifs pour les deux évaluations par rapport *à* leurs camarades de classe parce qu'ils comprennent mieux les cours. Cependant, pour les deux évaluations, les étudiants des classes 2 avec la préparation sont plus motivés que ceux des classes 1. C'est-*à*-dire que la méthode avec l'évaluation continue n'est pas utile pour les évaluations sur l'enseignant et les cours de ces étudiants. Mais cette méthode peut les influencer pour les six autres catégories. Avec la méthode *à* évaluation continue, les étudiants avec la préparation deviennent plus positifs pour aller *à* l'étranger et ont plus d'intérêt pour les études que leurs camarades des classes 2. Par rapport *à* leur déplacement *à* l'étranger, il y a souvent deux orientations：professionnelle et éducative. La première orientation est de partir en Afrique (voir chapitre 1. 4) l avec 'objectif de gagner plus d'argent. L'objectif de la deuxième orientation est de poursuivre des études en suivant les programmes universitaires d'échange, les projets de la formation de langue et de master.

8. 3 Le facteur《choix de la spécialité》et la motivation

En Chine, les lycéens peuvent choisir leur spécialité universitaire eux-mêmes ou sous l'influence des autres qui sont souvent leurs parents. Autrefois, l'avenir des étudiants était décidé par les parents y compris la spécialité de l'université. Actuellement les jeunes chinois deviennent de plus en plus indépendants. Selon notre enquête, de plus en plus d'étudiants décident eux-mêmes leur spécialité préférée dans notre département.

Tableau 136：nombre des étudiants dont la spécialité est décidée par les autres

	2012		2013		2014		2015	
	Classe 1	Classe 2	Classe 1	Classe 2	Classe 1	Classe 2	Classe 1	Classe 2
Nombre	7	11	4	3	8	6	1	4

Ce nombre n'est pas également distribué entre les classes et les différentes années, cependant les étudiants sont moins nombreux *à* être influencés, que cela soit la promotion 2012 *à* celle de 2015. Autrement dit, ils sont de plus en plus indépendants dans le choix de leur métier d'avenir.

Quand la spécialité est décidée par les autres, l'étudiant peut probablement être moins motivé que ceux qui font le choix eux-mêmes, ne serait-ce qu'au début de leur séjour universitaire. Est-ce que les étudiants sont toujours stimulés par le fait d'avoir choisi par eux-mêmes la spécialité? Ou bien est-ce que la motivation des étudiants n'est pas du tout liée au choix de leur spécialité?

Pour mieux analyser cette hypothèse, nous avons fait la comparaison de la moyenne des étudiants qui n'ont pas choisi par eux-mêmes leur spécialité et leurs autres camarades. Nous employons la lettre A pour représenter les étudiants qui n'ont pas choisi la spécialité, la lettre B pour les autres et M pour représenter le reste de classe.

Tableau 137: Comparaison des étudiants selon les choix de la spécialité

Classe	Nombre d'étudiants (A/B)	Nombre d'étudiants plus motivés que la moyenne	L'étudiant le plus motivé (A/B)	Le moins motivé (A/B)	Moyenne(A/M)
1201	7/10	2	167, 33/172, 67	114, 67/119, 67	137, 35/144, 49
1202	11/8	4	162, 33/173	112/74, 67	133, 41/131, 31
1301	4/21	2	167/166, 33	136, 67/117, 33	153, 58/148, 45
1302	3/22	1	136, 67/160, 33	112, 67/108, 33	120, 78/133, 87
1401	8/15	6	158/169	126/120, 33	147, 57/146, 61
1402	6/19	3	152, 67/164	127/114, 5	139, 83/136, 16
1501	1/19	0	118/159	118/113	118/142, 6
1502	4/17	1	149/173	126/109	136, 25/140, 52
Total	44	19			

(A/B: lesétudiants dont la spécialité est choisie par les autres/les étudiants qui ont choisi eux-mêmes la spécialité)

(A/M: les étudiants dont la spécialité est choisie par les autres/moyenne de la classe)

S elon le Tableau ci-dessus qui suit l'observation de toutes les classes sur quatre ans, la majorité des étudiants dont la spécialité est choisie par les autres (ceux que nous appelons étudiants passifs) sont moins motivés que le niveau moyen. Cependant, on ne voit pas de lien important entre le choix passif de la spécialité et la motivation des études puisque les étudiants les moins motivés sont ceux qui ont choisi eux-mêmes le français (ceux que nous appelons étudiants actifs).

Si nous considérons les motivations des étudiants les plus motivés, en-dehors de la classe 1 de l'année 2013, les étudiants les plus motivés sont toujours ceux dits actifs. Pourquoi les plus motivés et les moins motivés sont-ils presque tous ceux qui décident leur spécialité par eux-mêmes? Logiquement, nous pouvons comprendre la situation des plus motivés. Pour les moins motivés, la seule explication est que certains étudiants décident eux-mêmes de leur spécialité mais rencontrent plus de difficultés que ce *à* quoi ils s'attendaient. C'est ce qui entraîne une baisse de leur motivation.

Une autre analyse que nous trouvons *à* propos du Tableau est la variation des différences des motivations A/B. Pour 2014, la différence est plus petite que les autres années grâce au TFS 4. Cela nous montre que les étudiants sont tous influencés par l'intensité des études indépendamment de la différence de leurs choix.

Nous constatons aussi une différence entre les classes 1 et 2. Avant de distinguer la motivation en huit catégories, nous pouvons comparer d'abord la différence parmi les plus et moins motivés. Mise *à* part l'année 2015 où n'a pas encore vraiment commencé l'apprentissage du français, la différence est plus large entre les plus motivés des deux classes de la même année que celle entre les moins motivés. Cela montre que l'influence de l'évaluation continue est plus importante sur les plus motivés que sur les moins motivés.

Maintenant, nous devons approfondir notre analyse sur les huitcatégories de la motivation. Quelle est la catégorie que l'initiative du choix de la spécialité influence le plus? Cette initiative peut-elle motiver leur intégration *à* l'étranger, le désir de l'apprentissage de la langue 2 ou l'évaluation du cours?

Tableau 138：Graphique de la comparaison des motivations de la classe 1201

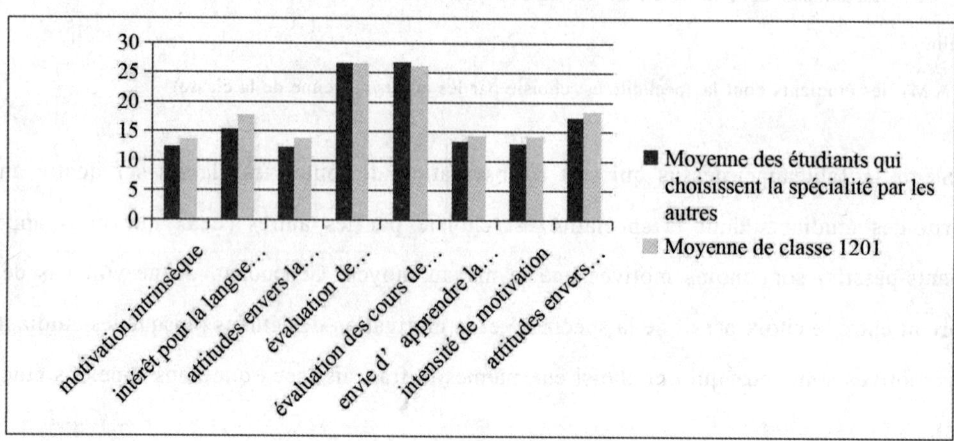

Selon le graphique, les moyennes de classe sont plus élevées que celle des étudiants passifs dans les catégories autres que les deux évaluations. Dans la classe 1, la plus grande différence est l'intérêt pour la langue étrangère (16, 33 contre 17, 78), cependant, les autres différences sont assez proches, toujours moins d'un point.

Tableau 139: Graphique de la comparaison des motivations de la classe 1301

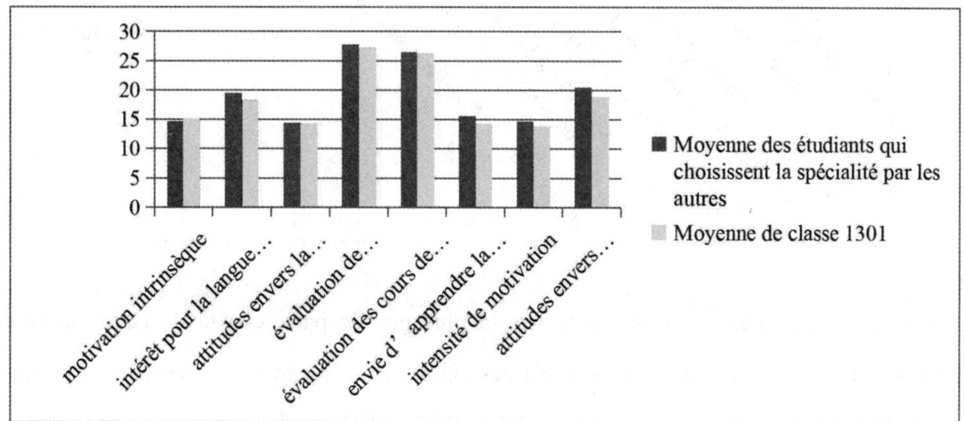

Par rapport à la classe 1 de l' année 2012, sauf motivation intrinsèque (motivation intrinsèque et intérêt pour la langue étrangère), toutes les motivations moyennes des six catégories des étudiants qui n' ont pas choisi eux-mêmes leur spécialité sont plus élevées que leurs camarades qui ont choisi par eux-mêmes, mais les différences sont partout peu importantes. En même temps, il faut souligner la différence de nombre des étudiants. Dans la classe 1 de l'année 2012, les étudiants passifs sont 7, ce qui représente presque la moitié de la classe. Dans celle de 2013, les étudiants sont 4 sur 27.

Tableau 140：Graphique de la comparaison des motivations de la classe 1401

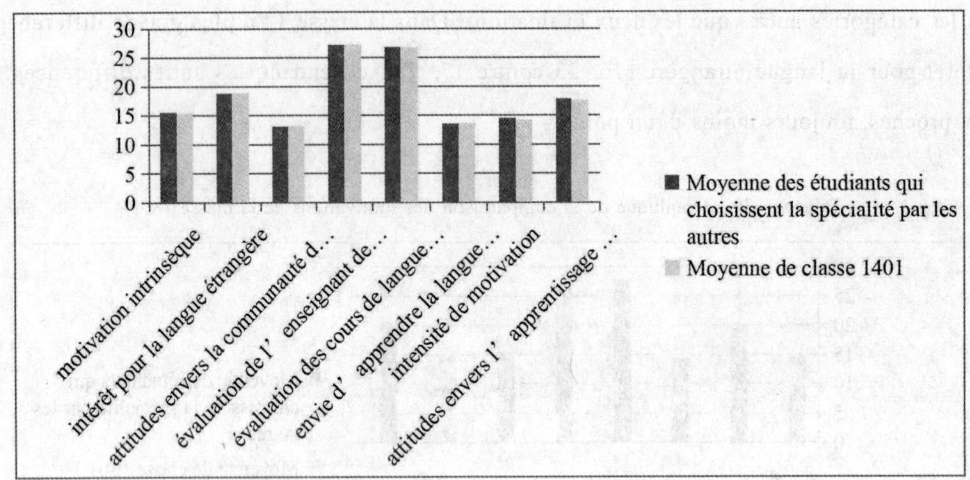

Par rapport aux deux classesprécédentes, la plus grande particularité de cette classe est la similarité des moyennes. La distinction n'est pas claire selon le choix de spécialité des étudiants. Cependant, contre notre prévision, les étudiants passifs semblent plus motivés pour leur désir de l'apprentissage de L2.

Avant d'analyser la situation de l'année 2015, nous voulons voir d'abord la différence des classes qui n'utilisent pas l'évaluation continue (classe 2) afin de mieux faire la comparaison.

Tableau 141：Graphique de la comparaison des motivations de la classe 1202

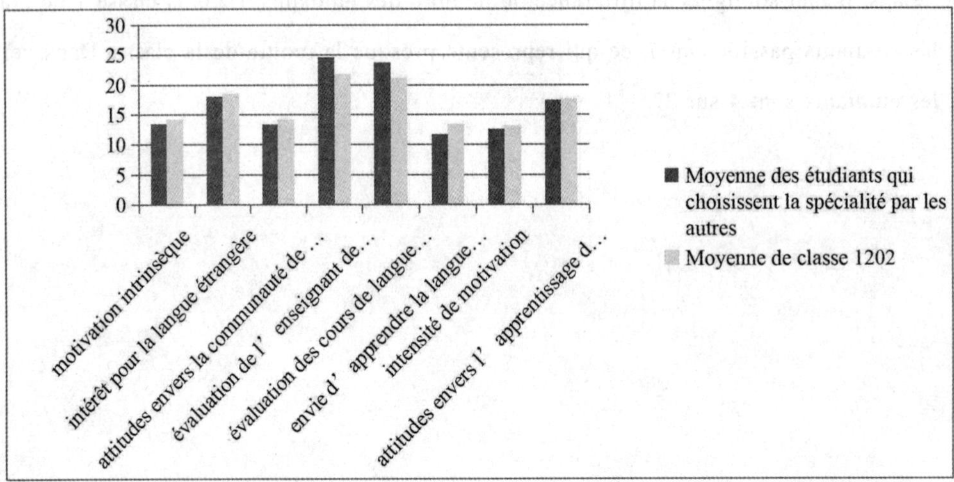

Dans cette classe, sauf les deux évaluations dans lesquelles les étudiants passifs sont plus motivés que leurs camarades de classe, les colonnes bleues sont toujours plus basses que les rouges.

Tableau 142: Graphique de la comparaison des motivations de la classe 1302

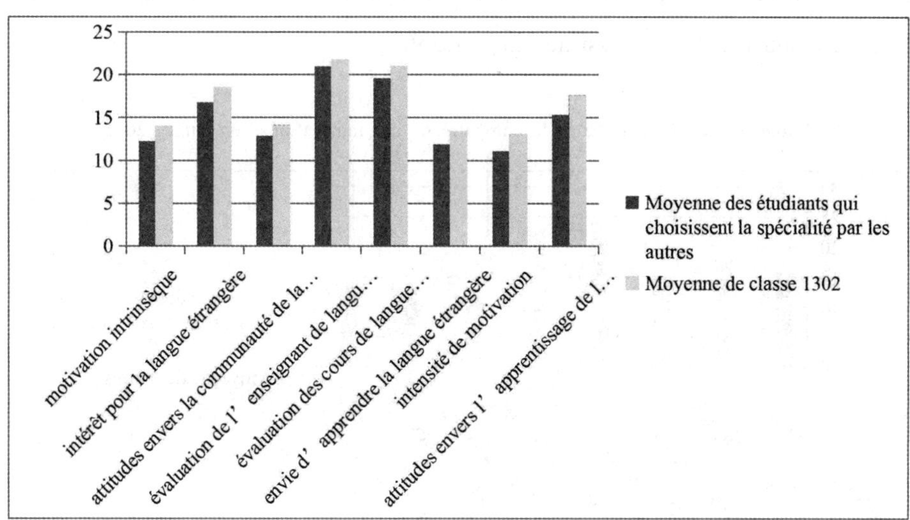

Dans cette classe, les colonnes bleues sont toutes moins élevées que les rouges. Et les différences restent entre 1, 5 point et deux. Cette situation est différente de toutes les autres classes indiquées ci-dessus (classes 1201, 1202, 1301, 1401).

Tableau 143: Graphique de la comparaison des motivations de la classe 1402

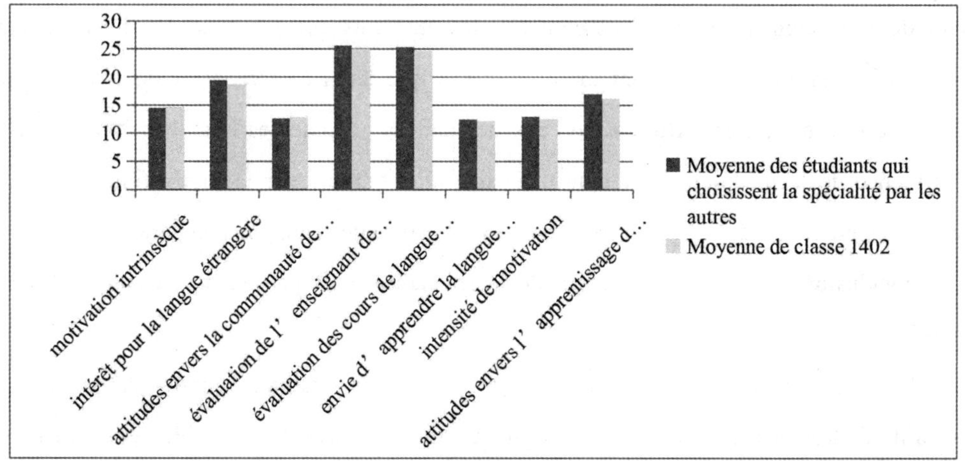

Selon ce graphique, sauf la *Motivation intrinsèque* et *Attitudes envers la communauté de la*

langue secondaire, les moyennes des étudiants qui ne choisissent pas eux-mêmes leur spécialité (passifs) sont plus élevées dans toutes les catégories. Cependant, toutes ces différences ne dépassent jamais plus d'un point.

Avant determiner la comparaison entre les étudiants passifs et ceux qui décident eux-mêmes, la situation de l'année 2015 est aussi non négligeable.

Tableau 144：Graphique de la comparaison des motivations de l'année 2015

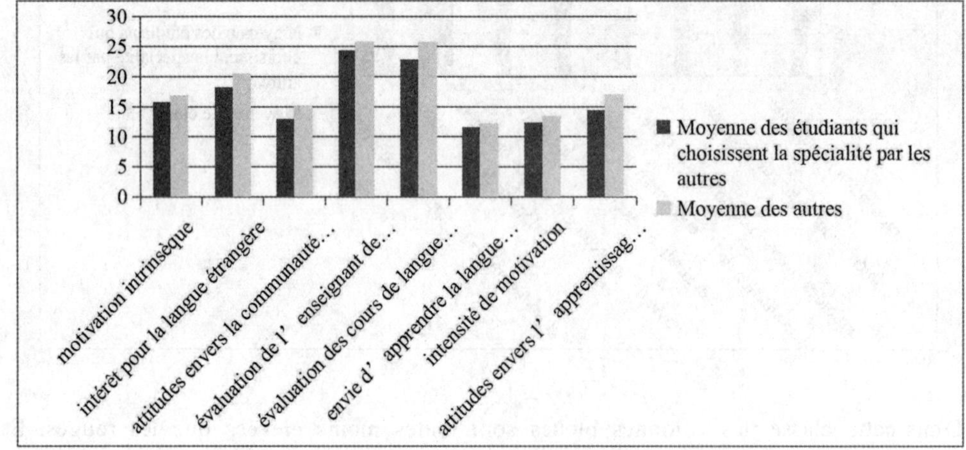

Ce graphique représente la comparaison des étudiants de première année qui n'ont fait qui n'ont pas passé beaucoup de temps dans l'apprentissage de français et ne sont pas beaucoup influencés par l'enseignement universitaire ni par la méthode d'évaluation continue (voir chapitre la méthode d'enseignement). Dans ce contexte, les étudiants qui ont laissé les gens (la famille) choisir leur spécialité pour eux sont moins motivés que leurs camarades selon l'interprétation générale. Ce résultat qui est différent de ceux des années précédentes nous confirme l'existence de l'influence de la méthode didactique d'évaluation continue sur la motivation des étudiants parce que les étudiants des autres années ne suivent pas cette tendance comparative.

En conclusion, l'influence du choix de la spécialité nous permet de considérer les points suivants：

— En ce qui concerne la distinction entre les années, les étudiants qui ont choisi eux-mêmes la spécialité de français sont plus motivés au début que les autres. L'ensemble des huit catégories confirme ce principe dès le départ. Cependant, au cours de leur apprentissage de français, la moyenne des étudiants passifs se rapproche progressivement de celle de la classe. En-dehors de

2015, la moyenne de ces étudiants passifs rattrape celle de la classe, quelquefois, elle peut la dépasser, par exemple dans les classes 1301, 1401 et 1402. À partir de la deuxième année, cette différence de plus en plus incertaine résulte de l' influence de l' utilisation des méthodes didactiques, comme l' intensité des études qui influence la valeur de la motivation de tous les étudiants. Il y a 19 étudiants sur 44 qui sont plus motivés que le niveau moyen de leur classe. Cependant, 9 étudiants sur 14 de deuxième année sont plus motivés que la moyenne de la classe. La particularité de cette année est l'intensité d'apprentissage en raison du TFS4.

D' ailleurs, par rapport au regroupement des classes 1 et 2, nous ne trouvons pas de distinction claire sur la valeur de la motivation en fonction des différences dans l' action didactique. Cependant parmi les étudiants de la classe 1 qui n'ont pas choisi leur spécialité, la moitié est plus motivée que le niveau moyen. Il n'y en a que 9 sur 24 dans les classes 2. Cela montre quand même une efficacité plus importante de la méthode d'évaluation continue sur les étudiants passifs. L'autre point commun auquel il faut faire attention est que les étudiants les plus motivés et les moins motivés de la classe 1 sont toujours plus motivés que ceux de la classe 2 de la même année (exception faite des étudiants les moins motivés des classes 1401 et 1402 dont la différence est très petite). Ainsi, la variation de la motivation ne présente pas seulement un caractère personnel, mais aussi collectif. Quand tout le monde est plus motivé dans une classe, même le moins motivé peut être influencé.

Ensuite, en comparant les deux extrêmes, presque tous les étudiants les plus et les moins motivés sont ceux qui ont choisi leur spécialité eux-mêmes. Les motivations des étudiants passifs restent une situation mineure, ni plus motivés, ni moins motivés (sauf un étudiantdans la classe 1201, voir le Tableau précédent). Cela prouve que le choix passif n' est pas synonyme de démotivation. Bien que la motivation de ces étudiants passifs ne soit pas un bon départ selon l' année 2015, ils peuvent facilement rattraper cette différence de motivation les autres années. Autrement dit, leur situation de départ n'est pas un obstacle dans la poursuite de leurs études.

Enfin, pour mieux comprendre la motivation desétudiants actifs et passifs, il faut aussi analyser les détails de la motivation. Selon les Tableau x vus plus haut, les huit catégories sont divisées en deux parties : les deux évaluations et les six autres catégories. En-dehors de l'année 2015 et la classe 1302, les étudiants passifs sont toujours plus motivés dans les deux évaluations, et les six autres catégories ne suivent pas une variation identique. Cela montre que ces étudiants passifs ont plus envie de suivre les cours et leurs enseignants de français s'ils ne veulent pas changer de spécialité. Bien que pour les années 2014 et 2013, il n'existe pas de variation identique pour les six autres catégories, pour l'année 2012, les étudiants passifs sont toujours moins dynamiques d'après l'analyse de ces six catégories de motivation. Selon la théorie de Gardner, le choix passif des étudiants influence sur le long terme (selon le cursus universitaire chinois, la quatrième année est considérée comme l'année de fin d'études de licence) que l'attitude envers la situation d'apprentissage qui représente les deux évaluations.

8. 4 Le facteur《rôles dans la classe》dans la motivation

Dans une université chinoise, on distingue les rôles des étudiants entre les leaders de classes et les autres. Les leaders jouent en principe trois rôles： chef de classe, secrétaire de classe de la Ligue de jeunesse communiste et responsable des études. Partout en Chine, le premier rôle est celui de l'organisation des activités de la classe, le deuxième est l'orientation psychologique des étudiants et le troisième concerne la communication avec les enseignants et le soutien dans les études. Les trois leaders sont nommés par des moniteurs ou sélectionnés par les camarades de classe. En général, ils sont motivés par les activités de la classe et ont l'habitude d'aider, de diriger leurs camarades. Notre hypothèse est que si les leaders sont plus motivés dans leurs études que leurs camarades c'est parce qu'ils veulent toujours montrer leur importance non seulement dans l'organisation des activités extra-scolaires mais aussi dans l'apprentissage.

Ils ont l'obligation de montrer qu'ils doivent être des exemples pour les autres. En même temps, *à* cause du travail de classe imposé par l'université, ils auront moins de temps par rapport *à* leurs camarades pour la préparation du cours et la révision. Cette implication justifie notre intérêt pour l'analyse des résultats de ces leaders de classes au cours des enquêtes.

Aussi nous posons la question： Est-ce que la motivation des leaders est influencée par l'ambiance de la classe ?

Tableau 145: Comparaison des motivations des directeurs

Classe	Chef	Secrétaire	Responsable	Moyenne des trois directeurs	Moyenne de classe
1201	138, 67	132	153	142, 375	144, 49
1202	125, 33	130	134, 33	129, 875	131, 31
1301	140	155, 33	156	151, 14	148, 45
1302	128	124, 67	136, 33	129, 875	133, 87
1401	143	141, 67	148	144, 22	146, 61
1402	124	127	164	138, 33	136, 16
1501	149	143	149	147	142, 6
1502	126	153	173	150, 67	140, 52

P armi ces trois 《directeurs de classe 》, ce sont toujours les responsables des études les plus motivés. Cependant, la motivation des chefs et des secrétaires n'est certainement pas moins élevée que le niveau moyen de la classe. Ils sont sélectionnés par leurs camarades pour leurs qualités d'organisation, mais pas pour leur performance en français. En même temps, il n'est pas très facile de distinguer les motivations respectives des chefs et des secrétaires.

Ensuite, par rapport aux classes 1 et 2, en-dehors de celles de l'année 2015 et à l'exception du responsable des études de la classe 1402, les directeurs des classes 1 sont tous plus motivés que les classes 2. La moyenne confirme l'hypothèse de l'influence de l'évaluation continue pour les directeurs comme pour toute la classe.

Enfin, pour les moyennes, la moyenne des directeurs n'est pas plus élevée que le niveau moyen de la classe. Pour les années 2012 et 2014, les moyennes des directeurs sont plus basses. Cette conclusion va à l'encontre de notre hypothèse de leur envie de défendre leur honneur, mais nous oriente vers une réflexion sur la raison de ce résultat: les directeurs sont-ils trop accaparés par leur tâche pour persévérer dans leurs études? Nous ajouterons que le statut des directeurs est une moindre priorité par rapport au statut d'étudiant qui est la priorité des priorités.

L'autre hypothèse est que si la motivation des directeurs varie parmi ces huit catégories, la proximité entre les directeurs et les enseignants influencera-t-elle leur attitude envers la situation d'apprentissage? Afin de mieux analyser la composition de la motivation, nous devons indiquer la variation des motivations des directeurs. Nous avons fait la comparaison des huit catégories en trois parties：les classes avec l'évaluation continue, sans évaluation continue et la première année. La première comprend les classes 1201, 1301 et 1401 pour analyser l'influence de l'évaluation continue sur la motivation des directeurs. La deuxième correspond aux classes 1202, 1302 et 1402. La troisième concerne deux classes qui n'avaient aucune méthode particulière. Nous avons mis plusieurs classes ensemble au lieu d'analyser une seule classe afin d'éviter les exceptions, parce que chaque classe ne comprend que trois directeurs au total.

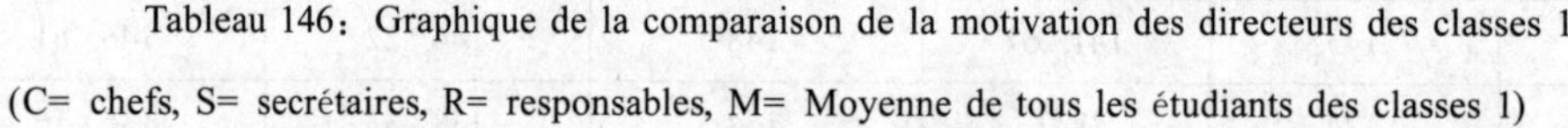

Tableau 146：Graphique de la comparaison de la motivation des directeurs des classes 1

(C= chefs, S= secrétaires, R= responsables, M= Moyenne de tous les étudiants des classes 1)

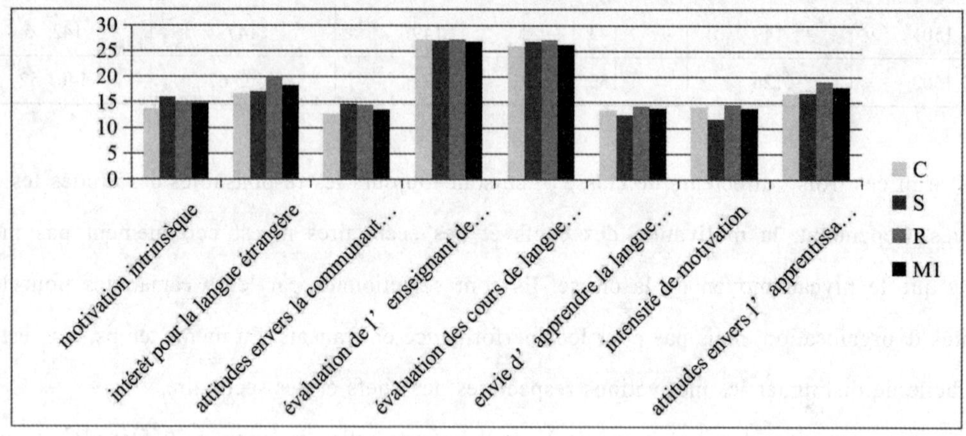

Tableau 147：Graphique de la comparaison de la motivation des directeurs des classes 2

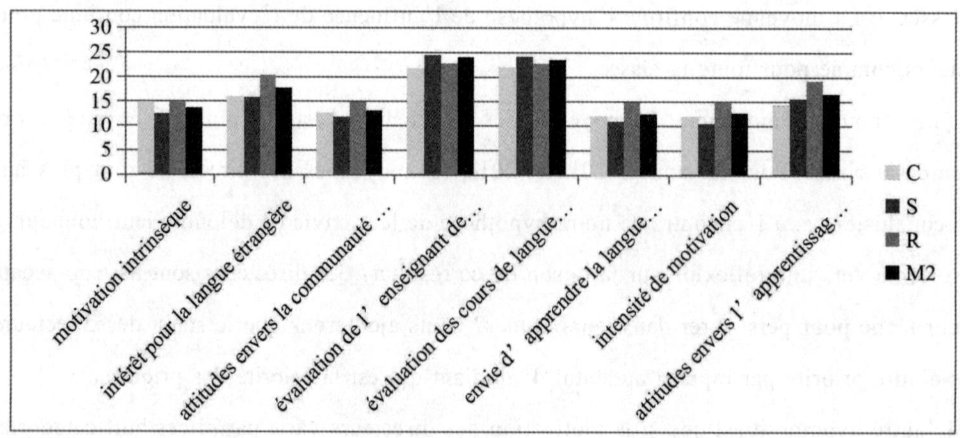

Tableau 148：Graphique de la comparaison de la motivation des directeurs de première année

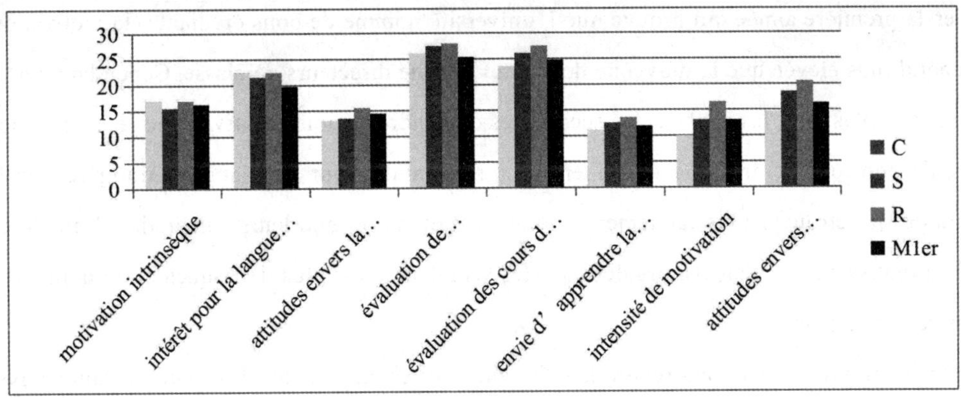

S i l'on compare les motivations des directeurs de classe en prenant les types de classes indiqués plus haut, les conclusions sont les suivantes:

D'abord, par rapport à la comparaison des motivations des directeurs des classes 1 et 2, la première différence se trouve dans la valeur de la motivation. Les moyennes des responsables des études entre les classes 1 et 2 sont proches, mais les moyennes des deux autres directeurs sont différentes. Cette différence prouve l'existence d'une réaction motivationnelle différente entre les activités didactiques selon la différence des postes de classes. Par ailleurs, les différences parmi les directeurs des classes 1 sont plus petites que celles des classes 2. Comme les responsables prennent en général l'initiative de travailler, les deux autres directeurs deviennent certainement plus motivés en raison de l'évaluation continue utilisée dans la classe 1. Tous les directeurs, du chef au secrétaire, ont de l'amour-propre et le sens de l'émulation. Ils peuvent sans doute accepter qu'ils ne soient pas les meilleurs, mais ils refusent d'être ceux qui sont toujours critiqués devant tout le monde par les enseignants de français. Sinon, ils perdront la face dans cette situation.

Ensuite, en ce qui concerne la comparaison entre les différents postes, selon les trois graphiques ci-dessus, les responsables des études sont plus motivés que leurs camarades-directeurs dans presque toutes les catégories. Cependant, il n'existe pas de grande différence entre les chefs de classes et les secrétaires de la Ligue de la jeunesse communiste. Cela peut s'expliquer par leurs responsabilités de travail. Bien entendu, les responsables sont chargés des études, mais les chefs et les secrétaires doivent ou sont obligés de traiter des travaux administratifs ou extra-scolaires proposés ou organisés par l'Université. On peut aussi l'expliquer par leur intérêt pour un développement professionnel différent: académique ou officiel. En même temps, il ne faut pas oublier la première année qui prouve que l'université nomme de bons étudiants (la motivation est en général plus élevée que la moyenne de classe) comme directeurs de classe. Cependant, un, deux ou trois ans plus tard, les chefs et les secrétaires deviendront moins motivés que le niveau moyen. Alors, ils pourront perdre plus facilement leur motivation pour une langue étrangère que leurs camarades ou retrouver plus facilement une autre motivation que leurs camarades. Dans le cadre de l'apprentissage du français, ces deux postes semblent avoir plus de risques et de défis qu'*à* la première impression.

Enfin, afin de mieux comprendre la différence des catégories des directeurs, il faut analyser *à* la fois les graphiques et le Tableau . Gardner définit les huit catégories de la motivation en fonction de leur composition. Les trois premières catégories représentent la motivation intrinsèque. Les deux évaluations sont liées pour tester l'intensité de la situation d'apprentissage. Les trois dernières représentent chacune un sens motivationnel indépendant. Les moyennes des évaluations des directeurs des classes 1 sont plus de 25 dans la catégorie des《évaluations》, cependant celles des classes 2 ne dépassent pas la ligne 25 selon le graphique. Cela prouve que les directeurs préfèrent l'évaluation continue même si leur classe ne la suit pas.

Par rapport aux six autres catégories, les responsables des classes sont aussi motivés que ceux des classes 1, mais les directeurs des autres postes sont beaucoup moins motivés que leurs homologues des classes 1. Cela résulte d'une plus forte autodiscipline de la part des responsables des classes, même quand ils n'aiment pas autant le cours ni l'enseignant que la préférence moyenne de la classe.

8. 5 Le facteur géographique (lieu d'origine des étudiants)dans la motivation

Selon notre enquête, en raison du décalage géographique, la majorité des étudiants viennent de la province du Jilin ou d'autres provinces voisines. L'objectif d'analyse de cette hypothèse n'est pas de distinguer la motivation des étudiants de chaque province, mais de comparer la différence de motivation des étudiants du nord et du sud. Dans notre présentation de la méthodologie de l'enquête, nous avons expliqué la nécessité distinguer les provinces et indiqué des exemples des provinces du nord et du sud. La Chine est le troisième plus grand pays du monde： plus de 3400 kilomètres séparent Changchun et la province du Zhejiang où le département de français recrute les étudiants chaque année, une province du sud près de Shanghai. Elle fait quatre fois la distance de Paris *à* Marseille.

Au cours de notre enseignement, Nous avons trouvé beaucoup de différences entre les étudiants du nord et du sud, par exemple, la prononciation ou l'accent: *à* cause de l'existence de différences comme les dialectes (XU Dehua, QU Aiping, WEI Liying, 2007: 69-74) les étudiants du sud ont toujours des problèmes de prononciation des consonnes rétroflexes. Quand ces étudiants ont choisi d'aller faire leurs études *à* un endroit qu'ils n'ont jamais visité, il leur a fallu beaucoup de courage pour s'adapter *à* une nouvelle situation. Ils seront peut-être plus motivés pour connaître une nouvelle culture que leurs camarades qui ont voulu rester dans leur province natale ou voisine mais ils auront plus de problèmes d'adaptation.

Dans ledépartement de français, il y avait 37 étudiants du sud contre 181 au total, entre 2012 et 2015, cela fait 20, 44% de la totalité.

Tableau 149: Nombre des étudiants du sud dans les classes différentes entre 2012 et 2015

	1201	1202	1301	1302	1401	1402	1501	1502
Nombre desétudiants du sud	4	2	5	3	7	5	5	6
Nombre total	19	19	25	22	27	24	20	21
Pourcentage	16%		17%		23, 5%		26%	

En regardant le Tableau ci-dessus, de l'année 2012 *à* l'année 2015, le département de français a recruté de plus en plus d'étudiants du sud. Cette tendance répondait aussi aux besoins du marché de l'emploi. En Chine, pour des raisons économiques et commerciales, les étudiants de français peuvent trouver plus facilement un travail au sud qu'au nord.

Tableau 150: les motivations des étudiants du sud du département

Classe	Nombre qui sont plusmotivés que la moyenne	Le plus motivé du sud/du nord	Le moins motivé du sud/du nord	Moyenne desétudiants du sud	Moyenne de classe
1201	3/4	167, 33/172, 67	119, 67/114, 67	147, 17	144, 49
1202	1/2	140, 7/173	121/74, 67	130, 83	131, 31
1301	4/5	167/163	117, 33/122, 33	153, 8	148, 45
1302	2/3	156/160, 33	129, 33/108, 33	142, 67	133, 87
1401	5/7	169/163	129, 67/120, 33	149, 81	146, 61

1402	3/5	153/164	124/114, 5	139, 14	136, 16
1501	2/5	149/159	118/113	138, 2	142, 6
1502	2/6	159/173	127/109	138, 83	140, 52
Total		22/37			

Les étudiants du sud sont plus sensibles à l'action didactique parce que la motivation des étudiants du sud a augmenté plus vite que celle de leurs camarades du nord. En regardant la première année, 4 étudiants sur 11 sont plus motivés que la moyenne et dans chaque classe, il y en a deux. Cela montre qu'au début, les étudiants du sud ne sont pas spécialement motivés. Au cours de l'apprentissage, dans chaque année et dans chaque classe, la majorité des étudiants (la classe 1202 est une exception, cependant il n'y en a que deux) ont dépassé le niveau moyen de la motivation de la classe. Par ailleurs, la moyenne des étudiants du sud de première année qui est moins élevée que le niveau moyen de classe est considérée comme médiocre. Cependant, leur valeur de motivation progressent beaucoup à partir de la deuxième année (sauf la classe 1202, les deux moyennes sont proches), et surtout dans la troisième année, où cette différence a atteint neuf points dans la classe 1302 et cinq points dans classe 1301.

En quoi la première année est-elle différente des autres, et pourquoi au début de leurs études, les étudiants du nord sont-ils plus motivés? Pourquoi dans la suite de leurs études, les étudiants du sud arrivent-ils à rattraper cette différence? L'explication la plus apparente est l'inadaptation à leur nouvelle situation. Au cours de leurs études, ils peuvent avoir d'autres amis, s'adapter aux habitudes de la cuisine régionale et au changement de climat. Par la suite de moins en moins de facteurs de la vie courante peuvent les déranger. Au contraire, les étudiants du nord manquent certainement de nouveaux facteurs qui peuvent les motiver. Cependant, une autre explication possible est que les étudiants du sud sont plus sensibles à l'action didactique. L'apprentissage du français est la seule explication à leur déplacement depuis leur ville d'origine jusqu'à Changchun, dont la distance compte souvent plus de deux mille kilomètres. On peut considérer cela comme la motivation interne de leurs études.

Si nous comparons les chiffres, en-dehors de la première année, les moyennes des notes de motivation des étudiants du sud des classes 2 sont plus basses que celles des classes 1 de la même année. Cela correspond à la tendance comparative que nous avons vue pour toutes les années. D'ailleurs, il faut aussi souligner que les étudiants les plus motivés du sud viennent toujours des classes 1 et les étudiants les moins motivés du sud ne viennent pas des classes 2. Ces deux différences nous indiquent que l'évaluation continue peut motiver différemment les étudiants du sud et que l'évaluation continue joue un rôle important dans la variation de la motivation des étudiants du sud. Cependant parmi ceux qui sont les plus motivés, les étudiants du sud n'ont pas l'avantage en comparaison avec ceux du nord, surtout dans les classes 2. La seule particularité vient de la situation des classes 2 qui suivent une méthode sans évaluation continue. Dans ces classes 2, l'étudiant le plus motivé du sud des classes 2 est moins motivé que celui du nord de la même classe. Et au contraire, l'étudiant le moins motivé du sud des classes 2 est plus motivé que celui du nord de la même classe. Cette tendance peut confirmer que la motivation des étudiants du sud se trouve généralement entre les deux extrêmes. Cependant, sous l'influence de l'évaluation continue, la motivation des étudiants change, ce qui correspond aux situations des classes 1.

Enfin, par rapport *à* la comparaison des plus motivés, bien que les moyennes de motivation des étudiants du sud soient toujours plus élevées que le niveau moyen de la classe (sauf la classe 1202), leurs motivations ne sont pas les mêmes entre les classes 1 et 2. Dans les classes 1, les étudiants du sud ont été deux fois les plus motivés de classe précisément HUANG dans la classe 1401 et YU dans la classe 1301. Cependant, dans les classes 2, les étudiants du sud ne sont jamais les plus motivés. Il nous paraît que l'évaluation continue est une activité didactique plus efficace pour les étudiants du sud que ceux du nord. Cette conclusion est un peu surprenante parce que nous ne pouvons pas vérifier normalement l'importance des lieux d'origines des étudiants. Dans chaque province, il y a des étudiants qui s'intéressent au français. Et de plus, les étudiants préfèrent choisir les meilleures universités qui ne sont pas celles où nous faisons l'enquête, ou les universités proches de leur domicile. Pourquoi les étudiants du sud deviennent plus motivés que leurs camarades au cours de leur apprentissage ? Quand nous réfléchissons *à* la réponse, nous nous posons une autre question. Pourquoi un étudiant veut-il se déplacer dans une ville qui se trouve *à* des milliers de kilomètres de leur ville natale ? A cause des différences culturelle, alimentaire et du climat, ils sont obligés de s'adapter *à* leur nouvelle situation. La seule explication, sinon la plus convaincante, est la préférence de la spécialité puisque cette université n' est pas parmi les meilleures comme celles de 211 ou de 985. [①]

Toutefois, est-ce qu' il existe aussi des régularités parmi les huit catégories? Est-ce qu' ils sont plus motivés d' aller en France que les étudiants du nord puisqu' ils se sont adaptés aux circonstances de l' université qui leur semble une nouvelle circonstance *à* l' entrée universitaire? Cette différence de la motivation vient de quelles catégories? Ce sont les réponses dans la comparaison des résultats de l' enquête.

Tableau 151: Graphique de la comparaison des étudiants du sud et du nord de la classe 1201

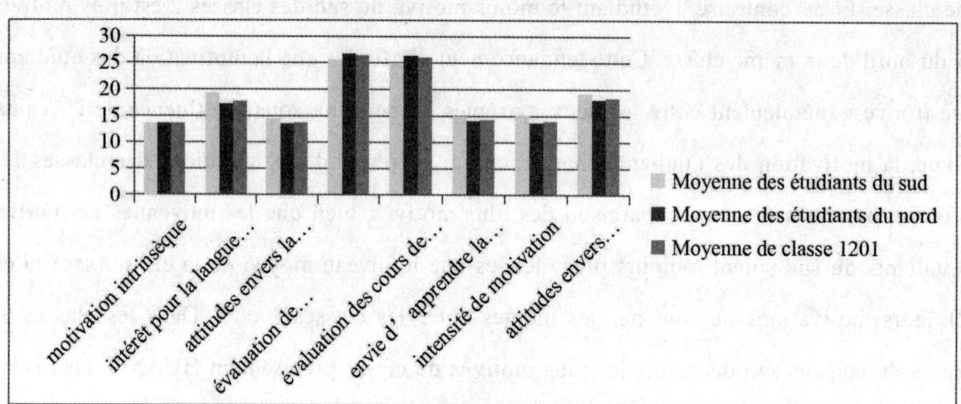

Tableau 152: Graphique de la comparaison des étudiants du sud et du nord de la classe 1202

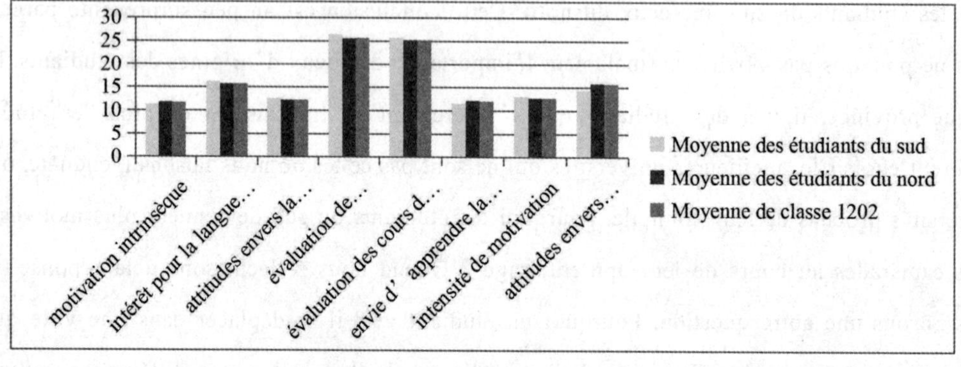

① 985: Stratégie du développement d' Education supérieur proposée le 4 mai 1998 par le président JIANG Zemin afin d' établir certaines universités chinoises selon le niveau de qualité international. La liste sur le site official du Mnistère d' Education national: http: //old. moe. gov. cn//publicfiles/business/htmlfiles/moe/s6183/201112/xxgk _ 128833. html

Tableau 153: Graphique de la comparaison des étudiants du sud et du nord de la classe 1301

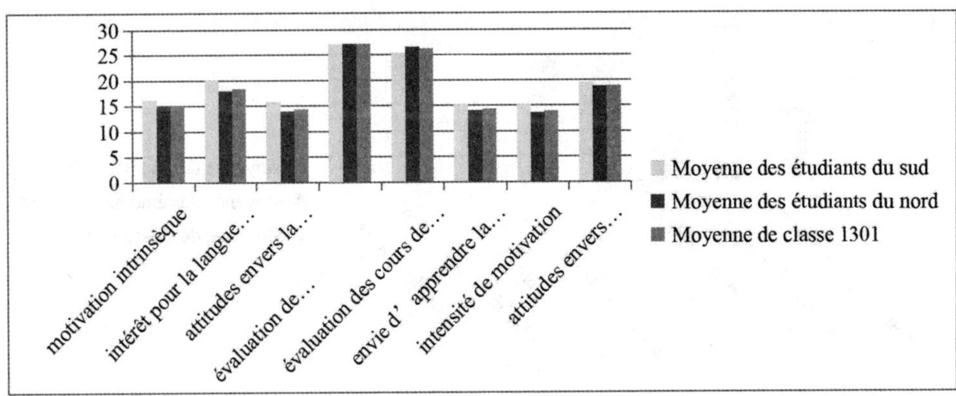

Tableau 154: Graphique de la comparaison des étudiants du sud et du nord de la classe 1302

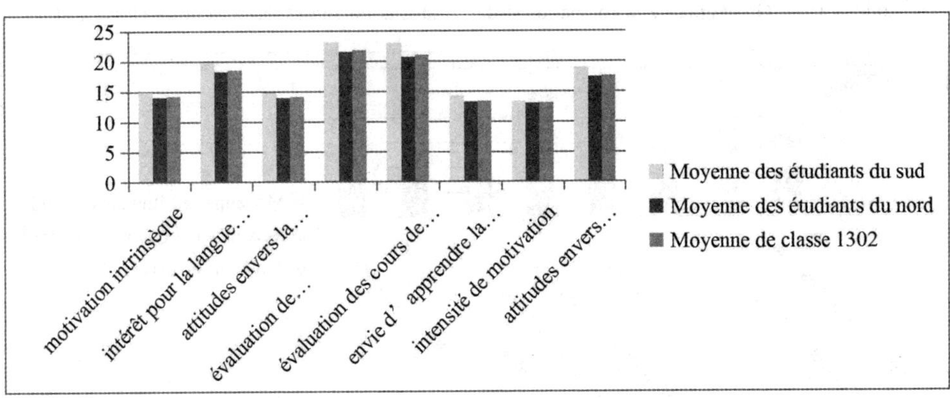

Tableau 155: Graphique de la comparaison des étudiants du sud et du nord de la classe 1401

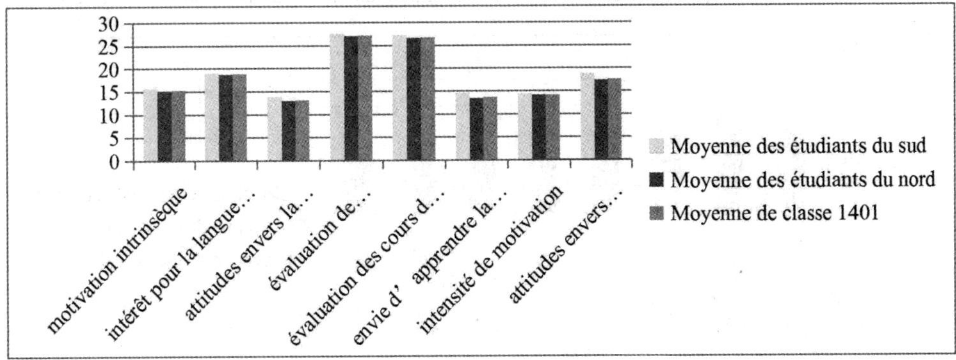

Tableau 156：Graphique de la comparaison des étudiants du sud et du nord de la classe 1402

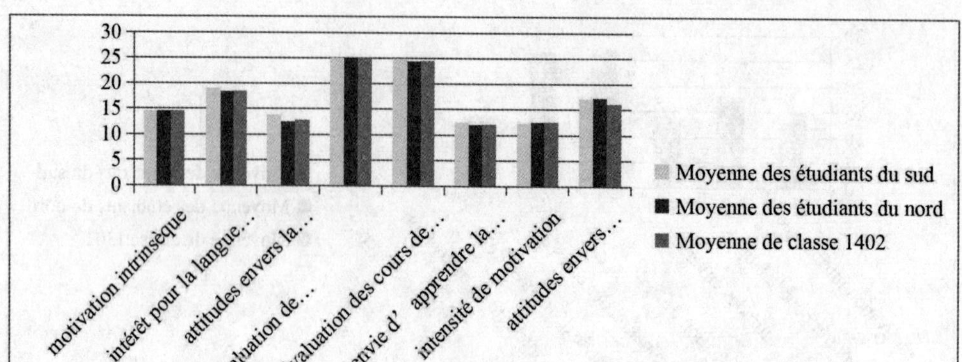

Tableau 157：Graphique de la comparaison des étudiants du sud et du nord de la classe 1501

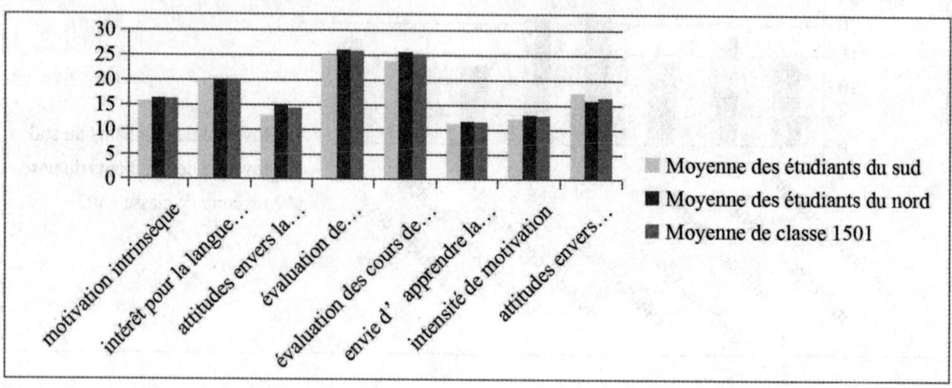

Tableau 158：Graphique de la comparaison des étudiants du sud et du nord de la classe 1502

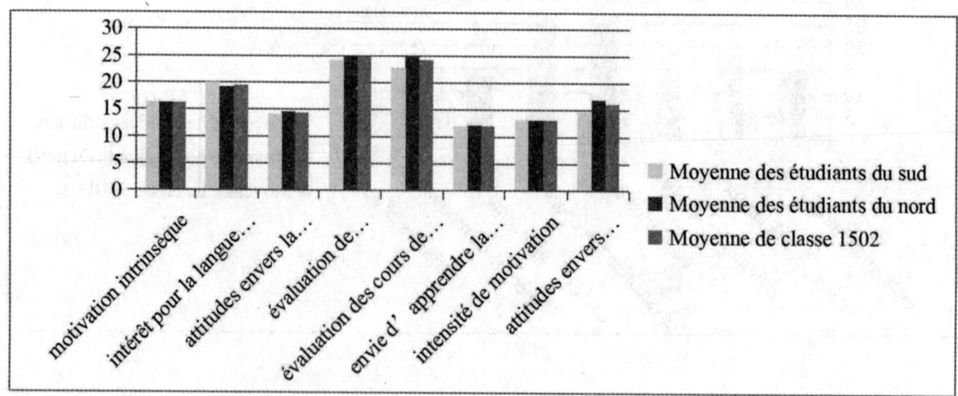

Selon ces graphiques, la première année, les étudiants du sud ne montrent aucun avantage sur leurs camarades. Ils sont moins motivés pour presque toutes les catégories motivationnelles y compris la motivation intrinsèque, l'attitude envers la situation d'apprentissage et les autres compositions de motivation. Au cours de l'apprentissage universitaire, la situation de motivation est complètement changée. À part l'attitude envers la situation d'apprentissage (les deux évaluations), les étudiants sont plus motivés dans leur motivation intrinsèque, envie d'apprendre la langue étrangère, intensité de motivation et attitudes envers l'apprentissage de la langue étrangère, particulièrement dans intérêt pour la langue étrangère et attitudes envers la communauté de la langue secondaire. Autrement dit, les étudiants du sud sont plus motivés pour connaître le français et aller en France. Mais pour les deux évaluations du cours et de l'enseignant, les étudiants du sud ne sont pas plus sensibles *à* la méthode d'évaluation continue que ceux du nord de la même classe. Par rapport *à* la comparaison entre l'attitude envers la situation d'apprentissage, l'envie d'apprendre la langue étrangère, l'intensité de motivation et l'attitude envers l'apprentissage de la langue étrangère des deux classes de la même année, les étudiants du sud de la classe 1 sont plus motivés que leurs camarades de classe 2, même s'ils ne sont pas plus motivés par rapport *à* leurs camarades du nord de la même classe.

8. 6 Le facteur《formation des parents des étudiants》dans la motivation

Cette analyse correspond *à* notre hypothèse sur l'influence du contexte de la vie familiale sur la motivation des études. La formation des parents, celle des proches et la vie familiale influencent directement la motivation des étudiants pour leurs études.

Nous distinguons la formation des parents selon le seuil BAC+ 3.

Nous devons d'abord définir le programme BAC+ 3 qui s'adresse aux lycéens diplômés réussissant le Gaokao. Ce programme est proche du diplôme de l'IUTen France et un peu inférieur *à* la licence. Il a pour objectif de former les étudiants aux compétences techniques et professionnelles ainsi que de leur offrir l'opportunité de continuer les deux ans suivants pour obtenir le diplôme de licence. Cependant, la formation BAC+ 3 en Chine est aussi offerte par l'université (nous définissons l'université comme un établissement de formation supérieure et ne distinguons pas les universités et les instituts dans ce chapitre.). Ce seuil dépend aussi de la définition de l'éducation supérieure chinoise: celle-ci commence *à* partir des études sur l'université et l'histoire de l'éducation chinoise des années 1980 et 1990 parce que les gens qui étaient étudiants n'ont qu'une quarantaine d'années. Selon SUN et ZHANG (SUN, ZHANG, 2002: 97-101), l'augmentation du recrutement universitaire a commencé en 1995. En 1980, seulement 5, 72% d'étudiants (67500/11, 8 millions) sont entrés *à* l'université par le Gaokao, (KANG, 1999：31-38) et jusqu'en 1998, le taux a augmenté jusqu'*à* 9, 8% .(YE, 2009：112-114). Donc, le seuil BAC+ 3 est non seulement le niveau le plus bas de l'éducation supérieure, mais aussi un choix plus facile que la licence ou le master pour les parents des étudiants.

Cependant, le lien entre la formation des parents et la motivation pour une langue étrangère n'est pas certain parce que les parents bien formés ne vont pas toujours stimuler leurs enfants pour apprendre une langue étrangère, bien que ces étudiants puissent bénéficier d'une meilleure habitude d' apprentissage *à* la maison ou avoir plus d' opportunités de connaître les cultures étrangères.

Parmi ces 181 étudiants, nous avons au total 68 étudiants dont le père ou la mère a un BAC + 3 ou un diplôme supérieur (ils sont nommés étudiants avec Parents BAC+ 3 pour simplifier). Pour mieux comprendre la composition des étudiants dans les classes et les années différentes, nous faisons le Tableau ci-dessous：

Tableau 159：Nombre des étudiants avec Parents BAC+ 3

	1201	1202	1301	1302	1401	1402	1501	1502
Nombre desétudiants	11	2	6	8	5	17	8	11
Nombre total	19	19	25	26	27	24	20	21
Pourcentage	58%	10, 5%	24%	30, 77%	19%	71%	40%	52, 4%
Pourcentage	34, 21%		27, 45%		43, 14%		46, 34%	

S elon les données, les étudiants avec Parents BAC + 3 représentent une minorité qui correspond *à* la réalité. La séparation des étudiants dans les deux classes de la même année est aléatoire, les nombres sont alors égaux. De plus, de l'année 2012 *à* l'année 2015, le pourcentage de ces étudiants devient de plus en plus élevé. Cela montre que la réputation du département est de plus en plus importante pour les parents (diplômés de niveau) BAC+ 3 de l'année 2012 *à* l' année 2015.

Avant de continuer la recherche, il faut aussi analyser les valeurs de la motivation, y compris les plus élevés, les plus basses et les moyennes.

Tableau 160: motivations des étudiants avec Parents BAC+ 3

Classe	Nombre desétudiants plus motivés que la moyenne	Le plus motivé	Le moins motivé	Moyenne de cesétudiants	Moyenne de classe
1201	4/11	172, 67/167, 3	132/114, 67	147, 12	144, 49
1202	0/2	130/173	125, 33/74, 67	127, 2	131, 31
1301	2/6	164, 33/167	122, 33/117, 33	139, 39	148, 45
1302	5/8	142/160, 33	121, 67/108, 33	133, 33	133, 87
1401	3/5	155, 33/169	128/120, 33	146, 69	146, 61
1402	5/17	164/156	119/114, 5	135, 29	136, 16
1501	3/8	155/159	113/131	137, 43	142, 6
1502	6/11	173/163	104/124	142, 82	140, 52
Total	28/68				

Ces étudiants ne montrent pas plus de motivation que leurs camarades. Seuls 28 étudiants sur 68 sont plus motivés que le niveau moyen. Cela prouve que la formation des parents ne donne pas d'avantage à la motivation des étudiants. Il n'y a que trois classes où la majorité dépasse le niveau moyen qui sont les classes 1502, 1401 et 1302. Si nous comptons la motivation en année, aucune n'est plus favorable. Autrement dit, la motivation de ces étudiants ne profite pas de l'évaluation continue ni de la différence des connaissances à apprendre par rapport à leurs collègues de la classe.

Ensuite, sauf l'année 2015 dont le résultat est aléatoire, les étudiants avec Parents BAC+ 3 ne sont pas les moins motivés de la classe. Autrement dit, bien que la motivation pour le français dépende de la situation individuelle, le rapport entre le facteur de la formation des parents et la motivation des étudiants est établi. Ces étudiants ont plus d'envie de réussir même s'ils ne sont pas motivés dans leurs études.

L'autre chiffre important est la motivation moyenne des étudiants avec Parents BAC+ 3. Bien que cette moyenne ne soit pas plus avantageuse que celle de classe, il existe à partir de l'année 2014 une régularité différente entre les classes 1 et 2. La motivation moyenne des étudiants des parents avec BAC+ 3 de classe 1 est toujours plus élevée que celle de la classe 2. Cette différence est identique comme celle des deux classes de la même année. Ce résultat de la comparaison nous identique que les étudiants avec Parents BAC+ 3 ne sont pas plus sensibles *à* l'évaluation continue que leurs camarades de classe et qu'ils sont quand même plus motivés que leurs homologues de classe 2 grâce *à* l'évaluation continue.

Avant de terminer cette recherche sur l'influence de la formation acquise des parents, nous devons aussi analyser la variation des huit catégories de motivation des étudiants.

Tableau 161：Graphique de la comparaison des étudiants avec Parents BAC+ 3 et la moyenne de la classe 1201

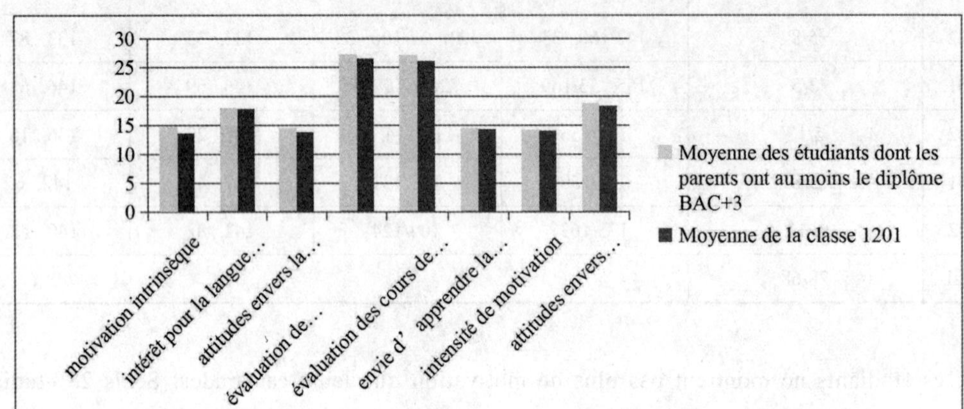

P armi toutes les catégories, les moyennes des étudiants avec Parents BAC+ 3 sont toutes plus élevées que les moyennes de classe. Cependant, les différences ne sont pas grandes.

Tableau 162：Graphique de la comparaison des étudiants avec Parents BAC+ 3 et la moyenne de la classe 1202

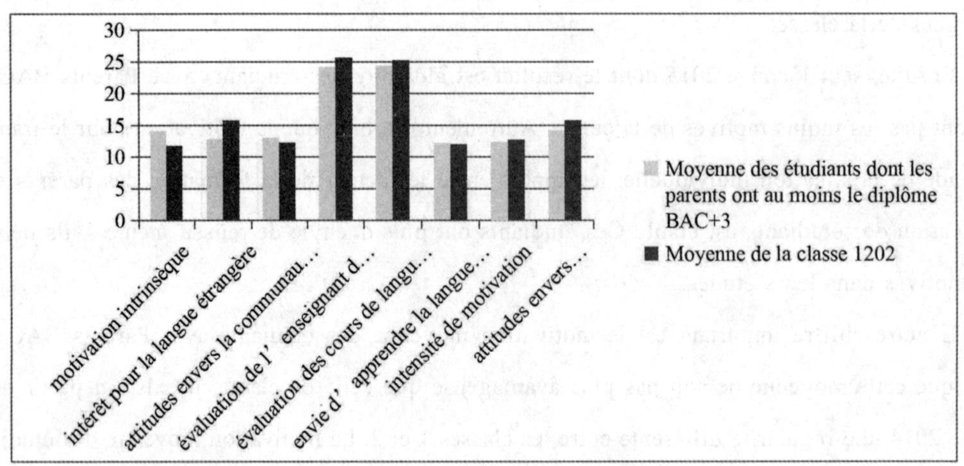

L e résultat de la comparaison n'est pas identique *à* celui de la classe 1201. Parmi ces huit catégories, la moyenne des étudiants avec Parents BAC+ 3 n'est plus élevée que dans trois d'entre elles.

Tableau 163: Graphique de la comparaison des étudiants avec Parents BAC+ 3 et la moyenne de la classe 1301

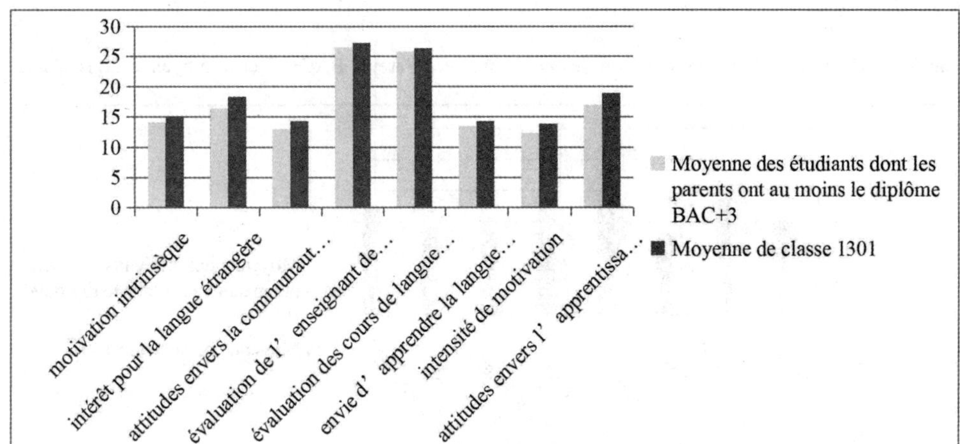

Le résultat de cette comparaison est à l' opposé de la classe 1201: les moyennes des étudiants avec Parents BAC+ 3 sont toujours moins élevées que la moyenne des classes parmi les huit catégories.

Tableau 164: Graphique de la comparaison des étudiants avec Parents BAC+ 3 et la moyenne de la classe 1302

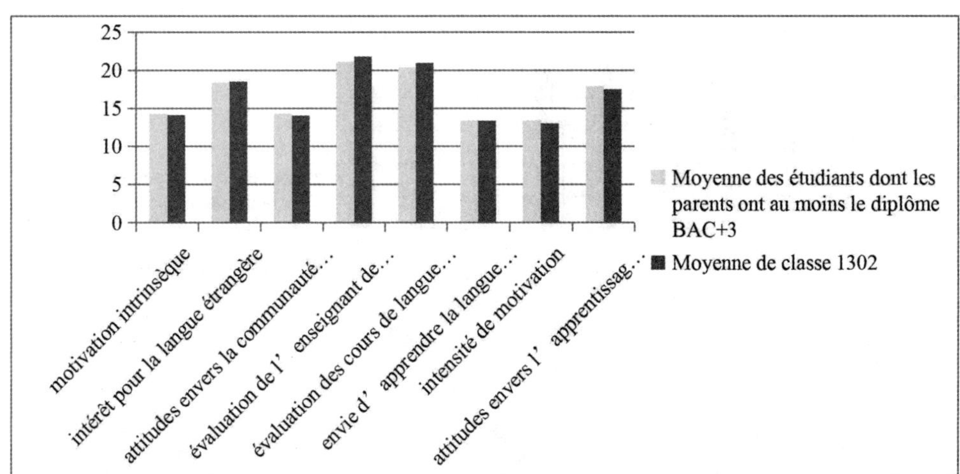

Les deux moyennes sont toujours liées. Par rapport à la classe 1301, les moyennes des étudiants avec Parents BAC+ 3 de cette classe ne sont pas forcément moins élevées que celles de la classe. Elles sont moins élevées pour les deux évaluations et l'intérêt pour la langue étrangère, mais ces étudiants intéressés expriment plus de motivation pour aller à l'étranger (motivation intégrative et attitudes envers la communauté de la langue secondaire), l'attitude envers l'apprentissage et l'intensité de motivation.

Tableau 165：Graphique de la comparaison des étudiants avec Parents BAC+ 3 et la moyenne de la classe 1401

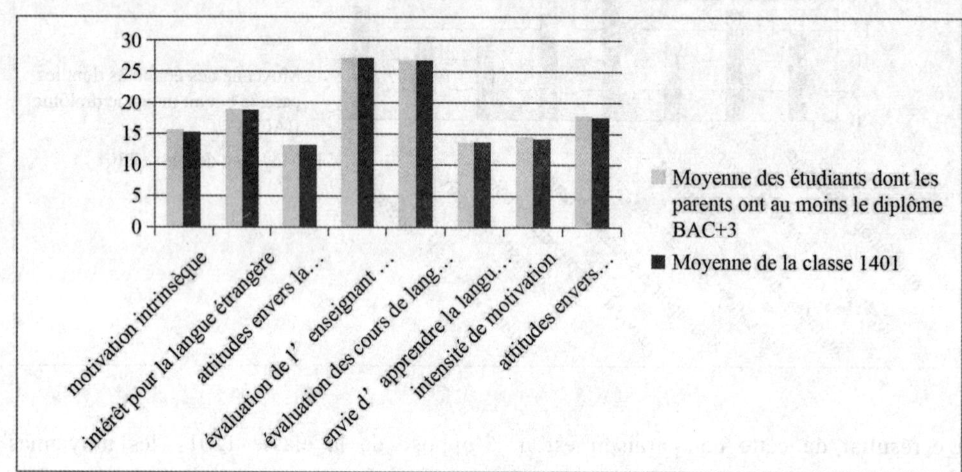

Les différences des moyennes de cette classe sont trop proches et très difficiles à distinguer.

Tableau 166：Graphique de la comparaison des étudiants avec Parents BAC+ 3 et la moyenne de la classe 1402

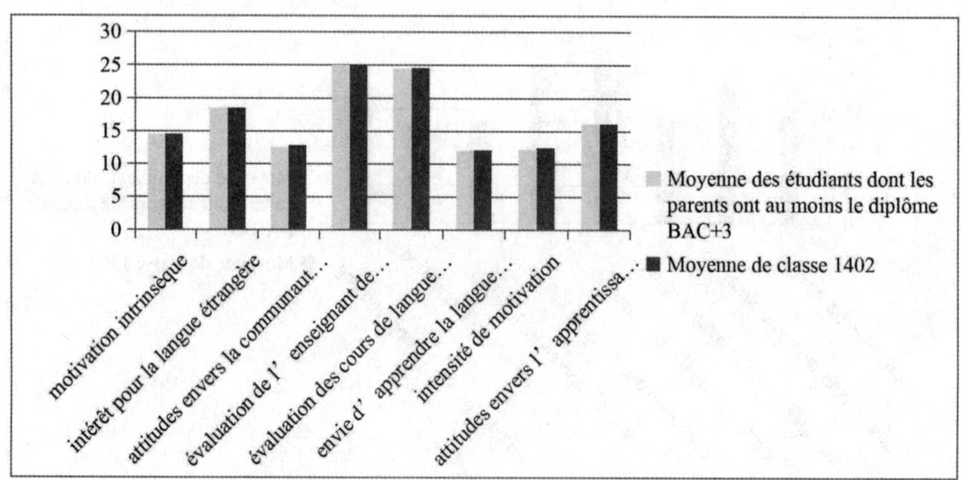

Comme la classe 1401, les différences entre les deux moyennes sont difficiles à distinguer. Pour l'attitude envers l'apprentissage de L2, les deux moyennes sont identiques. Pour le reste, les écarts sont environ d'un point.

Pour mieux voir ces écarts, il faut faire un Tableau avec les chiffres précis.

Tableau 167: comparaison des étudiants avec Parents BAC+ 3 et leur classe

	Moyenne desétudiants avec Parents BAC+ 3	Moyenne de classe
Motivation intrinsèque	14, 45	14, 54
Intérêt pour la langue étrangère	18, 45	18, 54
Attitudes envers la communauté de la langue secondaire	12, 48	12, 8
Évaluation de l'enseignant de langue étrangère	25, 1	25
Évaluation des cours de langueétrangère	24, 55	24, 62
Envie d'apprendre la langue étrangère	12	12, 09
Intensité de motivation	12, 17	12, 48
Attitudes envers de l'apprentissage de langue étrangère	16, 1	16, 1

Tableau 168: Graphique de la comparaison des étudiants avec Parents BAC+ 3 et la moyenne de la classe 1501

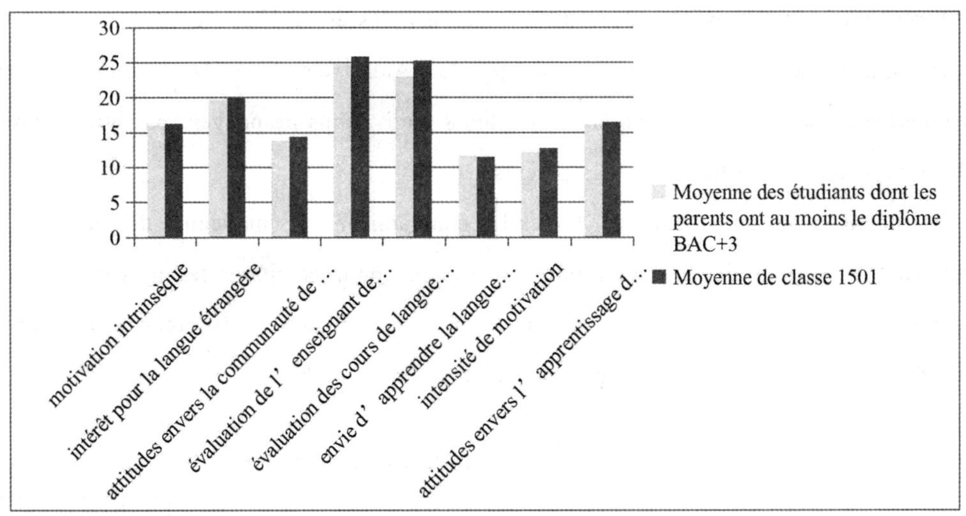

S auf le désir d'apprendre L2, les moyennes des étudiants avec Parents BAC+ 3 sont toutes moins élevées que celles de classe 1501, bien que les écarts soient petits.

Tableau 169：Graphique de la comparaison des étudiants avec Parents BAC+ 3 et la moyenne de la classe 1502

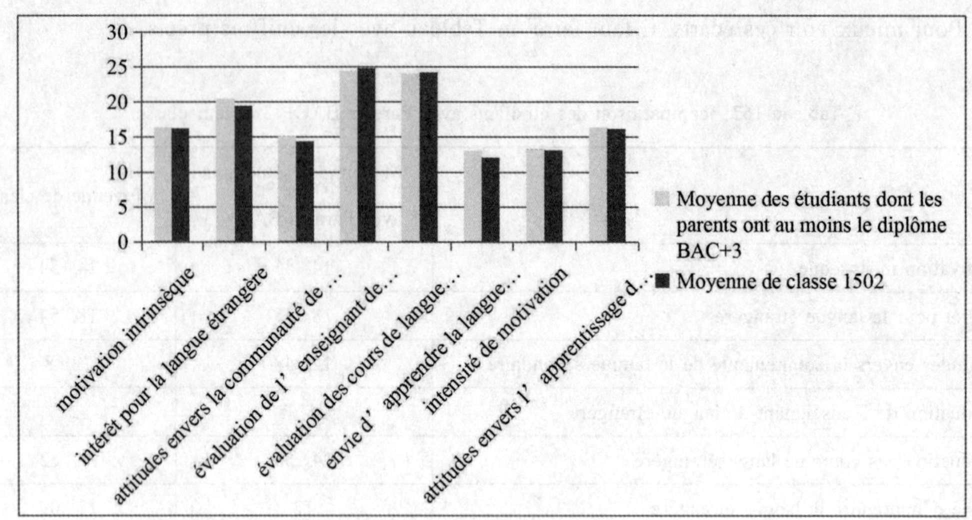

L e résultat comparatif de la classe 1502 est complètement différent de celui de la classe 1501, ce qui nous confirme la séparation aléatoire des étudiants et l' existence de l' influence de l' évaluation continue.

Après avoir fait les comparaisons dans toutes les classes de l' année 2012 *à* 2015, sauf la première année, les différences ne sont pas grandes. Autrement dit, si les étudiants suivent la même méthode d'enseignement-apprentissage, leurs motivations ne peuvent pas être distinguées par la classification de la formation des parents.

Cependant, avant de conclure sur toutes les comparaisons des moyennes des étudiants avec Parents BAC+ 3, nous devons aussi faire un Tableau pour comparer les moyennes des huit catégories entre les classes de même année. Pour mieux trouver la différence entre les deux classes de la même année, nous soulignons la motivation favorable.

Tableau 170：comparaisons des moyennes des étudiants avec Parents BAC+ 3

	1201	1202	1301	1302	1401	1402
Motivation intrinsèque	14, 65	14	14, 06	14, 29	15, 57	14, 45
Intérêt pour la langue étrangère	17, 88	12, 8	16, 35	18, 38	18, 83	18, 45
Attitudes envers la communauté de la langue secondaire	14, 46	13	13, 06	14, 38	13, 13	12, 48
Évaluation de l' enseignant de langue étrangère	27, 19	24, 2	26, 47	21, 17	27, 22	25, 1
Évaluation des cours de langueétrangère	27, 08	24, 4	25, 71	20, 42	26, 83	24, 55

Envie d'apprendre la langue étrangère	14, 46	12, 2	13, 41	13, 38	13, 61	12
Intensité de motivation	14, 12	12, 4	12, 35	13, 38	14, 52	12, 17
Attitudes envers de l'apprentissage de langue étrangère	18, 81	14, 2	17	17, 96	17, 87	16, 1

En conclusion, d'abord, nous devons confirmer que les différences sont plus grandes entre les deux classes qu'*à* l'intérieur de chaque classe. Ce résultat nous prouve l'importance de l'évaluation continue puisque cette action didactique est la seule variable entre les deux classes. Les différences de motivation varient de cinq points (intérêt pour la langue étrangère de l'année 2012) *à* 0, 03 point (désir d'apprendre la langue étrangère de l'année 2013). La différence de l'année 2014 est la plus petite, presque six points au total après l'année 2012 et 2013.

Ensuite, nous avons voulu analyser les différences des huit catégories. Dans les catégories de deux évaluations et celle du désir d'apprendre L2, les classes 1 sont toujours plus élevées que les classes 2. Les étudiants avec Parents BAC+ 3 sont plus motivés pour leurs cours, leurs enseignants et l'apprentissage de français. Cependant par rapport *à* leur motivation intrinsèque, *à* l'intensité de motivation et aux attitudes envers l'apprentissage de langue étrangère, les classes 1 n'ont pas toutes l'avantage. Ce changement est provoqué probablement par l'intensité du travail. Les étudiants de classes 1 doivent faire plus régulièrement des préparations et des révisions en raison des évaluations bimensuelles surtout dans la deuxième année où ils doivent participer au Test national du français enseigné *à* titre de spécialité, niveau IV(TFS4). Cette grande intensité provoque la baisse de motivation des étudiants de classe 1 et la situation contradictoire qu'ils aiment leurs enseignants et cours, mais qu'ils sont moins motivés pour l'apprentissage.

8. 7 Les points communs aux étudiants les plus motivés de toutes les classes

Cette problématique se concentre sur les points communs des étudiants les plus motivés. Si ces étudiants ont certains points communs, cela pourrait nous indiquer le moyen le plus facile de sélectionner les étudiants les plus motivés. Et *à* l'appui de cette comparaison, nous pourrions tenter de trouver une différence dans l'influence des méthodes d'enseignement proposées aux étudiants.

Avant d'avancer dans l'analyse de cette problématique, nous devons expliquer clairement comment ont été sélectionnés les candidats dans les classes différentes. Nous avons choisi les cinq étudiants les plus motivés de chaque classe au lieu de choisir les candidats selon leurs motivations. La motivation est non seulement une exposition psychologique individuelle, mais aussi un facteur attaché *à* l'ambiance extérieure. Par exemple, quand un étudiant hésite *à* aller en France, le choix de ses camarades sera un facteur important pour sa propre décision définitive, ou bien l' insistance de sa famille peut changer son opinion. Autrement dit, la comparaison des valeurs de motivation des étudiants est plus importante qu'une valeur unique de motivation. Si nous comparons les motivations, nous pouvons aussi distinguer la motivation d'un étudiant parmi celles de ses camarades dans la classe. Par exemple, si deux étudiants de deux classes différentes ont tous les deux 160 points, la valeur de ce chiffre dépend du niveau moyen de la classe qui est plus ou moins 160.

Parmi ces 40 étudiants, il y en a 9 qui viennent de la province du Jilin, soit 22, 5%. Ce pourcentage est beaucoup plus bas que celui du nombre des étudiants de Jilin dans le département de français (il y a au total 89 étudiants de Jilin parmi 181, soit 49, 17%). Autrement dit, les étudiants d'autres provinces sont en général plus motivés que les locaux. Le facteur géographique représente une grande possibilité d'être motivé. Il y a 13 étudiants du sud parmi ces 40, soit 32, 5%. Cependant, il n'existe que 37 étudiants du sud dans ce département de français, soit 20, 44%. Et par ailleurs, nous ne pouvons pas négliger le fait que nous choisissons les cinq étudiants les plus motivés et qu'il y a plus de cinq étudiants du sud dans certaines classes. Parmi ces 13, 9 étudiants viennent de la classe 1, soit 69, 2%. Et au total, les classes 1 possèdent 21 étudiants du sud, soit 56, 8%.

Après ces comparaisons, en considérant le pourcentage des étudiants du sud dans le département de français, l'augmentation du recrutement du sud semble être la première démarche *à* faire avant l'élargissement de l'évaluation continue.

Selon ZHAO (ZHAO Bihua, 2011：134-147), les étudiants urbains travaillent mieux que les étudiants ruraux. Dans une autre recherche, WANG a comparé les motivations des étudiants urbains et ruraux des écoles et du collège (WANG Youzhi, 2003：121-128). Bien que toutes ces recherches ne suivent pas le même objectif que notre enquête, les étudiants urbains possèdent toujours l'avantage dans leurs études. ZHAO a indiqué que la différence des études résulte du contexte familial, des supports didactiques supplémentaires et du désir d'études. Selon la comparaison de WANG, elle a trouvé que les étudiants urbains sont plus motivés que les ruraux et que la différence deviendra de plus en plus importante au cours de leurs études. Cependant, ces deux recherches ne s'adressent pas *à* des étudiants vivant au même endroit ni aux étudiants de l' université. Par rapport *à* notre enquête, elle s'adresse aux apprenants des universitaires venant des grandes et petites villes de toute la Chine.

Dans l'échantillon d'étudiants ayant répondu aux questionnaires de notre série d'enquêtes, il y a 68 étudiants venant de grandes villes, soit 37, 57%. Pour les plus motivés, le pourcentage des étudiants de grandes villes est très bas, même plus bas que le pourcentage du nombre des étudiants citadins inscrits. De ce point de vue, notre remarque est que la motivation des étudiants qui sont venus des milieux intellectuels, jouissant de meilleures conditions de vie et possédant de meilleurs supports didactiques, ne sont pas les plus motivés du département. Cette discussion résulte de certaines particularités du cas des étudiants par rapport aux deux analyses précédentes. D'abord, dans les recherches de ZHAO et de WANG, les environnements des études des étudiants urbains et ruraux ne sont pas les mêmes. Cette différence comprend l'inégalité des contextes sociaux, des supports didactiques, des exigences psychologiques etc. Cependant, si nous supprimons cette différence contextuelle, comme dans notre université où ces deux types des étudiants sont mélangés dans les dortoirs communs et travaillent ensemble, la supériorité dans la motivation reste aux étudiants ruraux, parce qu'ils montrent plus de désir et de résolution de s'évader de leurs difficultés grâce *à* leurs études. Ensuite, la deuxième différence est l'âge. Nos étudiants sont plus stables que les écoliers et les collégiens avec qui ZHAO et WANG ont fait des recherches. Avec l'âge, les étudiants sont moins sensibles aux facteurs externes tels que le contexte de la vie, le soutien financier des parents etc.

Parmi ces quarante étudiants, il y en a quinze dont les parents ont passé une formation BAC + 3, soit 37, 5%. Ce pourcentage est proche de celui de la totalité des étudiants： on en compte 62, soit 34, 25%. Selon cette comparaison, le contexte de formation des parents ne montre pas d'impact différent sur la motivation des étudiants. Cependant, parmi ces 15 étudiants, seulement 3 viennent des troisième et quatrième années du département de français. L'expérience de formation des parents est certainement un facteur externe de motivation des étudiants attaché *à* leur situation de vie. Au cours des études, cette influence devient de plus en plus petite. Ce résultat est aussi approuvé par WANG (WANG Chunmei, 2012： 77-81) et le groupe de PANG (PANG Weiguo, XU Xiaobo, LIN Lijia, REN Youqun., 2013： 12-21). Bien que leurs recherches s'adressent aux collégiens et lycéens, elles montrent aussi la relation entre le résultat des études et la situation sociale de la famille qui est considérée comme liée *à* plusieurs facteurs, dont l'expérience de formation. Cependant, le facteur familial qui représente aussi une relation sociale, peut être compensé par d'autres facteurs environnementaux. Quand les étudiants vivent ensemble dans le même campus ou dans le même dortoir, leur habitude d'apprentissage, même de la vie, peut être influencée par leurs voisins.

Parmi ces 40 étudiants, seuls 9 étudiants n'ont pas choisi eux-mêmes leur spécialité, soit 22, 5%, tandis que pour la totalité des étudiants, 44 étudiants ont choisi sous l'influence de l'entourage, soit 24, 31%. La similitude des deux pourcentages représente l'insignifiance de l'influence de ce facteur sur la motivation. Pourtant, est-ce qu'il y a une différence de motivation entre les étudiants qui ont choisi eux-mêmes le français etles autres ? En première année, les 10 étudiants les plus motivés des deux classes sont tous ceux qui ont choisi eux-mêmes la spécialité. Et *à* partir de la deuxième année, cette situation peut changer. Au cours de leurs études, leurs motivations ne sont plus stables. La motivation devient un réflexe psychique dépendant de plusieurs facteurs internes et externes. Quand une personne est convaincue de considérer l'apprentissage universitaire du français comme un parcours romantique et facile par rapport *à* la terminale, un travail ardu peut détruire l'espoir des étudiants et surtout les démotiver. Les étudiants peuvent regretter leur choix de spécialité, préférer d'autres choix plus faciles et souhaitent se réorienter. En conclusion, les motivations des étudiants ne peuvent pas être distinguées selon leurs choix de spécialité, bien qu'elles soient différentes au début.

L'autre facteur pour distinguer ces 40 étudiants est l'expérience de l'apprentissage du français avant l'entrée *à* l'université： on compte 3 étudiants dans ce cas, soit 7, 5%. Ce pourcentage est très limité parce qu'au total, 15, 82% des étudiants l'ont fait. Cette différence indique l'importance négligeable de l'apprentissage préalable sur la motivation des étudiants de français, d'autant plus que ces trois étudiants sont tous de première et de deuxième année. Cela prouve l'existence de l'influence de l'apprentissage préalable sur la motivation des étudiants, cependant elle est limitée au début de leurs études universitaires. Cet effet est décrit comme celui d'avoir trop de confiance en soi dès le début et la déception d'être rattrapé par les autres. Quand un étudiant comprend mieux le cours que ses camarades, il pensera que cet effet résulte de son efficacité dans l'apprentissage et de sa meilleure compréhension au lieu de l'apprentissage préalable. Cet excès de confiance en soi conduira au manque d'envie de travailler avec assiduité et *à* la diminution de l'effort intellectuel dans l'apprentissage préalable au cours des études. Bien que théoriquement certains étudiants puissent se targuer de leur supériorité, la variation dans la motivation contredit cette hypothèse.

8. 8 Conclusion du chapitre 8

Dans ce chapitre, on a analysé l'influence de sept facteurs sur la motivation. On a fait l'hypothèse que l'influence du système d'évaluation continue était le facteur dominant sur la motivation de toute la classe, et aussi sur des étudiants différents. Selon les résultats des enquêtes, certains étaient attendus par nous. Par exemple, le rôle du responsable de classe peut motiver cet étudiant. Et d'autres sont inattendus, par exemple le rôle de chef de classe et le secrétaire de la Ligue de la Jeunesse communiste n'ont pas une influence suffisante sur la motivation de l'étudiant. L'influence de certains facteurs sur la motivation ne se reflète pas dans l'intensité de la motivation. En ce qui concerne l'expérience de la formation des parents, elle ne peut pas motiver leurs enfants. Cependant, aucun étudiant avec Parents BAC+ 3 ne figure parmi les moins motivés. De plus, ces étudiants sont plus sensibles au système d'évaluation continue. Bien qu'on ait observé l'influence de facteurs comme la préparation du français avant l'entrée universitaire, le choix de la spécialité, la différence entre les étudiants du sud et du nord, ces influences ne sont pas décisives : ainsi, les étudiants les plus motivés et les moins motivés sont ceux qui choisissent la spécialité de français eux-mêmes.

Conclusion de la Troisième Partie

À partir de la description du résultat des enquêtes et l'analyse les concernant, nous pouvons résumer ainsi les recherches réalisées：

Nous avons d'abord vérifié certaines hypothèses motivationelles. Au début, nous avons imaginé que les étudiants qui choisissent eux-mêmes leur spécialité étaient plus motivés que les autres. Cependant, leur degé de motivation s'amenuise au cours des années scolaires. Le point le plus intéressant est que les étudiants les plus motivés sont presque tous ceux qui ont choisi eux-mêmes la spécialité. Cela prouve que le choix de la spécialité peut venir d'une motivation stable et interne, mais aussi d'une impulsion temporaire. Si ces étudiants ne s'adaptent pas au programme des études universitaires, ils risquent souvent de faire face *à* une baisse de motivation. L'autre fait qui nous étonne le plus est l'influence du niveau scolaire des parents sur la motivation des étudiants. Nous avons remarqué que la bonne réussite des parents peut être un bon exemple aux yeux des étudiants. Cependant, quand on suit les cinq étudiants les plus motivés de chaque classe, le pourcentage de motivation de ces étudiants est beaucoup plus élevé que le niveau moyen. Selon notre enquête, la bonne qualité de formation des parents ne leur donne que deux avantages：

- Ils sont plus sensibles au système d'évaluation continue.
- Parmi eux, personne n'est moins motivé.

Cela prouve qu'ils ont d'autres facteurs de motivation plus puissants.

D'une part, on a découvert l'influence du collectivisme sur leur motivation. Par exemple, les responsables de chaque classe sont toujours parmi les étudiants les plus motivés, la motivation des chefs de classe et des secrétaires de la Ligue de la Jeunesse communiste peut tourner autour de la moyenne. En ce qui concerne les principes de l'autodétermination, on a aussi trouvé qu'ils ont une influence pour toute la classe. Les étudiants de classe 1 peuvent suivre les évaluations continue et suivre le même rythme d'apprentissage. Cela n'est plus un phénomène didactique individuel, mais collectif: dans un contexte interne, les membres de la collectivité qu'est la classe s'influencent et se motivent. Cependant, certains facteurs de personnalité, y compris les différences entre le nord et le sud, entre les sexes, n'ont pas fondamentalement influencé la motivation.

D'autre part, l'impact positif du système d'évaluation continue sur la motivation se confirme. Après avoir comparé la motivation d'apprentissage de huit classes de la première à la quatrième année, nous avons constaté que la motivation de la classe 1 (classe soumise au système d'évaluation continue) est toujours supérieure à celle de la classe 2 (classe qui suit le programme officiel). En même temps, nous avons également remarqué que les notes du TFS 4 de la classe 1 sont meilleures que celles de la classe 2. Cela montre que le système d'évaluation continue a eu un impact positif sur les résultats de l'apprentissage et les motivations des étudiants dans cette université. Et l'intensité des évaluations n'engendre pas à court terme d'aversion sur les étudiants, ce qui a dissipé nos préoccupations précédentes.

Ensuite, nous avons comparé les huit catégories de motivation de la théorie de Gardner. Ces huit catégories présentent la motivation dans plusieurs champs: motivation intrinsèque, attitudes envers la situation d'apprentissage, l'envie d'apprendre la langue étrangère, l'intensité de motivation et les attitudes envers l'apprentissage de la langue étrangère. Tous ces champs ne suivent pas la même variation. Nous étions préoccupés par le fait que les étudiants de la deuxième classe de chaque promotion donnaient des notes plus basses en ce qui concerne les enseignants et les cours. Compte tenu de la cohérence des méthodes didactiques et des contenus des cours, nous pensons que cette différence dans la motivation est due principalement au fait que les étudiants estiment que le système d'évaluation continue de la classe 1 est plus favorable à leur apprentissage.

Enfin, la motivation de l'apprentissage du français en Chine représente une particularité de motivation instrumentale. La comparaison des motivations d'apprentissage des étudiants des quatre promotions montre que les motivations d'apprentissage des étudiants de deuxième année sont les plus élevées. L'enjeu de cette année est l'organisation du TFS4 organisé par le Ministère

de l'Éducation chinois. Cependant, les facteurs intégratifs comme le recrutement professionnel, le stage et la continuation des études en France n'ont pas augmenté la motivation totale pour les étudiants de quatrième année.

Conclusion générale

Cette thèse a porté sur l'évaluation de la motivation des étudiants chinois apprenant le français *à* partir d'une adaptation de l'enquête de Gardner dans l'université chinoise de Changchun entre mars 2015 et décembre 2015.

Nous avons mené trois enquêtes des étudiants de la première *à* la quatrième année. Nous avons évalué la motivation des étudiants selon des facteurs différents tels que l'origine, le sexe, l'apprentissage préalable avant l'entrée universitaire, et avons comparé les motivations des deux classes parallèles de la même année en employant deux méthodes d'évaluation différentes ?

Avant de conclure sur les résultats obtenus, nous voulons aussi tirer des conclusions sur certaines nouveautés académiques apportées par ces recherches.

D'abord, c'est la première fois que l'enquête de Gardner s'adresse *à* des étudiants chinois étudiant le français. Au début, la première version de cette enquête a été utilisée par Gardner pour évaluer la motivation de français des étudiants canadiens, et précisément les Québécois. Si nous voulions l'employer dans notre recherche, nous devions penser *à* toutes les spécialités du contexte social. Les Québécois parlent l'anglais et le français dès l'enfance et considèrent le français comme une de leurs deux langues maternelles. Avec la publication de la deuxième version de Gardner, toutes ces incertitudes ont été levées. Gardner a confirmé la validité académique de sa méthode pour les étudiants d'autres pays tels que le Japon, le Brésil, la Croatie etc. Autrement dit, la méthode d'enquête de la motivation de Gardner ne s'adresse pas seulement *à* certains contextes mais aux recherches sur la motivation de tous les pays. Dans la deuxième version publiée de Gardner, certaines expressions et certaines méthodes de l'enquête ont été changées pour s'adapter aux étudiants japonais d'anglais, bien qu'il existe aussi beaucoup de questions identiques. Les étudiants canadiens qui considèrent le français comme deuxième langue aux étudiants étrangers qui considèrent l'anglais comme une langue étrangère, ce changement des enquêtes signifie que l'essentiel de l'enquête ne s'adresse pas *à* une langue précise, ni au choix des candidats. Cependant, nous n'avons pas encore utilisé l'enquête de Gardner pour évaluer les étudiants chinois. Après avoir pratiqué tous ces essais dans plusieurs pays, cette thèse a élargi l'emploi de l'enquête de Gardner en Chine et pour les étudiants chinois de français.

Ensuite, c'est la deuxième enquête pour évaluer la motivation des étudiants chinois de français après l'enquête de ZHENG en 1986 que nous avons présentée dans le chapitre un. Pendant ces trente ans, beaucoup de situations ont changé en Chine y compris l'économie, l'ouverture sociale etc. À part le temps et le contexte de l'enquête, il existe encore plusieurs nouveautés académiques. Nous employons l'approche authentique de motivation des étudiants de langue étrangère qui est définie et vérifiée par Gardner par rapport *à* la méthodologie fabriquée de ZHENG. Par exemple, ZHENG a mélangé les questions de Gardner et ses propres questions s'adaptant *à* la société chinoise de cette époque-*là* telles que des questions sur la distribution de l'emploi qui est la spécialité de l'économie planifiée et des questions sur la contribution aux quatre modernisations(la modernisation de l'agriculture, l'industrie, la défense nationale, la science et la technologie) qui est la stratégie politique chinoise des années 80. Dans cette thèse, nous ne modifions que certains mots dans les questions et choisissons aléatoirement certaines questions puisque toute l'enquête compte presque trois cents questions.

Et puis, c'est la première fois qu'une thèse s'adresse *à* la comparaison des motivations des étudiants qui sont enseignés avec l'évaluation continue ou non. En parlant de l'importance des méthodes didactiques, nous ignorons les particularités de l'importance des méthodes des évaluations. Le résultat d'enseignement et l'effet de l'apprentissage doivent être évalués toujours au lieu d'une fois *à* la fin du semestre parce que la motivation des étudiants sera influencée par les résultats de l'évaluation. Bien que tout le monde soit d'accord pour cette hypothèse, les variations différentes des motivations des étudiants qui suivent les méthodes différentes d'évaluation n'ont pas encore été observées avant.

En faisant ces trois enquêtes, nous avons réalisé certaines comparaisons comme suit：

D'abord, nous avons comparé les motivations des étudiants de classes 1 et 2 de la même année, parce que ces deux classes ne suivent pas la même méthode d'évaluation. Tous les étudiants venant de quatre coins de la Chine sont séparés aléatoirement dans les deux classes où nous utilisons les mêmes méthodes didactiques et les mêmes soutiens d'enseignement. Nous essayons de leur donner les mêmes enseignements sauf la méthode d'évaluation parce que nous voulons aussi voir la différence qui résulte des méthodes d'évaluation. Selon notre comparaison des deux classes de la même année, les classes 1 sont toujours plus motivées que les classes 2 cependant ce résultat n'est qu'au niveau moyen. Individuellement, les motivations des étudiants sont très variées. Autrement dit, la motivation possède deux manifestations: commune et individuelle. La méthode d'évaluation ne peut qu'influencer la première.

Ensuite, nous avons comparé les motivations des étudiants selon certains facteurs internes et externes: sexe, origine du nord ou du sud, locaux ou lointains, avec l'apprentissage préalable ou non etc. Selon notre observation de l'enquête, les filles sont plus motivées que les garçons au cours de l'avancement des études. Ce résultat est identique *à* l'enquête pour les étudiants d'anglais. Le rôle *à* l'intérieur de la classe est un facteur particulier chinois. Parmi ces quatre rôles différents (chef, responsable, secrétaire et étudiant vulgaire), le responsable des études de classe est le plus motivé. La distinction des autres n'est pas certaine. Le choix de la spécialité et l'apprentissage préalable possèdent tous l'influence temporaire sur la motivation des étudiants. Au cours de l'apprentissage universitaire, cette influence deviendra de plus en plus petite. La comparaison de leur origine est plus complexe. Au début, les étudiants du sud montrent plus de problèmes de l'adaptation *à* la circonstance parce que cette université s'installe au nord. Et au cours de l'apprentissage, ils sont plus sensibles pour les activités didactiques que leurs camarades et leurs niveaux de motivation sont plus élevés.

Après, nous avons observé aussi la variation de la motivation selon les années. La motivation est au début plus distinguée que les années suivantes selon leurs statuts différents. Au cours de leurs vies universitaires, cette distinction deviendra *à* la fois collective et individuelle parce que les classes 1 sont toujours plus motivées que les classes 2 et que la distinction selon les statuts deviendra de plus en plus incertaine.

Et puis, nous avons comparé les huit catégories de motivation qui suivent la théorie de composition de la motivation de Gardner. Selon lui, ces huit catégories représentent la motivation en plusieurs champs: motivation intrinsèque, attitudes envers la situation d'apprentissage, envie d'apprendre la langue étrangère, intensité de motivation et attitudes envers de l'apprentissage de la langue étrangère. Tous ces champs ne suivent pas la variation identique.

Enfin, nous avons sélectionné les cinq étudiants les plus motivés de chaque classe pour analyser leurs points communs. Selon cette analyse, les étudiants d'autres provinces sont plus motivés que les locaux. Le pourcentage des étudiants du sud parmi les plus motivés est plus élevé que le niveau moyen. Cependant, le pourcentage des étudiants urbains est moins élevé que le niveau moyen. Par rapport *à* l'apprentissage précoce du français, le choix de la spécialité ou le niveau de la formation des parents, on ne trouve pas de grande influence sur la motivation parmi les étudiants les plus motivés.

Les apports de notre recherche

A. Contribution au développement de la société chinoise.

Depuis 2013, année de lancement de la proposition initiative "la Ceinture et la Route", la Chine a renforcé des liens de coopération économique et commerciale de plus en plus étroits avec de nombreux pays, en particulier ceux de la communauté francophone d'Afrique et de la France. La Ceinture et la Route est la route du commerce, la route de la prospérité commune, la route d'échange des civilisations, et aussi la route de la communication. À mesure que de plus en plus de pays (en particulier les pays francophones) s'engagent dans la construction de la Ceinture et la Route, les étudiants diplômés monolingues ne peuvent plus répondre aux besoins de développement de la société chinoise, ce qui présente des possibilités sans précédent pour la promotion du français en Chine. La formation met ici l'accent sur la quantité des étudiants, mais aussi sur la qualité de leur formation dans les départements d'apprentissage de la langue francaise.

Cela exige trois réflexions didactiques et pédagogiques：

—l'amélioration de notre enseignement et l'évolution des méthodes d'enseignement,

—le maintien de la motivation des étudiants pour l'apprentissage

—la réponse aux besoins du marché de l'emploi.

Le développement de l'enseignement des langues étrangères peut répondre aux besoins futurs de développement social, et le développement de la société peut élargir les horizons des étudiants.

Cette thèse, fondée sur la motivation des étudiants, est sans aucun doute utile pour la planification du développement des départements de français, la gestion didactique de l'enseignement du français et la gestion de l'apprentissage des étudiants de français.

B. Contribution au développement des recherches sur la motivation dans l'acquisition des langues étrangères en Chine.

D'abord, comme nous l'avons résumé plus haut, la recherche sur la motivation en Chine présente aujourd'hui une inégalité importante: la recherche sur la motivation des étudiants d'anglais (ASL) est beaucoup plus avancée que celle sur les étudiants d'autres langues étrangères (ATL). Le développement du français, l'une des six langues officielles de l'organisation des Nations Unies et l'une des langues les plus développées en Chine, a besoin d'un soutien stable en matière des recherches pour l'orienter vers un chemin correct et efficace. Ce besoin ne concerne pas que le français. C'est pourquoi, dans cette thèse, les études sur la motivation peuvent servir de référence *à* l'avenir pour d'autres études de motivation des spécialités autres que l'anglais en matière d'analyse comparative.

D'autre part, c'est la première fois que l'enquête de Gardner s'applique aux étudiants chinois de français, bien qu'elle ait été testée dans beaucoup de pays comme le Japon, le Brésil et la Croatie. Afin de mieux correspondre aux caractéristiques chinoises, nous avons trié, résumé et ajusté les deux versions du modèle de motivation de Gardner. Cette nouvelle banque des questions peut servir aux recherches qui suivront comme banque standard.

Par ailleurs, on a ajouté dans cette enquête de motivation de nombreuses variables avec des caractéristiques chinoises telles que l'origine familiale, l'expérience de l'éducation des parents et le rôle des étudiants responsables de classes, etc. Ces variables n'existent pas ou ne sont pas de même importance dans les contextes des pays occidentaux, mais ils sont également des facteurs importants qui affectent souvent notre travail quotidien d'enseignement ici en Chine. Ces enquêtes et analyses des données sont également importantes pour le poids de la recherche sur la motivation des langues étrangères en Chine et dans le monde, pour faire entendre la voix des recherches chinoises et les faire accéder au champ académique international.

Ensuite, c'est la première fois que nous utilisons l'observation dynamique quantitative en Chine pour analyser les régularités de la variation de la motivation des étudiants de français. Avant, les enquêtes ont été menées essentiellement sous la forme d'un seul test, qui a permis de comparer les intensités différentes et les catégories de motivation au lieu de se concentrer sur les variations de la motivation dans un environnement avec des variables réduites pour une certaine durée.

Enfin, c'est la première fois qu'une thèse s'adresse *à* la comparaison des motivations des étudiants qui ont reçu ou non un enseignement avec l'évaluation continue. À propos de l'importance des méthodes didactiques, nous ignorions les particularités de l'importance des méthodes d'évaluation. Nous avons constaté que le résultat de l'enseignement et l'effet de l'apprentissage doivent être évalués sur la durée, et non pas une fois à la fin du semestre : en effet, sur la durée, la motivation des étudiants sera influencée par les résultats de l'évaluation. Bien que tout le monde accepte cette hypothèse, la différence dans la variation des motivations des étudiants qui suivent des méthodes différentes d'évaluation n'avaient pas encore été observées avant ce travail.

C. Contribution au développement du français en Chine.

Le processus didactique est un processus d'interaction enseignant-enseigné qui représente une relation dynamique et non statique. En tant qu'enseignant, nous en avons parfois une compréhension insuffisante, ce qui se traduit en priorité par une compréhension insuffisante du côté des enseignés. Deux causes permettent de l'expliquer : d'une part, l'écart de l'âge, qui entraîne le fossé entre les générations ; d'autre part, il est difficile d'appréhender toutes les difficultés rencontrées par les étudiants. Avec cette recherche, axée sur la motivation des étudiants, on peut espérer donner certaines clés permettant de comprendre la situation actuelle de l'apprentissage du français des étudiants chinois et à améliorer la qualité de l'enseignement du français à l'avenir.

Le système d'évaluation continue représente aussi une contribution pour le FLE en Chine. La professeure GAO (GAO Yihong, 2013) a passé quatre ans pour effectuer une analyse comparative des motivations de l'apprentissage de l'anglais pour plus de 1 000 étudiants de cinq universités à Beijing. Cependant, en raison de la dispersion des échantillons, il est difficile de contrôler les variables objectives telles que les résultats du Gaokao, l'environnement d'apprentissage, les programmes d'études scolaires et le niveau des enseignants, d'où la difficulté de trouver la relation exacte entre une variable et la motivation. Notre recherche sur la motivation, plus concentrée dans un établissement, nous a permis de comprendre l'influence du système d'évaluation continue sur la motivation des enseignés, ce qui peut fournir des propositions pour le développement du département de français dans d'autres universités.

Limites de la recherche présente et propositions

Dans cette thèse, la recherche ne couvre que deux semestres : la durée de l'enquête aurait pu être plus longue. Bien que nous ayons choisi trois périodes de temps importantes pour l'enquête, on peut penser que cette durée n'est pas suffisante pour trouver les régularités de la variation de la motivation de chaque étudiant tout au long des quatre années d'apprentissage du français. Quel type d'' étudiant peut être plus motivé et par quelle situation didactique? C'est une question à laquelle nous avons pu réfléchir dans les études de suivi. C'est pourquoi nous proposons si c'est possible, d'observer la variation des motivations des étudiants pour un cursus complet de la première à la quatrième année.

On pourrait aussi faire des réserves sur le nombre des participants, qui pourrait être plus large : en effet, il y avait moins de 200 étudiants-participants dans les quatre promotions. Le questionnaire pourrait couvrir un plus grand nombre d'étudiants afin d'avoir un résultat d'enquête plus convaincant. Pour avoir une augmentation du nombre d'échantillons prélevés dans l'enquête, nous proposons de continuer l'enquête dans les années suivantes dans cette université ou dans les autres départements de français.

Enfin, la recherche scientifique doit évoluer avec le temps. À mesure que l'Initiative la Ceinture et la Route se développe, de plus en plus d'établissements primaires et secondaires chinois autres que les universités ont ouvert des cours de français. C'est pourquoi les recherches sur le problème de la motivation ne doivent pas se limiter aux universités mais s'étendre aux écoles primaires et secondaires. L'apprentissage des langues étrangères devrait commencer à partir de l'enfance : nous pensons que c'est seulement quand il y aura une meilleure compréhension de la motivation des apprenants dans tous les cycles du système que l'on pourra améliorer le travail d'enseignement de manière ciblée pour obtenir de meilleurs résultats.

Bibliographie

[1]Abraham Maslow. (1970). Motivation and Personality, Harper & Row.

[2]Abraham Maslow.(1943). A Theory of Human Motivation[J], Psychological Review, P 370-396 (site：http：//psychclassics. yorku. ca/Maslow/motivation. htm)

[3]AI Youlin. (2013). The Exploration and Practice of Teaching Management in Senior Schools under the Vision Educational Equity[J], Journal of Educational Science of Hunan Normal University, 2013, 12(01)：124-127.

艾友林，教育公平视野下的高中教育教学管理的探索与实践[J]. 湖南师范大学教育科学学报. 2013, 12(01)：124-127.

[4]Ana Rodriguez Seara. (2014). L'évolution des méthodologies dans l'enseignement du français langue étrangère depuis la méthodologie traditionnelle jusqu'à nos jours [J]. (Site：http：//www. uned. es/ca-tudela/revista/n001/art_ 8. htm).

[5]Arrêté ministériel modifié depuis 2003《Programme des cours du lycée général (expérimentation)》, Ministry of Education of the People's Republic of China.(Site：http：//www. moe. gov. cn/srcsite/A26/s8001/201801/t20180115_ 324647. html)

普通高中课程方案(实验). 中国教育部

[6]Bandura, Albert.(1986). Social foundation of thought and action：a social cognitive theory[M], Englewood Cliffs, NJ：Prentice-Hall.

[7]Bardel, C&Y. Falk. (2007). The role of the second language in third language acquisition：the case of Germanic syntax [J]. Second Language Research, 23(4)：459-484.

[8]Barry J. Zimmerman.(1989). A Social Cognitive View of Self-Regulated Academic Learning [J]. Journal of Educational Psychology. 1989, 81(3)：329-339.

[9] Bernard Spolsky, Conditions for Second Language Learning. Oxford University Press, 1989.

[10]Bonny. Norton. Peirce. (1995). Social Identity, Investiment, and Language Learning, Tesol Quarterly, 9-31.

[11]Bonny Norton and Gao Yihong. (2008). Identity, investment, and Chinese learners of English[J], Journal of Asian Pacific Communication, 109-120.

[12]Jerome Bruner, 1987, Comment les enfants apprennentà parler. Paris. RETZ. (Child's talk, learning to use language, 1983, W. W. Norton& Company Inc., New York).

[13]CAI Fengzhen, YANG Zhong. (2010). Influence de L2(mandarin) des étudiants ouïgours sur L3(anglais)[J], Foreign Language et Their Teaching, 2010(02): 10-13.

蔡凤珍，杨忠，L2(汉语)对新疆少数民族学生 L3(英语)的影响分析[J]. 外语与外语教学，2010(02)：10-13.

[14]CAO Deming, WANG Wenxin. (2011). Rapport sur le développement de l'enseignement supérieur spécialisé du français en Chine[M]. Foreign Language Teaching and Research Press

曹德明，王文新，(2011). 中国高校法语专业发展报告[M]. 外语教学与研究出版社

[15]Cenoz, J. (2001). The effect of linguistic distance, L2 status and age on cross-linguistic influence in L3 acquisition[J]. In J. Cenoz, B. Hufeisen & U. Jessner (Eds), Cross-linguistic Influence in Third Language Acquisition.(pp. 8-20). Clevedon：Multilingual Matters.

[16]CHEN Aowei. (2014). Analyse et réflexion sur le marché de l'emploi des étudiants diplômés de cinq universités de Beijing [J], Apprendre le français：41-44.

陈奥薇，北京高校法语专业本科生就业现状分析与思考[J], 法语学习(3), 41-44.

[17]CHEN Hongling. (2008). Analyse des impacts de l'emploi des étudiants au cours de l'expansion de l'éducation supérieure[J], Journal of Inner Mongolia Normal University(EducationalScience). 2008(1)：25-27.

陈洪玲，大学扩招对大学生就业的影响研究[J], 内蒙古师范大学学报. 2008(1)：25-27.

[18]CHEN Naifang. (2001). OMC et formation des étudiants de langue étrangère[J], China Higher Education. 2001 (6)：23-25.

陈乃芳，WTO 与外语人才的培养[J], 中国高等教育(半月谈). 2001(6)：23-25.

[19]CHEN Ruifang, ZHENG Lijun. (2007). Théorie du développement cognitif de PIAGET et son révélation pour l'éducation moderne[J], Forum d'éducation contemporaine, 2007(05)：44-45.

陈瑞芳，郑丽君. 皮亚杰认知发展理论及其对当代教育教学的启示[J]. 当代教育论坛(校长教育研究), 2007(05)：44-45.

[20]CHEN Xiangyang. (2005, Juin) Analyse de l'administration de Jingshitongwenguan[J],《京师同文馆组织结构探讨》, Journal of East China University, 77-86

[21]CHEN Xiaobin, View on the Modern Use for Reference of Confucius Education Methods[J]. Journal of Chengdu College Education. 2005(10)：68-70.

陈晓斌. 孔子教育方法的借鉴作用[J]. 成都教育学院学报，2005(10)：68-70.

[22]CHEN Yonghong, LIANG Yulong, Transfert de l'anglais dans l'apprentissage de la langue française[J], Journal of Hunan University of Science and Engineering, 2005(6)：216-217.

陈永红，梁玉龙，英语在二语法语学习中的迁移-从英法语言特点的比较谈法语学习[J]，湖南科技学院学报，2005(6)：216-217.

[23]CHEN Zhenyao, SITU Shuang, Histoire de 50 ans du développement de français de l'Institut des langues étrangères de Beijing[M], Beijing, Foreign Language Teaching and Research Press, 2010：40-46.

陈振尧，司徒双，北外法语系 50 周年[M]，外研社，2010：40-46.

[24]CHENG Tongchun. (2004). Pratique et recherches de l'approche communicative [J], Foreign Language Research, 2004(03)：56-59.

程同春，交际法理论与实践[J]. 外语研究，2004(03)：56-59.

[25]CHENG Xiaobin. (2005). Inspiration de la didactique de Confucius [J], Journal of Chengdu College Education, 2005(10)：68-70.

陈晓斌 (2005). 孔子教育方法的借鉴作用[J]，成都教育学院学报，2005(10)：68-70.

[26]Commission d'éducation nationale de la République populaire de Chine, Programme des cours des deux *premières années de la spécialité de français* , Foreign Language Teaching and Research Press, 2007

[27]Crahay Marcel. (1999). Psychologie de l'éducation[M], PUF.

[28]Crookes, G., Schmidt, R. W. (1991). Motivation：Reopening the Research Agenda[J]. Language Learning, 41：469-512.

[29]Cuq Jean-Pierre. (2003). Dictionnaire de didactique du français [M], CLE, Paris, P20-21, P70, P：171.

[30]DAI Dongmei. (2008)：Promotion de français comme langue étrangère[J] . International Chinese Language Education. 2008(3)：76-86.

戴冬梅，法语的对外推广[J]，国际汉语教学动态与研究，2008(3)：76-86.

[31]DAI Manchun, (2000). Affect in language teaching[J], Foreign language teaching and research(Bimonthly), 2000 (06)：470-474.

戴曼纯. 情感因素及其界定——读 J. Arnold(ed.)《语言学习中的情感因素》[J]. 外语教学与研究，2000 (06)：470-474.

[32]DAI Weidong. (2001). The construction of the streamline ELT system in China [J], Foreign Language Tearching & Research, 2001(05)：322-327+ 399.

戴炜栋，构建具有中国特色的英语教学一条龙体系[J]. 外语教学与研究，2001(05)：322-327+ 399.

[33]DAI Weidong, WANG Xuemei. (2006). Establish the FLT system with chinese characteristics [J], Journal of the Foreign Language World, 2006(04)：2-12.

戴炜栋，王雪梅，建构具有中国特色的外语教育体系[J]. 外语界，2006(04)：2-12.

[34]De Angelis Gessica. (2007). Third or Additional Language Acquisition [M], Clevedon：Multilingual Matters.

[35]Deci Edward L, Ryan Richard. (1985). Intrinsic motivation and self-regulation in human behavior, New York：Plenum Press.

[36]DING Chunxue, CHAI Keqing, LIU Yao, Enquête des motivations d'apprentissage d'anglais entre les étudiants

de spécialité d'anglais et d'autres[J], Jiamusi Education Institute, 2009(4)：9-10.

丁春雪，柴克清，刘瑶，英语专业与非英语专业本科生英语学习动机差异的调查研究[J], 佳木斯教育学院学报，2009(4)：9-10.

[37]DING Gang, LI Mei. (2014) A national investigation report and policy-Analysis on Cultivation Status Of Normal University Students in China—by research team of national teacher education institution surveys[J], Educational Research, 2014, 418(11)：95-106.

丁钢，李梅.(2014). 中国高等师范院校师范生培养状况调查与政策分析报告-全国高等师范院校师范生培养状况调查研究组[J], 教育研究，2014, 418(11)：95-106.

[38]DING Sigan. (2012). Analyse de la formation de FOS en Chine[J], milieu littéraire (Version théorique), P113-116

丁斯甘，浅谈中国的专门用途法语教学[J], 文学界(理论版)，2012(03)：113-114+ 116.

[39]DING Sigan. (2012). L'analyse du nouveau Français du point de vue éclectique [D]. Sichuan International Study University

丁斯甘，从折衷主义角度分析新版《法语》[D]. 四川外国语学院

[40]Dörnyei Zoltan.(1990). Conceptualizing Motivation in Foreign Language Learning[J]. Language Learning, 40：45-78

[41]Dörnyei Zoltan.(1994). Motivation and Motivating in the Foreign Language Classroom[J]. The Modern Language Journal, 78(3)：273-284

[42]Dörnyei Zoltan.(1998). Motivation in second and foreign language learning. Language Teaching, 31：117-135

[43]Dörnyei Zoltan. (2005) Teaching and Researching Motivation [M], Foreign Language Teaching and Research Press, Beijing, 46-47.

[44]DU Xiaoli, (2012). Countermeasures on How to Strengthen the Construction of Class Spirit in Universities, Journal of North China Institute of Water Resources and Hydropower, 2012, 28(04)：166-167.

杜晓丽. 高校学生班级班风建设对策分析[J]. 华北水利水电学院学报(社科版)，2012, 28(04)：166-167.

[45]Elaine k. horwitz. (1988). The beliefs about language learning of beginning university foreign language students[J]. The modern language journal 72 (3), 283-294

[46]Ellis Rod. (1993). The Study of Second Language Acquisition [M]. Oxford：Oxford University Press.

[47]Etienne Bourgeois, Jean Nizet.(1997). Apprentissage et formation des adultes. Paris, PUF.

[48]Evelyne Clément, MOTIVATION ET AUTODETERMINATION DANS LES APPRENTISSAGES SCOLAIRES [J], Traité de psychologie du développement, 2017：279-291

[49]FANG Ruifen. (2002). Condition du développement et tendence de la réforme de l'éducation des langues étrangères [J], Journal of Huainan Institute of Technology, 2002, 4(1)：86-88.

方瑞芬.(2002). 我国外语教学的发展现状和改革趋势[J], 淮南工业学院学报, 2002, 4(1)：86-88.

[50]FANG Zengquan, ZANG Jiayong. (2011). Promotion and Perfection of the tuition-free Normal Education System [J], Teacher Education Research, 2011, 23(1)：63-68.

方增泉，臧家勇.(2011). 推动和完善师范生免费教育制度[J], 教师教育研究，2011, 23(1)：63-68.

[51]FENG Huimin, HUANG Mingdong, YANG Xusheng, WANG Xiaoqing. (1994). Investigation, Statistics and Analysis of College Students' Learning Aims [J], Education Supérieure de l'Industrie Electrique, 1994(02)：27-29.

冯慧敏，黄明东，杨旭升，汪晓青，大学生学习目的的调查、统计与层次分析[J]. 电力高等教育，1994(02)：27-29.

[52]Fenouillet. F. (1996). Motivation et découragement, DUNOD.

[53]Festinger Leon. (1957). A theory of cognitive dissonance[M], Stanford, Stanford University Press.

[54]Fortin Nicolas H. (2011). La motivation d'apprendre une L2：où en est rendue la recherche[J]. (sur site：http：//nicolasfortin. ca/wp-content/uploads/2012/04/article_ motivation_ L2. pdf)

[55]Françoise. Raby et J. -P. Narcy-Combes, prolégomènes：où en est la recherche sur la motivation en LVE et en L2? [J], Revue de linguistique et de didactique des langues, 2009(40)：6-15

[56]FU Rong. (2005). Réflexion sur l'éclectisme de FLE [J], Journal of Sichuan International Studies University, 2005(02)：121-124

傅荣，对法语教学法 l'éclectisme 现象的理性思考[J]. 四川外语学院学报，2005(02)：121-124.

[57]Gagné. E. D, Yekovich. C. W et Yekovich. F. R. (1993). The cognitive psychology of school learning, Little Brown and company.

[58]Gallamand Monique. (1983). Le Guide Pédagogique d'Intercodes [M], Larousse.

[59]Galisson Robert et Coste Daniel. (1976). Dictionnaire de didactique des langues [Z]. Hachette：Paris.

[60]GAO Bingcheng, CHEN Ruping. (2013). A Research on the Comprehensive Development Level of Senior High School Education in China[J], Educational Research, 2013, 34(09)：58-66.

高丙成，陈如平，我国普通高中教育综合水平发展研究[J]. 教育研究，2013, 34(09)：58-66.

[61]GAO Tianming. (2001). The Chinese Teaching Methodology Reform Research of the 20th century [D], The northwest normal university.

高天明，2001, 20世纪中国教学方法变革研究[D], 西北师范大学.

[62]GAO Yihong, Développement de l'auto-estimation et la motivation de l'apprentissage de l'anglais des étudiant [M], 2013, Beijing：Higher Education Press

高一虹，大学生英语学习动机与自我认同发展[M], 2013, 高等教育出版社

[63]GAO Yihong, ZHAO Yuan, CHENG Ying, ZHOU Yan, Motivation Types of Chinese College Undergraduates, Modern Foreign Languages. 28-38.

高一虹，赵虹，程英，周燕，(2003). 中国大学本科毕业生英语学习动机类型，现代外语：28-38.

[64]Gardner Robert C. (1960). Motivational variables in second-language acquisition：http：//publish. uwo. ca/~gardner/docs/phd. pdf.

[65]Gardner Robert C. (1985). Social psychology and second language learning [M], Edward Arnold, London.

[66]Gardner Robert C. (2004) Attitude/Motivation Test Battery-International AMTB Research project, Canada.

[67]Gardner Robert C. (1985). The Attitude/Motivation Test Battery：Technical Report, Canada.

[68]Gardner Robert C, Padric C. Smythe, (1976). Second Language Acquisition：A Social Psychological Approach [M]. Canada, London, The University Of Western Ontario

[69]Gardner. R. C. & MacIntyre. P. D. (1993). On the measurement of affective variables in second language learning[J]. Language Learning, 43：157-194.

[70]GENG Hua, Analyse de l'eprit de classe des établissements supérieurs[J], Information technique, 2009(01)：787.
耿华. 浅谈高校班风建设[J]. 科技信息，2009(01)：787.

[71]Gérard Malglaive.(1990). Enseigner à des adultes. Paris, PUF.

[72]Gliksman. L, Gardner Robert C, Padric C. Smythe,(1982). The Role of the Integrative Motive on Students' Participation in the French Classroom[J]. Canadian Modern Language Review, (38)：625-647.

[73]GUI Shichun, (1979). Recherches et applications de la psychologie[J], Foreign Language Teaching and Research. 1979(02)：55-61.
桂诗春. 心理语言学的研究与应用[J]. 外语教学与研究，1979(02)：55-61.

[74]GUI Shichun, 桂诗春. (1985). Psycholinguistics, Presse de l'éducation des langues étrangères de Shanghai.

[75]GUI Shichun, Analyse socio-psychologique des étudiants d'anglais chinois[J]. Langue étrangère, 1986(1)：1-13, 67
桂诗春. 我国英语专业学生社会心理分析[J]. 现代外语，1986(01)：1-13+ 67.

[76]GUI Shichun, 桂诗春. (1992). Psychologie de l'éducation d'anglais des étudiants chinois, Presse de l'éducation de Hunan.
桂诗春. 中国学生英语学习心理，湖南教育出版社

[77]GUI Shichun. (2014). Reflections on some issues in foreign language teaching in China [J], Foreign Language Teaching and Research, 2014, 42(4)：275-281.
桂诗春.(2014)关于我国外语教学若干问题的思考[J]，外语教学与研究，2014, 42(4)：275-281.

[78]GUO Xin, ZHU Chunhui. (2014) On the Reform of the College Entrance Examination System in China from the Perspective of Educational Equality, Journal of Hunan University of Science & Techonology (Social Science Edition), 2014, 17(02)：156-162.
郭昕，朱春晖，从教育公平角度探索我国的高考制度改革[J]. 湖南科技大学学报(社会科学版)，2014, 17(02)：156-162.

[79]GUO Yuanyuan. (2011). Comparison of illuminating education methods of Confucius and Socrates [J], Journal of Luoyang normal University. 2011. 30(7)：73-76.
郭元元.(2011). 孔子与苏格拉底启发式教学方法比较研究[J], 洛阳师范学院学报，2011. 30(7)：73-76.

[80]HAN Hua. (2010). Révélation de l'éducation politique universitaire au début de la Libération de la République Populaire de Chine [J], Studies in Ideological Education, 2010(08)：60-63.

韩华，建国初期大学生思想政治教育的历史考察及其启示[J]. 思想教育研究，2010(08)：60-63.

[81]HAN Yu. (863). Discours de l'enseignant [M] (韩愈，师说)

[82]HAO Huifang. (2007). Méthode didactique de Confucius à travers "Les entretiens de Confucius"[J], Chuanshan Journal, 2007(03)：113-115.

郝慧芳. (2007). 从"论语"看孔子的教学方法 [J]. 船山学刊，2007(03)：113-115.

[83]HE Danhua, Motivation de FLE des étudiants[J], JOURNALOF SOCIALSCIENCEOF JIAMUSI UNIVERSITY, 2011(5)：183-184

何丹华，浅谈大学生法语学习动机[J], 佳木斯大学社会科学学报，2011(5)：183-184

[84]HE Keyong, XU Luya. (2006). Analyse des Particularités et des Problèmes des étudiants de l'ethnie rare [J], Journal of Southwest University for Nationalities, 2006(12)：265-267.

何克勇，徐鲁亚，少数民族大学生学习英语的特点和问题分析[J]. 西南民族大学学报(人文社科版), 2006(12)：265-267.

[85]HE Yunhui. (2010). Development course, rule and route of higher normal education in China [J], Journal of Jishou University (Social sciences edition), 2010, 31(2)：160-62.

何云辉.(2010). 我国高等师范教育的发展历程、规律与路径[J], 吉首大学学报，2010, 31(2)：160-162.

[86]Hufeisen B & Jessner, Ulrike. (2001). Cross-linguistic Influence in Third Language Acquisition：Psychological Perspectives [C]. Clevedon Multilingual Matters.

[87]HUA Huifang, (1998). Analyse des stratégies et de la motivation des études d'anglais[J], Foreign language world, 1998(03)：45-48.

华惠芳. 试论英语学习动机与策略的研究[J]. 外语界，1998(03)：45-48.

[88]Hurlock, E. B. (1927). The use of group rivalry as an incentive[J]. The Journal of Abnormal and Social Psychology, 22(3)：278-290.

[89]HU Qing. (2000) Tradition culturelle et éducation antique chinoise [J], Jiangxi Social Science, 2000(10)：110-112 + 126.

[胡青](2000). 文化传统与中国古代教育[J], 江西社会科学，2000(10)：110-112+ 126.

[90] Jessner Ulrike.(1999). Metalinguistic Awareness in Multilinguals：Cognitive Aspects of Third Language Learning [J]. Language Awareness. (3)：201-209

[91]JIANG Guojun, DU Chengxian. (2005). Analyse des périodes du développement de l'éducation antique de la Chine [J], Journal of East China Normal University, 23(1)：65-75.

姜国军，杜成宪.(2005). 试论中国古代教育发展周期[J], 华东师范大学学报，23(1)：65-75.

[92]JIANG Qiuxia, LIU Quanguo, LI Zhiqiang. (2006). An Investigational Study of EFL education in ethnic minority areas of Gansu Province in Northwest China[J], Foreign Language Teaching and Research, 2006(02)：129-135 + 161.

姜秋霞，刘全国，李志强，西北民族地区外语基础教育现状调查-以甘肃省为例[J]. 外语教学与研究，

2006(02)：129-135+ 161.

[93]JIA Zhi, TAO Lei et YU Guoni. (2012). An Investigation of Tuition-free Student Teacher's studies [J], Teacher Education Research, 2012, 24(02)：69-74.

贾挚，陶磊，于国妮. (2012). 免费师范生学习动机与学习情况调查研究[J], 教师教育研究, 2012, 24(02)：69-74.

[94]KANG Ning. (2000). Analyse de la décision d'éducation et du nouveau chemin intitutionnel- cas de la croissance du recrutement des universités chinoises en 1999[J], Journal of Higher Education, 2000(02)：31-38

康宁，论教育决策与制度创新—以'99 高校扩招政策为案例的研究[J]. 高等教育研究，2000(02)：31-38

[95]Karolina Axell, L'importance de la motivation pour apprendre une langue étrangère- la langue française dans un contexte scolaire, 2007：1-34 (site：http：//www. diva-portal. org/smash/get/diva2：204837/FULLTEXT01. pdf)

[96]Kellerman E. (1983). Now you see it, now you don't [A]. In Gass, S. & L. Selinker(eds.). Language Transfer in Language Learning[C]. Rowley：Newbury House

[97]Kramsch, C. 2000. Social discursive construction of self in L2 learning[J]. In J. P. Lantolf(ed.), Sociocultural Theory and Second Language Learning(P133-145). Oxford；Oxford University Press.

[98]Laurent Cosnefroy, L''apprentissage Autorégulé：Perspectives en Formation d'adultes[J], Savoir, 2010(23)：9-50

[99]Lepper Mark R. Greene David, Nisbett Richard E. (1973). Undermining Children's Intrinsic Interest with Extrinsic Reward：A Test of the "Overjustification" Hypothesis, 129-137.

[100]Lepper, M. R., Greene, D. (1975). Turning play into work：Effects of adult surveillance and extrinsic rewards on children's intrinsic motivation[J]. Journal of Personality and Social Psychology, 31(3)：479-486.

[101]LIAN Jie, (1998). Influence des apprenants dans la planification des stratégies des études[J], Langue étrangère et education des langues étrangères, 1998(06)：13-15+ 56.

廉洁. 制约学习策略的学习者因素[J]. 外语与外语教学，1998(06)：13-15+ 56.

[102]Lieury Alain, Fenouillet. F. (1996). Motivation et Réussite scolaire[M], DUNOD.

[103]LI Jia. (2011). Review of Domestic and International Studies on the Third Language Acquisition [J], Journal of Guizhou University for Nationalities (Philosophy and Social Science), 2011(05)：90-94.

李佳，国内外三语习得研究述评[J]. 贵州民族学院学报(哲学社会科学版)，2011(05)：90-94.

[104]LI Lingge, ZHAO Wenyuan. (2003). Looking back the work of winning over the students studying abroad return to our own country in the early period of the People's Republic of China[J]. Journal of Tianzhong, 2003 (06)：99-101.

李灵革，赵文远，建国初期争取海外留学生归国工作的回顾[J]. 天中学刊，2003(06)：99-101.

[105]LIN Guidong, CHEN Lixia. (2009). Enquête de la langueur professionnelle, de la pression du travail et de la bonheur des enseignants universitaires [J], Journal of Changchun University of Technology, 2009, 30(01)：

25-29.

林贵东，陈丽霞，高校教师工作幸福感、工作压力、职业倦怠的现状调查及对策研究[J]. 长春工业大学学报(高教研究版)，2009，30(01)：25-29.

[106] Line Audin, Apprentissage d'une langue étrangère et français：pour une dialectique métalinguistique pertinente dès le cycle 3[J], Repères, 2004(29)：63-80

[107]LIU Huagang. (2007,(4)) The University Idea and the University Function[J], Higher Education Forum, 2007(04)：7-10+ 15.

刘华刚，大学理念与大学功能再思考[J]. 高教论坛，2007(04)：7-10+ 15.

[108]LIU Jingfang, The May 4th Movement of 1919 and Marxism's Spreading in China[J]，Collected Papers of History Studies, 2009(2)：3-11.

刘晶芳，五四运动与马克思主义在中国的传播[J]，史学集刊，2009(2)：3-11.

[109]LIU Jinguo, HE Xuming. (2012). The Classroom Cultural Construction for English Teaching in Trilingual Environment of Tibetan, Chinese and English[J]. 2012，27(02)：156-160.

刘全国，何旭明，藏汉英三语环境下外语课堂文化建构[J]. 西藏大学学报(社会科学版)，2012，27(02)：156-160.

[110]LIU Runqing, (1990). Facteurs déternimants des études de langue étrangère[J], Foreign language and their teaching, 1990(02)：36-45+ 80.

刘润清. 决定语言学习的几个因素[J]. 外语教学与研究，1990(02)：36-45+ 80.

[111]LI Zhiqing. (2005). Exploration de la méthode de l'enseignement de français[J], Journal of French Teaching in China. 2005：35-40.

李志清. 专业法语教学思路的探索[J]，中国法语专业教学研究. 2005：35-40.

[112]LV Jinfeng, 2004, Analyse de l'enquête sur les étudiants moins bons et conseils d'enseignement[J], Scientific management research, 2004(S1)：132-154

吕锦峰，对高职英语差生的调查分析与教学建设[J]，科学管理研究. 2004(S1)：132-154

[113]LU Jinhua. (2003). Poem education：appraising viewpoints & teaching methods of Confucius [J], Journal of Huazhong Technology University. 2003(3)：25-28.

鲁金华.(2003). 诗歌-孔子的价值取向与教学方法[J]，华中科技大学学报. 2003(3)：25-28

[114]LU Ming, CHEN Zhao, Urbanization, Urban basied economic politics and urban-rural inequality[J], Economic study, 2004(6)：50-58

陆铭，陈钊. 城市化、城市倾向的经济政策与城乡收入差距[J]. 经济研究，2004(06)：50-58.

[115]LU Zhikun, SHEN Jiliang. (1994). Sauve the problem and humain thanking [J], Advances in Psychological Science, 1994(02)：27-33

鲁志鲲，申继亮，问题解决与成人思维[J]，心理学动态，1994(02)：27-33

[116]MA Dongmei, English Self- Concept and Its Relations with English Academic Achievements—A Comparative

Study of College English and non- English Majors[J], Journal of Hebei University of Education, 2008(5)：129-132

马冬梅，英语自我概念及其与英语学业成绩的关系--一项英语专业与非英语专业大学生的对比研究[J]，湖北第二师范学院学报，2008(5)：129-132

[117]Madeline Elizabeth Ehrman, Zoltán Dörnyei.(1998). Interpersonal dynamics in second language education：the visible and invisible classroom[M]. New York . SAGE.

[118]Malay Alan, MA Yinchu. (1988). Possibilité d'usage harmonieux de la méthode traditionnelle et de l'approche communicative [J], Journal of Foreign Language, 1988(05)：65-70.

Alan Maley，马寅初. 论传统教学法和交际教学法在中国协调运用的可行性[J]. 外国语(上海外国语学院学报)，1988(05)：65-70.

[119]MA Yaqin, LIU Xiaoxia. (2007). Enlightenment of Confucius' Teaching Methodology to College Teaching Reform [J], Journal of Weinan Teachers University, 2007(04)：56-59.

马雅琴，刘小霞.(2007). 孔子的教学方法对高校课堂教学改革的启迪[J]，渭南师范学院学报，2007(04)：56-59.

[120]Mayo Garcia et Olaizola Villarreal, 2010, The development of suppletive and affixal tense and agreement morphemes in the L3 English of Basque-Spanish bilinguals[J], Second Language Research, 27(1)：129-149

[121]Ministère d'Education Chinois. (2001). Demandes fondamentales des cours de l'école primaire [Z].(教育部，小学英语课程教育基本要求).

[122]Morissette Roxanne et Gingras Rosario C. M. (1989). Enseigner des attitudes, De Boeck,

[123]Murray, H. A. (1938). Explorations in personality：a clinical and experimental study of fifty men of college age. Oxford, England：Oxford Univ. Press

[124]NA Min. (2000). Condition actuelle des recherches des approches de langues étrangères en Chine [J], Journal of Inner Mongolia Normal University(Philosophy & Social Science), 2000(S1)：226-228.

娜敏，我国外语教学法研究的现状[J]. 内蒙古师大学报(哲学社会科学版)，2000(S1)：226-228.

[125]Narcy-Combes Raby-Françoise et Narcy-Combes Jean-Paul., Prolégomènes：où en est la recherche sur la motivation en LVE et en L2, 2009, lidil, 40, 5-16

[126]NI Chuanbin, ZHANG Zhiyin, Influence of acquiring a third language upon the recognition of second language words[J]. Foreign Languages and Their Teaching, 2011(06)：30-34.

倪传斌，张之胤. 三语对二语词汇识别的影响[J]. 外语与外语教学，2011(06)：30-34.

[127]Odlin Terence. (2001) Language Transfer：Cross-linguistic Influence in Language Learning [M]. Shanghai Foreign Language Education Press.

[128]PANG Weiguo, XU Xiaobo, LIN Lijia, REN Youqun. (2013). The Impact of Family Socioeconomic Status on Students' Academic Achievement [J], Global Education, (2)：12-21.

庞维国，徐晓波，林立甲，任友群，家庭社会经济地位与中学生学业成绩的研究关系[J]，全球教育展望，2013(2)：12-21.

[129]PANG Yuhou. (2003). Reflections on Gender Differences in Foreign Language Education [J], Tsinghua Journal of Education, 24(1)：80-85.

庞玉厚，外语教学语境中的语言性别差异现象研究[J], 清华大学教育研究，2003, 24(1)：80-85.

[130] Patrick Dawson, Constantine Andriopoulos.(2009). Managing Change, Creativity and Innovation, London, SAGE.

[131]Pavlenko, A. &J. P. Lantolf. 2000. Second language learning as participation and the(re) construction of selves [J]. In J. P. Lantofl(ed.), Sociocultural Theory and Second Language Learning(P155-178). Oxford：Oxford University Press.

[132]PENG Mei. (2009). Relation entre l'enseignant et l'apprenant selon "Enseignant" et son inspiration moderne [J], Journal of Shayang Teachers College, 2009, 10(03)：13-15.

彭梅.(2009). "师说"中的师生观及其现代启示[J], 沙洋师范高等专业学校学报，2009, 10(03)：13-15.

[133]《Projet du développement et de la réforme d'enseignement de la Chine aux moyen et long termes (2010-2020)》, 《中国中长期教育改革和发展规划纲要(2010-2020)》site officiel：http：//www. china. com. cn/policy/txt/2010-03/01/content_ 19492625_ 3. htm

[134]Pichot Pierre. (1971). Les tests mentaux[M], Foulq.

[135]Pintrich Paul R., Schunk Dale H. (1996). Motivation in education, Pearson.

[136]Puren Christian, Contrôle vs autonomie, contrôle et autonomie：Deux dynamiques à la fois antagonistes et complémentaires[J], sur le site：www. christianpuren. com

[137]Puren Christian. (1994). La didactique des langues étrangères à la croisée des méthodes Essai sur l'éclectisme [M]. Paris, CRÉDIF-Didier, coll.

[138]Puren Christian. (1988). L'Histoire des méthodologies de l'enseignement des langues [M], CLE international.

[139]Puren Christian. (2014). Contrôle vs autonomie, contrôle et autonomie：deux dynamiques à la fois antagonistes et complémentaires [J], http：//www. christianpuren. com/mes-travaux-liste-et-liens/2014d/, P. 1

[140]QIN Xiaoqing, WEN Qiufang, (2002). Structure interne de la motivation des études des étudiants de non-anglais [J], Foreign Language Teaching and Research, 2002(01)：51-58.

秦晓晴，文秋芳. 非英语专业大学生学习动机的内在结构[J]. 外语教学与研究，2002(01)：51-58.

[141]Richterich René. (1992). Créer d'autres espaces et d'autres temps..., Le Français dans le monde, No252, octobre, 41-46.

[142]Ringbom Hakan Erik. (1987). The Role of the First Language in Foreign Language Learning [M]. Clevedon：Multilingual Matters.

[143]Robert Jean-Pierre. (2008)：Dictionnaire pratique de didactique du Fle [M], collection l'Essentiel, Paris Ophrys.

[144]Rodríguez Seara Ana, (2001). L'évolution des méthodologies dans l'enseignement du français langue étrangère

depuis la méthodologie traditionnelle jusqu'à nos jours[J]. Revista de Humanidades [En ligne], 1, Article 8, consulté le 20 mai 2012. URL：http：//www. uned. es/catudela/revista/index _ publi. htm.(Site du téléchargement：https：//qinnova. uned. es/archivos_ publicos/qweb_ paginas/4469/revista1articulo8. pdf)

[145]Rousseau Jean Jacques, les discours sur les origines et les fondements des inégalités parmi les hommes, 1969, Gallimard, Paris.

[146]Rousseau Jean Jacques, Emile ou de l'éducation, 1966, Flammarion, Paris.

[147]Safont María Pilar Jordà.(2005). Third Language Learners Pragmatic Production and Awareness [M], Clevedon, Multilingual Matters L. t. d

[148]Sarazzin, Tessier et Trouilloud, Climat motivationnel instauré par l'enseignant et implication des élèves en classe：l'état des recherches[J], Revue française de pédagogie, 2006(157)：147-177

[149]Schunk, D. H., Zimmerman, B. J. (1994). Self-regulation of learning and performance：Issues and educational applications. Hillsdale, NJ, US：Lawrence Erlbaum Associates, Inc.

[150]Scolarité de l'Université Normale de Changchun. (2014). Programmes d'études de l'enseignement de l'Université Normale de Changchun, version 2014.

[151]SHI Hui. (2011). Réflexion sur la condition de l'enseignement de français en Chine [J], Etudes françaises,(3)：53-59.

石慧，中国法语教学研究现状与思考[J]. 法国研究，2011(3)：53-59.

[152]SHI Yongzhen, Rapport d'enquête sur la motivation des étudiants d'anglais chinois[J], Foreign Language Learning Theory and Practice, 2000(4)：8-11.

石永珍，2000，大学生英语学习动机调查报告[J]，外语教学理论与实践,(4)：8-11.

[153]SHI Yunzhang, LIU Zhenqian. (2006). Foreign Language Reading Anxiety and Its Relationship to English Achievement and Gender [J], Journal of PLA University of Foreign Languages, 29(2)：59-64.

石运章，刘振前，外语阅读焦虑与英语成绩及性别的关系[J]，解放军外国语学院学报，2006，29(2)：59-64.

[154]SHI Zhongying. (2014). Rethinking on the Characteristics of General High School in Current China[J], Educational Research, 2014, 35(10)：18-25.

石中英，关于现阶段普通高中教育性质的再认识[J]. 教育研究，2014，35(10)：18-25.

[155]SHU Dingfang. (2005). China needs FLT theories with Chinese characteristics [J], Journal of Foreign Language World, 2005(6)：2-7+ 60+ 81.

束定芳，呼唤具有中国特色的外语教学理论[J]. 外语界. 2005(6)：2-7+ 60+ 81.

[156]SHU Dingfang, HUA Weifang. (2009). 60 ans des recherches théoriques de l'enseignement de langue étrangères de Chine：mémoire et perspective [J], Foreign Language Education, 2009, 30(06)：37-44.

束定芳，华维芳，中国外语教学理论研究六十年：回顾与展望[J]. 外语教学，2009，30(06)：37-44.

[157]Sternberg, R. J. 1994. PRSVL：an integrative framework for understanding mind in context. In R. J. Sternberg

& R. K. Wagner (eds), Mind in Context. Interactionist Perspectives on Human Intelligence, 218-232, Cambridge University Press, Cambridge.

[158]SUN Chunliu, ZHANG Yongxing. (2002). Behind University Enrollment Expansion [J], Research on Education Tsinghua University (1)：97-101.

孙春柳，张友星，大学扩招的背后[J]，清华大学教育研究，2002(1)：97-101.

[159]SUN Erjun, LI Guoqing. (2008). Sens académique et éducatif de la formation universitaire des instituteurs et réalisations [J], Higher Education Exploration, 2008(02)：95-99.

孙二军，李国庆. 高师院校"学术性"与"师范性"的释义及实现路径[J]. 高教探索，2008(02)：95-99.

[160]SUN Shuhui. (1998). Réflexion et enquête de la nouvelle évolution des idées d’emploi des étudiants [J], Education Supérieure de Beijing, 1998(01)：45-46.

孙淑惠，大学生择业思想新变化的调查与思考[J]. 北京高等教育，1998(01)：45-46.

[161]TONG Jing. (2009). On the Formulation and Development of Foreign Language Teaching Methodology and Theory in China, Journal of Qiqihar University (Ph&Soc Sci) [J], 2009(03)：147-148.

佟靖，我国外语教学法理论的形成和发展[J]. 齐齐哈尔大学学报(哲学社会科学版)，2009(03)：147-148.

[162]Tremblay Michel. (2006). Cross-linguistic influence in third language acquisition：The role of L2 proficiency and L2 exposure [J]. Clo/Opl, 34(1)：109-119.

[163]Tremblay Michel, Simard Gilles. (2005). la mobilisation du personnel：l’art d’établir un climat d’échanges favorable basé sur la réciprocité, 60-68.(site：https：//www. researchgate. net/publication/275883665_ La_ mobilisation_ du_ personnel_ L'art_ d'etablir_ un_ climat_ d'echanges_ favorable_ base_ sur_ la_ reciprocite)

[164]Triandis Harry Charalambos. (1995). Motivation and achievement in collectivist and individualist cultures [J], Advances in Motivation and achievement 9：1-30.

[165]Ulrike Jessner. (2006). Linguistic Awareness in Multilinguals：English as a Third Language [M], Edinburgh University Press.

[166]Van Lier, L. (1996). Interaction in the language curriculum：Awareness, autonomy, and authenticity. London：Longman.

[167]Viau Rolland. (1997). La motivation en contexte scolaire[M], Paris, De Boeck.

[168]WANG Changle. (2010). University over enrolment and the influence upon higher education [J], Journal of Hebei Normal University Educational Science Edition, 2010, 12(02)：33-38.

王长乐，高校扩招政策出台的根本性原因及对高等教育活动的影响[J]. 河北师范大学学报(教育科学版)，2010, 12(02)：33-38.

[169]WANG Chuming, (1991). Besoins affectifs et cognitifs au cours des études de langue étrangère, Foreign language world, 1991(04)：7-11.

王初明. 外语学习中的认知和情感需要[J]. 外语界，1991(04)：7-11.

[170]WANG Chuming. (1992). Applied psycholinguistics, Presse de l' éducation de Hunan.

王初明. (1992). 应用心理语言学，湖南教育出版社

[171]WANG Chuming, Self concept English pronunciation and EFL learning[J], Foreign language teaching and research, 2004(1)：56-64

王初明, 2004, 自我概念与外语语音学习假设[J], 外语教学与研究,(1)：56-64

[172]WANG Chunmei. (2012(6)) Analyse of the relation between family background, self-efficacy and study attitudes [J], Higher Education Exploration, 2012(6)：77-81.

王春梅, 家庭背景、自我效能与学业态度的关系研究[J], 高教探索, 2012(6)：77-81.

[173]WANG Dawei. (2000) Malentendus, raisons et solutions de《l'anglais muet》[J], Journal de l'Université des langues étrangères, 2010(1)：10-16

王大伟, 关于哑巴英语的误解、起因及对策[J], 天津外国语学院学报. 2010(1)：10-16

[174]WANG Hongwei, MA Jing, Différences dans la Similaritude-Analyse de l' interférence de l' anglais à l' acquisition de français[J], Journal of Xi'An International Study University, 2005(2)：31-34

王宏伟, 马竞, 相似中的不似-浅析双语专业法语教学中的干扰问题[J], 西安外国语学院学报, 2005 (2)：31-34

[175]WANG Huide, CAO Deming. (2005). Analyse des spécialités françaises en Chine[M]. Shanghai Foreign Language Education Press.

[176]WANG Min. (2012). Exploration des pratiques et des recherches des approches de FLE [J], Etudes Françaises, 2012(04)：88-91.

王敏, 法语教学法改革与实践探究[J]. 法国研究, 2012(04)：88-91.

[177]WANG Weijia, Concurrence culturelle dans l'histoire moderne de Shanghai entre la France et les Etats-Unis[J], Journal of Modern Chinese History, 2007：116-124, 200-201

王薇佳, 法美在近代上海的文化竞争—以圣约翰大学和震旦大学为例[J], 近代史学刊, 2007：116-124, 200-201.

[178]WANG Weijia, Aurora university and Chinese-French educational exchange[J], Journal of Higher Education, 2008(4)：92-98

王薇佳, 震旦大学与近代中法教育交流[J], 高等教育研究, 2008(4)：92-98

[179]WANG Xiaomin et Zhang Wenzhong. (2005). Analyse des conditions de recherches de la motivation en Chine et aux étrangers[J], Foreign language world. (4)：58-65

王晓旻, 张文忠, 国内外语学习动机研究现状分析. [J]. 外语界, 2005(04)：58-65.

[180]WANG Youzhi. (2003). A Comparative Study of the Differences in Learning Motivation Between Urban and Rural Primary and Middle School Pupils[J], Journal of Shaanxi Normal University(Social Science), (2)：121-128

王有智, 城乡中小学生学习动机差异的比较研究[J], 陕西师范大学学报(哲学社会科学版), 2003(2):

121-128

[181]Walberg, H. J. Moos, R. (1980). Assessing educational environments. In D. Payne (Ed.). Recent Developments in Affective Measurement. San Francisco：Jossey-Bass.

[182]Weiner Bernard. (1992). Human motivation, Sage.

[183]Weiner Bernard. (1994). Integrating social and personal theories of achievement motivation [J], Review of Educational research, 64：557-573.

[184]WEN Qiu, WANG Haixiao, Relation entre résultat de CET 4 et Facteurs des apprenants[J]. Education et recherches des langues étrangères, 1996(4)：33-39

文秋芳，王海啸，1996, 学习者因素与大学英语四级考试成绩的关系[J], 外语教学与研究,(4)：33-39

[185]WU Dinge, (2000). "Input" and "affective filter" in FL teaching and FL acquisition[J], Foreign language and their teaching, 2000(06)：41-43.

吴丁娥. 外语教学与外语习得中的"输入"及"情感障碍"[J]. 外语与外语教学，2000(06)：41-43.

[186]WU Yafei. (2008). Du développement et de l' utilisation de la méthode audiovisuelle dans l' enseignement-apprentissage de langue étrangère [J], Journal de l' éducation et de la science(1)：93-98.

吴亚菲.(2008). 谈视听法在外语教学中的发展及应用[J], 科教文汇，2008(1)：93-98.

[187]WU Yaowu et ZHAO Quan. (2010). Higher Education Expansion and Employment of University Graduates[J], Economic Research. 2010(9)：93-108

吴要武，赵泉，高校扩张与大学毕业生就业[J]. 经济研究. 2010(9)：93-108

[188]WU Yian, LIU Runqing, Jeffrey. P, Rapport d' enquête sur la qualité des étudiants d' anglais chinois de premier cycle[J]. Education et recherches des langues étrangères, 1993(1)：36-46

吴一安，刘润清，Jeffrey. P 等，1993，中国英语本科学生素质调查报告[J]. 外语教学与研究,(1)：36-46

[189]XING Chunbing, LI Shi. (2011). Higher Education Expansion, Education Opportunity, and Unemployment of College Graduates[J], China Economic Quarterly. 2011(4)：1187-1208

邢春冰，李实，扩招"大跃进"、教育机会与大学毕业生就业[J], 经济学，2011(4)：1187-1208

[190]XIN Tao, SHENG Jiliang, LIN Chongde. (1999). Réforme de la formation pour enseignant *à* travers la structure des connaissances de l' enseignant [J], Recherches de l' éducation normale supérieure, 1999, 66(6)：12-17.

辛涛，申继亮，林崇德. (1999) 从教师的知识结构看师范教育的改革[J], 高等师范教育研究，1999, 66 (6)：12-17.

[191]XU Dehua, QU Aiping, WEI Liying. Discussing on different dialects phonetic features and their influence on English phonetic study [J], Journal of Baicheng normal college, 2007(1)：69-74.

许德华，屈爱平，魏丽英，论不同方言的语言特征对英语语音学习的影响[J], 白城师范学院学报，2007 (1)：69-74.

[192]XU Yongjin, ZHANG Minggang. Chemin de construire le système de formation de la compétence synthétique des étudiants [J], 2009, 25(04)：36-39.

徐涌金，张明刚，大学生综合素质培养体系的构建思路[J]. 思想政治教育研究，2009, 25(04)：36-39.

[193]XU Zhaoyang, ZHANG Ju, A comparative study of English and French speech sounds[J], Journal of Hebei Normal University, XU Zhaoyang, ZHANG Ju

许朝阳，张菊，英语对法语语音的迁移及对法语语言教学的启示[J], 河北师范大学学报，2011(12)：90-92

[194]XU Zi. (2006). Critique de la source "ciel, terre, empereur, parents et enseignant" [J], Journal of the Beijing Normal University. 2006(02)：99-106.

徐梓.(2006). "天地君亲师"源流考[J], 北京师范大学学报(社会科学版)，2006(02)：99-106.

[195]YAN Chuanmei, ZHANG Meijuan, (2002). Affective factors in foreign language teaching[J], Foreign language world, 2002(5)：64-66.

闫传梅，张梅娟. (2002). 情感因素在外语教学中的介入[J], 外语界，2002(5)：64-66.

[196]YANG Guojun, (2002). Effects of the strategies in English learning motivation[J], Foreign language world, 2002 (03)：27-31.

杨国俊. 论大学英语学习动机的强化策略[J]. 外语界，2002(03)：27-31.

[197]YAN Lei, (2009). Mesures sur la construction de l'esprit de classe dans l'université, Littératures et Education, 2009(08)：190-192.

晏蕾. 关于高校良好班风建设的几点措施[J]. 文教资料，2009(08)：190-192.

[198]YE Lan. (1998). On Teachers' Professional Attainment for the New Century[J], Educational Research and Experiment, 1998(01)：41-46+ 72.

叶澜，新世纪教师专业素养初探[J]. 教育研究与实验，1998(01)：41-46+ 72.

[199]YE Lan. (1999). discussion entre "éducatif" et "académique "- une fausse question [J], Higher Normal Education Research, 1999, 62(2)：10-16.

叶澜. (1999). 一个真实的假问题—"师范性"与"学术性"之争的辨析[J], 高等师范教育研究，1999, 62 (2)：10-16.

[200]YE Liang. (2009). Retrospection and Prospects for the Ten-year Expansion of College Enrollment in China [J], Journal of Huangshan University (6)：112-114.

叶亮，我国高考 10 年扩招的回眸与展望[J], 黄山学院学报，2009(6)：112-114

[201]YUAN Chunyan. (2006). On the development of foreign language teaching approach[D]. Nanjing Normal University.

袁春艳. 当代国际外语教学法发展研究[D]. 南京师范大学，2006.

[202]YUAN Huiguang. (2010). On the Adjustment of the Graduate Employment and Wage after Higher Education Expansion in China[D](thèse), Liaoning University.

袁晖光，中国高校扩招背景下大学生就业和工资调整研究[D]. 辽宁大学

[203] YUAN Qingling. (2010). A Review of Third Language Acquisition Research [J], Journal of Guangdong University of Foreign Studies, 2010, 21(06)：48-51.

袁庆玲，三语习得国内外研究综述[J]. 广东外语外贸大学学报，2010, 21(06)：48-51.

[204]YUAN Yichuan, YUAN Yuan, LI Peng, SHANG Yun. (2012). English-learning Attitudes and Motivations of the Minority Students in Yunnan Province [J], Journal of Yunnan Nationalities University (Social Sciences), 2012, 29(02)：156-160.

原一川，原源，李鹏，尚云. 云南少数民族大学生英语学习态度和动机[J]. 云南民族大学学报(哲学社会科学版)，2012, 29(02)：156-160.

[205]YU Zhonggen, CHAN Swee Heng, Ain Nadzinah BtAbdullah, Bahamanbin Abu Samah, Yap Ngee Thai. (2010). Sexual Differences in Foreign Language Attrition [J], Journal of Nanjing University of Posts and Telecommunications (Social Science), 12(2)：96-101.

于中根，Chan Swee Heng, Ain Nadzinah BtAbdullah, Bahamanbin Abu Samah, Yap Ngee Thai, 外语能力磨蚀的性别差异初探[J], 南京邮电大学学报（社会科学版）(2010). 12(2)：96-101.

[206]ZENG Li, International Research on Third Language Acquisition：Origins and Achievement[J], Journal of Guizhou University for Nationalities(Philosophy and social Science), 2010(4)：143-146

曾丽，国外"三语习得"研究：缘起与进展[J], 贵州民族大学(哲学与社会科学版), 2010(4)：143-146

[207]ZHANG Binxian. (2007). On the transformation of Normal Universities [J], Educational Research, 2007, 328 (5)：19-24.

张斌贤.(2007). 论高等师范学校的转型 [J]. 教育研究，2007, 328(5)：19-24.

[208]ZHANG Jialin. (1997). Suggestion psychologique de la méthode didactique de Confucius, Higher education, 41 (2)：15-17.

张嘉林，1997, 孔子教学方法中的心理暗示问题[J], 高教研究，41(2)：15-17

[209]ZHANG Meiping. (2012). A brief study of Foreign Language Education in Missionary Middle Schools in the Republic of China [J], Journal of Zhejiang International Studies University, 2012(02)：30-35+ 57.

张美平. 民国教会中学外语教学述略[J]. 浙江外国语学院学报，2012(02)：30-35+ 57.

[210]ZHANG Jianzhong, (1988). Psychologie éducative des langues étrangères, Presse de Anhui.

章兼中.(1988). 外语教育心理学，安徽出版社

[211]ZHANG Jizhou. (2008). Cultural conflicts or rural teachers and reforms of the rural education [J], Journal of Hebei Normal University (Education Science Edition), 2008, 10(9)：121-124.

张济州.(2008). 乡村教师的文化冲突与乡村教育改革[J], 河北师范大学学报/科学教育版，2008, 10(9)：121-124.

[212]ZHANG Shiwei. (2010). Study on the History of Modern Higher Education Exchang between China and France [D], Dissertation for the degree of Phd on History.

张士伟, 近代中法高等教育交流史研究[D], 河北大学博士论文

[213]ZHANG Xuanhui, Comment l'esprit de classe incite la motivation des études, Journal des examens. 2009(4)：226-227

张轩辉, 如何以班风建设带动学风建设[J], 考试周刊. 2009(4)：226-227

[214]ZHANG Yanling, Histoire de 50 ans du développement de français de l'Institut des langues étrangères de Beijing[M], Beijing, Foreign Language Teaching and Research Press, 2010：50

张燕玲, 北外法语系 50 周年[M], 外研社, 2010：50

[215]ZHANG Yixing et LI Ming. (1999). A discussion on foreign language teaching reforms in China [J], Journal of Foreign Languages, 1999, 124(6)：42-47.

张伊兴, 李明.(1999). 我国外语教学改革之我见 [J], 外国语, 1999, 124(6)：42-47.

[216]ZHAO Bihua. (2011(4)). Family factors and effect mechanism of Academic Achievement between Urban and Rural Students [J], 2011(04)：134-147.

赵碧华.(2011(4)). 影响城乡学生学习成绩差异的家庭因素及作用机制[J], 中国人民大学教育学刊, 2011(04)：134-147.

[217]ZHAO Jiajing, YU Haifeng. (2010(3)). Investigation on the type and intensity of learning motivation of students in Free Normal Education [J], Psychological Research, 2010(3)：82-86.

赵佳静, 于海峰.(2010). 关于免费师范生学习类型与强度的调查[J], 心理研究, 2010(3)：82-86.

[218]ZHAO Jianhong, Mongolian students' English learning achievement in the context of Mongolian and Chinese bilingual education [D]. Minzu University of China, 2013

赵剑宏. 蒙汉双语教育背景下蒙古族学生英语学习研究[D]. 中央民族大学, 2013

[219]ZHAO Rongjun, Connotation et voie de l'esprit de classe[J], Observation de gestion, 2008(23)：113-115.

赵荣军. 优良班风建设的内涵及途径[J]. 管理观察, 2008(23)：113-115.

[220]ZHAO Yan, TANG Ying. (2012). Analyse de la condition de la spécialité bilingue des établissements de formation supérieure en Chine[J], Journal of Educational Institute of Jilin Province, 2012, 28(01)：3-4.

赵岩, 唐颖, 中国高校双语专业现状浅析[J]. 吉林省教育学会学报. 2012, 28(01)：3-4.

[221]ZHAO Yuanren, (1968). A Grammar of Spoken Chinese[M], University of California Press

[222]ZHENG Lihua. (1987). Analyse de l'enquête de la motivation des étudiants de français [J], Langue étrangère moderne, 1987(01)：56-64+ 9.

郑立华, 法语专业学生学习动机调查分析[J]. 现代外语, 1987(01)：56-64+ 9.

[223] ZHUANG Zhixiang, LIU Huachu, XIE Yu, YAN Kai, HAN Tianlin, SUN Yu, (2012). Analysis of internationalized and innovative workforce[J]. foreign language education, 2012(2)：41-48 .

庄智象, 刘华初, 谢宇, 严凯, 韩天霖, 孙玉, 试论国际化创新型外语人才的培养[J], 外语界. 2012 (2)：41-48

[224]ZHONG Qiquan. (2003). Cours des langues étrangères et méthodologie [M], Presse Education de Zhejiang.

钟启泉.(2003). 外语课程与教学论[M], 浙江教育出版社

[225]ZHONG Qiquan, WANG Yanling. (2012). Discussion on the transition from "Teacher preparation" to "Teacher Education" [J], Global Education, 2012, 299(6)：22-25

钟启泉，王艳玲，从师范教育走向教师教育[J], 全球教育展望, 2012, 299(6)：22-25

[226]ZHOU Fuqin, SHAO Guoqing,. (2001). Motivations in college english learning[J], Foreign language world, 2001(06)：48-51.

周福芹，邵国卿. 大学英语学习动因研究[J]. 外语界，2001(06)：48-51.

[227]ZHOU Quanhua. (1997). Révolution d'enseignement dans la Grande Révolution culturelle[J]. Collection des données de l'Histoire du PCC, 1997(9)：7-11

周全华，一九七七年恢复高考述要[J]. 党史文汇，1997(9)：7-11.

[228]ZHOU Quanhua. (1997).《Education révolutionnaire》de la《Grande Révolution Culturelle》[D] [Thèse]. Ecole du PCC

周全华，1997. 文化大革命"中的"教育革命. 中央党校

[229]ZHU Chun, (1994). Psychologie éducative des langues étrangères, Presse de l'éducation des langues étrangères de Shanghai.

朱纯.(1994). 外语教育心理学，上海外语教育出版社

[230]ZHU Jingfen. (2000). Influence du transfert de langue sur l'écriture en anglais [J], Foreign Language Education, 2000(01)：51-55.

朱静芬，语言迁移对二语学习者英语写作的影响[J]. 外语教学，2000(01)：51-55.

[231]ZHU Xiaohui. (2008). A Study of Language Transfer in Third Language Acquisition and Its Implications to Dual Foreign Language Teaching [J]. Journal of Guangdong University of Foreign Studies. 2008(05)：109-112.

朱效惠，三语习得中语言迁移研究及其对双外语专业教学的启示[J]. 广东外语外贸大学学报，2008(05)：109-112.

[232]ZHU Yunguo, ZHENG Fuhui, MU Jianming, (2011). Practice of the Construction of Good Class Atmosphere and Style of Study in College, Collection de science et d'éducation. 2011(12)：3-4.

朱云国，郑福辉，牟建明. 创建高校优良班风和学风之实践——以同济大学生命科学与技术学院 2008 级为例[J]. 科教文汇(中旬刊), 2011(12)：3-4.

[233]ZHU Yongxin. (1998). Contribution et limite de l'éducation antique de la Chine [J], Educational Research. 1998(10)：56-61.

朱永新，中国古代教育理念之贡献与局限[J], 教育研究，1998(10)：56-61.

[234]ZOU Huimin, CAI Zhiyu. (2005). Tendance de la motivation des études de langue étrangère des étudiants chinois[J], Littérature et Langage Etrangères, 2005(02)：118-123.

邹慧民，蔡植瑜，中国大学生外语学习动机倾向[J]. 外国语言文学，2005(02)：118-123.